O Urbanismo

Coleção Estudos
Dirigida por J. Guinsburg

Equipe de realização – Tradução: Dafne Nascimento Rodrigues; Revisão de texto: J. Guinsburg; Revisão de provas: Plinio Martins Filho; Produção: Ricardo W. Neves, Lia N. Marques e Sergio Kon.

Françoise Choay

O URBANISMO
UTOPIAS E REALIDADES
UMA ANTOLOGIA

 PERSPECTIVA

Título do original
L'Urbanisme: Utopies et Réalités
Une antologie

Copyright © Éditions du Seuil, 1965

Dados Internacionais de Catalogação na Publicação (CIP)
(Câmara Brasileira do Livro, SP, Brasil)

Choay, Françoise
    O urbanismo : utopias e realidades, uma antologia /
Françoise Choay ; [tradução Dafne Nascimento Rodrigues].
São Paulo : Perspectiva, 2018-- (Estudos ; 67 / dirigida por J.
Guinsburg)

    2. reimpr. da 7. ed. de 2013
    Título original: L`urbanisme: utopies et réalités une
antologie.
    Bibliografia.
    ISBN 978-85-273-0163-3

    1. Crescimento urbano 2. Urbanismo - História 3. Urbani-
zação I. Guinsburg, J.. II. Título. III. Série.

05-4335   CDD-711.09

Índices para catálogo sistemático:
1. Urbanismo : História   711.09

7ª edição –2ª reimpressão
[PPD]

Direitos reservados em língua portuguesa à
EDITORA PERSPECTIVA S.A.

Av. Brigadeiro Luís Antônio, 3025
01401-000 São Paulo SP Brasil
Telefax: (011) 3885-8388
www.editoraperspectiva.com.br
2018

Sumário

O Urbanismo em Questão 1

ANTOLOGIA

I.   O PRÉ-URBANISMO PROGRESSISTA

Robert Owen 61
Charles Fourier 67
Victor Considérant 77
Etienne Cabet 87
Pierre-Joseph Proudhon 95
Benjamin Ward Richardson 99
Jean-Baptiste Godin 105
Júlio Verne 109
Herbert-George Wells 113

II.   O PRÉ-URBANISMO CULTURALISTA

Augustus Welby Northmore Pugin 117
John Ruskin 121
William Morris 129

III.   O PRÉ-URBANISMO SEM MODELO

Friedrich Engels 139
Karl Marx 147
P. Kropotkin 151
N. Bukharin e G. Preobrajensky 157

IV. O URBANISMO PROGRESSISTA

Tony Garnier 163
Georges Benoit-Lévy 171
Walter Gropius 175
Charles-Édouard Jeanneret (Le Corbusier) 183
Stanislav Gustavovitch Strumilin 197

V. O URBANISMO CULTURALISTA

Camillo Sitte 205
Ebenezer Howard 219
Raymond Unwin 229

VI. O URBANISMO NATURALISTA

Frank Lloyd Wright 235

VII. TECNOTOPIA

Eugène Hénard 249
Relatório Buchanan 255
Iannis Xenakis 265

VIII. ANTROPÓPOLIS

Patrick Geddes 273
Marcel Poète 281
Lewis Mumford 285
Jane Jacobs 293
Leonard Duhl 303
Kevin Lynch 307

IX. FILOSOFIA DA CIDADE

Victor Hugo 323
Georg Simmel 329
Oswald Spengler 339
Martin Heidegger 345

O Urbanismo em Questão

A sociedade industrial é urbana. A cidade é o seu horizonte. Ela produz as metrópoles[1], conurbações[2], cidades industriais, grandes conjuntos habitacionais. No entanto, fracassa na ordenação desses locais. A sociedade industrial tem especialistas em planejamento urbano. No entanto, as criações do urbanismo são, em toda parte, assim que aparecem, contestadas, questionadas. Das superquadras de Brasília aos quadriláteros de Sarcelles, do fórum de Chandigarh ao novo fórum de Boston, das *highways* que cortam São Francisco às grandes avenidas que rasgam Bruxelas, são evidentes a mesma insatisfação e a mesma inquietude. A amplitude do problema é atestada pela abundante literatura que suscita há vinte anos[3].

Este livro não se propõe a trazer uma contribuição suplementar à crítica dos fatos; não se trata de denunciar uma vez mais a monotonia arquitetural das cidades novas ou a segregação social reinante nelas. Quisemos procurar a significação em si dos fatos, colocar em evidência as razões dos erros cometidos, a raiz das incertezas e das dúvidas levantadas hoje por qualquer nova proposta de planejamento urbano. Nossa

---

1. A metrópole existe desde a antiguidade; se não Nínive e Babilônia, pelo menos Roma e Alexandria já colocavam para seus habitantes certos problemas que vivemos hoje (cf. J. CARCOPINO, *La vie quotidienne à Rome*, Hachette, Paris, 1939). Mas a metrópole na época era uma exceção, um caso extraordinário; poderíamos, pelo contrário, designar o século XX como a era das metrópoles. Estas atingem números de população diante dos quais recuou a imaginação dos espíritos mais audaciosos. David Hume não foi um dos mais ousados ao estimar, num ensaio, *On the Populousness of Ancient Nations*, que "pela experiência dos tempos passados e presentes, há uma espécie de impossibilidade de que alguma cidade possa ultrapassar os 700 000 habitantes". Em sua época, só

2 O URBANISMO

análise e nossa crítica têm, pois, por objeto, as idéias que fornecem suas bases ao urbanismo.

Este termo deve ser antes definido, pois está carregado de ambigüidades. Absorvido pela linguagem corrente, designa através dela tanto os trabalhos do gênio civil quanto os planos de cidades ou as formas urbanas características de cada época. De fato, a palavra "urbanismo" é recente. G. Bardet remonta a sua criação a 1910[4]. O dicionário Larousse define-a como "ciência e teoria da localização humana". Este neologismo corresponde ao surgimento de uma realidade nova: pelos fins do século XIX, a expansão da sociedade industrial dá origem a uma disciplina que se diferencia das artes urbanas anteriores por seu caráter reflexivo e crítico, e por sua pretensão científica. Nas páginas seguintes, "urbanismo" será empregado exclusivamente nessa acepção original.

O urbanismo não questiona a necessidade das soluções que preconiza. Tem a pretensão de uma universalidade científica: segundo as palavras de um de seus representantes, Le Corbusier, ele reivindica "o ponto de vista verdadeiro". Mas as críticas dirigidas às criações do urbanismo são feitas também em nome da verdade. Em que se baseia essa discussão de verdades parciais e antagônicas? Quais são os paralogismos, juízos de valor, paixões e mitos que revelam ou dissimulam as teorias dos urbanistas e as contrapropostas de suas críticas?

Procuramos extrair o sentido explícito ou latente tanto daquelas quanto destas. Para tanto, ao invés de partir diretamente das controvérsias mais recentes, recorremos à história das idéias. Pois o urbanismo

---

William Petty aproximava-se da realidade quando, em 1686, fixava em cinco milhões o número limite da população futura de Londres. Em 1889, Júlio Verne previa cidades com dez milhões de habitantes, mas só para 2889.

2. O termo foi criado por Patrick Geddes, para designar as aglomerações urbanas que invadem uma região toda, pela influência atrativa de uma grande cidade. Em *Cities in Evolution* (1915), ele diz (p. 34) que "é necessário um nome para designar essas regiões urbanas, essas agregações à cidade", e acrescenta: "Por que não usar conurbação como expressão desse novo modo de agrupamento da população?" Ele irá empregar esse neologismo para designar a grande Londres e as regiões que a cercam, especialmente, Manchester e Birmingham.

3. Teremos idéia dessa abundância reportando-nos a duas compilações bibliográficas: *Villes nouvelles, éléments d'une bibliographie annotée* reunidos por J. VIET (Rapports et documents des sciences sociales, nº 12, UNESCO, Paris, 1960), que agrupa mais de seiscentos títulos, entre os quais os países comunistas fornecem uma contribuição importante; e *Urban Sociology: A Bibliography*, publicada em fins de 1963 por R. GUTMAN, professor do Urban Studies Center da Universidade de Rutgers. Nessa bibliografia, o autor propõe-se a mostrar que um "número crescente de urbanistas profissionais (*planners*), ao invés de concentrar-se na transformação e controle do meio físico, dedicam-se agora a modelar as estruturas sociais e culturais da cidade".

4. Segundo G. BARDET (*L'urbanisme*, P.U.F., Paris, 1959), a palavra urbanismo parece ter aparecido pela primeira vez em 1910 no *Bulletin de la Société géographique de Neufchatel*, ao correr da pena de P. Clerget. A *Sociedade francesa dos arquitetos-urbanistas* foi fundada em 1914 sob a presidência de Eugène Hénard. O *Instituto de urbanismo* da Universidade de Paris foi criado em 1924. O urbanismo só é ensinado na Escola de Belas-Artes de Paris a partir de 1953, por A. Gutton, e só no "plano da teoria da arquitetura". O curso dado por A. Gutton tornou-se o tomo VI de suas *Conversations sur l'architecture*, sob o título *L'urbanisme au servie de l'homme*, Vincent Fréal, Paris, 1962.

O URBANISMO EM QUESTÃO 3

quer resolver um problema (o planejamento da cidade maquinista) que foi colocado bem antes de sua criação, a partir das primeiras décadas do século XIX, quando a sociedade industrial começava a tomar consciência de si e a questionar suas realizações. O estudo das primeiras respostas dadas a essa questão deve esclarecer as propostas que se seguiram e revelar, em sua pureza, certas motivações fundamentais que os sedimentos da linguagem, as racionalizações do inconsciente e os artifícios da história a seguir dissimularam.

Interrogamos, pois, primeiramente, pensadores que, durante todo o curso do século XIX, de Owen e Carlyle a Ruskin e Morris, de Fourier e Cabet a Proudhon, Marx e Engels, preocuparam-se com o problema da cidade, aliás sem dissociá-lo nunca de um questionamento sobre a estrutura e o significado da relação social. Agruparemos o conjunto de suas reflexões e propostas sob o conceito de "pré-urbanismo".

Essa recorrência à história deveria permitir a construção de um quadro de referências onde captar o sentido real do urbanismo propriamente dito, sob suas diversas formulações e fórmulas, e situar os problemas atuais do planejamento urbano. No entanto, esse método não deve prestar-se a confusões. Nas páginas seguintes, não se encontrará uma história[5] do urbanismo ou das idéias relativas ao planejamento urbano, mas uma tentativa de interpretação.

I. O PRÉ-URBANISMO

A. GÊNESE: A CRÍTICA DA CIDADE INDUSTRIAL

Para situar as condições nas quais se colocam, no século XIX, os problemas do planejamento urbano, lembremo-nos rapidamente de alguns fatos.

Do ponto de vista quantitativo, a revolução industrial é quase imediatamente seguida por um impressionante crescimento demográfico das cidades, por uma drenagem dos campos em benefício de um desenvolvimento urbano sem precedentes. O aparecimento e a importância desse fenômeno seguem a ordem e o nível de industrialização dos países. A Grã-Bretanha é o primeiro teatro desse movimento, sensível desde os recenseamentos de 1801; na Europa, a França e a Alemanha seguem-se a partir dos anos 1830.

Os números são significativos. Londres, por exemplo, passa de 864 845 habitantes em 1801 a 1 873 676 em 1841 e 4 232 118 em 1891: em menos de um século sua população praticamente quintuplicou. Paralelamente, o número das cidades inglesas com mais de cem mil habitantes passou de duas para trinta, entre 1800 e 1895[6].

---

5. As histórias do urbanismo são, aliás, pouco numerosas. Remetemos à de PIERRE LAVEDAN, que é autoridade no assunto (*Histoire de l'urbanisme*, H. Laurens, 1926-1952).
6. No mesmo período, o número de cidades com mais de cem mil habitantes passa de duas a vinte e oito na Alemanha e de três a doze na França. Em

4 O URBANISMO

Do ponto de vista estrutural, nas velhas cidades da Europa, a transformação dos meios de produção e transporte, assim como a emergência de novas funções urbanas, contribuem para romper os velhos quadros, freqüentemente justapostos, da cidade medieval e da cidade barroca. Uma nova ordem é criada, segundo o processo tradicional[7] da adaptação da cidade à sociedade que habita nela. Nesse sentido, Haussmann, no desejo de adaptar Paris às exigências econômicas e sociais do Segundo Império, faz uma obra realista. E o trabalho que realiza, se prejudica a classe operária, choca os estetas passadistas, incomoda os pequenos burgueses expropriados, contraria os hábitos, é, em compensação, a solução mais imediatamente favorável aos capitães de indústria e aos financistas que constituem então um dos elementos mais ativos da sociedade. É isso que faz Taine dizer a propósito do desenvolvimento de Marselha: "Uma cidade como esta assemelha-se aos grandes negociantes".

Pode-se definir esquematicamente essa ordem nova por um certo número de características. Primeiro, a racionalização das vias de comunicação, com a abertura de grandes artérias[8] e a criação de estações. Depois, a especialização bastante ativada dos setores urbanos (quarteirões de negócios do novo centro, agrupados nas capitais em torno da Bolsa, nova Igreja; bairros residenciais na periferia destinados aos privilegiados). Por outro lado, são criados novos órgãos que, por seu gigantismo, mudam o aspecto da cidade: grandes lojas (em Paris, *Belle Jardinière*, 1824, *Bon Marché*, 1850), grandes hotéis, grandes cafés (*"à 24 billards"*), prédios para alugar. Finalmente, a suburbanização assume uma importância crescente: a indústria implanta-se nos arrabaldes, as classes média e operária deslocam-se para os subúrbios e a cidade deixa de ser uma entidade espacial bem delimitada (em 1861, o subúrbio de Londres representa 13% da aglomeração total, e o de Paris, 24% em 1896)[9].

Ora, no momento em que a cidade do século XIX começa a tomar forma própria, ela provoca um movimento novo, de observação e reflexão. Aparece de repente como um fenômeno exterior aos indivíduos a que diz respeito. Estes encontram-se diante dela como diante de um fato natural, não familiar, extraordinário, estranho. O estudo da cidade assume, no século XIX, dois aspectos bem diferentes.

1800, os Estados Unidos não têm nenhuma cidade com mais de 100 000 habitantes; mas em 1850, elas são seis, que totalizam 1 393 338 habitantes; e, em 1890, vinte e oito, com uma população de 9 697 960 habitantes.

7. Esse processo de fragmentação das estruturas antigas é encontrado ao longo de toda a história, a partir das transformações econômicas das sociedades.

8. Menos por razões policiais que para a intensificação dos contatos e a aceleração dos transportes, tornados necessidade cotidiana.

9. Esses números são dados por P. MEURIOT: *Des agglomérations de l'Europe contemporaine*, Paris, 1897, que assinala "o crescimento cada vez maior das regiões suburbanas" sem especificar os limites territoriais escolhidos para definir os arrabaldes de Londres e de Paris. Esses números devem ser admitidos com reservas; mas o movimento demográfico em questão não é contestável, a partir de então ele não deixou de acentuar-se. Hoje, Paris tem quatro milhões de habitantes, e seu subúrbio cinco milhões, se a definirmos segundo o *Plano de organização geral da região parisiense* (limites coincidindo praticamente com os adotados pelo Instituto Nacional da Estatística).

O URBANISMO EM QUESTÃO

Num caso, é *descritivo*; observam-se os fatos isoladamente, tenta-se ordená-los de modo quantitativo. A estatística é incorporada pela sociologia nascente: tenta-se até formular as leis de crescimento das cidades. Levasseur e Legoyt são, na França, precursores que, mais tarde, inspirarão nos E.U.A. os trabalhos de Adna Ferrin Weber[10] Tais pensadores procuram essencialmente entender o fenômeno da urbanificação[11], situá-lo numa rede de causas e efeitos. Esforçam-se também para dissipar um certo número de preconceitos que, apesar de seus esforços, persistirão até nossos dias, e que dizem respeito particularmente às incidências de vida urbana no desenvolvimento físico, no nível mental e na moralidade dos habitantes[12].

A essa abordagem científica e isolada, que é o apanágio de alguns sábios, opõe-se a atitude de pensadores com os quais se choca a realidade das grandes cidades industriais. Para estes, a informação é destinada a integrar-se ao quadro de uma *polêmica*, a observação só pode ser crítica e normativa; eles sentem a grande cidade como um processo patológico e criam, para designá-la, as metáforas do câncer e do tumor[13].

Uns são inspirados por sentimentos *humanitários*: são dirigentes municipais, homens da Igreja, principalmente médicos e higienistas, que denunciam, com o apoio de fatos e números, o estado de deterioração física e moral em que vive o proletariado urbano. Publicam séries de artigos em jornais e revistas, particularmente na Inglaterra, onde a situação é mais aguda; é sob a influência deles que, nesse país, serão nomeadas as célebres Comissões Reais de pesquisa sobre a higiene, cujos trabalhos, publicados sob forma de Relatórios ao Parlamento, forneceram uma soma insubstituível de informações sobre as grandes cidades dessa época e contribuíram para a criação da legislação inglesa do trabalho e da habitação.

O outro grupo de polemistas é constituído por pensadores *políticos*. Freqüentemente, suas informações são de uma amplitude e precisão notáveis. Engels, em particular, pode ser considerado como um dos fundadores da sociologia urbana. Se nos reportarmos às análises de *A situação da classe trabalhadora na Inglaterra*[14], constatamos que, além de suas próprias pesquisas, feitas meses a fio nos *slums* de Londres, Edimburgo, Glasgow, Manchester, ele utiliza sistemática e

---

10. Cf. ADNA FERRIN WEBER, *The Growth of Cities in the Nineteenth Century* (primeira edição 1899; reeditado em seguida por Cornell reprints in Urban Studies, Cornell University Press, 1963).

11. Termo proposto por G. Bardet para designar o fenômeno *espontâneo* do desenvolvimento urbano, em oposição à expressão *organizada* que o urbanismo pretende ser.

12. São particularmente estudados o alcoolismo e a prostituição. Legoyt, antes de outros, mostra, apoiado em estatísticas, que as prostitutas são recrutadas principalmente no meio rural, e que o alcoolismo é tão desenvolvido em certos lugares do campo quanto nas cidades. Ele refuta também as teorias alemãs a respeito da deterioração das faculdades intelectuais pela grande cidade.

13. Estas destinam-se a uma longa carreira. Também para Le Corbusier, Paris "é um câncer que passa bem".

14. Primeira edição alemã, Leipzig, 1845. Nessa obra, a condição do proletário inglês é tomada como "tipo ideal", pelo fato de a Grã-Bretanha ter sido o primeiro palco da revolução industrial, ao mesmo tempo que o lugar do nascimento do proletariado urbano. Entre as fontes de Engels, citamos particularmente

6 O URBANISMO

cientificamente todos os testemunhos disponíveis: relatórios de polícia, artigos de jornais, grandes obras, como também os relatórios das Comissões Reais, que Marx utilizará vinte anos depois em *O Capital*[15]. Nesse grupo de pensadores políticos, os espíritos mais diversos, ou até opostos, Matthew Arnold e Fourier, Proudhon e Carlyle, Engels e Ruskin, reúnem-se para denunciar a higiene física deplorável das grandes cidades industriais: o habitat insalubre do trabalhador, freqüentemente comparado com covis, as grandes distâncias que separam o local de trabalho do de habitação ("a metade dos operários do *Strand* já estão sendo obrigados a caminhar duas milhas para chegar ao trabalho", constata Marx), os lixões fétidos amontoados e a ausência de jardins públicos nos bairros populares. A higiene moral também é considerada: há contraste entre os bairros habitados pelas diferentes classes sociais, chegando à segregação, fealdade e monotonia das construções "para o maior número".

A crítica desses autores não pode ser, de modo algum, isolada de uma crítica global da sociedade industrial e as taras urbanas denunciadas aparecem como o resultado de taras sociais, econômicas e políticas. A polêmica toma seus conceitos do pensamento econômico e filosófico do fim do século XVIII e começo do XIX. Recorre-se amplamente a Rousseau, Adam Smith, Hegel. Indústrias e industrialismo, democracia, rivalidades de classe, mas também lucro, exploração do homem pelo homem, alienação no trabalho constituem, a partir das primeiras décadas do século XIX, as bases do pensamento de Owen, Fourier, ou Carlyle[16], em sua visão da cidade contemporânea.

É surpreendente constatar-se que, com exceção de Marx e Engels, os mesmos pensadores que ligam com tanta lucidez os defeitos da cidade industrial ao conjunto das condições econômicas e políticas do momento não persistem na lógica de sua análise. Recusam-se a considerar essas taras como o inverso de uma ordem nova, de uma nova organização do espaço urbano, promovida pela revolução industrial e pelo desenvolvimento da economia capitalista. Eles não imaginam que o desaparecimento de uma ordem urbana determinada implica o surgimento de uma ordem outra. E assim é que foi levado avante, com uma estranha inconseqüência, o conceito de desordem. Mathew Arnold intitula seu livro *Cultura e anarquia*. Fourier publica *L'anarchie industrielle et scientifique* (1847). Considérant declara:

> As grandes cidades, e Paris principalmente, são espetáculos tristes de ser vistos para quem quer que pense na anarquia social que é traduzida em relevo, com uma medonha fidelidade, por esse aglomerado informe, esse amálgama de casas;

---

o *Journal of the Statistical Society of London* e o *Report to the Home Secretary from the Poor Law Commissioners on an Enquiry into the Sanitary Condition of the Labouring Classes of Great Britain*, apresentado ao Parlamento em 1842.

15. *O Capital*, anexo 10.

16. Cf. por exemplo as *Observations on the Effects of the Manufacturing System*, onde Owen denuncia o papel alienador do trabalho industrial. Lembraremos também as análises de Fourier e sua obsessão pelo "trabalho agradável".

O URBANISMO EM QUESTÃO

e, algumas linhas adiante, ele fala de "caos arquitetural". Em resumo, não é feita a distinção entre ordem determinista e ordem normativa. Sem dúvida, essa confusão procede de tendências profundas, já que, um século depois, é reencontrada em Gropius, que descreve o *planless chaos"* de Nova York e a *"chaotic disorganization of our towns"*[17]; e até em Lewis Mumford, que evoca, a propósito das cidades do século XIX, o *"non-plan of the non-city"*[18].

B. OS DOIS MODELOS

O que é expressão de desordem chama sua antítese, a ordem. Assim veremos opor-se, a essa pseudodesordem da cidade industrial, propostas de ordenamentos urbanos livremente construídas por uma reflexão que se desdobra no imaginário. Por não poder dar uma forma prática ao questionamento da sociedade, a reflexão situa-se na dimensão da utopia[19]; orienta-se nela segundo as duas direções fundamentais do tempo, o passado e o futuro, para tomar as formas da *nostalgia* ou do *progressismo*. De um conjunto de filosofias políticas e sociais (Owen, Fourier, Considérant, Proudhon, Ruskin, Morris) ou de verdadeiras utopias[20] (Cabet, Richardson, Morris), vemos assim distinguir-se, com um maior ou menor luxo de detalhes, dois tipos de projeções espaciais, de imagens da cidade futura, que chamaremos daqui por diante de "modelos". Com esse termo, pretendemos sublinhar simultaneamente o valor exemplar das construções propostas e seu caráter reprodutível. Qualquer ressonância estruturalista deverá ser afastada do emprego dessa palavra: esses modelos do "pré-urbanismo" não são estruturas abstratas, mas, pelo contrário, imagens monolíticas, indissociáveis da soma de seus detalhes.

---

17. *The New Architecture and the Bauhaus*, Faber & Faber, Londres, 1935, pp. 108 e 110 da terceira edição.

18. L. MUMFORD, *The Culture of Cities*, Harcourt, Brace & Cia., Nova York, 1932, título do subcapítulo p. 183.

19. Este conceito não pode mais ser utilizado sem se referir à obra capital de K. MANNHEIM, *Idéologie et utopie* (trad. fr., Marcel Riviére, Paris, 1956). Opondo-se a Marx, Mannheim insistiu no caráter ativo da utopia em sua oposição ao *status quo* social e em seu papel desintegrador. "Consideramos utópicas todas as idéias circunstancialmente transcendentes (e não só as projeções de desejos) que têm, de uma forma qualquer, um efeito de transformação sobre a ordem histórico-social existente" (p. 145). Pudemos retomar aqui sua classificação das formas da mentalidade utópica: nosso modelo progressista engloba simultaneamente sua "idéia humanitário-liberal" e uma parte de sua "idéia socialista-comunista". Além disso, nosso modelo culturalista não pode ser totalmente assimilado à "idéia conservadora" (W. Morris era socialista).

20. O século XIX foi a idade de ouro das utopias. Entre as mais interessantes, não citamos *Looking Backward* de Edward Bellamy (1888) nem *Un voyage à Terre libre* de Théodor Hertzka (Viena, 1893): as duas são por demais centradas na questão jurídica e econômica para caber aqui. Sobre o problema da utopia, cf. J. O. HERTZELLER, *The History of Utopian Thought*, 1926; R. RUYER, *L'utopie des utopies*; O. RIESMAN, Some Observations on Community Plans & Utopias, *Yale Law Journal*, dez. 1947.

8 O URBANISMO

1. *O modelo progressista*[21]

Pode-se defini-lo a partir de obras tão diferentes quanto as de Owen, Fourier, Richardson, Cabet, Proudhon[22].

Todos esses autores têm em comum uma mesma concepção do homem e da razão, que subtende e determina suas propostas relativas à cidade. Quando fundam suas críticas da grande cidade industrial no escândalo do indivíduo "alienado", e quando se propõem como objetivo um homem consumado, isso se dá em nome de uma concepção do *indivíduo* humano como *tipo*, independente de todas as contingências e diferenças de lugares e tempo, e suscetível de ser definido em necessidades-tipos cientificamente dedutíveis. Um certo racionalismo, a ciência, a técnica devem possibilitar resolver problemas colocados pela relação dos homens com o meio e entre si. Esse pensamento otimista é orientado para o futuro, dominado pela idéia de progresso. A revolução industrial é o acontecimento histórico-chave que acarretará o devir humano e promoverá o bem-estar. Essas premissas ideológicas permitirão que chamemos de progressista o modelo que inspiram.

Ele pode ser deduzido *a priori* das únicas "propriedades" do homem-tipo. Considérant coloca o problema sem ambigüidade:

> Dado o homem, com suas necessidades, gostos e inclinações inatos, determinar as condições do sistema de construção melhor apropriado à sua natureza.

Chega-se assim à

> solução da bela e grande questão da arquitetônica humana, calculada com base nas exigências da organização do homem, respondendo à integralidade das necessidades e dos desejos do homem, deduzida de suas necessidades, seus desejos e matematicamente ajustadas às grandes conveniências primordiais de sua constituição física[23].

Dito de outra forma, a análise racional vai permitir a determinação de uma ordem-tipo, suscetível de aplicar-se a qualquer agrupamento humano, em qualquer tempo, qualquer lugar. Pode-se reconhecer nessa ordem um certo número de características.

Em primeiro lugar, o espaço do modelo progressista é amplamente *aberto*, rompido por vazios e verdes. Essa é a exigência da higiene. Como dizer mais claro que Richardson, cujo projeto explícito na *Hygeia*[24] é "uma cidade que tenha o coeficiente mais baixo possível de mortalidade"? O verde oferece particularmente um quadro para os momentos de lazer, consagrado à jardinagem e à educação sistemática do corpo. "Precisamos transformar a França num vasto

---

21. O plano desta obra não vai nos permitir analisar as relações do pré-urbanismo progressista com o racionalismo da filosofia iluminista.
22. Uma última versão é dada por G. H. WELLS, *A Modern Utopia*, trad. fr.: *Une utopie moderne*, Pequim, 1907.
23. V. CONSIDÉRANT, *Description du phalanstère*, 2ª ed., Paris, 1848.
24. Londres, 1876.

O URBANISMO EM QUESTÃO

jardim, mesclado de pequenos bosques", escreve Proudhon[25]. O ar, a luz e a água devem ser igualmente distribuídos a todos. É este, diz Godin, "o símbolo do progresso".

Em segundo lugar, o espaço urbano é traçado conforme uma análise das funções humanas. Uma *classificação* rigorosa instala em locais distintos o habitat, o trabalho, a cultura e o lazer. Fourier chega até a localizar separadamente as diversas formas de trabalho (industrial, liberal, agrícola).

Essa lógica funcional deve traduzir-se numa disposição *simples*, que impressione imediatamente os olhos e os satisfaça. No sistema e na terminologia de Fourier, as cidades do sexto período, dito do "garantismo", são planejadas segundo o visuísmo (garantias dadas à paixão sensitiva da visão), de onde "veremos brotar o princípio de todo progresso social"[26].

Essa importância atribuída à impressão visual indica bem o papel da estética na concepção da ordem progressista. É preciso, no entanto, sublinhar a austeridade dessa estética, onde *lógica e beleza* coincidem. A cidade progressista recusa qualquer herança artística do passado, para submeter-se exclusivamente às leis de uma geometria "natural". Arranjos novos, simples e racionais, substituem as disposições e ornamentos tradicionais. Considérant não encontrará termos o bastante condescendentes para qualificar os lamentos estéreis de Victor Hugo diante do desaparecimento da pitoresca Paris medieval.

Em certos casos, a ordem específica da cidade progressista é expressa com uma precisão de detalhes e uma rigidez que eliminam a possibilidade de variantes ou de adaptações a partir de um mesmo modelo. Tal é, por exemplo, o caso dos desenhos nos quais Fourier representa a cidade ideal com seus quatro anéis concêntricos, "cada um distante do outro mil toesas", suas vias de circulação minuciosamente calibradas, suas casas, cujo alinhamento, gabarito e até tipo de muro estão de uma vez por todas calculados.

Os edifícios são, exatamente como os conjuntos urbanos, protótipos definidos de uma vez por todas, visto que constituíram o objeto de uma análise funcional exaustiva. Assim, Proudhon escreve: "Precisamos descobrir os *modelos* de habitação". E Fourier provê seu "falanstério", modelo de habitação coletiva, de oficinas-modelo e de construções rurais-tipo, exatamente como Owen preconiza um tipo de escola e Richardson um tipo de hospital ou um tipo de levanderia municipal.

Entre os diversos edifícios-tipo, o *alojamento padrão* ocupa, na concepção progressista, um lugar importante e privilegiado. As fórmu-

---

25. J. PROUDHON, *Du principe del l'art et de sa destination sociale*, Paris, 1865, p. 374.

26. CH. FOURIER, *Des modifications à introduire dans l'architecture des villes*, Paris, 1845. No sistema de Fourier, "a civilização" corresponde à sociedade contemporânea. Fourier procura promover em seguida o "garantismo" (sociedade das garantias), que deve preceder, por sua vez, os períodos superiores do "sociantismo" (7º período) e do "harmonismo" (8º período).

O URBANISMO

las são notáveis: "O conhecimento da organização de uma comuna...
compõe-se do conhecimento do modo de trabalho (etc.) e, antes de
tudo, do modo de construção da moradia onde o homem será ALO-
JADO", pois a tarefa do arquiteto "não é mais a de construir o casebre
do proletário, a casa do burguês, a mansão do agiota ou do marquês.
É o palácio onde o homem deve alojar-se". Assim fala Considérant[27].
E Proudhon afirma: "A primeira coisa de que nos interessa tratar é da
habitação"[28]. Duas fórmulas diferentes destacam-se de imediato:
solução coletiva preconizada por Fourier e pelos adeptos das diversas
formas de associação e de cooperação, solução individual da "casinha,
feita a meu modo, onde moro sozinho, no centro de um pequeno
murado de um décimo de hectare onde eu teria água, sombra, grama
e silêncio", preconizada por Proudhon. Mas o fato essencial é a importância dada ao alojamento e à concepção deste a partir de um protótipo: a casa individual de Richardson, com seu teto-terraço destinado à
helioterapia, sua cozinha-laboratório no andar de cima e seus banheiros,
é dotada do mesmo valor universal do falanstério.

Se, em lugar de analisar os elementos, considerarmos o modelo
progressista enquanto conjunto, percebemos que, ao contrário da
cidade ocidental tradicional e do centro das grandes cidades industriais,
ele não se constitui mais numa solução densa, maciça e mais ou menos
orgânica, mas propõe uma localização *fragmentada*, atomizada: na
maior parte dos casos, os bairros, ou comunas, ou falanges, auto-sufi-
cientes, são indefinidamente justapostos, sem que sua soma chegue a
uma entidade de natureza diferente. Um espaço livre preexiste às unidades disseminadas por ele, com uma abundância de verde e de vazios
que exclui uma atmosfera propriamente urbana. O conceito clássico da
cidade desagrega-se, ao passo que se estimula o de cidade-campo, cuja
sorte veremos mais adiante.

Apesar dessas disposições, destinadas a liberar a existência cotidiana de uma parte das taras e servidões da grande cidade industrial,
as diferentes formas do modelo progressista apresentam-se como
sistemas *limitadores e repressivos*. A limitação exerce-se, num primeiro nível, pela rigidez de um quadro espacial predeterminado;
Fourier regulamenta até os embelezamentos da cidade, esses "ornamentos forçados" que, sob a égide dos "comitês de aparato", vão enfei-
tar os diferentes anéis concêntricos, em oposição à "licença anárquica
atual". Num segundo nível, a ordem espacial prova que deve ser assegurada por uma limitação mais propriamente política. Esta toma ora
a forma do paternalismo (em Owen ou Godin), ora a forma do socialismo de Estado (em Cabet, por exemplo[29]); às vezes, enfim, como

---

27. *Loc. cit.*, p. 29.
28. *Loc. cit.*, p. 351.
29. A Icária de Cabet tem um regime particularmente autoritário. Foi
estabelecido por Icar, ditador cujo modelo foi fornecido a Cabet por Napoleão,
como bem mostraram primeiro Kropotkin , depois L. MUMFORD, numa obra
da juventude, cujas análises, às vezes rápidas, são muito sugestivas: *The Story
of Utopia*, 1922 (reeditada por The Viking Press, Nova York, 1962).

O URBANISMO EM QUESTÃO

em Fourier, é um sistema de valores comunitários, assépticos e repressivos, que se esconde por trás de fórmulas amáveis, pelas quais se quer opor ao tecnocratismo despótico dos sansimonistas a defesa do consumidor e a preocupação para com ele.

O autoritarismo político de fato, que dissimula, em todas essas propostas, uma terminologia democrática, está ligado ao objetivo comum, mais ou menos bem assumido, do *rendimento* máximo. Podemos vê-lo em Owen, que não hesita em comparar, para a rentabilidade a esperar dele, o bom tratamento dos instrumentos mecânicos com "o bom tratamento dos instrumentos vivos". Essa é também a obsessão de Fourier, que traduz em termos de rendimento as vantagens do "garantismo" e da "harmonia" sobre os estádios históricos precedentes[30].

2. O modelo culturalista

O segundo modelo é extraído das obras de Ruskin e de William Morris; é ainda reencontrado no fim do século em Ebenezer Howard, o pai da cidade-jardim[31]. Fato notável, este modelo não conta com nenhum representante francês. Seu ponto de partida crítico não é mais a situação do indivíduo, mas a do *agrupamento* humano, da cidade. Dentro desta, o indivíduo não é uma unidade intermutável como no modelo progressista; por suas particularidades e sua originalidade própria, cada membro da comunidade constitui, pelo contrário, um elemento insubstituível nela. O escândalo histórico de que falam os partidários do modelo culturalista é o desaparecimento da antiga unidade *orgânica* da cidade, sob a pressão desintegradora da industrialização.

É em grande parte o desenvolvimento dos estudos históricos e da arqueologia, nascida com o Romantismo, que fornecem a imagem nostálgica do que, em termos hegelianos, pode ser chamado a "bela totalidade" perdida. Na França, encontra-se esse tipo de evocação nas

---

30. "Vê-se que nossas ciências não sabem de forma alguma encaminhar-nos em direção ao progresso real, à sociedade das garantias, que remediaria as misérias civilizadas e elevaria o produto de metade para cima, de acordo com este quadro de produto aplicado à França:

em PATRIARCADO	3º período	2 bilhões
em BARBÁRIE	4º período	4 bilhões
em CIVILIZAÇÃO	5º período	6 bilhões
em GARANTISMO	6º período	9 bilhões
em SOCIANTISMO	7º período	15 bilhões
em HARMONISMO	8º período	24 bilhões"

(*L'anarchie industrielle et scientifique*, p. 48.)

31. E. HOWARD publica em 1898 *Tomorrow*, cuja 2ª edição terá o título *Garden Cities of Tomorrow*, e será traduzida para o francês em 1902, com o título *Villes-Jardins de demain*. Por seus componentes socialistas e seu caráter utópico, por um lado, por sua repercussão prática imediata na criação das primeiras *garden-cities* inglesas, por outro, esta obra constitui uma verdadeira charneira entre o pré-urbanismo e o urbanismo. Preferimos tratá-la com o urbanismo.

12 O URBANISMO

obras de Victor Hugo e de Michelet[32]. Mais tarde, *La cité antique* de Fustel de Coulanges é em parte construída sobre esse tema. No entanto, as descrições literárias das cidades medievais ou antigas não suscitaram nos franceses nenhuma proposta do pré-urbanismo. Na Inglaterra, as de Ruskin e Morris apóiam-se em uma tradição de pensamento que, desde o começo do século, analisou e criticou as realizações da civilização industrial, comparando-as com as do passado. Séries de conceitos foram assim opostos dois a dois: orgânico e mecânico, qualitativo e quantitativo, participação e indiferença. Acha-se já ali em germe a famosa distinção entre *cultura* e *civilização*, que exercerá em seguida um papel tão importante na Alemanha, na filosofia da história e na sociologia da cultura.

Os ensaios de Ruskin e Morris têm por antecedentes o livro de Pugin: *Contrasts or a parallel between the Noble Edifices in the Middle Ages and Contrasting Buildings of the present Days showing the presents decay of Taste*, assim como os *Ensaios* de Th. Carlyle. A partir de 1829, este havia oposto, em seu artigo *Signs of the Time*, o mecanismo moderno e o organicismo do passado. Os mesmos termos serão retomados um pouco mais tarde por Mathew Arnold, para quem,

> em nosso mundo moderno, a civilização inteira é, num grau bem mais considerável que na civilização da Grécia ou de Roma, mecânica e exterior, e tende a tornar-se assim cada vez mais[33].

A crítica sobre a qual repousa este modelo é, pois, na origem, *nostálgica*. Por um movimento ao qual o pré-rafaelismo deu, no caso particular das artes plásticas, a primeira formulação e a primeira ilustração[34], ela postula a possibilidade de fazer um estádio ideal passado reviver, e vê os meios disso numa volta às formas desse passado. O ponto capital ideológico desse modelo não é mais o conceito de progresso, mas o de cultura.

"Os falanstérios de Fourier e todas as coisas desse gênero não implicavam nada além de um refúgio contra a pior indigência", escreve William Morris nas *Nouvelles de Nulle Part*. Não se pode expressar com mais brutalidade a diferença ideológica que opõe os dois modelos; no modelo culturalista, a preeminência das necessidades materiais desaparece diante das necessidades *espirituais*. É, portanto, fácil prever que o planejamento do espaço urbano vai ser feito ali de acordo com modalidades menos rigorosamente determinadas. No

---

32. Este, em sua *Histoire de France* (t. 3, 1837), escreve: "A forma de Paris não é só bela mas verdadeiramente *orgânica*" (p. 375; grifo nosso), antecipando assim a terminologia de Sitte e sobretudo a de Wright.

33. MATTHEW ARNOLD, *Culture and Anarchy* (1869), ed. Murray, p. 10.

34. Ruskin e Morris estão ligados ao movimento pré-rafaelista. O primeiro influenciou de início os futuros pré-rafaelistas com suas *Peintres Modernes* (1843), depois defendeu-os muitas vezes publicamente, antes de escrever, finalmente, *Les préraphaélites* em 1853. O segundo foi fortemente influenciado por D. G. Rossetti, que ele conheceu em 1856, depois da dissolução da *Preraphaelite Brotherhood* (1851). O próprio pré-rafaelismo está ligado ao despertar religioso de Oxford e à renascença gótica inglesa.

O URBANISMO EM QUESTÃO

entanto, para poder realizar a bela totalidade cultural, concebida como um organismo onde cada um mantém seu papel original, a cidade do modelo culturalista deve apresentar, também, um certo número de determinações espaciais e de características materiais.

Ao contrário da aglomeração do modelo progressista, essa cidade é, antes de tudo, bem *circunscrita* no interior de limites precisos. Enquanto fenômeno cultural, ela deve formar um contraste sem ambigüidade com a natureza, cujo estado mais selvagem tenta-se conservar: nas *Nouvelles*, William Morris chega a propor verdadeiras "reservas" paisagísticas. As dimensões da cidade são modestas, inspiradas nas cidades medievais que, tais como Oxford, Rouen, Beauvais, Veneza, seduziram Ruskin e Morris. Este bane de sua utopia as grandes cidades tentaculares. Londres é ali reduzida ao que foi o seu centro e todas as antigas aglomerações industriais ali perdem seus subúrbios. Assim, a população é ao mesmo tempo descentralizada, dispersada por uma multiplicidade de pontos e, em cada um deles, reagrupada de modo mais denso.

No interior da cidade, nenhum traço de geometrismo.

Dêem uma volta em torno de seus monumentos edinburgueses... tabuleiros, mais tabuleiros, sempre tabuleiros, um deserto de tabuleiros... Esses tabuleiros não são prisões para o corpo, mas sepulturas para a alma,

protesta Ruskin, em uma de suas conferências[35]. Morris e ele preconizam a irregularidade e a *assimetria*, que são a marca de uma ordem orgânica, quer dizer, inspirada pela potência criadora da vida, cuja expressão mais elevada é dada pela inteligência humana. Só uma ordem orgânica é suscetível de integrar as heranças sucessivas da história e de levar em consideração as particularidades da paisagem.

Em Ruskin e em Morris, o *estético* exerce o papel que exercia a higiene em Owen, Fourier e Richardson.

Uma parte considerável das características essenciais da beleza está subordinada à expressão da energia vital nos objetos orgânicos ou à submissão a essa energia de objetos naturalmente passivos e impotentes[36].

A deformidade espalhada pela sociedade industrial resulta de um processo letal, de uma desintegração por carência cultural. Esta só pode ser combatida por uma série de medidas coletivas, entre as quais se impõe particularmente o retorno a uma concepção de arte inspirada pelo estudo da Idade Média.

Se a arte que agora está doente deve viver, e não morrer, deverá, no futuro, vir do povo, ser destinada ao povo e feita por ele[37].

Essa arte, meio por excelência de afirmar uma cultura, está ligada à tradição e só pode desenvolver-se pela mediação de um artesanato.

---

35. J. RUSKIN, *Eloge du gothique*, trad. fr., 1910, 2ª conferência, p. 38.
36. *Idem*, p. 278.
37. W. MORRIS, *Collected Works*, t. 22, p. 133 (*The Prospects of Architecture in Civilization*).

14 O URBANISMO

Em matéria de construção, *nada de protótipos*, nem de padrões. Cada construção deve ser diferente das outras, exprimindo assim sua especificidade. O destaque é dado pelos prédios *comunitários* e culturais, em detrimento da moradia individual. A suntuosidade e o requinte arquitetural daqueles contrastam com a simplicidade desta. No entanto, não vai haver duas moradias semelhantes: "Elas podem parecer-se no estilo e modo de ser, mas pelo menos gostaria de vê-las com diferenças capazes de convir às características e ocupações dos que as habitam", especifica Ruskin[38].

A cidade do modelo culturalista opõe-se à cidade do modelo progressista por seu clima propriamente urbano. No plano político, a idéia de comunidade e de alma coletiva termina em fórmulas *democráticas*. No plano econômico, o *antiindustrialismo* é manifesto e a produção não é encarada em termos de rendimento, mas do ponto de vista de sua relação com o harmonioso dos indivíduos, que "gozam de uma vida feliz e plena de lazeres". No entanto, para garantir o funcionamento do modelo culturalista segundo as normas pré-industriais que acabamos de definir, a limitação reintroduz-se aí insidiosamente. A integração do passado no presente só se efetua com a condição de eliminar o imprevisível. É disso que dão testemunho o *maltusianismo*, a que as cidades estão sujeitas, e o ostracismo, que aplica as transformações técnicas introduzidas pela revolução industrial nos modos de produção. A temporalidade criadora não tem curso nesse modelo. Fundado sobre o testemunho da história, fecha-se à historicidade.

* * *

Os modelos progressista e culturalista não se apresentam, bem entendido, em todos os autores e em todos os textos, sob uma forma tão rigorosa e contrastante. Por mais que Proudhon se faça de defensor do funcionalismo e raciocine em termos de indivíduo médio, seu individualismo o impede de determinar com rigor o plano da cidade ideal. Fourier, o promotor das cidades-padrões, quer paradoxalmente assegurar o prazer e a variedade aos habitantes destas; ele critica a ordem "monótona", imperfeita, das "cidades civilizadas que se conhece de cor ao se ter visto duas ou três ruas"[39]. O próprio Ruskin assuta-se com sua tendência passadista e chega a questionar o sistema gótico.

Contudo, e este é o ponto importante, todos esses pensadores imaginam a cidade do futuro em termos de modelo. Em todos os casos, a cidade, ao invés de ser pensada como processo ou problema, é sempre colocada como uma coisa, um objeto reprodutível. É extraída da temporalidade concreta e torna-se, no sentido etimológico, utópica, quer dizer, de lugar nenhum[40].

---

38. J. RUSKIN, *Les Sept lampes de l'architecture*, trad. fr., p. 320.
39. *Loc. cit.*, p. 18.
40. Como lembra L. Mumford, o próprio Th. More, inventor do termo "utopia", revelou o jogo de palavras com o qual foi construído esse neologismo, e sua dupla etimologia: eutopia (lugar agradável) e outopia (sem lugar, de parte alguma).

O URBANISMO EM QUESTÃO   15

Na prática, aliás, os modelos do pré-urbanismo só deram ensejo a um número insignificante de realizações concretas, empreendidas numa escala reduzida. São, essencialmente, na Europa, as construções de Owen em New Lanark e de Godin no falanstério de Guise; nos Estados Unidos, as "colônias" fundadas pelos discípulos de Owen, de Fourier e de Cabet. Sabe-se que todas se desestruturaram mui rapidamente. O fracasso é explicado pelo caráter limitador e repressivo de sua organização, e principalmente por seu rompimento com a realidade sócio-econômica contemporânea.

Essas experiências pertencem, a nosso ver, às curiosidades sociológicas. Em compensação, os modelos do pré-urbanismo apresentam hoje um interesse· epistemológico considerável. Com efeito, por sua origem crítica e fé ingênua no imaginário, anunciam o próprio método do urbanismo, cujas propostas seguirão, no século XX, um movimento análogo. São modelos de modelos[41].

C. A CRÍTICA SEM MODELO DE ENGELS E DE MARX

Ao contrário dos outros pensadores políticos do século XIX, e apesar de seus empréstimos dos socialistas utópicos, Marx e, mais explicitamente, Engels criticaram as grandes cidades industriais contemporâneas sem recorrer ao mito da desordem, nem propor sua contrapartida, o modelo da cidade futura.

A cidade tem, para eles, o privilégio de ser o *lugar da história*. Foi ali que, numa primeira fase, a burguesia se desenvolveu e exerceu seu papel revolucionário[42]. É ali que nasce o proletariado industrial, ao qual vai caber principalmente a tarefa de executar a revolução socialista e de realizar o homem universal. Essa concepção do papel histórico da cidade do século XIX é, pelo contrário, para Engels e Marx, a expressão de uma *ordem* que foi a seu tempo criadora e que deve ser destruída para ser ultrapassada.

Eles não opõem a essa ordem a imagem abstrata de uma ordem nova. A cidade, para eles, é apenas o aspecto particular de um problema geral e sua forma futura está ligada ao advento da sociedade sem classes. É impossível e inútil, antes de qualquer tomada de poder revolucionário, tentar prever o futuro planejamento. A perspectiva de uma ação transformadora substitui para eles o modelo, tranqüilizador mas irreal, dos socialistas utópicos. A ação revolucionária deve, em seu desenvolvimento histórico, realizar a implantação socialista, depois comunista: o futuro permanece aberto.

É por isso que, fora de sua contribuição à sociologia urbana, assinalada mais acima, a atitude de Engels e Marx em face do problema

---

41. A continuidade ideológica entre o urbanismo e o pré-urbanismo é real no caso das *garden-cities* inglesas. Ao contrário, do lado progressista, a coincidência ideológica entre urbanismo e pré-urbanismo é na maior parte das vezes fortuita. Le Corbusier recorre a Fourier somente a propósito da unidade de habitação.

42. Cf. ENGELS, *Os princípios do comunismo* (1847); MARX, *Manifesto do partido comunista* (1848).

16 O URBANISMO

urbano caracteriza-se essencialmente pelo *pragmatismo*. As certezas e exatidões de um modelo são recusadas em benefício de um futuro indeterminado, cujos contornos só aparecerão progressivamente, na medida em que se desenvolver a ação coletiva. Assim, em *La Question du logement*[43], Engels não traz nenhuma panacéia, nenhuma solução teórica para um problema cruelmente vivido pelo proletariado. Ele apenas procura garantir aos proletários, por qualquer meio, uma espécie de mínimo existencial; daí sua preocupação com o alojamento, a que ele reduz momentaneamente a questão urbana. "No momento, a única tarefa que nos compete é um simples remendo social e pode-se até simpatizar com as tentativas reacionárias", escreve ele sem ambigüidade. As "casas para operários" preconizadas por certos socialistas parecem-lhe pavorosas, pois elas dissimulam sua inspiração paternalista sob a aparência de uma solução revolucionária. A definir prematuramente tipos e padrões que serão forçosamente inadaptados e anacrônicos em relação às estruturas econômicas e sociais do futuro, é preferível, pura e simplesmente, instalar os operários nas casas e nos belos bairros dos burgueses.

A posição de Marx e de Engels pretende-se radical em seu desejo de indeterminação. No entanto, encontra-se nelas uma imagem célebre acerca do futuro urbano: a da cidade-campo, resultado da "supressão da diferença entre a cidade e o campo"[43a]. Sem dúvida, essa cidade-campo pode evocar o modelo das cidades verdes de Fourier ou até de Proudhon. O próprio Engels observa que "nas construções-modelo (dos primeiros socialistas utópicos Owen e Fourier), a oposição entre a cidade e o campo não existe mais". Mas a noção de "supressão da diferença" não pode, em Engels e Marx, ser levada a uma projeção espacial. Ela deve ser essencialmente entendida do ponto de vista do desequilíbrio demográfico e das desigualdades econômicas ou culturais que separam os homens da cidade dos do campo: ela corresponde ao momento da realização do homem total e possui, sobretudo, um valor simbólico.

Depois de Engels e Marx, a recusa de um modelo só será assumida raras vezes. Ela vai ser reencontrada no anarquista Kropotkine, para quem "regulamentar, procurar prever tudo e organizar tudo seria

---

43. *Zur Wohnungsfrage*, 1ª edição alemã, 1887. Trad. fr., Editions Sociales, Paris, 1957. Esta obra é uma coletânea de artigos essencialmente *polêmicos* escritos em 1872: são respostas aos "embustes sociais" publicados por um médico proudhoniano, sob forma de artigos, no *Volksstaat*.

43a. A supressão da diferença entre a cidade e o campo não é um objetivo conveniente a Marx e a Engels. Está especialmente desenvolvido, em termos análogos, pelo socialista cristão Ch. Kingsley. Num ensaio, *Great Cities*, ele prediz "uma completa interpenetração da cidade e do campo, uma completa fusão de seus diferentes modos de vida e uma combinação das vantagens de cada um, tais como nenhum país no mundo jamais viu". Não parece duvidoso que essa perspectiva seja um resultado da observação do desenvolvimento dos *suburbs*, nos quais muitos bons pensadores do fim do século XIX colocaram suas esperanças. Cf. A. F. Weber: "É o desenvolvimento dos *suburbs* que nos oferece a base sólida de uma esperança de que os males da vida urbana sejam, na medida em que resultam de uma superdensidade, em grande parte eliminados", *loc. cit.*, p. 475.

O URBANISMO EM QUESTÃO 17

simplesmente criminoso"[44]. No correr do século XX – afora o breve momento consecutivo à Revolução de Outubro, onde, no *A.B.C. do comunismo*[45], Bukharin e Preobrajensky retomarão rigorosamente a posição adotada por Engels em "La question du logement" – tanto os dirigentes da União Soviética como os da China Popular estarão, no momento de edificar cidades novas, às voltas com modelos e preocupar-se com tipologia[46].

D. O ANTIURBANISMO AMERICANO

A maior parte dos autores que, na Europa do século XIX, criticaram a grande cidade industrial, não foram menos marcados por uma longa tradição urbana; através da história, as cidades européias apareceram-lhes como o berço das forças que transformam a sociedade. O inverso acontece nos Estados Unidos, onde a época heróica dos pioneiros está ligada à imagem de uma natureza virgem. Assim, antes mesmo que ali sejam percebidos os primeiros contragolpes da revolução industrial, a nostalgia da *natureza* inspira naquele país uma violenta corrente antiurbana.

O ataque é impiedoso, mas não recai sobre nenhum modelo de substituição. Uma tradição antiurbana começa assim com Thomas A. Jefferson, para continuar com R. Waldo Emerson, Thoreau, Henry Adam, Henry James, e terminar paradoxalmente com o maior arquiteto da Escola de Chicago, Louis Sullivan. Os trabalhos de M. e L. White[47] analisaram notavelmente as etapas dessa corrente, em relação à qual os celebrantes da cidade americana, de Walt Whitman a William James, só representam umas vozes perdidas no "deserto da cidade", completamente submersas pelo "estrépito antiurbano do panteão literário nacional"[47].

A grande cidade é assim sucessivamente criticada sob uma série de ângulos diferentes; em nome da democracia e de um empirismo político por Jefferson; em nome de uma metafísica da natureza por Emerson e sobretudo por Thoreau[48]; em função, enfim, de uma simples analítica das relações humanas pelos grandes romancistas. Todos esses autores, em uníssono, colocam ingenuamente suas esperanças na restauração de uma espécie de *estado rural*, que eles pensam ser, com algumas reservas, compatível com o desenvolvimento econômico da sociedade industrial e que sozinho permite assegurar a liberdade, a manifestação da personalidade e até a verdadeira sociabilidade.

O antiurbanismo americano não tem o alcance das correntes de pensamento examinadas acima; não se erigiu, em momento algum,

---

44. *Les temps nouveaux*, 1894, p. 51.
45. N. BUKHARIN e E. PREOBRAJENSKY, *L'A.B.C. du Communisme*, nova edição integral, traduzida em francês, François Maspéro, Paris, 1963. Cap. 17, "La question du logement".
46. Cf. P. GEORGE, *La ville*, P.U.F., Paris, 1952. .
47. M. e L. WHITE, "The American Intellectual versus the American Cities", *The Future Metropolis*, Nova York, Braziller, 1961.
48. Cf. R. W. EMERSON, *Nature*, 1836, e H. THOREAU, *Walden*, 1854.

18 O URBANISMO

em método. Devia, no entanto, ser mencionado aqui, devido à sua influência sobre o urbanismo americano do século XX.

II. O URBANISMO

O urbanismo difere do pré-urbanismo em dois pontos importantes. Em lugar de ser obra de generalistas (historiadores, economistas ou políticos), ele é, sob suas duas formas, teórica e prática, o apanágio de *especialistas*, geralmente arquitetos. "O urbanista não é outra coisa senão um arquiteto", afirma Le Corbusier. Além disso, o urbanismo deixa de inserir-se numa visão global da sociedade. Ainda que o pré-urbanismo tenha estado ligado a opções políticas ao longo de toda a sua história[49], o urbanismo é *despolitizado*. Essa transformação do urbanismo pode ser explicada pela evolução da sociedade industrial nos países capitalistas. Depois da fase militante, heróica, do século XIX, as sociedades capitalistas liberalizam-se e suas classes dirigentes retomam, cortando-as de suas raízes, certas idéias e propostas do pensamento socialista do século XIX.

Além disso, essas idéias vão ser aplicadas. Ao invés de ser acantonado na utopia, o urbanismo vai destinar a seus técnicos uma tarefa *prática*.

No entanto, o urbanismo não escapa completamente à dimensão do imaginário. Os primeiros urbanistas têm um poder reduzido sobre o real: ora têm de enfrentar condições econômicas desfavoráveis, ora se chocam com todo o poder de estruturas econômicas e administrativas herdadas do século XIX. Desde então sua tarefa polêmica e criadora afirma-se num movimento utópico.

É o motivo por que, apesar das diferenças assinaladas acima, e se bem que não se possa falar de uma continuidade ideológica conscientemente assumida entre pré-urbanismo e urbanismo, este último também atribui em seu método um papel ao imaginário. Reencontraremos nele, sob uma forma modernizada, os dois modelos do pré--urbanismo.

A. UMA NOVA VERSÃO DO MODELO PROGRESSISTA

A versão nova do modelo progressista encontra uma primeira expressão em *La cité industrielle* do arquiteto Tony Garnier. Esta

---

49. Não estamos de acordo com N. BENEVOLO que, em *Le origini dell'urbanistica moderna* (Laterza, 1963), data de 1848 a despolitização do pensamento relativo ao planejamento urbano. De modo geral, a abordagem dos pré--urbanistas diz mais respeito a uma teoria das relações sociais que a uma política propriamente dita. Mas essa visão global da cidade subsiste até o começo do século XX. William Morris é um admirável exemplo. Os projetos técnicos que atraem a atenção de Benevolo a partir de 1848 constituem tão-somente um caso — particularmente espetacular (devido à revolução industrial) — de uma prática, que sempre existiu; tende a confundir urbanismo e gênio civil.

O URBANISMO EM QUESTÃO

obra, só editada em 1917, compõe-se de uma breve introdução, acompanhada por uma imponente série de ilustrações, que foram expostas e obtiveram uma grande notoriedade a partir de 1904. Descobre-se ali, segundo Le Corbusier,

uma tentativa de ordenação e uma conjugação das soluções utilitárias e das soluções plásticas. Uma regra unitária distribui por todos os bairros da cidade a mesma escolha de volumes essenciais e fixa os espaços seguindo necessidades de ordem prática e as injunções de um sentido poético próprio do arquiteto[50].

A influência de *La cité industrielle* foi considerável sobre a primeira geração dos arquitetos "racionalistas"[51]. Mas estes teriam de esperar o fim da guerra de 1914, e a dupla solicitação do progresso técnico e de certas pesquisas plásticas de vanguarda, para dar sua expressão acabada ao modelo progressista do urbanismo. Apesar das situações políticas e econômicas muito diversas, uma imagem análoga da cidade futura é extraída das pesquisas empreendidas, quase simultaneamente, nos Países Baixos por J. P. Oud, G. Rietveld e C. Van Eesteren, na Alemanha pela *Bauhaus* de Gropius[52], na Rússia pelos construtivistas, na França por A. Ozenfant e Le Corbusier.

A partir de 1928, o modelo progressista encontra seu órgão de difusão num movimento internacional, o grupo dos C.I.A.M.[53], em

50. LE CORBUSIER, *Vers une architecture*, p. 38 da reedição Vincent Fréal, 1958.
51. O conceito de arquitetura *racionalista* foi utilizado pelos historiadores da arquitetura (em especial B. Zevi) para designar o movimento que se afirma, depois da guerra de 1914, em favor das formas puras (contra a *Art nouveau* e sob a influência do cubismo); ele proscreve qualquer decoração e ornamentação dos edifícios, e preconiza a exploração radical das fontes da técnica e da indústria. Seus principais partidários foram Gropius, Le Corbusier, Mies Van der Rohe, Oud e Mendelsohn. A arquitetura racionalista chegou numa segunda onda até os Estados Unidos, pouco antes, mas principalmente depois da Segunda Guerra Mundial. Os arquitetos racionalistas criaram o "estilo internacional" (expressão consagrada por H. R. HITCHCOCK e PH. JOHNSON em *The International Style, Architecture since 1922*, Nova York, Norton, 1932).
52. Seguindo a obra terminada pela *Deutsches Werkbund* de H. Van de Velde, e desenvolvendo idéias que ele mesmo já resumira em 1910, Gropius funda em 1919 a *Bauhaus* de Weimar. Esta célebre escola objetiva a síntese das artes e da indústria, a elaboração, por um trabalho de equipe, de normas e de padrões destinados, no caso das artes aplicadas à arquitetura, à produção em série. É com esse espírito que a Bauhaus tentará definir um estilo. Entre os professores chamados por Gropius: P. Klee, W. Kandinsky, Moholy-Nagy. Malevitch e Van Doesbourg darão conferências. O urbanista do grupo é L. Hilberseimer. Em 1926, a Bauhaus transfere-se para Dessau. Mies Van der Rohe assume sua direção em 1930. Os nazistas fecharão a escola em 1932. Como B. Zevi observou com justiça, na Alemanha, jovem nação industrial, o urbanismo é ensinado oficialmente: Gropius é essencialmente um professor. A situação é inversa na França: Le Corbusier continuará um polemista e um *outsider*.
53. O grupo dos C.I.A.M. (Congressos internacionais de arquitetura moderna) reúne não só europeus como V. Bourgeois, Gropius, Hilberseimer, Le Corbusier, Rietveld, Sert, Van Eesteren, mas também representantes dos Estados Unidos (Neutra, Wiener), do Brasil (Costa), do Japão (Sakakura), etc. De início absorvidos pelo problema da habitação, os C.I.A.M. colocaram o urbanismo no primeiro plano de suas preocupações a partir do congresso de 1930, data em que sua presidência voltou a Van Eesteren, que era então chefe do departamento de *Town Planning* da cidade de Amsterdã. Os arquitetos dos C.I.A.M. elaboraram, em 1933, a Carta de Atenas ou *Town Planning Chart* durante seu 4º congresso,

20 O URBANISMO

1933, esse grupo propõe uma formulação doutrinária sob o nome de *Carta de Atenas*. Esta constitui, portanto, o bem comum dos urbanistas progressistas; seu conteúdo é retomado em seus numerosos escritos respectivos. Entretanto, tomou-se emprestada a maior parte das citações que se seguem a Le Corbusier: um excepcional talento de jornalista (conservado pela necessidade de travar polêmica sem cessar contra o passadismo do público francês) inspirou-lhe, por 45 anos, as imagens e fórmulas mais surpreendentes[54].

A idéia-chave que subtende o urbanismo progressista é a idéia de *modernidade*. "Uma grande época está surgindo, existe um espírito novo", proclama Le Corbusier na revista *L'esprit nouveau*, que ele acabara de fundar, em 1919, com A. Ozenfant. Pela obra, ele vê essencialmente essa modernidade em dois campos: a indústria e a arte de vanguarda (na ocasião o cubismo e os movimentos derivados dele).

Como no pré-urbanismo progressista, encontra-se pois na base do urbanismo progressista uma concepção da era industrial como ruptura histórica radical. Mas o interesse dos urbanistas deslocou-se das estruturas econômicas e sociais para as estruturas *técnicas* e *estéticas*. A grande cidade do século XX é anacrônica, porque não é a contemporânea verdadeira nem do automóvel, nem das telas de Mondrian: eis o escândalo histórico que eles vão denunciar e tentar suprimir.

A cidade do século XX precisa realizar, por sua vez, a revolução industrial: e não basta empregar sistematicamente os materiais novos, aço e concreto, que permitem uma mudança de escala e de tipologia; é preciso, para obter a "eficácia" moderna, anexar os métodos de estandartização e de mecanização da indústria. A racionalização das formas e protótipos separa, aliás, as pesquisas das artes plásticas. Com efeito, os membros da *Bauhaus*, tanto quanto os urbanistas neerlandeses ligaram-se estreitamente a P. Mondrian, Van Doesbourg e aos promovedores do *Stijl*; os arquitetos urbanistas soviéticos gravitaram no grupo construtivista, em torno de Malevitch e Tatlin; Le Corbusier foi, com A. Ozenfant, em 1920, o fundador do "purismo". Todos esses diversos movimentos propõem uma nova relação com o objeto, relação fundada numa concepção austera e racional da beleza. Procuram extrair formas universais, seguindo as propostas dos cubistas, nos quais D. H. Kahnweiler observa sugestivamente que queriam dar do objeto

> uma imagem completa e desprovida ao mesmo tempo de tudo o que é momentâneo, acidental, retendo apenas o essencial, o durável[55].

---

que tomou a forma de um cruzeiro pelo Mediterrâneo, em direção à Grécia e Atenas. Os princípios estabelecidos então foram reunidos mais tarde sob duas formas destinadas ao público não especializado: *La charte d'Athènes, l'urbanisme des C.I.A.M.*, por LE CORBUSIER, Paris, Plon, 1943, e *Can our Cities Survive* por J. L. SERT (vice-presidente dos C.I.A.M.), Harvard University Press, 1944).

54. Em quarenta e cinco anos, observa-se pouca evolução ou transformação no pensamento urbanístico de Le Corbusier. Hoje suas idéias parecem ultrapassadas em certos países, mas não na França, onde, com efeito, a situação da construção e a mentalidade do público não mudaram muito de 1918 até os anos 1950.

55. D. KAHNWEILER, *Juan Gris*, Paris, Gallimard, 1946.

O URBANISMO EM QUESTÃO 21

Assim, a indústria e a arte juntam-se em seu intento do *universal* e seu duplo desdobramento na escala mundial confirma os urbanistas progressistas na concepção do homem-tipo do pré-urbanismo: idêntico em todas as latitudes e no seio de todas as culturas, o homem é, para Le Corbusier, definido

pela soma das constantes psicofisiológicas reconhecidas, inventariadas por gente competente (biólogos, médicos, físicos e químicos, sociólogos e poetas[56]).

Essa imagem do homem-tipo inspira a Carta de Atenas, que analisa as necessidades humanas universais no quadro de quatro grandes funções: habitar, trabalhar, locomover-se, cultivar o corpo e o espírito. Tal é a base que deve permitir a determinação, *a priori*, com toda certeza, do que Gropius chama "o tipo ideal de localização humana". Esse tipo vai ser aplicado, de modo idêntico, por um espaço planetário homogêneo, cujas determinações topográficas são negadas. A independência em relação ao local não resulta mais apenas, como no século XIX, da certeza de deter a verdade de uma boa forma, mas também das novas possibilidades técnicas: "a arquitetura do *bull-dozer*" nasceu, nivelando as montanhas e cobrindo os vales. Com a condição de preencher suas funções e ser eficaz, os urbanistas adotarão o mesmo plano de cidade para a França, o Japão, os Estados Unidos e a África do Norte. Le Corbusier chega a propor praticamente o mesmo esquema para o Rio e Argel, e o plano para a reconstrução de Saint-Dié reproduz em pequena escala o plano Voisin de Paris dos anos 1920.

Não mais que ao local, o plano da cidade progressista não está ligado às limitações da tradição cultural; ele só quer ser a expressão de uma demiúrgica liberdade da razão, colocada a serviço da eficácia e da estética. São esses dois imperativos que conferem ao espaço do modelo progressista suas características particulares.

A preocupação com a eficácia manifesta-se antes de tudo na importância atribuída à questão da saúde e da higiene. A obsessão pela higiene polariza-se em torno de noções de sol e de verde. Está ligada aos progressos contemporâneos da medicina e da fisiologia, às aplicações práticas daí tiradas[57], assim como ao papel novo reservado, depois da Primeira Guerra Mundial, à cultura do corpo e à helioterapia. Estes objetivos levarão os urbanistas progressistas a fazer o velho espaço fechado explodir para *desdensificá-lo*, para isolar no sol e no verde edifícios que deixam de ser ligados uns aos outros para tornar-se "unidades" autônomas. A conseqüência maior é a abolição da rua, estigmatizada como um vestígio de barbárie, um anacronismo revoltante. Paralelamente, a maior parte dos urbanistas preconizarão a construção elevada, para substituir a continuidade dos velhos imóveis

---

56. LE CORBUSIER, *Manière de penser l'urbanisme, L'architecture d'aujourd'hui*, Paris, 1946, reedição ed. Gonthier, 1963, p. 38. Cf. "Todos os homens têm o mesmo organismo, as mesmas funções. Todos os homens têm as mesmas necessidades." In *Vers une architecture*, p. 108.

57. Cf. REY e PIDOUX, *Une révolution dans l'art de bâtir: l'orientation solaire de habitations* (Comunicado ao congresso de higiene do Instituto Pasteur, 1921). Estes autores exaltam "a luz solar, supremo fator da vida" e propõem uma "solução rigorosa para o problema da iluminação solar das habitações", que retomarão mais tarde em *La science du plan des villes*, 1928.

22 O URBANISMO

baixos por um número reduzido de unidades ou pseudocidades verticais. Em termos de *Psicologia da Gestalt* constata-se uma inversão dos termos forma e fundo; ao invés de pedaços de espaço livre desempenharem o papel de figuras sobre o fundo construído da cidade, o espaço torna-se fundo, meio no qual se desenvolve a aglomeração nova. Este novo fundo é, em grande parte, investido pelo verde. "A cidade transformar-se-á, pouco a pouco, num parque," antecipa Le Corbusier; e Gropius acrescenta: "O objetivo do urbanista deve ser o de criar entre a cidade e o campo um contato cada vez mais estreito"[58]. Assim somos levados aos conceitos da "cidade-jardim" vertical de Le Corbusier e da *urbs in horta* de Hilberseimer.

Esse espaço fragmentado não deixa de ser governado por uma *ordem* rigorosa que responda a um novo nível de eficácia, o da atividade produtora. Com efeito, a cidade industrializada é também industriosa, quer dizer, para o urbanismo progressista, "um instrumento de trabalho". Para que a cidade possa preencher essa função de instrumentalidade, deve ser "classificada", analisada; cada função sua deve ocupar uma área especializada. Seguindo Tony Garnier, os urbanistas progressistas separam cuidadosamente as zonas de trabalho das zonas de habitat, e estas dos centros cívicos ou dos locais de lazer. Cada uma dessas categorias é, por sua vez, dividida em subcategorias igualmente classificadas e ordenadas. Cada tipo de trabalho, burocrático, industrial, comercial recebe sua atribuição. Não escapam "cafés, restaurantes, lojas... vestígios da rua atual" que não devam "tomar forma ou ser ordenados, colocados em estado de plena eficácia. Lugares projetados para diversão e sociabilidade"[59]. A circulação, por sua vez, é concebida como uma função separada que, paradoxalmente, é tratada fazendo-se abstração do conjunto construído onde ela se insere; há "independência recíproca dos volumes edificados e das vias de circulação", diz Le Corbusier, e acrescenta:

> As auto-estradas (*voies autoroutes*) recortarão o espaço de acordo com a rede mais direta, mais simplificada, inteiramente ligada ao solo... mas perfeitamente independente dos edifícios ou imóveis que podem estar a maior ou menor proximidade[60].

A rua não é, portanto, somente abolida em nome da higiene, na medida em que "simboliza em nossa época a desordem circulatória". A ordem circulatória, aliás, corre muitas vezes o risco de terminar em submissão incondicional ao poder do automóvel, do qual se pôde dizer, não sem alguma justiça, que sozinho terminaria por determinar a posição de um grande número de projetos.

Cidade-instrumento, o modelo progressista é também *cidade-espetáculo*. A estética é um imperativo tão importante quanto a eficácia para esses urbanistas-arquitetos a quem a tradição européia deu, em alto grau, uma formação de artistas. Mas, conforme a seu moder-

---

58. LE CORBUSIER, *Manière de penser l'urbanisme*, p. 86. GROPIUS, *loc. cit.*, p. 100.
59. LE CORBUSIER, *loc. cit.*, p. 74.
60. *Loc. cit.*, p. 27 e 77. Cf. a tese inversa in *Relatório Buchanan*, mais adiante, pp. 255 e ss.

O URBANISMO EM QUESTÃO

nismo, rejeitam qualquer sentimentalismo com respeito ao legado estético do passado. Das cidades antigas, que devem ser replanejadas, só mantêm o alinhamento, praticando esse urbanismo de ponta de faca que também satisfaz as exigências do rendimento. "Quanto mais Haussmann cortava, mais dinheiro ganhava", nota Le Corbusier[61]. O mesmo autor, em seu plano de Paris, podará sem hesitação o conjunto dos velhos bairros "pitorescos" (atributo passadista, proscrito da aglomeração progressista) para só manter algumas construções maiores (Notre-Dame, a La Sainte Chapelle, os Invalides) promovidas à dignidade de símbolo e à função museológica.

É na prancha de desenho, como num quadro, que o urbanista "compõe" sua futura cidade. De conformidade com os princípios do cubismo, e mais ainda com os do purismo e do Stijl, elimina qualquer detalhe anedótico em proveito de formas simples, despojadas, onde o olho não possa tropeçar em nenhuma particularidade; trata-se, de certa forma, de construir o quadro *a priori* de qualquer comportamento social possível[62].

A composição retoma o tema da fragmentação; organiza-se em torno de centros de visão múltiplos, num movimento que lembra o do cubismo sintético. Cada um desses focos dissociados é ordenado segundo os princípios de uma geometria simples, que caracteriza também as composições das escolas aparentadas com o cubismo. "A geometria, dizia Apollinaire, é para as artes plásticas o que a gramática é para a arte do escritor." Entretanto – D. H. Kahnweiler e M. Raynal sublinharam-no bem – os cubistas cogitavam de um geometrismo instintivo, com o qual a matemática tinha pouco a ver. Pelo contrário, para a maior parte dos urbanistas progressistas, tais como Le Corbusier e seus discípulos, a geometria torna-se o ponto de encontro do belo e do verdadeiro: a arte é regida por uma lógica matemática.

> A geometria é a base. . . Toda a época contemporânea é, pois, de geometria, eminentemente; ela orienta seus sonhos para as satisfações com a geometria. As artes e o pensamento moderno, depois de um século de análise, procuram para além do fato acidental e a geometria os conduz a uma ordem matemática[63].

Ainda não é preciso deixar-se prender pela miragem das palavras. A geometria que ordena o modelo progressista é muito elementar. Consiste essencialmente na disposição dos elementos cúbicos ou paralelepipedais segundo as linhas retas que se cortam em ângulo reto: o ortogonismo é a regra de ouro que determina as relações dos edifícios entre si e com as vias de circulação. Le Corbusier afirma: "A cultura é um estado de espírito ortogonal"[64]. Finalmente, ao espaço fragmentado, mas ordenado, da cidade-objeto, corresponde rigorosamente o espaço dissociado, mas geometricamente composto, da cidade-espetáculo.

---

61. *Urbanisme*, Paris, Crès, 1923, p. 255.
62. D. H. Kahnweiler censurou com justiça a abordagem cubista da filosofia husserliana (aliás ignorada pelos cubistas). Cf. *loc. cit.*, p. 267.
63. LE CORBUSIER, *Urbanisme*, p. 35.
64. *Idem.*

24 O URBANISMO

O mesmo funcionalismo e os mesmos princípios estéticos, inspirados por um idêntico racionalismo, presidem à concepção dos elementos da composição, quer dizer, dos *edifícios* repartidos pelo espaço. A cada destinação corresponde um protótipo; este exprime a verdade de uma função. A tarefa da Bauhaus é, precisamente, a de determinar essas "formas-tipos"; elas pertencem, aliás, à lógica de uma produção industrial bem compreendida. "Uma prudente limitação da variedade a alguns tipos de edifícios padrões aumenta a qualidade e abaixa o custo líquido", escreve Gropius[65]. Durante toda vida, não deixou de encarar a produção industrial da construção sob a forma de elementos leves. Em Le Corbusier, a industrialização da construção é antes um sonho, expresso principalmente nos anos 20. Na prática, suas pesadas construções de concreto, das quais só as superestruturas são industrializadas, constituem muito pouco para a indústria. Ele também preconiza a necessidade de definir protótipos: unidades de habitação, unidades de trabalho, unidades de cultura do espírito e do corpo, unidades agrárias, unidades de circulação horizontais e verticais. Ele desce, assim, até o detalhe do mais humilde equipamento.

Na medida em que o modelo progressista, em oposição ao modelo culturalista, privilegia o indivíduo-tipo mais que a comunidade-tipo, é normal que suas pesquisas mais arrebatadas recaiam no habitat. Os primeiros trabalhos dos C.I.A.M. centralizaram-se nele. A Carta de Atenas dá o testemunho. J. L. Sert, na obra onde a resume, intitula um capítulo: *"Dwelling, the first urban 'founction'"*.

De modo geral, dois tipos de habitat são considerados paralelamente, como na época de Fourier e Proudhon. De um lado, encontra-se a *casa baixa*, individual ou reservada a um pequeno número de famílias: esta solução é principalmente estudada pelos anglo-saxões, os holandeses e certos membros da Bauhaus. Por outro lado, é proposto o *imóvel coletivo gigante*, que corresponde mais ao ideal de uma sociedade modernista. Protótipos notáveis foram colocados em ponto de funcionamento na Bauhaus e por certos arquitetos soviéticos de vanguarda, como Ol e Ginsburg, nos anos 20. Le Corbusier devia ulteriormente conceber o modelo mais elaborado: *a unidade de habitação* ou *cidade radiosa*, realizada pela primeira vez em Marselha[66], antes de ser repetida em Nantes, Briey, Berlim.

A *cidade radiosa* retoma explicitamente a concepção fourierista do falanstério. Construída para abrigar o mesmo número de famílias (1 500 a 2 000 pessoas), oferecendo os mesmos serviços coletivos e os mesmos órgãos, em particular "a rua galeria", a "unidade" é uma versão do falanstério modernizada, e marcada pelos progressos da técnica: a invenção do concreto armado e do elevador tornaram possível a substituição da horizontalidade pela verticalidade de um prédio de dezessete andares. Mas a célula ou alojamento familial, que o sistema de Fourier deixava deliberadamente indeterminado ("a pessoa encontra onde se alojar segundo sua fortuna e seus gostos"), torna-se, pelo contrá-

---

65. *Loc. cit.*, p. 38.

66. A primeira pedra foi colocada em 1947 e o edifício terminado em 1952.

O URBANISMO EM QUESTÃO

rio, em Le Corbusier, um apartamento-tipo, de funções classificadas num espaço mínimo, intransformável. Forçoso é para o ocupante dobrar-se ao esquema de circulação e ao modo de vida em que esse alojamento implica, e que o arquiteto deduziu serem os melhores possíveis.

A ordem material que acabamos de definir por sua projeção no espaço contribui também para criar um *clima mental* particular. Na medida em que foi concebida como uma expressão plástica da modernidade, suscita à primeira tentativa uma atmosfera de manifesto. A ruptura com o passado é assumida de modo agressivo, provocante, os novos valores (mecanização, padronização, rigor, geometrismo) são afirmados num estilo de vanguarda, de certa forma expostos ao público cuja adesão deve ser conquistada por uma impressão de futurismo. A ambição do projeto, sua dimensão histórica criam um sentimento de exaltação. Mas o não-conformismo dos urbanistas progressistas é ameaçado por um novo conformismo. A intransigência deles, a recusa polêmica em abrir-se para a negatividade da experiência humana, eliminando todos os elementos suscetíveis de prejudicar a organização teórica de um projeto, corre o risco de fixar-se em academismo.

Além do mais, não reina na aglomeração progressista um clima realmente urbano. Essa afirmação pode parecer paradoxal se se evocar as cidades de vários milhões de habitantes propostas por Hilberseimer ou Le Corbusier. É, entretanto, significativo que uma das palavras mais freqüentemente utilizadas por este último seja "unidade". Ele chega a afirmar com precisão que os "instrumentos do urbanismo tomarão a forma de unidades" (de habitação, de circulação, etc.). Essa terminologia trai bem a *atomização*, o deslocamento da construção que agrupa no verde séries de arranha-céus ou pequenas cidades verticais.

Finalmente, as aglomerações do urbanismo progressista são locais de limitação[67]. Aqui ainda uma palavra-chave: *a eficácia*. Este valor justifica a rígida determinação do quadro de vida. A inscrição, irremediavelmente fixada, de cada uma das atividades humanas em termos espaciais simboliza o papel reificador desse urbanismo de que se pode dar uma imagem mais impressionante do que o fez o próprio Le Corbusier: "Nada mais é contraditório... cada um bem alinhado em ordem e hierarquia ocupa seu lugar"[68]. E, de fato, o indivíduo uma vez definido em termos de desenvolvimento físico, de funcionamento, de produtividade, de necessidades-tipos universais, que lugar é deixado para o campo infinito e indeterminado dos valores a serem criados e dos desejos possíveis? Até a unidade última do sistema, o apartamento da família (reprodutora), não escapa à limitação;

---

67. O caráter limitador das cidades corbusierianas foi particularmente bem destacado por L. Mumford. Cf. especialmente in *The Highway & the City*, Londres, 1964, o ensaio intitulado *The Marseille Folly*: "Em resumo, este plano, com suas dimensões arbitrárias, o modo como frustra os ocupantes de qualquer possibilidade de insolamento, seu fracasso na utilização da luz natural oferece uma perfeita demonstração das condições procustianas que começam a reinar na arquitetura moderna. *Como o antigo hospedeiro grego, o arquiteto da cidade radiosa apela para a violência para dobrar os seres humanos às dimensões inflexíveis de seu edifício monumental*" (p. 77). Grifos nossos.

68. *Manière de penser l'urbanisme*, p. 11.

26 O URBANISMO

no jargão dos especialistas, ele tem o nome expressivo de célula. Assim a nova cidade torna-se, a um só tempo, o lugar da produção mais eficaz e uma espécie de centro de criação humana, no horizonte do qual se projeta, ameaçadora, a imagem analítica do pai[69] castrador dos filhos. O papel é conservado (em todo caso no nível dos primeiros modelos do urbanismo progressista) pelo urbanista, detentor da verdade. "É assim que o rebanho é conduzido", confessa Le Corbusier, para quem, aliás, "o mundo precisa de harmonia e de fazer-se guiar por harmonizadores"[70]. Segundo os casos, o urbanista-pai assemelhar-se-á a um demiurgo-artista ou terá a pretensão de encarnar a tecnologia.

B. UMA NOVA VERSÃO DO MODELO CULTURALISTA

O modelo culturalista toma a forma propriamente urbanística muito cedo, antes do modelo progressista, antes mesmo da criação do termo "urbanismo". Podemos reconhecê-lo, nos planos teórico e prático, na Alemanha e Áustria dos anos 1880 e 1890. Segundo uma lei colocada em evidência por Marx, o atraso industrial de um país constitui muitas vezes um fator positivo na medida em que esse país pode, por isso mesmo, beneficiar-se de um equipamento mais moderno e mais rendoso que os países industrializados anteriormente, cujo equipamento ainda não se amortizou. No momento em que a Alemanha, ilustrando essa lei, tende a tomar o primeiro lugar na economia européia, ela se beneficia de vantagens semelhantes em matéria de planejamento urbano. A experiência das primeiras cidades industriais inglesas não se repetirá; a expansão industrial será acompanhada por propostas que constituirão até, na primeira década do século XX, para os urbanistas culturalistas ingleses, um exemplo e um objeto de estudo.

Na época do urbanismo, como no tempo do pré-urbanismo, o modelo culturalista não conta com representantes na França. Entre seus fundadores, destacaremos: Camillo Sitte, o grande urbanista austríaco que, em 1889, publica *Der Stadtebau*[71], e cuja influência será considerável na Alemanha e na Grã-Bretanha; Ebenezer Howard, o autor socialista de *Tomorrow* (1898), que classificaríamos de boa vontade entre os pré-urbanistas, se não tivesse sido o pai espiritual das cidades-jardins e se não tivesse tido um papel nos primeiros congressos de urbanismo; finalmente, Raymond Unwin, o arquiteto urba-

---

69. Uma confirmação de nossa análise é dada pelas próprias palavras de André Gutton na Introdução de seu *Cours d'urbanisme* da Escola de Belas--Artes. Indicando aos futuros urbanistas sua tarefa, ele conclui: *"Então, vocês não serão mais um médico, mas um pai* (liberado do paternalismo, naturalmente), procurarão para o homem o ambiente de paz que lhe é necessário". *Loc. cit.*, p. 23 (grifos nossos).

70. *Manière de penser l'urbanisme*, p. 92 e Apêndice I.

71. Traduzido em francês em 1902, com o título *Art de bâtir les villes*. Sitte era arquiteto e diretor da Escola Imperial e Real das Artes Industriais de Viena.

O URBANISMO EM QUESTÃO

nista que realizará com B. Parker a primeira *garden-city* inglesa de Letchworth.

Os princípios ideológicos deste modelo são comparáveis aos de seu precursor. A *totalidade* (a aglomeração urbana) prevalece sobre as partes (os indivíduos), e o conceito *cultural* de cidade sobre a noção material de cidade. Mas enquanto o socialista Ebenezer Howard era, como o conjunto dos pré-urbanistas, movido em alto grau por considerações políticas e sociais, a visão de Unwin e a de Sitte são despolitizadas – em benefício, principalmente em Sitte, de uma abordagem estética, que todas as fontes da arqueologia e do museu imaginário do planejamento urbano vêm apoiar. "É só estudando as obras de nossos predecessores que poderemos reformar a organização banal de nossas grandes cidades", escreve Sitte[72].

Do mesmo modo, o espaço do modelo cultural opõe-se ponto por ponto ao do modelo progressista. *Limites precisos* são determinados para as cidades. A metrópole da era industrial horroriza Howard, que fixa em trinta mil ou cinqüenta e oito mil o número de habitantes de sua cidade[73]. Esta é circunscrita de modo preciso, limitada por um cinturão verde destinado a impedir qualquer coalescência com outras aglomerações. Uma *garden-city* não pode estender-se pelo espaço; só pode desdobrar-se como células vivas, a população supranumerária indo fundar um novo centro, a uma distância razoável, que será também cercado de verde.

Cada cidade ocupa o espaço de modo particular e *diferenciado*; é a conseqüência do papel que os culturalistas atribuem à individualidade. Na pesquisa da diferenciação, Howard enfatiza sobretudo os fatores sociológicos; a população deverá ser equilibrada nas diferentes classes etárias e em todos os setores do trabalho. Sitte, por seu lado (fielmente seguido por Unwin, no que diz respeito à organização do núcleo central das *garden-cities*), apega-se exclusivamente aos meios de assegurar particularidade e variedade ao espaço interior da cidade. Ele recorre à análise das cidades do passado (da antigüidade ao século XV): é ali que, incansavelmente, estuda o traçado das vias de circulação, a disposição e as medidas das praças em sua relação com ruas que têm acesso a elas, com os edifícios que as delimitam, com os monumentos que as enfeitam. O mestre vienense repete ainda, no maior número de casos possíveis, a situação e as dimensões dos pontos de abertura. Se o estudo interrompe-se na Renascença italiana, é porque o planejamento das cidades já faz com que ali (infelizmente, segundo Stite) intervenha a prancha de desenho com vistas a efeitos de perspectiva.

Da multiplicidade dos levantamentos e análises, Sitte extrai a definição de uma ordem espacial modelo. Ao invés do espaço abstrato,

---

72. *Loc. cit.*, ed. 1918, p. 118.

73. O número máximo de habitantes estabelecido para as cidades por Howard é de 30 000, mais 2 000 proprietários agrícolas. Essas cidades (por definição isoladas umas das outras por cinturões verdes) podem estar eventualmente agrupadas à periferia de uma cidade central (distante de 5 a 32 km), cuja população não deverá exceder os 58 000 habitantes.

O URBANISMO

disperso, no qual, no modelo progressista, se recortam as formas-unidades das construções, Sitte preconiza um espaço concreto, recortado na continuidade de um fundo de edifícios. Até em matéria de monumentos, é preciso reagir contra "a doença moderna do isolamento"[74]. Sitte substitui a análise tipológica pela análise *relacional*. A rua é um órgão fundamental, as formas diretoras não são mais as dos edifícios mas as dos locais de passagem e de encontro, quer dizer, das ruas e das praças; e o próprio verde, praticamente eliminado do centro urbano por Sitte, é cuidadosamente formalizado quando aparece, incidentalmente, em algum bairro residencial.

Esse espaço é fechado e íntimo, pois a

> característica fundamental das cidades antigas consiste na limitação dos espaços e das impressões... A rua ideal deve formar um todo fechado. Quanto mais as impressões forem nelas limitadas, mais o quadro será perfeito. Sentimo-nos à vontade se o olhar não pode perder-se no infinito[75].

Esse espaço deve, além do mais, ser imprevisível e diverso, e para isso recusar qualquer subordinação a quaisquer princípios de simetria, seguir as sinuosidades naturais do terreno, as incidências do sol, dobrar-se aos ventos dominantes, ou ao maior conforto existencial do usuário.

O clima mental desse modelo é tranqüilizador, ao mesmo tempo confortável e estimulante; é favorável à intensidade e multiplicação das relações interpessoais, ainda que, no caso de Sitte, a pura estética seja resolutamente sacrificada, entendida no mesmo sentido vitalista encontrado em Ruskin e Morris.

Mas os promotores desses modelo, se bem que essencialmente ligados à história, não fazem justiça à originalidade histórica do presente e à especificidade de seus problemas. S. Giedion não se poupa de acusar Sitte de querer, em pleno século XX, voltar à "cidade medieval", e trata-o de "trovador"; Le Corbusier, mais severo, constatará: "Acabamos de criar a religião dos estúpidos. O movimento partiu da Alemanha, em conseqüência de uma obra de Camillo Sitte"[76]. De fato, o urbanista vienense tem tamanha obsessão por problemas estéticos e formas do passado que chega a ignorar completamente a evolução das condições de trabalho, assim como os problemas da circulação. O próprio Unwin vê bem a contradição e, como bom empirista, tenta conciliar o modelo culturalista com as exigências do presente. Apesar de seus esforços, particularmente no que diz respeito aos transportes públicos, nem sempre é bem sucedido. No caso das *garden-cities*, o controle exigido na expansão urbana e sua estrita limitação não são facilmente compatíveis com as necessidades do desenvolvimento econômico moderno.

É que, definitivamente, esse modelo é *nostálgico*. Para apreender totalmente a natureza dessa nostalgia, transportar-nos-emos mentalmente às obras de uma série de autores alemães quase contemporâneos dos primeiros urbanistas; a visão dos historicistas do século XIX é ali aprofundada, completada por certas aquisições ulteriores, e esclarecida

---

74. *Loc. cit.*, p. 39.
75. *Loc. cit.*, p. 137.
76. *Urbanisme*, p. 9.

O URBANISMO EM QUESTÃO

às vezes com a ajuda de conceitos hegeliano-marxistas. Assim, apesar da divergência de suas posições e preocupações (nas quais a filosofia, a história da cultura e a economia política desempenham respectivamente o papel principal), espíritos tão diversos como Max Weber, Sombart[77], ou Spengler apresentam-nos uma imagem bem semelhante da cidade européia pré-industrial; ela é para os três um lugar e um momento excepcionais onde, graças ao clima particular da comunidade urbana, o indivíduo pôde realizar-se e a cultura desenvolver-se. Na última página de suas Observações introdutórias à compilação *The City* de Weber, D. Martindale resume bem essa visão e os ecos nostálgicos que ela encontra ainda hoje:

> A teoria da cidade de Max Weber conduz-nos assim a uma conclusão bem interessante. A cidade moderna está perdendo sua estrutura externa e formal. Do ponto de vista interior, ela está em curso de degenerescência, enquanto a comunidade representada pela nação desenvolve-se por toda parte às suas custas. A era da cidade parece dever chegar ao termo[78].

Dessa vontade de recriar um passado morto, que é finalmente o motor ideológico do urbanismo culturalista, devem-se tirar duas conseqüências críticas. Num primeiro nível — metodológico e especulativo — a valorização inconsiderada do passado leva a uma reificação do tempo, que é tratado ao modo de um espaço e como se fosse reversível. Chega-se assim, por canais diferentes, ao mesmo resultado que no urbanismo progressista. Ao utopismo progressista opõe-se o utopismo nostálgico, e à religião do funcionalismo o culto dos valores ancestrais, cujos modos de funcionamento a história e a arqueologia desvendaram.

Se nos colocarmos num segundo nível crítico, o do inconsciente, o urbanismo culturalista também traduz certas tendências nevróticas. Em lugar do recurso progressista à imagem paternal, temos dessa vez uma franca regressão. E a repetição quase ritual de condutas antigas traduz a inadaptação, a fuga diante de um presente inassumível. Em extremo, essa atitude acabaria em perda da função do real, compensada por um comportamento de tipo mágico, de caráter compulsivo.

C. UM NOVO MODELO: NATURALISTA

As idéias da corrente antiurbana americana cristalizam-se, no século XX, num novo modelo. Muito radicalmente utópico para prestar-se a uma realização, mas destinado no entanto para marcar o pensamento de uma parte dos sociólogos e *town-planners* americanos, esse modelo foi elaborado sob o nome de *Broadacre-City*, pelo grande arquiteto americano F. L. Wright. Este trabalhará continuamente de 1931 a 1935 nesse projeto de localização ideal cuja maquete gigante

---

77. Cf. especialmente W. SOMBART, *Der moderne Kapitalismus*, 1902-1927, Munique, t. II, 2ª p.; e *Der Begrief der Stadt und das Wesen der Städtebildung*, in *Brauns Archiv*, vol. 4, 1907.
78. MAX WEBER, *The City*, traduzido e editado por D. Martindale e G. Neuwirth, Collier Books, Nova York, 1962.

30 O URBANISMO

ele expôs em 1935; suas concepções diretoras foram reveladas a partir de 1932 em *The Disappearing City*, livro cujos temas F. L. Wright não cessou de retomar até sua morte, em 1959[79].

Os princípios ideológicos sobre os quais ele funda Broadacre são os de um fiel discípulo de Emerson. A grande cidade industrial é acusada de alienar o indivíduo no artifício. Só o contato com a natureza pode devolver o homem a si mesmo e permitir um harmonioso desenvolvimento da pessoa como totalidade. F. L. Wright descreve essa relação original e fundamental com a terra em termos que, para o leitor europeu, evocam as páginas onde Spengler reconstitui o início da cultura ocidental. Mas, para F. L. Wright, – como para seus mestres, Jefferson e Emerson – só é possível liberar-se das servidões da megalópolis e reencontrar a natureza pela realização da "democracia". Esse termo não deve, por sinal, induzir em erro e deixar supor uma reintrodução do pensamento político no urbanismo: ele implica essencialmente a liberdade de cada um de agir à sua vontade. "Nosso próprio ideal do estado social, a democracia... foi originalmente concebido como a livre crença de numerosos indivíduos enquanto indivíduos", escreve Wright. "Democracia" designa, para ele, um individualismo intransigente, ligado a uma despolitização da sociedade, em benefício da técnica: pois é finalmente a industrialização que permitirá eliminar as taras consecutivas à industrialização.

A partir dessas premissas, F. L. Wright propõe uma solução à qual deu sempre o nome de *City*, se bem que ela elimine não só a megalópolis mas também a idéia de cidade em geral. A natureza volta a ser ali um meio contínuo, no qual todas as funções urbanas estão *dispersas* e isoladas sob forma de *unidades reduzidas*. O alojamento é individual: não há apartamentos, mas casas particulares, cada uma com pelo menos quatro acres[80] de terreno, que os ocupantes dedicam à agricultura (atividade privilegiada da civilização dos lazeres, segundo F. L. Wright) e aos lazeres diversos. Ora o trabalho está situado ao lado do alojamento (oficinas, laboratórios e escritórios particulares), ora se integra em pequenos centros especializados: unidades industriais ou comerciais são cada vez mais reduzidas ao maior volume viável, destinadas a um mínimo de pessoas. Acontece o mesmo com os centros hospitalares e culturais, cujo número compensa a dispersão e a escala geralmente reduzida. Todas essas células (individuais e sociais) estão ligadas e *religadas* entre si por uma abundante rede de rotas terrestres e aéreas: o isolamento só tem sentido se pode ser rompido a qualquer momento. O arquiteto americano imaginou, portanto, um sistema acêntrico, composto de elementos pontuais inseridos numa rica rede circulatória. Broadacre é o modelo de uma porção qualquer de um tecido uniforme que pode estender-se e recobrir todo o planeta com mais continuidade que o modelo progressista. F. L. Wright propunha experimentar antes seu projeto numa região limitada dos Estados Uni-

---

79. Seguindo-se essa análise, todas as nossas citações serão tiradas do livro *When Democracy Builds*, Chicago, 1945, que é uma reedição, ligeiramente modificada, de *The Disappearing City*.

80. Um acre equivale a quarenta ares e meio.

O URBANISMO EM QUESTÃO

dos; mas pensava em uma solução iniversal, destinada a uma aplicação mundial.

O espaço desse modelo culturalista é complexo; certas características suas aparentam-no com o modelo progressista, outras com o modelo culturalista. Ele é ao mesmo tempo aberto e fechado, universal e particular. É um espaço moderno que se oferece generosamente à liberdade do homem. Os grandes trabalhos do gênio civil (auto-estradas, pontes, pistas de aterrissagem) que constituem sua rede circulatória conferem a Broadacre uma dimensão cósmica: cada um está ligado ali à totalidade do espaço, cujas direções todas estão igualmente abertas à sua investigação. A relação de Broadacre com a técnica moderna é ainda mais decisiva que no modelo progressista: são o automóvel, o avião, o *parkway*, a televisão, as técnicas mais avançadas de transporte e de comunicação que dão seu sentido a esse modo de localização dispersado.

O espaço de Broadacre não é menos particularizado. A diversidade topográfica não é negada nele: pelo contrário, a natureza deve ser cuidadosamente preservada em todos os seus acidentes, e a arquitetura deixa de ser, para F. L. Wright, um sistema de formas independentes imersas num espaço abstrato,

> mas resulta autenticamente da topografia... Sob uma infinita variedade de formas, os edifícios exprimem a natureza e as características do solo sobre o qual eles (se elevam), eles se tornam uma parte integrante deles.

A arquitetura está *subordinada à natureza*, à qual deve constituir uma espécie de introdução. Além disso, a intimidade, a organicidade[81] e o fechamento do espaço, caros aos urbanistas culturalistas, reencontram-se no nível dos edifícios particulares.

Seríamos, numa primeira abordagem, tentados a definir o clima de Broadacre por seu caráter rural. Mas é preciso levar a análise adiante. Constata-se então que, embora concedendo um papel maior para o progresso técnico[82], o grande arquiteto americano nunca pronuncia as palavras rendimento e eficácia; Broadacre torna-se assim, pelo que sabemos, *a única proposta urbanística que recusa completamente a limitação*[83]. A obsessão do rendimento e da produtividade que se impunha no modelo progressista não tem curso aí, não mais que as limitações malthusianistas do modelo culturalista. Curiosamente, esse modelo naturalista constitui uma resposta possível aos votos formulados por. H. Marcuse em *Éros et civilisation*[84]. Empregando a termi-

---

81. "Orgânico" é para Wright uma palavra-chave, onde se exprime o espírito de sua arquitetura. A liberdade do plano, para ele, confunde-se com a organicidade.

82. O automóvel, por exemplo, é em Broadacre um instrumento bem mais indispensável, mas também mais racional, que na aglomeração progressista: o *réseau routier* é seu lugar natural, onde ele não provoca nenhum problema de engarrafamento ou de estacionamento, onde ele é totalmente eficaz.

83. No período do pré-urbanismo, podemos aproximar dessas teses P. Kropotkine: ele não só estigmatizava a repressão e a limitação em benefício de uma vida livre e harmoniosa, que permitiria a plena realização do homem, mas também anunciava Wright pela importância que dava à ligação natural com o solo.

84. Trad. fr., Paris, Ed. de Minuit, 1963.

32 O URBANISMO

nologia e ideologia de Marcuse pode-se dizer que os instintos (super-
-reprimidos) de prazer e de vida finalmente têm curso ali.

Mas deve-se também observar que uma forma de coação é aí
reintroduzida insidiosamente, ainda que seja pela própria natureza do
modelo que no caso tomou a forma rígida de uma maquete. Ainda
mais, perguntaremos se, no nível do inconsciente, uma tentativa como
aquela não satisfaz finalmente as tendências da sociedade à auto-
destruição e se, em boa ortodoxia freudiana, não convém assimilar
aqui a liberação do princípio do prazer com a dos instintos de morte.

* * *

Como no pré-urbanismo, a classificação das propostas do urbanismo em três modelos reclama por nuanças e reservas. Assim, o urbanismo progressista comporta muitas variantes. Le Corbusier propôs
a imagem mais radical e elaborada destas, que permaneceu idêntica
ao longo de quarenta anos de combate. L. Hilberseimer, muito próximo dele no início, evoluiu para uma concepção mais "jardineira".
Alvar Aalto, que foi signatário da Carta de Atenas e membro influente
dos C.I.A.M., sempre praticou um urbanismo bem próximo do de
Wright; se ele preconiza um habitat agrupado e uma certa dissociação
das funções, não deixa de repudiar qualquer ordem geométrica abstrata
deste, para aderir estreitamente à topografia[85].

Na visão culturalista, fica igualmente claro que as *garden-cities*
apresentam um certo número de pontos comuns com os modelos
progressistas. Não é por acaso que, para um grande número de críticos
americanos, *garden-city* e *cidade radiosa* sejam assimiladas. Ebenezer
Howard não deixou de atribuir um lugar importante à higiene[86]. E seu
esquema de cidade, com os seis bulevares concêntricos e bairros bem
delimitados, evoca a precisão das ilustrações de Fourier. Entretanto,
a *garden-city* de Howard pertence bem ao modelo culturalista pela
preeminência atribuída aos valores comunitários e às relações humanas, e pelo malthusianismo urbano resultante.

Em compensação, é preciso evitar assimilar ao culturalismo
as cidades-jardins francesas, que são simplesmente, apesar da denomi-
nação, uma subcategoria do modelo progressista. Dos exemplos ingleses,

---

85. Suas realizações na Finlândia estão entre as mais humanas que foi
dado ao urbanismo produzir. Elas servem hoje de exemplo para os arquitetos
que querem escapar da influência do modelo progressista. Entretanto, Aalto não
investiu nos problemas colocados pela grande cidade. Seus planejamentos de
Sunila (1936-1939), Säynatsälo, Rovianemi, Otaniemi, são de pequenas comunidades industriais, cujo clima é mais de aldeia que de cidade.

86. Cf. sua intervenção, mencionada mais acima, no Congresso de 1910:
"Quais são as exigências fundamentais de uma habitação? São principalmente
um espaço suficiente, a luz e o ar. Demonstramos que é possível, científica e
sistematicamente, atrair as indústrias dos centros superpopulosos para locais
precisos, dispondo, segundo a máxima eficácia, de água, luz e força, e onde a
população pode ser alojada em casas adaptadas, baratas, cercadas de jardins, perto
do trabalho e das distrações, de tal forma que a taxa de mortalidade infantil
não exceda a 31,7 por mil contra 107 por mil em Londres."

O URBANISMO EM QUESTÃO   33

os franceses retiveram essencialmente o papel atribuído ao verde. A cidade-jardim, tal como é descrita por G. Benoit-Lévy em seu livro *Cités-jardins*[87], surge dominada pelo princípio do rendimento e da eficácia. Baniu-se dela a promiscuidade da multidão, a calçada, os balcões, o café-concerto, em benefício de uma racionalização das funções feitas sob a égide paternalista da indústria. Imaginaríamos estar lendo com vinte anos de antecedência Le Corbusier quando Benoit-Lévy declara que "a ordem das satisfações precisa ser modificada", que "a cidade alegre, a cidade da felicidade seria então aquela por onde uma produção racional e próspera seria criada", que a cidade nova "deve ser a cidade da indústria". De fato, as cidades-jardins francesas são a forma antecipada do que se chamou, mais tarde, de "grandes conjuntos".

Poderemos, enfim, ser tentados a aproximar do modelo naturalista certas propostas de B. Fuller ou de Henry Ford[88]; estas são tão acêntricas quanto Broadacre e enfatizam igualmente o papel das vias de circulação. Mas são regidas pelos imperativos da produtividade; caracterizam-se por uma estandartização e uma industrialização integrais do habitat; e o alojamento, ao invés de particularizar-se e enraizar-se no solo, como para Wright, é concebido por esses dois autores como um puro objeto, móvel e transportável.

No total, e com as nuanças que acabamos de ver, o urbanismo toma do imaginário um caminho metodológico semelhante ao do pré-urbanismo. Ele cria modelos, e o estudo prévio dos que os precederam permitiu-nos esclarecer melhor as implicações ideológicas.

Esses três modelos (progressista, culturalista, naturalista) não tiveram as mesmas ressonâncias na prática. O estudo das realizações concretas do urbanismo traz à luz, como se pode adivinhar, à grande superioridade numérica das aglomerações progressistas. O modelo naturalista só pôde exprimir-se muito parcialmente, sobretudo nos Estados Unidos, em formas suburbanas. O modelo culturalista continua a inspirar a construção de cidades novas na Inglaterra; fora dali, só deu lugar a experiências limitadas (certas reconstruções e algumas estações turísticas).

Se o modelo progressista se impôs sob os regimes econômicos e políticos mais diversos, no entanto tomou formas diferentes à mercê dos particularismos culturais, mantidos vivazes, conforme a figura do pai era assumida pelo capitalismo privado, o capitalismo de Estado ou o Estado produtor, conforme também às forças de oposição que ele encontrava. Na Rússia stalinista, como na Alemanha nazista, o urbanismo progressista foi amputado em sua dimensão estética e cortado em sua ligação com a vanguarda. Esta foi, pelo contrário, exaltada nos Estados Unidos, onde se refugiou a maior parte dos protagonistas da Bauhaus: o urbanismo progressista tornava-se ali, como justamente sublinhou G. C. Argan[89], um meio de propaganda em favor das idéias liberais. Na França, o tradicionalismo do conjunto da socie-

---

87. Paris, 1904.
88. Cf. HENRY FORD, *My life & Work* e BUCKMINSTER FULLER, *Nine Chains to the Moon*, Southern Illinois University Press, 1963.
89. Cf. J. C. ARGAN, *La crisi dei valori*, Quadrum 4, 1957.

34   O URBANISMO

dade conservou a virulência polêmica do urbanismo e contribuiu para distorcer-lhe freqüentemente o sentido.

Esse proteísmo não deve induzir em erro: as variações constatadas de um país a outro não dizem respeito à natureza própria do modelo, representam adaptações deste[90]. É o modelo progressista que inspira o novo desenvolvimento dos *suburbs* e o remodelamento da maior parte das grandes cidades dentro do capitalismo americano: o *La Fayette Park Development* de Filadélfia e o *Lincoln Center* de Nova York são duas ilustrações espetaculares disso[91]. O modelo progressista é reencontrado nos países em desenvolvimento: de modo exemplar, presidiu à edificação de cidades-manifestos como Brasília[92] ou Chandigarh. É um sistema truncado e degenerado[93], fruto do mesmo modelo, que dirigiu e continua a inspirar a maior parte dos grandes conjuntos franceses, como o bem famoso Sarcelles. Esse é também o caso de cidades novas, nascidas da expansão industrial, como Mourenx ou o novo Bagnols-sur-Cèze. E o caso dos recentes projetos de planejamento da costa languedociana e de uma parte das medidas tomadas para o replanejamento de Paris, cujo centro Maine--Montparnasse é uma das primeiras realizações.

90.   A conservação de particularismos locais e nacionais por motivos de doutrina que conhecemos, e a manutenção de órgãos tradicionais, como o sistema de largas avenidas herdado do planejamento monumental do século XVIII não devem dissimular o papel importante exercido, na maior parte das novas cidades industriais soviéticas, pelos princípios progressistas da higiene (cf. a importância atribuída aos espaços verdes e o modo como são organizados), da classificação das funções e da padronização. Cf. sobre todos esses problemas: PIERRE GEORGE, *La ville*, capítulo consagrado à cidade soviética, p. 336, "La ville-type", e páginas seguintes.

91.   Edificado num velho bairro de casebres, o conjunto residencial *La Fayette* (terminado em 1960) deveu-se à colaboração de L. Hilberseimer e de L. Mies Van der Rohe, que estabeleceu os dois protótipos de imóveis: torres e casas de dois andares. O *Lincoln Center* (ainda inacabado) compreende dois teatros, uma ópera, uma sala de concerto, uma biblioteca-museu e uma escola de arte dramática. Desde que foi terminado o *Metropolitan Opera House*, o *Lincoln Center* foi violentamente criticado. A objeção principal é que ele separa muito radical, e artificialmente, a vida dos espetáculos do resto das atividades da cidade.

92.   Brasília, concebida por L. Costa e O. Niemeyer, oferece um exemplo puro da dissociação das funções urbanas. O centro administrativo da cidade constitui a parte de bravura onde o sentimento poético de O. Niemeyer exprimiu-se livremente (o uso de formas barrocas para os diversos edifícios não anula o reinado absoluto dos princípios da estética progressista, na disposição dos volumes e na organização de suas relações). As superquadras, destinadas às classes trabalhadoras, são, em compensação, rigorosamente comparáveis aos nossos conjuntos habitacionais.

93.   Ele é praticado por epígonos que perderam o espírito do urbanismo progressista, nem mesmo conservando sempre seu sentido literal: o espaço é geométrico, mas geralmente fechado, ao invés de fragmentado. Cf., numa escala reduzida, o plano da faculdade de Ciências de Halle aux vins, particularmente representativo.

III. UMA CRÍTICA DE SEGUNDO GRAU:
O URBANISMO EM QUESTÃO

A resposta aos problemas urbanos colocados pela sociedade industrial não termina nem nos modelos do urbanismo nem nas realizações concretas que inspiraram. Esses modelos (nascidos de uma crítica) e essas realizações provocaram uma nova crítica, uma crítica de segundo grau. O movimento começou ao longo dos anos 1910, mas foi depois da Segunda Guerra Mundial que ele conheceu um verdadeiro vôo, ligado à atividade prática crescente do urbanismo[94]. Essa crítica, ainda teórica, continua difusa. Orienta-se, no entanto, segundo duas grandes direções, correspondendo à dicotomia (progressismo-culturalismo) que colocamos em evidência desde a época do pré-urbanismo.

A. TECNOTOPIA

Vimos que os urbanistas progressistas, mesmo concebendo de modo novo o espaço global da cidade, não souberam assumir em sua plenitude as possibilidades que a técnica lhes oferecia e não realizaram a revolução tecnológica, que constituía um dos fundamentos de sua teoria. A própria lógica do urbanismo progressista reclamava, então, uma crítica dessa relação defeituosa. Há alguns anos, uma série de técnicos, arquitetos e engenheiros tentou imaginar de modo radical a cidade do século XX, em função, *simultaneamente*, das novas *técnicas* de construção, e do *estilo de vida* ou das necessidades próprias ao homem do século XX.

Do ponto de vista construtivo, a pesquisa recai particularmente em estruturas físicas complexas (estruturas suspensas ou triangulares, superfícies oblíquas auto-sustentadoras) e em materiais que implicam o seu emprego: redes e entrelaçamentos metálicos, membranas elásticas e plásticas, folhas de concreto. À geometria elementar sucede uma dinâmica mais complexa. As técnicas de condicionamento climático também exercem um grande papel na elaboração dos novos projetos.

As funções novas da cidade são, conforme à tradição do urbanismo progressista, definidas por uma série de necessidades calculáveis. Dois aspectos são essencialmente destacados: problemas colocados pelo aumento da população do globo e desenvolvimento de uma série de necessidades específicas resultantes do "progresso técnico", quer dizer, da automação, da mecanização do trabalho e dos transportes, e das mudanças de ritmo resultantes na existência cotidiana.

Essa polarização tecnologista engendra propostas surpreendentes que, se fossem realizadas, marcariam efetivamente uma mutação na

---

94. Com efeito, a crítica de segundo grau desenvolveu-se paralelamente e proporcionalmente à importância das realizações do urbanismo. Ela também foi muito mais precoce nos Estados Unidos e na Inglaterra que na França.

36   O URBANISMO

localização humana. As *cidades verticais* de P. Maymont erguem-se no céu, liberando totalmente o solo, suspensas em um mastro central (por onde passam todas as canalizações) por cabos supostos[95]. A *cidade-ponte*, de J. Fitzgibbon, é composta de gigantescos fusos presos por cabos a uma plataforma mediana, solo artificial, lugar da circulação horizontal, onde o pedestre descansará das circulações verticais e de onde, alpinamente, ele poderá contemplar a terra. A *localização tridimensional* de Y. Friedman[96] compõe-se de uma ossatura uniforme e contínua, semelhante a uma grade tridimensional de múltiplos andares, repousando a 15 metros acima do solo num sistema de estacaria (distantes de 40 a 60 metros): a ossatura indefinidamente prolongável, acima de qualquer tipo de terreno, incluindo-se cidades já existentes, é preenchida por elementos-padrões modulados, cuja inserção é móvel e totalmente suave. *Marina City*[97], do japonês K. Kikutake, coloca, ao contrário das plataformas de concreto sobre o mar, o habitat como o único a emergir.

Poderíamos prolongar bem a enumeração dessas cidades futuristas, das quais é suficiente anotar algumas características comuns: todas propõem concentrações humanas muito fortes, liberando a superfície terrestre pelo avanço no subsolo, no mar, na atmosfera; é o motivo por que se fala, a propósito delas, de *urbanismo espacial ou tridimensional*. Essa "espacialização" tem por correlativo uma *desnaturalização* das condições de existência, as quais se estendem na maior parte das vezes por solos artificiais e em meio climatizado. Notaremos, finalmente, o papel atribuído à imagem visual, à aparência *plástica* dessas cidades.

É sob este último aspecto que, há alguns anos, elas se introduziram, com um sucesso crescente, na grande imprensa e na literatura de vulgarização científica. A exposição "A arquitetura visionária", organizada em 1960 no Museu de Arte Moderna de Nova York, que compreendia um certo número de exemplos de "urbanismo visionário" foi o sinal precursor do interesse que o público ia adquirir pela "cidade do futuro". Hoje, o leitor não especializado chegou a assimilar completamente o termo urbanismo a essas imagens futuristas, às quais seus próprios autores dão o nome de "urbanismo de ficção científica"[98]. Na verdade, as maquetes e projetos publicados nos jornais satisfazem principalmente, no leitor, uma necessidade de sonho, de mistério, às vezes de poesia; oferecem-lhe um meio de evadir-se de uma cotidianidade do habitar que é uma permanente frustração. Melhor, essas visões tranqüilizam-no quanto ao futuro: diante de tanta técnica ele se sente submisso, tranqüilizado, justificado em sua demissão

---

95. A cidade vertical de P. Maymont foi prevista para 15 a 20 000 habitantes. A solução construtiva adotada foi, como a de vários outros projetos desse tipo, inspirada por pesquisas levadas a efeito por Buckminster Fuller sobre imóveis habitacionais.

96. Projetos comparáveis foram propostos por E. Schultze-Fielitz, O. Hansen, E. Albert.

97. Projeto fortemente inspirado na *Cidade flutuante* de P. Maymont.

98. Cf. o artigo de E. SCHULTZE-FIELITZ, *Une théorie pour l'occupation de l'espace*, que tem um dos parágrafos intitulado "La cité spatiale, science fiction réalisable de l'urbanisme". Esse artigo apareceu no nº 102 (jun.-jul., 1962)

O URBANISMO EM QUESTÃO

face às preocupações cívicas, de que se pode pensar que elas constituem, no entanto, uma outra face do urbanismo.

Mas qual é a significação real desse urbanismo, tão mais justamente aproximado da ficação científica que não recebeu — no que diz respeito a suas formas radicais — nenhum começo de atualização?[99] Na medida em que se trata de encontrar soluções para problemas precisos, ele constitui incontestavelmente um terreno de pesquisas pleno de interesse e um meio de luta contra hábitos mentais passadistas que oferecem, no campo da construção, uma resistência muito particular. Por exemplo, o urbanismo subterrâneo apresenta soluções notáveis para o planejamento urbano[100]. Explorado numa escala reduzida por I. M. Pei para a Praça Ville-Marie de Montréal, inspirou amplamente o projeto Buchanan para a circulação londrina. É empregado de modo ainda mais sistemático no projeto de V. Gruen para Welfare Island ou no de P. Maymont para uma "Paris sob o Sena"[101].

Mas essa contribuição técnica não deixa de incluir perigos ideológicos: se os urbanistas "visionários" têm o mérito de sustentar uma relação realista e concreta com a tecnologia, sua atitude termina a maior parte das vezes em *tecnolatria*. São assim levados a propor dois tipos de localização humana que representam duas negações da cidade.

Num caso, achamo-nos diante de um lugar *indiferenciado* e indefinido, um receptáculo qualquer (que o exemplo de Y. Friedman ilustra). No outro caso, a precisão técnica leva ao contrário, por uma atitude mais radical, a substituir os modelos ainda abstratos e um tanto leves do urbanismo progressista por verdadeiros protótipos. A cidade torna-se um belo objeto técnico, *inteiramente determinado e encerrado*. Ela se transforma até, às vezes, em belo objeto estético: eventualidade sedutora e grandiosa que podemos imaginar que abre para a arte plástica um horizonte novo e dimensões prometéicas. Mas a cidade não se torna menos objeto desta, segundo um processo que atinge já em nossos dias certos edifícios. Nada é, a esse respeito, mais significativo que ver nos Estados Unidos imóveis receber prêmios de *good design* industrial[102], na mesma qualidade de um ferro de passar roupa, um barbeador ou um automóvel.

de *l'Architecture d'aujourd'hui*, consagrado às *Architectures fantastiques* e a que remetemos o leitor para uma apreensão rápida e sugestiva do assunto. Cf. também o *Avenir des villes*, na coleção "Construir o mundo", dirigida por A. Parinaud, Paris, Laffont, 1964.

99. O deplorado P. Herbé tinha, no entanto, pedido para Y. Friedmann estudar de modo concreto o recobrimento de uma parte de um setor parisiense por sua rede "espacial".

100. As possibilidades do urbanismo subterrâneo já tinham sido postas à luz em 1910, no Primeiro Congresso Internacional de Urbanismo, pelo francês Eugène Hénard, que propunha soluções válidas ainda hoje.

101. Não se cogita morar debaixo da terra permanentemente, mas de circular por ali, instalar ali certas atividades intermitentes e estabelecer ali estacionamentos ou depósitos que ocupem ao ar livre superfícies vitais.

102. Essa expresssão designa a qualidade estética dos produtos industriais enquanto protótipos padronizáveis e industrializáveis. (Para os edifícios, cf. por exemplo o quadro de honra do *Iron and Steel Institute*.) Essa assimilação pura e simples dos edifícios aos outros objetos da civilização maquinista remonta a Gropius e Le Corbusier. É o sentido próprio da famosa fórmula corbusieriana da "máquina de morar".

38 O URBANISMO

Ora, tradicionalmente a relação do habitante com o habitáculo (particularmente sua morada) não é só uma relação de utensilidade. Heidegger lembrou-nos: habitar é também "o traço fundamental da condição humana"[103]. O habitar é a ocupação pela qual o homem tem acesso ao ser, deixando surgir as coisas em torno de si, enraizando-se. Podemos transpor essas observações para o caso da vida. Ela também é, por essência, o terreno de uma fundação. Portanto, tornando-se objeto, instrumento ou máquina, a cidade sofre em relação à sua significação original uma transformação tão radical que seria preciso encontrar para ela uma nova designação. É o movito pelo qual intitulamos essa secção *tecnotopia* e não *tecnópolis*: o lugar, mas não a cidade, da técnica.

B. ANTRÓPOLIS: COM VISTAS A UM PLANEJAMENTO HUMANISTA

O urbanismo progressista suscitou uma crítica radical que visa tanto a arbitrariedade de seus princípios quanto seu desprezo pelas realidades concretas, em nível de execução. Ela pretende reintegrar o problema urbano em seu contexto global, partindo das informações dadas pela antropologia descritiva.

Essa crítica, que pode ser qualificada de humanista, desenvolveu-se fora do meio especializado dos urbanistas e dos construtores. É o resultado do trabalho de um conjunto de sociólogos, historiadores, economistas, juristas, psicólogos, pertencentes sobretudo aos países anglo-saxões.

Seu caráter empírito e a variedade dos ângulos sob os quais foi empreendida deixam supor sua complexidade. Acreditamos, porém, poder destacar nela, entre outras, três tendências particularmente significativas, que correspondem a três abordagens metodológicas.

1. *A localização humana como enraizamento espaço-temporal: um urbanismo da continuidade*

A mais antiga dessas tendências procura definir o contexto concreto da localização humana com a ajuda do maior número possível de setores da realidade; esses setores mesmos são encarados em sua dimensão histórica, ligados entre si por uma temporalidade concreta e criadora, que seu papel aparenta com a duração bergsoniana.

O promotor desse movimento foi o escocês Patrick Geddes[104]. Biólogo de formação, dedicou-se depois à história, à sociologia e ao estudo das cidades. Mas seu pensamento devia ser marcado pela idéia

---

103. M. HEIDEGGER, *Essais et conférences*, Paris, Gallimard, 1958, p. 192.

104. Somos obrigados a evocar aqui, por demais esquematicamente, uma figura cuja importância para a história das idéias a respeito da cidade e para o urbanismo foi considerável, e cujo nome no entanto é pouco conhecido na França. Limitamo-nos a resumir muito por alto o método de Geddes, sem poder insistir nem sobre a crítica da grande cidade industrial, nem sobre certas idéias construtivas que lhe eram as mais caras.

O URBANISMO EM QUESTÃO 39

darwiniana de evolução e pela imagem do organismo vivo, na dupla correlação de suas funções entre si e com o conjunto do meio.

Diante do desenvolvimento desequilibrado das grandes cidades industriais, diante do caráter utópico e apriorístico das propostas reformistas do pré-urbanismo, uns dez anos antes de o urbanismo progressista ter começado a conceber e a realizar suas cidades teóricas por um homem teórico, Geddes afirma a necessidade absoluta de reintegrar o homem concreto e completo no movimento de planificação urbana. Assim são reintegrados o espaço e o tempo concretos. Para Geddes, um projeto de criação urbana (remodelamento de bairros já existentes ou criação *ex nihilo*) só pode escapar à abstração se for precedido por uma vasta *pesquisa* sobre o *conjunto complexo de fatores* que põe em jogo.

É o momento em que o geógrafo deve colaborar com o higienista e os dois com o sociólogo do concreto[105].

Tal é o método dos *sociological surveys*, que também faz apelo à economia, à demografia e à estética, evitando privilegiar qualquer setor do real. Pois, segundo Geddes,

os urbanistas estão acostumados a pensar o urbanismo em termos de régua e compasso, como uma matéria que deve ser elaborada só pelos engenheiros e arquitetos, para os conselhos municipais. Mas o verdadeiro plano... é a resultante e a flor de toda a civilização de uma comunidade e de uma época[106].

A *história* exerce em Geddes um papel capital. Seu sentido agudo do presente tem por correlativo um sentido não menos agudo do passado. Seu vitalismo desdobra-se num evolucionismo. Se a criação de aglomerações novas supõe o conhecimento de cada um dos setores da realidade presente, esses setores, por sua vez, só são inteligíveis à luz do passado, de cujos traços são portadores. Sob forma de história das idéias, das instituições, das artes, a integração do passado no projeto urbanístico é, pois, indispensável. Todavia não se deve confundir a posição de Geddes com a dos urbanistas culturalistas. É verdade que Geddes valoriza como eles o passado, que ele considera um patrimônio, o lugar inclusive em que o presente se alimenta e mergulha suas raízes; mas não deixa de reconhecer a irredutível originalidade da situação presente, sua especificidade: hoje é um desenvolvimento e uma transformação do passado, não sua repetição. Em resumo, ao invés do tempo espacializado e abstrato dos culturalistas, encontramos aqui uma temporalidade concreta e criadora.

Por definição, esta escapa à previsão. Assim, quando o *town--planner*[107] tiver reunido toda a informação prévia requerida, as características da aglomeração a ser criada não serão impostas a ele do mesmo modo. Ele só vai descobri-las num esforço de *intuição*, de "simpatia ativa para com a vida essencial e característica do local em questão"[108], o que equivale precisamente a uma percepção da temporali-

105. *Cities in Evolution*, Edimburgo, 1915, p. 44.
106. *Loc. cit.*, p. 211.
107. Essa palavra inglesa servirá às vezes para designar aquele que planeja novas aglomerações segundo princípios diferentes dos do urbanismo proriamente dito.
108. *Loc. cit.*, cap. 19, intitulado "The Spirit of Cities".

40   O URBANISMO

dade concreta. Tal movimento metodológico *suprime a recorrência ao modelo*. Não existe uma cidade-tipo do futuro, mas tantas cidades quantos casos particulares.

O pensamento de P. Geddes foi ampliado e consideravelmente desenvolvido pelo mais ilustre dos seus discípulos, Lewis Mumford. Este é o exato contemporâneo dos primeiros urbanistas progressistas. Pôde assistir à realização integral da obra deles. Rico de informações colhidas pelo mundo e de uma cultura de historiador e de sociólogo[109], é um crítico impiedoso.

Assim, L. Mumford ilustrou longamente o papel mutilador e alienante do que chamamos urbanismo progressista. Pôs em evidência os diversos aspectos tomados ali pela tecnolatria; citemos em particular: a ruptura das continuidades culturais, a desnaturalização das zonas rurais, o servilismo do homem à máquina através de planos concebidos para um uso máximo do automóvel. Sua crítica não é inspirada pelo passadismo, baseia-se num sólido conhecimento da economia e da tecnologia contemporâneas. Ele defende o citadino contra o carro em nome de um conceito de circulação próximo do de Wright e inspirado pelos últimos progressos do gênio civil; à rigidez do habitat corbusieriano, opõe a suavidade, a alterabilidade e a flexibilidade das soluções que hoje tornam possíveis as técnicas da construção.

Na procura de fórmulas novas. L. Mumford constantemente recorre às lições da história. A cidade bem circunscrita da época pré-industrial pareceu-lhe uma forma melhor adaptada que a megalópolis a um harmonioso desenvolvimento das aptidões individuais e coletivas. O esforço deveria, segundo L. Mumford, recair hoje numa espécie de planejamento, de adaptação ao presente daquela unidade de vida social que era a cidade pré-industrial e que, tradicionalmente, foi o lugar da cultura. Conseqüentemente, ele preconizou um *polinucleísmo* urbano, com seu correlativo, o *regionalismo*. Afirmando que "o regionalismo pertence ao futuro"[110], adiantou-se a uma tendência da geografia econômica atual. Da mesma forma, a história do planejamento das cidades medievais[111] inspirou amplamente sua concepção de uma *integração da natureza* no meio urbano. Para ele, os jardins não são levados apenas a exercer, por sua extensão, um papel

---

109. Além das ocupações de professor e escritor, L. Mumford é há anos o crítico de arquitetura e de urbanismo da revista *The New-Yorker*. Essa atividade jornalística favoreceu mais a extensão e a precisão de suas informações no campo da atualidade.

110. *The Culture of Cities*, p. 306. Sobre o movimento regionalista como necessidade para a economia moderna, cf. particularmente a série de artigos publicados em *le Monde*, por H. Lavenir, sob o título De l'Europe des états à l'Europe des régions (25 de agosto de 1964).

111. Depois de Geddes, Mumford contribuiu para dar-nos uma nova visão do espaço urbano da Idade Média. Ele mostrou que os espaços verdes, na forma de jardins públicos e privados, apresentavam na cidade medieval uma extensão mais considerável que em qualquer outro modelo urbano antes dos subúrbios românticos. "Com exceção de alguns centros congestionados, a cidade da Idade Média não era simplesmente no campo, mas do campo", *Loc. cit.*, p. 24. Mumford também reabilitou a higiene medieval mostrando a atividade de uma série de instituições públicas: banhos, hospitais, etc.

O URBANISMO EM QUESTÃO

muito maior que no urbanismo culturalista; também substituem o
meio amorfo constituído pelos espaços verdes na cidade progressista;
são estruturados, ligados de modo significativo e não casual às construções e ao habitat. Em resumo, Mumford deseja uma cidade ao
mesmo tempo mais urbana e mais rural que as propostas pelos modelos
progressistas.

Essa abordagem esquemática mostra a contribuição nova de
todos esses trabalhos que situam o planejamento urbano sob o signo
da *continuidade* histórica, social, psicológica, geográfica. É, a princípio,
a ruptura com uma forma de pensamento, o método apriorístico dos
modelos, no qual a realidade concreta é, segundo as tendências, reduzida seja a seu aspecto tecnológico, seja à tradição cultural. Não sabe-
ríamos sublinhar o bastante a importância quase revolucionária de
pensadores como P. Geddes ou L. Mumford, graças aos quais a complexidade dos problemas colocados em jogo pela criação e desenvolvimento das novas aglomerações impôs-se à consciência contemporânea.
Sua influência contribuiu muito, nos países anglo-saxões e sobretudo
nos Estados Unidos, para a constituição de um imenso *corpus* de
informação sociológica relativa à cidade: os *urban studies*[112]. Na França,
esses estudos estão ainda no começo, menos nos setores privilegiados
da geografia humana e da demografia[113], onde os trabalhos franceses
são de autoridade e já provocavam em seu tempo a admiração de
Geddes.

Na prática, o método das *sociological surveys*, depois de já ter
sido utilizado durante as primeiras experiências das cidades-jardins

---

112. Esses "estudos urbanos" desenvolveram-se principalmente no meio
universitário e para-universitário, especialmente a partir dos cinco últimos anos.
Dedicaram um lugar considerável às abordagens econômicas e administrativas,
como também à sociologia das classes e do trabalho. Consagraram a distinção
entre *phisical* e *social planning*. Para maiores informações, remetemos ao nº de
fevereiro de 1963 (tomo 6, nº 6) da revista *The American Behavioral Scientist*,
intitulado *Urban Studies*. Encontraremos ali, entre outras, uma lista dos princi-
pais centros de estudos. Os autores do artigo Centers for Urban Studies: a Review
citam 25, entre os quais:
— Joint Center For Urban Studies, do M.I.T.
— The Center for Metropolitan Studies, da Northwestern University de
Chicago.
— The Institute of Urban Studies, da Universidade da Pensilvânia.
— Bureau of Urban research, da Universidade de Princeton.
— Institute of Governmental Studies, da Universidade da Califórnia em
Berkeley.
113. Cf. em particular, entre as obras relativamente recentes:
A) DE GEOGRAFIA: R. BLANCHARD, Une méthode de géographie
urbaine, in *La vie urbaine*, 1922. — M. SORRE, Les conditions géographiques
générales du développement urbain, *Bulletin de la Société de géographie de Lille*,
1931. — P. LAVEDAN, *Géographie des villes*, Paris, Gallimard, 1936. — J. TRI-
CART, Contribution à l'étude des structures urbaines, *Revue de géographie de
Lyon*, XXV, Lyon, 1950. — P. GEORGE, *La ville, le fait urbain à travers le
monde*, Paris, P.U.F., 1952. — M. SORRE, *Les fondements techniques de la
géographie humaine*, Paris, A. Colin, 1952. — P. GEORGE, *Précis de géographie
urbaine*, Paris, 1961. — J. BEAUJEU-GARNIER e G. CHABOT, *Traité de Géographie urbaine*, Paris, A. Colin, 1963.
B) DE DEMOGRAFIA: os trabalhos de P. Chombart de Lauwe e de
sua equipe.

O URBANISMO

inglesas, depois pelo próprio Geddes no quadro de certos principados indianos, começa a impor-se aos urbanistas de qualquer tendência. Constitui um tipo de segurança elementar contra os perigos dos modelos.

Mas, se a recorrência ao conjunto das ciências (da topologia algébrica à análise sociológica e psiquiátrica) tende a tornar-se a condição prévia de qualquer proposta de planejamento, esta soma de informações não é suficiente para fundamentar uma solução: os dados da mesma pesquisa poderão inspirar a dois *town-planners* dois projetos de planejamento inteiramente diversos. Podemos então argumentar que, no pensamento de P. Geddes, uma intuição profunda da situação concreta deve conduzir com certeza à solução adequada. Tal cidade de amanhã é hoje totalmente imprevisível, mas uma vez realizada vai-nos parecer necessária, pois é elo de uma evolução criadora. Mas o uso dessa intuição tão próxima da definida por Bergson[114] e a recorrência a um movimento criador desse tipo não se inserem numa ideologia e num sistema de valores previstos?

Com efeito, o método da intuição geddesiana é *solidário com uma concepção do tempo* e da história *como criação permanente e continuidade*. Constitui assim a antítese da posição dos urbanistas progressistas, para quem a modernidade coloca em jogo um processo de ruptura e de descontinuidade. Mais ainda, apesar do valor e interesse que atribuem à atualidade, P. Geddes e L. Mumford opõem-se essencialmente à ideologia dos urbanistas progressistas, e aproximam-se dos urbanistas culturalistas. Como estes, com efeito, colocam no primeiro plano de seus objetivos a manutenção de uma tradição cultural (não é por acaso que uma das obras mais importantes de L. Mumford intitula-se *The Culture of Cities*). Geddes, como Mumford, detestam o que chamam de megalópolis, a grande cidade moderna onde "só se vive por procuração". E quando, em 1914, Geddes profetiza justamente, mas com temor, os tempos da urbanificação generalização onde, por exemplo, "numa geração, a Riviera será uma cidade praticamente contínua, do tipo mais monótono, que se estenderá por várias centenas de quilômetros"[115], é para preconizar, por reação, um malthusianismo

---

114. Geddes foi o primeiro autor a citar Bergson numa obra dedicada aos problemas urbanos. Na França, Marcel Poëte teve, a respeito do tempo e da história, uma posição próxima: "O passado é a escola por excelência do urbanista" (*Introduction à l'urbanisme*, Paris, 1929, p. 95); ou ainda: a cidade "é um ser sempre vivo que temos de estudar no passado, de modo a poder discernir seu grau de evolução" (*ibid.*, p. 3). Mas o grande historiador de Paris não exerceu nenhuma influência real no urbanismo. Ele ficou fora da atualidade prática. Seu artigo sobre "Les idées bergsoniennes et l'urbanisme" (in *Mélanges Paul Negulesco*, 1935) deixa o leitor na expectativa. Com efeito, Gaston Bardet é o único na França que tentou explicitamente integrar em seus trabalhos o legado do bergsonismo; ele foi também praticamente o único, desde os anos 1930, a tomar posição contra as teorias reificantes de Le Corbusier e (conforme às idéias bergsonianas) a preconizar um contato verdadeiro com o real, "um estado de alerta permanente" (*Problèmes d'urbanisme*, Paris, Dunod, 1941) diante dos problemas concretos. Mas as idéias de G. Bardet também não tiveram repercussão prática.

115. *Loc. cit.*, p. 47.

O URBANISMO EM QUESTÃO

urbano para o qual Mumford vai voltar freqüentemente os olhos, pois, diz ele, "o princípio de limitação continua imperativo" e as "limitações de gabarito, densidade, superfície, são absolutamente necessárias para as relações sociais reais"[116].

O ponto de vista da continuidade introduziu uma mutação na reflexão sobre a cidade da era industrial. Transformou de modo irreversível o método do planejamento urbano, mas continua ligado a uma ideologia próxima do culturalismo — cujas soluções ele ordenou em função de um contato global e mais realista com a atualidade.

2. *O ponto de vista da higiene mental: defesa e ilustração do asfalto*

Uma outra tendência da crítica humanista estuda a aglomeração urbana do ponto de vista de suas ressonâncias sobre o comportamento humano. O conceito central é aqui o de *higiene mental*.

Compreenderemos a orientação desse movimento reportando-nos a certas pesquisas da psicologia social, e em particular aos trabalhos sobre a psicologia do bebê, publicados logo depois da guerra de 1940. Autores como J. Bowlby e Anna Freud mostravam que a higiene mental não coincide com a higiene física, sendo freqüentemente a condição desta, quando o inverso é falso; para o desenvolvimento harmonioso da personalidade e da sociabilidade, um certo clima afetivo é o único fator insubstituível. Paradoxalmente, um lar miserável, desunido, alcoólico ou delinqüente pode revelar-se um meio mais favorável para o futuro da criança que o meio racionalmente elaborado e teoricamente satisfatório da instituição especializada[117].

Analogamente, pareceu que a integração do comportamento humano ao meio urbano estava essencialmente ligada à presença de um certo *clima existencial*, que os urbanistas progressistas ainda não tinham considerado; um planejamento higiênico e uma distribuição racional do espaço urbano são em si incapazes de assegurar aos habitantes o sentimento de segurança ou de liberdade, a riqueza na escolha das atividades, a impressão de vida e o elemento de distração necessários à saúde mental e sua repercussão na saúde física.

A ilhota insalubre pode revelar-se mais salubre que o bairro remodelado pelos urbanistas de conformidade com os princípios da higiene; as estatísticas psiquiátricas e jurídicas sobre o desenvolvimento das doenças mentais, do alcoolismo, da delinqüência, da criminalidade dão grande testemunho disso. Um caso revelador, entre outros, é o do bairro norte de Boston, nos Estados Unidos. Este *North End* era

---

116. *Loc. cit.* p. 407 e 438. Este ponto de vista continua sendo um dos princípios de base do planejamento urbano na Grã-Bretanha.

117. Esses trabalhos foram empreendidos logo em seguida às evacuações maciças de crianças inglesas das cidades bombardeadas durante a guerra. Verificar-se-á que, na maior parte dos casos, as restrições alimentares e as condições de vida precárias causadas pelos bombardeamentos traziam, para as crianças novas, menores conseqüências que a privação do meio familial ou afetivo em que tinham sido criadas. As estatísticas sobre as condições de vida de delinqüentes, prostitutas e inadaptados diversos, durante os primeiros anos de vida, corroboram esses resultados. Cf. J. BOWLBY, *Maternal Care & Mental Health*, O.M.S., série monogr. 2, 1951.

44 O URBANISMO

considerado pelas autoridades municipais e pelos urbanistas um bairro insalubre, que desonrava a cidade, devido à sua grande densidade, suas ruas estreitas, sua desordem, (emaranhado de todas as funções urbanas). No entanto, é ele que oferece a mais baixa mortalidade infantil e o índice de delinqüência menos elevado de toda a cidade. Além disso, detém a taxa mínima dos Estados Unidos no que diz respeito à delinqüência e à tuberculose. Tais constatações (já incidentalmente pressentidas no século XIX[118]), foram o ponto de partida para uma crítica sistemática do urbanismo progressista e suas realizações. Essa crítica passou, há uns dez anos, por um desenvolvimento considerável nos Estados Unidos, graças aos trabalhos de um conjunto de sociólogos e psiquiatras[119]. Ela começou na França, sob o impulso de R. H. Hazemann, a propósito dos grandes conjuntos[120].

A análise mostrou assim que a aplicação dos princípios de urbanismo dos C.I.A.M. podia ter resultados muito diferentes, segundo as populações em causa; o urbanismo progressista revelar-se-ia particularmente inviável no caso de habitantes com fortes ligações comunitárias[121]. A concepção do espaço próprio do urbanismo progressista e os conceitos-chaves que daí derivam (estandartização, *zoning*, multipli-

---

118. Cf. por exemplo o artigo de Kingsbury, publicado em 1895, no *Journal of Social Sciences* (t. 33/8) sob o título The Tendency of Men to live in Cities: o autor cita o caso de uma viúva necessitada e responsável pela família que uma senhora filantropa tira de seu casebre na cidade. A família é instalada numa confortável casa no campo, onde uma vida decente lhe é assegurada. Seis meses depois, a mãe e os filhos desaparecem. São encontrados na antiga moradia; não puderam suportar a perda do contato cotidiano com a vida de seu bairro.

119. Para uma abordagem propriamente psiquiátrica e psicanalítica, cf. particularmente a compilação publicada sob a direção de LEONARD DUHL, *The Urban Condition*, Nova York, Basic Books, 1963; cf. também R. DUBOS, *Mirage of Health*, Nova York, Harpers; J. MAY, *The Ecology of Mental Disease*, Nova York, M. D. Publications, 1958. De um ponto de vista menos especializado e mais sociológico, cf. a compilação *The Exploding Metropolis*, Nova York, Doubleday, 1958; *Death and Life of Great American Cities* de J. JACOBS, Nova York, Random House, 1961; as obras de H. J. GANS, como *The Urban Villagers*, Nova York, Glencoe F.N.E. Press, 1963; os trabalhos de D. Crane, M. Fried, O. Lewis, H. D. Mac Kay, G. B. Nesbitt, G. B. Taylor, H. S. Perloff, etc.

120. Entre o artigos de R. HAZEMANN, cf. La Liberté concrète, condition de la santé physique et mentale (quelques notions de psychologie de l'habitation, de l'urbanisme et de l'aménagement du territoire), *Revue d'hygiène et de médecine sociale*, 19 de janeiro de 1959; Aspects psychologiques de l'hygiène de l'habitation, in *Cycle d'études européen sur les aspects sociaux de l'habitat*, Sèvres, out. 1957; Les implications psychologiques de l'habitation populaire, *Semaine des hôpitaux*, nº 18, 1959; Responsabilités en matière de santé, *Présences* nº 66, 19 tr. 1959. Com exceção desses artigos e alguns outros, a crítica mais aguda do urbanismo progressista e dos grandes conjuntos franceses foi feita por CHRISTIANE ROCHEFORT em seu romance *Les petits enfants du siècle*, Paris, B. Grasse, 1961.

121. Além do caso das populações imigradas originárias de comunidades de forte estruturação social, há o caso das minorias étnicas ou econômicas levadas por solidariedade a estruturar-se poderosamente. Cf. H. GANS, The Human Implications of Current Redevelopment and Relocation Planning, *Journal of Amer. Institute of Town Planners* 25, 1959; R. HOGGART, *The Uses of Literacy: Changing Patterns in English Mass Culture*, Nova York, Oxford University Press, 1957; J. M. MOSLY, *Family and Neighbourhood*, Nova York, University Press, 1956.

O URBANISMO EM QUESTÃO   45

cação dos espaços verdes, supressão da rua) foram também objeto de uma análise profunda do ponto de vista de suas repercussões sobre o comportamento humano.

A indiferenciação e a homogeneidade asseguradas pela estandartização e pelo *zoning* surgiram como fatores de monotonia, tédio, e, por isso mesmo, até de *desdiferenciação* psíquica ou de astenia. Opondo-se-lhes destacamos o princípio de *heterogeneidade* (arquitetural, funcional e demográfica) do meio urbano[122]. Aos espaços vazios e aos espaços verdes, que são espaços mortos e muitas vezes mortais[123], opuseram-se espaços que funcionam e a que daríamos de bom grado o nome de espaços *"ativos"*. O vazio gratuito é fonte de angústia e o verde pede para tomar forma e ser localizado em pontos "estratégicos"[124].

Ao princípio de desdensificação demográfica foi oposto o de *acotovelamento* das pessoas:

> Por mais complexo e avançado que seja nosso mundo, a relação de proximidade continua a exercer um papel importante no desenvolvimento dos valores, das carreiras e dos modos de comportamento[125].

Enfim, o espaço fragmentado, que aboliu a *rua*[126], revelou-se fonte de dissociação e desintegração mental; a uma forte estruturação da cidade corresponde uma forte estruturação psíquica dos habitantes.

Em uma série de psiquiatras como L. Duhl, de sociólogos como D. Riesman, de polemistas como J. Jacobs, essa crítica das regras do urbanismo progressista é completada por uma crítica do método e do processo de limitação em que esse urbanismo implica. Todos sublinham o caráter traumatizante e diminuidor de uma planificação que coloca o habitante diante do fato consumado[127] e leva a tratá-lo como verdadeiro objeto. *Fazer os interessados participar* do modelamento de sua cidade parece-lhes uma das tarefas mais urgentes do urbanismo.

122. O *zoning* estritamente aplicado vem a dar na morte parcial dos bairros, cuja ocupação só acontece em horas fixas. É o motivo pelo qual um autor como J. Jacobs pôde insistir na necessidade de conferir a um bairro uma pluralidade de vocações, incluindo a do habitat e assegurando uma animação simultaneamente diurna e noturna.

123. Cf. J. JACOBS, *loc. cit.* O estudo das estatísticas mostra o uso dos parques feito por bandos de crianças delinqüentes e o perigo que representam espaços verdes muito grandes e desertos, J. Jacobs faz uma série de sugestões sobre a localização deles (como pontos entre dois bairros animados, por exemplo) e sua qualificação funcional (necessidade de organizar ali instalações esportivas e elementos de atração particular).

124. L. DUHL, "The Human Measure", um ensaio de *Cities and Space, the Future Use of Urban Land*, Baltimore, The Johns Hopkins, 1963, p. 145.

125. *Ibidem.*

126. Numa língua em que a palavra *trottoir* ("calçada") não tem a mesma ressonância que no francês, Jane Jacobs fez uma verdadeira "apologia do *trottoir*", que lhe parece o lugar por excelência onde se experimenta um sentimento de segurança próprio das cidades; o *trottoir* é também, segundo essa autora, o objeto de uma espécie de polícia espontânea e tácita da parte dos habitantes (transeuntes ou comerciantes).

127. Cf. DUHL (particularmente Urbanization in Human Needs, publicado em 1963 por *The American Journal of Mental Health*) e J. Jacobs. Antes

46 O URBANISMO

Nossa sociedade sofreu mudanças profundas, que situam o indivíduo a uma distância sempre maior das decisões que o afetam e deixam-no numa situação de relativa impotência, sujeito, por conseqüência, a uma grande inércia. É preciso encontrar meios que permitam a todos participar mais plenamente de decisões que lhes digam respeito assim tão vitalmente[128].

O ponto de vista da higiene mental desenvolveu-se a partir de certos problemas sociais particularmente agudos hoje em dia: a delinqüência juvenil, a recrudescência das doenças mentais em adultos, o emprego dos lazeres, a evolução da célula familial. L. Duhl nota com acuidade: "A arquitetura e o urbanismo (*city planning*) são um elemento da solução do problema do alcoolismo"[129].

Depois dos trabalhos que evocamos, daqui para a frente é impossível ignorar o papel de certas constelações urbanas no modelamento e formação mental dos grupos e indivíduos. Segundo os sistemas de formas adotados, o meio construído pode agir sobre o psiquismo humano com um poder de agressão ou, pelo contrário, de integração não suficientemente medidos. Graças a livros de grande difusão como *The Death and Life of Great American Cities* de Jane Jacobs, o ponto de vista da higiene mental teve uma repercussão prática nos Estados Unidos, onde inspira atualmente o remodelamento de vários centros de grandes cidades. Além disso, a associação da população aos processos de planificação já foi objeto de tentativas interessantes, como a do *Regional Plan Association* de Nova York[130]. Na França, o ponto de vista da higiene mental manifestou-se principalmente em artigos

deles, Patrick Geddes já tinha sublinhado a necessidade dos habitantes de interessar-se ativamente pelo modelamento de sua cidade. Ele chamava de *civics* essa forma de participação.

128. In "The Changing Face of Mental Health", p. 47, publicado in *The Urban Condition*, citado mais atrás.

129. In Elimination of Poverty, p. 105, publicado em *The social Welfare Forum*, 1961.

130. Em 1963, um organismo, o *Regional Plan Association* de Nova York, chamou todos os cidadãos da aglomeração para participar diretamente do plano de desenvolvimento da região. A televisão foi amplamente utilizada. Citamos abaixo alguns extratos de um folheto que dava para os interessados uma informação prévia e explicava-lhes como dar sua opinião. Título: *Goals for the Region Project* (Objetivos do Plano regional).

"Em 1985 haverá na região metropolitana de Nova York... 6 milhões de habitantes suplementares. *Onde viverão eles?* – 2 milhões de empregos suplementares. – *Onde estarão localizados?* – As respostas dadas a essas perguntas repercutirão no modo de vida dos 16 milhões de pessoas que vivem atualmente na região metropolitana. – Você pode contribuir nas decisões. – O *Regional Plan Association*, organismo civil hoje com 33 anos, dedicou cinco anos e um milhão de dólares para tentar determinar o futuro mais provável, na próxima geração, da região metropolitana que rodeia o porto de Nova York e abrange três Estados diferentes, admitindo-se que as tendências e a política atuais não mudem.

Mas o ponto a ser tratado hoje é o seguinte: – *Se os habitantes da Região não estão satisfeitos com a situação atual, podem transformá-la. – Se estão satisfeitos, podem melhorá-la.* – Para isso, é preciso que o *Regional Plan Association* seja informado das preferências e aspirações dos cidadãos da região de Nova York.

Modalidades dessa informação: Grupos de cinco a quinze pessoas irão reunir-se hebdomadariamente durante cinco semanas. Cada reunião vai durar duas horas e constar do seguinte:

O URBANISMO EM QUESTÃO

que alertavam a opinião após à construção de conjuntos como os de Sarcelles. Mas ainda não foi substituído por pesquisas sistemáticas ou aplicações práticas; no concreto, sua influência manifesta-se só em algumas realizações isoladas e de escala reduzida, como as de Émile Aillaud[131].

Apesar de suas considerações preciosas, constata-se que essa tendência acaba muitas vezes, por desconfiança das soluções progressistas, em uma apologia incondicional do asfalto e da grande cidade metropolitana. Sublinhar o papel social da rua pôde levar a uma preferência, para os jogos das crianças, das calçadas aos jardins públicos; temer a intimidade entre vizinhos, reinante nos *suburbs*, pôde fazer com que não se avaliasse bem o caráter angustiante do anonimato nas grandes cidades. No final das contas, certos autores, como J. Jacobs, chegam a opor às "cidades-jardins" e às "cidades radiosas" a imagem ideal de uma espécie de *casbah* modernizada e multiplicada por tantos bairros quanto fosse necessário.

Esse exemplo extremo ilustra a tendência *nostálgica* de uma crítica que, freqüentemente, procura reencontrar e reestabelecer certas formas (mentais ou arquiteturais) próprias à grande cidade da era *industrial*; dessa vez, atribuindo-lhes essas mesmas qualidades que, para os urbanistas culturalistas, eram próprias das sociedades pré--industriais. De resto, a higiene não pode constituir em si um objetivo essencial ou um fundamento para o planejamento urbano. Pode-se até dizer que a vida e a história são feitas de traumatismo e de *stresses* superados e ultrapassados: o nível de criatividade mede-se pelo poder de enfrentar situações novas[132]. O ponto de vista da higiene mental traz, de qualquer forma, uma contribuição capital ao nível do método: revela uma dimensão do real, um dado suplementar a integrar, sob forma de normas e de princípios, na planificação das cidades.

3. *Por uma análise estrutural da percepção urbana*

O ponto de vista da higiene mental está ligado a uma psicologia do comportamento; considera-se a ressonância da morfologia urbana

---

Das 8 às 9 horas: audição do programa especial de televisão; das 9 às 10h15: discussão dos problemas levantados durante esse programa pelo *Regional Plan Association*; das 10h15 às 10h30: preenchimento de questionários relativos à discussão. Antes das sessões, cada participante terá lido um relatório esquemático ilustrado com mapas, estatísticas e fotografias, e com a informação necessária para a discussão dos problemas em causa."

131. Nas suas realizações das Courtillières à Pantin, ou de Forbach, E. Aillaud não adotou, no entanto, pura e simplesmente o ponto de vista estrito da higiene mental, como se pode ver na atmosfera um tanto kafkiana dessas cidades; ele fez o papel do urbanista artista e fez de seus conjuntos a expressão de seu temperamento.

132. Cf. sobre o assunto, as célebres análises de K. GOLDSTEIN em *The Organism*, American Book Company, 1939, que mostram a significação positiva da angústia (p. 306 e s.). Uma parte dos conceitos goldsteinianos (reação catastrófica, comportamento reduzido, etc.) poderiam ser utilizados com maior proveito pelos *town-planners*, assim como suas análises do normal e do patológico. Cf. também, sobre esse último ponto, a tese de G. GANGUILHEM: *Essai sur quelques problèmes concernant le normal et le pathologique*, Clermont--Ferrand, 1943.

48 O URBANISMO

sobre o comportamento humano, pondo-se, por exemplo, em evidência uma ligação de causa e efeito entre os espaços livres (verdes ou não) amorfos e a delinqüência das populações infantis que eles recebem. Mas a crítica pode abandonar essa exterioridade, colocar-se na perspectiva da consciência, estudar como a cidade, enquanto entidade material, é percebida pelas consciências que a habitam. Essa abordagem metodológica situa-se de certa forma no oposto da construção do modelo. A proposta do planejamento feita *a priori*, objetivada, tratada como uma coisa (modelo), é aqui substituída por uma proposta *a posteriori* e que decorre do conhecimento do ponto de vista do habitante: o projeto deixa de ser *objeto* na medida em que, pela mediação da psicologia experimental e do questionário, o habitante torna-se, diante do planejador, um tipo de *interlocutor*.

Essa abordagem foi até aqui essencialmente desenvolvida nos Estados Unidos[133]. Limitada à percepção visual (na medida em que esta pode ser isolada do contexto cultural), está ainda no estádio da elaboração; já foi entretanto objeto de aplicações práticas, especialmente em certos setores do projeto de remodelamento de Boston, sob a direção de K. Lynch.

As pesquisas sobre a *percepção da cidade* tiveram como primeiro resultado o esclarecimento de sua *especificidade*. Uma cidade não é percebida pelos que habitam nela como um quadro; sua percepção é, para eles, organizada de modo radicalmente diferente, em função de séries de laços existenciais, práticos e afetivos que os unem a ela. (Em tão imenso conjunto, sou cego à geometria mais ou menos sutil que inspirou a maquete; minha percepção é estruturada pela necessidade de encontrar aí minha casa, os melhores acessos de um ponto a outro, tal elemento de diversão.)

Essa análise demonstra, como nunca, o erro dos urbanistas progressistas quando compõem seus projetos como quadros ou obras de arte. Os urbanistas culturalistas pressentiram esse engano; mas permaneceram ainda dentro de uma estética. A consciência de uma irredutível diferença de natureza entre percepção estética e percepção da cidade deveria ser uma das chaves do planejamento urbano a surgir.

Uma fenomenologia comparativa da percepção do *espaço urbano* e da percepção do *espaço estético* parece, a nosso ver, um empreendimento desejável, e que seria rico de informações. Não podemos considerar o espaço estético como um meio de catarse ou de desaglomeração, assumível pelo homem só na medida em que permanece simbólico? Tal é o caso do espaço fragmentado de Picasso ou, mais ainda, do espaço de Wols, que sofreu uma desintegração mais completa. Fonte de deleite nas pinturas de Picasso ou de Braque, o espaço cubista torna-se, pelo contrário, fonte de angústia nos conjuntos urbanos que,

---

133. Cf. os trabalhos de G. KEPECS: *The Language of Vision*, Chicago, Theobald, 1961 e "Notes on Expression and Communication in the Cityscape", in *The future Metropolis*, Nova York, G. Braziller, 1961. E principalmente os de KEVIN LYNCH: *Patterns of the Metropolis*, ibid.; *The Image of the City*, M.I.T. Press, 1960; e *Site Planning*, M.I.T. Press, 1963. Cf. também H. BLUMENFELD, A Theory of City Form, *Society of Architectural Historians Journal*, julho de 1943.

no entanto, só propõem um esboço dele. E qual seria a intensidade do mal-estar se se criasse, um dia, uma cidade wolsiana?

À especificidade da percepção "urbana" está ligada uma série de noções complementares. É antes de tudo, como seu corolário normativo, o conceito de *legibilidade*. A organização de uma aglomeração é satisfatória quando é facilmente legível, o que não é exatamente o caso dos Conjuntos progressistas, difíceis de estruturar (apesar de sua aparente simplicidade), em grande parte devido à gratuidade de sua implantação.

Como se organiza essa legibilidade? A existência prova que não é preciso pensar em termos de elementos, mas de formas e de fundo. E o papel da forma, longe de ser feito por objetos plásticos, o é por tempos fortes (opostos a tempos de repouso): pontos de referência, limites, caminhos, nós de direções. Uma cidade deve, pois, ser estruturada sobre fundo neutro, pelo dinamismo de um certo número de figuras significantes que diferem de acordo com a topografia, a população, sua composição, seus interesses. A riqueza da imagem será função da riqueza e da variedade dos significantes que a compõem.

Vê-se que este método não é exclusivo das duas abordagens descritas acima: pelo contrário, os dados destas são indispensáveis para que se manifeste sua contribuição própria, que é *colocar o problema da morfologia urbana em termos de significações*. O horizonte do rendimento, a nostalgia do passado, a hegemonia do esteticismo estranhamente fizeram com que não se justiçasse o fato de que o meio construído, onde se move o indivíduo, tem como qualidade específica o de ser significante. Ora, quaisquer que sejam os objetivos dos construtores da cidade, sejam eles dominados por uma ideologia progressista ou culturalista, as intenções precisam ainda aparecer, ser decifráveis pelos habitantes. Nenhuma prática das artes plásticas, nenhum conhecimento da geometria pode conduzir à concepção de um projeto legível; só pode fazê-lo a experiência da cidade.

Os trabalhos de K. Lynch limitam-se voluntariamente às significações mais imediatas, mais elementares. Mas parece-nos que este campo deveria, no futuro, ser ampliado, de modo a integrar sistemas de significações mais mediatizados e mais complexos.

CONCLUSÃO

Que significado dar à crise do urbanismo? Por que o planejamento urbano suscita hoje tantas dúvidas e dificuldades? À nossa pergunta inicial, podemos agora trazer elementos de resposta.

1. Um contra-senso foi cometido, e continua a ser, sobre a natureza e a verdadeira dimensão do urbanismo. Apesar das pretensões dos teóricos, o planejamento das cidades não é o objeto de uma ciência rigorosa. Muito mais: a própria idéia de um urbanismo científico é um dos mitos da sociedade industrial.

Na raiz de qualquer proposta de planejamento, por trás das racionalizações ou do conhecimento que pretendem fundá-la em

50 O URBANISMO

verdade, escondem-se tendências e sistemas de valores. Essas motivações diretoras apareceram no começo da era industrial; e ligam-se de fato à problemática geral da sociedade maquinista. Pode-se esquematicamente trazê-las para alguns desses sistemas antagônicos que nomeamos: progressismo, culturalismo, naturalismo. Fé no progresso e no poder total das técnicas; aversão pela sociedade mecanizada e nostalgia das velhas comunidades culturais; aversão por um mundo "desnaturalizado" e nostalgia de uma relação criadora com a natureza: tais foram os fundamentos efetivos – por vezes inconscientes – do pré-urbanismo e do urbanismo.

2. Também no início da era industrial, essas motivações foram objetivadas em modelos ou tipos ideais de aglomeração urbana.

Essa objetivação explica-se de um lado por uma situação intelectual nova. A cidade, fato cultural mas seminaturalizado pelo hábito, era pela primeira vez o objeto de uma crítica radical. Tal questionamento não podia deixar de chegar a uma interrogação sobre os fundamentos. A presença da cidade foi então substituída por idéia sua. E, depois de ter qualificado como desordem a ordem urbana existente, foram feitos esforços para opor-lhe ordens ideais, modelos, que são, com efeito, projeções racionalizadas de imaginários coletivos e individuais.

Por seu caráter simultaneamente racional e utópico, esses modelos revelaram-se poderosos instrumentos de ação: exerceram uma influência corrosiva nas estruturas urbanas estabelecidas, contribuíram para definir e ordenar certas normas urbanas de base, particularmente no domínio da higiene.

Só que, construído no imaginário, o modelo dá forçosamente acesso ao arbitrário. Arbitrário que ilude, no nível da descrição, nos pré-urbanistas, mas que anda às voltas com o escândalo ao nível da realização, nos urbanistas. As falanges de Fourier provocam o riso, mas quando Le Corbusier propõe a substituição de Saint-Dié, destruída, por oito unidades de habitação e um centro cívico, os habitantes sentem-se diretamente ameaçados pelo absurdo. Do mesmo modo Brasília, edificada segundo as regras mais estritas do urbanismo progressista, é o grandioso manifesto de uma certa vanguarda, mas de modo algum a resposta a problemas sociais e econômicos precisos. O arbitrário desse tipo de métodos e de soluções vai ser plenamente percebido diante do espetáculo – a que ponto banal – do arquiteto urbanista brincando de deslocar em suas maquetes, ao sabor do humor ou da fantasia, os pequenos cubos que simbolizam moradias, locais de reunião, os elementos de uma cidade.

3. É lógico, pois, que uma crítica de segundo grau tenha contestado um urbanismo dominado pelo imaginário, e que tenha procurado na realidade o fundamento do planejamento urbano, substituindo o modelo pela quantidade de informação. Segundo essa crítica, qualquer projeto de planejamento deve ser subordinado a uma investigação prévia – definida, aliás, de dois modos, segundo a dimensão do tempo que privilegia. Se, no espírito progressista, a prioridade é dada ao futuro, integrar-se-á à investigação as técnicas que têm caráter de previsão: previsões demográfica e econômica surgirão então como o fundamento de qualquer planificação urbana. Se for seguida a tra-

O URBANISMO EM QUESTÃO

dição culturalista, é o passado que unificará uma informação antropológica culminando numa fenomenologia da consciência perceptiva.

A aplicação dessas técnicas de informação permitiria elaborar planos que, ao invés de responder às funções elementares de um homem teórico, integrariam em sua riqueza e diversidade as necessidades dos homens reais, situados *hic et nunc*. É bem o caso de uma verdadeira reviravolta metodológica.

Mas esse planejamento fundado na informação ainda não pôde generalizar-se. Na prática, choca-se simultaneamente com hábitos mentais e com a urgência da ação. Com efeito, a maior parte das realizações urbanísticas atuais estão relacionadas com o que os neuropsicólogos chamariam de "comportamento reduzido"[134]: a necessidade de remediar de imediato o afluxo demográfico e o drama dos não-abrigados impede uma planificação global e bem cuidada. Cogita-se do que é mais urgente, segundo esquemas pré-estabelecidos. Na França, a urgência é a única justificativa de Sarcelles.

Há mais. Imaginemos por um instante o urbanista livre das limitações do tempo e dotado de técnicas de pesquisa muito mais refinadas do que as que dispõe atualmente. Peçamo-lhe então para construir uma cidade de cem mil habitantes. O conjunto das informações obtidas só será utilizável dentro de uma opção prévia que nenhuma quantidade de informação pode fundamentar: cidade ou não-cidade, cidade asfalto ou cidade verde, cidade *casbah* ou cidade fragmentada, essas opções de base, finalmente, são da competência exclusiva de uma decisão humana. Em matéria de planejamento urbano, a ciência do real é tão-somente uma proteção contra o imaginário; não constitui um fundamento que permita eliminar o arbitrário.

É a razão pela qual, na falta de modelo, uma ideologia se reintroduz até nas críticas do urbanismo: ideologia progressista nos adeptos das técnicas com caráter de previsão, culturalista nos antropólogos como L. Mumford, naturalista em certos sociólogos americanos, como D. Riesman.

É o que ilustram alguns projetos ou realizações inspirados pelo método crítico. A "nova cidade" inglesa de Stevenage e o projeto francês de Toulouse-Le Mirail são, tanto uma quanto o outro, explicitamente fundamentados em estudos demográficos, econômicos e ecológicos: a primeira deve ser ligada ao culturalismo, enquanto que o segundo pertence ao progressismo.

4. Um falso problema de fundamento está, pois, no âmago da crise do urbanismo. Os sistemas de valores nos quais o urbanismo se baseia, em última instância, foram simulados pela ilusão ingênua e persistente de uma abordagem científica.

As conseqüências dessa ilusão irão surgir à luz de uma comparação com o objeto industrializado. Parece que um conhecimento exaustivo do contexto (serviços exigidos e gestos implicados, do lado do utilizador; condições de fabricação, do lado do produtor) deve permitir a determinação da forma ótima de um ferro de passar, de

---

134. Cf. K. GOLDSTEIN, *loc. cit.*

52 O URBANISMO

um telefone ou de uma poltrona: tal foi, com efeito, a base da teoria funcionalista lançada pelos arquitetos racionalistas e pela escola da Bauhaus. Para eles, cada objeto era redutível a uma boa forma absoluta, que coincidia com um protótipo industrializável. Mas a precariedade desse platonismo[135] aparece hoje com a crise do objeto em série e do *industrial design*. Os criadores do *industrial design* ficaram efetivamente ofuscados com a função de uso dos objetos, com sua "utensilidade", negligenciando seu valor semiológico. Visaram exclusivamente a realização universal do bem-estar e não fizeram justiça ao estatuto real do objeto socializado, que é simultaneamente utilizável na prática e portador de significados. Ora, o sentido não emerge naturalmente da boa forma industrializada; pelo contrário, esta pretende ignorar a densidade de sentido do objeto. É a razão pela qual (principalmente nos meios socialmente favorecidos e entre as consciências "saturadas" de bem-estar) se assiste hoje a uma crise do funcionalismo. É para dissimular a carência semântica que o jogo e a zombaria começam a introduzir-se em certos setores da produção industrial.

Essas observações podem ser transpostas para o plano da cidade. Ela também sofreu, através do modelo, o traumatismo da boa forma. E era esse, com efeito, o meio de satisfazer racionalmente as grandes funções urbanas de base: as que faltam aos não-abrigados, aos famintos de bem-estar para quem, temporariamente, Sarcelles representa a salvação. Mas, além desse funcionalismo, além do alojamento, resta habitá-lo. A cidade não é apenas um objeto ou um instrumento, o meio de realizar certas funções vitais; é também um quadro de relações interconsciênciais, o lugar de uma atividade que consome sistemas de signos tão complexos quanto os evocados acima.

5. O urbanismo desconheceu essa realidade, desconhecendo assim até a natureza da cidade. A contribuição essencial da crítica do urbanismo teria sido, precisamente, a de fazer despontar os significados múltiplos da localização urbana. Pode-se, entretanto, ressaltar que ela ainda não soube *ligá-los* de maneira bastante explícita, num *sistema semiológico global*, simultaneamente aberto e unificador.

A idéia de tal sistema não é nova. Já Victor Hugo, num célebre capítulo do *Notre-Dame de Paris*[136], não hesitou em comparar a arquitetura a um escrito e as cidades a livros.

A metáfora de Hugo é coerente. Desenvolvendo-a à luz de pesquisas contemporâneas[137], percebe-se que ela esclarece fatos passados

---

135. Expresso de modo particularmente esclarecedor por Henry Van de Velde, o precursor de Gropius na *Deutsches Werkbund* e um dos criadores do *industrial design*: "A forma pura coloca-se de imediato na categoria das formas eternas. A necessidade que provocou seu nascimento pode ser nova, particular a nossa época, mas, se ela é o resultado preciso e espontâneo de uma estrita concepção racional do objeto, da adaptação mais lógica ao que ele deve ser para responder ao uso mais prático que se espera dele, seguir-se-á que essa forma anexa de imediato os traços mais significativos da grande família que se perpetua desde a aurora da humanidade até nossos dias, a das formas puras e radicais. O tempo não significa nada." (*Le style moderne, contribution de la France*, Paris, Librairie des Arts décoratifs, 1925.)

136. *Ceci tuera cela*, acrescentado à edição de 1832.

137. Cf. para o que se segue A. J. GREIMAS, *Cours de sémantique*, fascículos roneotipados, Escola Normal Superior de Saint-Cloud, 1964; R. JAKOB-

O URBANISMO EM QUESTÃO   53

e presentes. Cada cidade antiga, com suas fisionomias e formas próprias, pode ser comparada a um livro com sua escrita particular, sua linguagem "fechada"[138], em suma: seu estilo. E o escrito, em cada caso, remete necessariamente a uma língua, a suas estruturas: sistema mais geral, apanágio comum dos particulares, dos clérigos, dos arquitetos ou dos reis que, com suas palavras, fizeram com que essa língua evoluísse no tempo.

O velho modo de planejamento das cidades tornou-se uma língua morta. Uma série de acontecimentos sociais — transformação das técnicas de produção, crescimento demográfico, evolução dos transportes, desenvolvimento dos lazeres, entre outros — fizeram com que seu sentido se perdesse em benefício de antigas estruturas de proximidade, de diferença, de ruas, de jardins. Estes passam a referir-se só a um sistema arqueológico. No contexto atual, não tem mais significação.

Mas essa língua morta conservada pela tradição não foi substituída, pelos urbanistas, por uma língua viva? As novas estruturas urbanas são, de fato, a criação desses microgrupos de decisão que caracterizam a sociedade da diretividade. Quem elabora hoje as cidades novas e os conjuntos de habitação? Organismos de financiamento (estatais, semi-estatais ou privados), dirigidos por técnicos de construção, engenheiros e arquitetos. Juntos, arbitrariamente, criam sua língua própria, sua "logotécnica".

Sendo os grupos de decisão estreitamente especializados, sua linguagem possui um conteúdo, um campo de significação restrito. Ao nível da expressão — dos significantes —, ela se caracteriza pela pobreza lexicográfica (unidades intercambiáveis que devem assumir diversos significados) e pela sintaxe rudimentar, que procede por justaposição de substantivos, sem dispor de elementos de ligação; por exemplo, o próprio espaço verde é substantivado, quando deveria ter uma função de coordenação.

Nessas condições, não é de surpreender que as mensagens transmitidas pela logotécnica sejam tão inexpressivas. Que significam as barras[139] de escritórios que, como o complexo Maine-Montparnasse, invadem o centro de nossas grandes cidades, *barram* seu horizonte e deslocam sua trama? Nada senão o poder de diretividade. Da mesma forma, a monotonia de Poissy exprime essencialmente a ideologia simplista de um grupo de politécnicos. Em certos casos, o conluio entre a economia e a estética pode, dados os dois extremos semânticos (infra-estrutura e superestrutura) implicados, chegar a uma mensagem totalmente incompreensível — e, na verdade, incoerente.

Em todos os casos, a microlinguagem do urbanismo é imperativa e limitadora. Não só o habitante não participou de sua elabora-

SON, *Essais de linguistique générale*, Paris, Ed. de Minuit, 1963; A. MARTINET, *Éléments de linguistique générale*, Paris, A. Colin, 1960; assim como o conjunto dos artigos de R. BARTHES e em particular Éléments de sémiologie, *Communications*, nº 4, Ed. du Seuil, 1964.

138. Cf. R. BARTHES, *Le degré zéro de l'écriture*, Paris, Ed. du Seuil, 1953.

139. Há um estudo semântico para ser feito da diferença aparente entre as grandes construções americanas e as grandes construções francesas. As primeiras raramente tomam a forma de barras, mas principalmente a de torres.

54 O URBANISMO

ção: tal é, em nossa sociedade, a situação dos usuários diante da maior parte dos sistemas semiológicos constituídos. Mais ainda, está privado da liberdade de resposta. O urbanista monologa ou discursa; o habitante é forçado a escutar, sem compreender sempre. Em resumo, está frustrado em toda a atividade dialética que a localização urbana deveria oferecer-lhe.

6. Estimar-se-á, com justiça, ter chegado ao fim a época em que o planejamento urbano era uma linguagem da qual o habitante podia participar através da palavra. Esse tempo ideal foi teoricamente, e por algumas décadas, o da *polis* grega, da democracia[140]. Hoje, a complexidade dos mecanismos econômicos, tecnológicos e administrativos exige que o cidadão delegue seus poderes a um corpo de especialistas — ao urbanista, no que diz respeito ao planejamento urbano. Confrontando o tempo da palavra com o da logotécnica, somos remetidos à ligação essencial da cidade com a política: opondo-se a democracia à diretividade constata-se, mais uma vez, que a primeira atualmente não passa de uma palavra[141].

Mas o desaparecimento da palavra não implica em si no desaparecimento da língua. E é deplorável que a logotécnica do urbanismo seja, até o presente, apenas um fragmento e um simulacro de linguagem, um código prático de especialistas, geralmente desprovido de referências ao conjunto dos outros sistemas semiológicos que constituem o universo social.

Os urbanistas não têm atualmente à sua disposição esse sistema coerente de significações que, sozinho, permitiria a justificação efetiva de suas criações, mostrando que pertencem a uma linguagem e, de um modo mais geral, à estrutura global de uma sociedade.

É verdade que a própria existência de uma linguagem urbanística coerente torna-se hoje problemática pela mutação inacabada de certos sistemas referenciais, como os setores do trabalho e dos lazeres. Somos aqui levados por outras vias à intuição de Engels condenando como ilusórios modelos do pré-urbanismo, e só vendo na crise da cidade um aspecto particular da crise global da sociedade capitalista. Mas não nos parece necessário seguir Engels até suas conclusões. Na sociedade de diretividade, a questão particular do planejamento urbano parece-nos, ao contrário do que Engels pensava para a sua época, ter de figurar entre os problemas fundamentais: longe de dever ser diferenciada, ela pode, por sua evolução, exercer uma ação transformadora e criadora sobre o conjunto das outras estruturas sociais.

A análise precedente pode levar a algumas conclusões práticas.

O urbanista deve deixar de conceber a aglomeração urbana exclusivamente em termos de modelos e de funcionalismo. É preciso parar de repetir fórmulas fixas que transformam o discurso em objeto,

---

Talvez essa verticalidade exprima o individualismo e todo um romantismo da aventura capitalista nos Estados Unidos.

140. F. CHÂTELET, *La naissance de l'histoire*, Paris, Ed. de Minuit, 1962.

141. P. LAVEDAN resume lapidarmente a situação: "A corrente de dirigismo é tamanha que a geografia urbana se tornará logo um capítulo da Administração." *La géographie des villes*, Paris, 1959. Cf. também R. A. DAHL, *Who governs? Democracy and Power in an American City*, New Haven Press, 1961;

O URBANISMO EM QUESTÃO   55

para definir sistemas de relações, criar estruturas flexíveis, uma pré-
-sintaxe aberta a significados ainda não constituídos.

Cumpre a partir de agora estimular a elaboração dessa linguagem urbanística que falta hoje. Empreendida nela, a recorrência à análise estrutural permitirá o surgimento de tramas comuns dos diferentes sistemas semiológicos ligados à aglomeração urbana. A partir daí, o economista, o engenheiro e principalmente o plástico deixarão de exercer o papel demiúrgico que possuem no momento. A linguagem urbanística perderá a especificidade para conquistar um plano superior de generalidade; indiretamente, pela referência ao conjunto dos outros sistemas significantes, contribuirá para o conjunto da coletividade e implicá-lo-á.

Quanto ao habitante, sua primeira tarefa é a lucidez. Não deve nem deixar-se seduzir pelas pretensões científicas do urbanismo atual, nem alienar suas liberdades nas realizações deste. Deve resguardar-se tanto da ilusão progressista quanto da nostalgia culturalista.

7. Ninguém hoje sabe qual será a cidade de amanhã. Talvez ela perca uma parte da riqueza semântica que possuiu no passado. Talvez seu papel criador e formador seja assumido por outros sistemas de comunicação (televisão ou rádio, por exemplo). Talvez assistamos à proliferação, por todo o planeta, de aglomerados urbanos, indefinidamente extensos, que farão o conceito de cidade perder todo o significado.

Admitamos entretanto que subsista uma realidade comparável ao que chamamos hoje de cidade; é somente no plano do uso que vai ser possível o paralelo. O fato de que a nova linguagem — vocabulário e sintaxe — deverá ter sido construída consciente e deliberadamente repercutirá em sua significação: ela corre o risco de abolir a ilusão tradicional que nos mostra as estruturas urbanas como um dado da natureza. E tomar ciência da artificialidade do sistema obrigará o habitante a manter com ele uma relação de segundo grau[142]. Ainda que a cidade do futuro funcione perfeitamente, ainda que seja adaptada às novas condições de vida, como as cidades medievais o eram às exigências de sua época, ela só conservará seu valor semiológico com a convivência de seus habitantes, com o jogo ou astúcia destes.

Até o funcionalismo poderia, a partir daí, tornar-se uma suprema irrelevância, uma fonte de encantamento para a consciência lúdica — a não ser que construir, não mais nas dimensões do tablado mas em concreto, plástico ou metal, cidades-armadilhas e cidades-miragens não seja o destino último do surrealismo.

Mas não chegamos lá e cada dia leva-nos adiante na mitologia do urbanismo. É para facilitar as tomadas de consciência necessárias que escolhemos e reunimos nas páginas seguintes uma série de textos particularmente significativos. Eles repartem-se desde o começo do século XIX até 1964. Apresentados sem preocupação de esgotar o

e, de um ponto de vista mais geral e teórico F. CHÂTELET: De la politique populaire à la politique de pure pratique, *Arguments*, nº 27-28, 1962.

142. É em torno desse relatório que a estética contemporânea está centrada. Aqui vamos nos referir tanto ao exemplo do escrito quanto ao da pintura (cf. em particular a obra pictórica de J. Dubuffet).

item, num simples desejo de demonstração, e segundo uma ação que sacrifica deliberadamente a ordem cronológica à continuidade ideológica, seguem e ilustram os temas desenvolvidos nessa introdução. Pensadores, políticos e filósofos são ali representados, tanto quanto técnicos. Dedicamos um grande espaço às descrições da cidade ideal em pensadores do século XIX, não só pelo que têm de pitoresco mas porque, mal conhecidas, esclarecem algumas das propostas que hoje parecem as mais novas. Para o século XX, reservamos a uma série de ensaios críticos anglo-saxões, inéditos em francês, um lugar cuja importância é, a nossos olhos, justificada pelas perspectivas que abrem para o futuro.

A Antologia segue a ordem e as divisões da Introdução.

Uma breve nota histórica apresenta cada autor.

Os títulos e subtítulos foram introduzidos por nós: servem como pontos de referência e para sublinhar temas. Sempre que mantivermos um título ou subtítulo original, indicamo-lo em rodapé.

A lista das obras de que extraímos os textos escolhidos figura no fim destes, com indicação das páginas citadas na ordem em que as reproduzimos. Quando os extratos são tomados de várias obras, um número entre colchetes, no fim de cada citação, remete a essa lista.

Os cortes, qualquer que seja sua importância, estão assinalados por asterisco.

I. O PRÉ-URBANISMO PROGRESSISTA

Robert Owen
1771-1858

Antes de tornar-se uma das figuras marcantes do primeiro socialismo europeu, Robert Owen viveu pessoalmente os problemas da nascente sociedade industrial. Desde os dez anos de idade, trabalhava numa fábrica de algodão. Aos dezenove, dirigia uma fábrica de fiação em Manchester e tinha contribuído para o aperfeiçoamento das técnicas de tecelagem.

Em 1798, um casamento rico permitiu que se tornasse co-proprietário da fábrica de New Lanark. Encontrou assim um terreno de experimentação, uma ocasião para pôr em prática as reformas sociais inspiradas pelo conhecimento direto da miséria do proletariado industrial. Seu esforço recaiu essencialmente na redução das horas de trabalho (jornada de dez horas[1]), no melhoramento do habitat (cidade-modelo, num espaço verde) e na prática da escolaridade obrigatória, seguindo métodos modernos[2]. Devem-se a Owen as primeiras escolas maternais da Inglaterra. Ele estava convencido da absoluta meleabilidade do ser humano e sua teoria da educação é a pedra angular de todo o seu sistema: a educação é necessária ao homem que quer dominar a máquina e explorar as possibilidades da revo-

---

1. Aplicada por Owen antes da existência da legislação do trabalho. "Caçoaram dessa invenção como de uma utopia comunista", escreve Marx em *O Capital*.

2. Cf. MARX, *Le Capital*, ed. Pléiade, T. 1, p. 937. Owen lançou as bases da "educação do futuro *, o único método para produzir *homens completos*".

62 O URBANISMO

lução industrial[3]; *ao mesmo tempo, ela contribui para a melhoria do rendimento individual*[4].

New Lanark tornou-se rapidamente um local de peregrinação para os reformadores sociais da Grã-Bretanha. Quanto a Owen, essa experiência permite-lhe dar um novo desenvolvimento a suas teorias, expostas em uma série de obras como:

— A New View of Society, or Essays on the Principle of the Formation of the Human Character (1813);
— Report to the County of Lanark (1816);
— The Book of the New Moral World (1836).

Nessas obras ele descreve seu modelo de estabelecimento ideal, higiênico, ordenado e criador: pequenas comunidades semi-rurais de 500 a 3 000 indivíduos, federadas entre si.

Para Owen, este modelo não devia permanecer teórico. A fim de realizá-lo, em 1825 ele comprou 30 000 acres de terra no Estado de Indiana (Estados Unidos) e fundou a colônia de New Harmony. Três anos depois, tinha perdido quatro quintos de sua fortuna e voltava para a Europa.

Sua crítica do liberalismo econômico e suas propostas de reforma situam-no na origem do trade-unionismo *e da teoria do socialismo de Estado. Suas idéias acham-se tão esparsas pelos textos que tivemos, excepcionalmente, de reunir citações de obras diversas.*

HOMEM NOVO, HABITAT NOVO

O homem é uma organização composta de diversas faculdades corporais e intelectuais, experimentando necessidades ou inclinações físicas e morais, sensações, sentimentos e convicções. Na sociedade atual, não há nenhum acordo entre essas diferentes inclinações; ele se vê impelido a atuar por sensações ou sentimentos que, freqüentemente, se opõem a sua inteligência. *

Quando seu caráter estiver formado de modo a fazer dele um ser racional, cercado de circunstâncias conforme às leis naturais, todas essas necessidades e sentimentos estarão em harmonia. *

Estes fatos e leis da natureza, quando forem plenamente compreendidos e geralmente adotados na prática, tornar-se-ão o meio de formar um novo caráter para a espécie humana. * Os homens tornar-se-ão racionais. [1]

---

3. Muito consciente do papel alienante da máquina, Owen é no entanto um progressista militante. Em sua *Memória aos soberanos aliados... no interesse das classes obreiras...* ele atrai significativamente a atenção sobre "os efeitos extraordinários que resultam da introdução de motores aperfeiçoados, pelo progresso das ciências, nas fábricas da Europa e da América; introdução que já influiu materialmente no trabalho manual, na saúde, na situação e bem-estar das classes operárias" (p. 1).

4. "A criança também pode, pelos mesmos meios, ser criada, colocada, empregada * e ajudada por poderes mecânicos, químicos ou resultados das descobertas das ciências *. Nessas circunstâncias *, cada criança nascida na classe trabalhadora será um núcleo importante para a sociedade" (*idem*, p. 8).

ROBERT OWEN

Uma nova era

Chegou o momento em que uma mudança deve ser produzida: uma nova era deve começar. O espírito humano que, até agora, esteve envolvido nas trevas da mais grosseira ignorância * deve finalmente iluminar-se. * É chegado o tempo em que todas as nações do mundo, em que os homens de todas as raças e de todos os climas devem ser levados a esse gênero de conhecimento. * Haverá uma só linguagem e uma só nação. *

As grandes invenções modernas, os melhoramentos progressivos e o progresso contínuo das ciências e das artes técnicas e mecânicas (que, sob o regime do individualismo, aumentaram a miséria e a imoralidade dos produtores industriais) estão destinados, depois de ter causado sofrimentos, a destruir a pobreza, a imoralidade e a miséria. As máquinas e as ciências são chamadas a fazer todos os trabalhos penosos e insalubres. *

Um estabelecimento modelo. . .

Para realizar os princípios que formam a ciência social, seria desejável que o governo estabelecesse vários núcleos ou associações-modelo, contendo de 500 a 2 000 habitantes alojados em construções apropriadas para produzir e conservar uma variedade e produtos, e para dar às crianças uma educação adequada. * [2] Cada uma dessas cidadezinhas novas seria um modelo da maneira pela qual ela se sustentaria, se governaria a si mesma, criaria e ocuparia todos os seus membros. * [3]

. . .num plano quadriculado

Desenhei um plano no qual se distingue um conjunto de quadrados formados por prédios. Cada quadrado pode receber 1 200 pessoas e está rodeado de 1 000 a 1 500 acres de terreno.

No interior dos quadrados erguem-se os edifícios públicos que o dividem em paralelogramos.

O edifício central contém uma cozinha pública, refeitórios e tudo que pode contribuir para uma alimentação econômica e agradável.

Edifícios públicos no centro

À direita desse prédio central, uma construção cujo térreo será ocupado pelo jardim de infância, o andar superior por uma sala de conferências e um lugar destinado ao culto.

À esquerda, fica um edifício que abriga, no térreo, uma escola para as crianças mais velhas e uma sala do comitê; no primeiro andar, uma biblioteca e uma sala de reunião para os adultos.

O espaço livre no interior dos quadrados é destinado ao exercício e aos lazeres; é arborizado.

Compartimentação do habitat

Três lados dos quadrados são constituídos por casas residenciais, destinadas principalmente às pessoas casadas. Cada casa comporta

64 O URBANISMO

quatro habitações, cada uma das quais será bastante espaçosa para receber um homem, sua mulher e dois filhos.

O quarto lado será ocupado por dormitórios para todas as crianças que excedam os dois admitidos por família, assim como, se for o caso, as crianças com mais de três anos.

No centro deste quarto lado ficam os apartamentos das vigilantes de dormitórios. Numa das extremidades está situada a enfermaria e, na outra, uma espécie de hospedaria para os visitantes. *

No centro dos dois primeiros lados ficam os apartamentos dos superintendentes, ministros do culto, mestres-escolas e médicos, enquanto que, no centro do terceiro, localizam-se os depósitos. *

Espaços verdes isolando a indústria

No exterior, atrás das casas, em redor dos quadrados, há jardins, cercados por estradas.

Imediatamente atrás dos jardins, situam-se, de um lado, os prédios consagrados às atividades mecânicas e industriais. O matadouro, os estábulos, etc..., também serão separados do estabelecimento coletivo por plantações.

Do outro lado, acham-se locais destinados à lavagem de roupa. A uma distância ainda maior dos quadrados encontram-se instalações agrícolas inteiramente equipadas para a produção do malte, da cerveja, da farinha, etc.

A educação

Para transformar radicalmente a condição e o comportamento dos desfavorecidos, é preciso retirá-los do meio cuja nefasta influência sofrem atualmente, colocá-los em condições adequadas à constituição natural do homem *, condições estas que não podem deixar de melhorar sua sorte, o que é do interesse de todas as classes. *

As crianças com mais de três anos irão à escola, comerão no refeitório e dormirão nos dormitórios; antes de sair da escola, terão recebido tudo o que lhes será necessário como conhecimento.

As crianças maiores serão acostumadas a ajudar na jardinagem e no trabalho industrial durante uma parte do dia, proporcionalmente às suas forças; todos os homens estarão empregados na agricultura e na indústria ou em qualquer outro setor útil à comunidade. *

Prospecção de terrenos

É preciso investigar pelo país todo e selecionar os locais mais propícios à instalação desses estabelecimentos – agrícolas e industriais simultaneamente.

Todas as terras do reino suscetíveis de ser adquiridas para esse fim deverão ser corretamente avaliadas e compradas pela nação. *

Quando essas disposições tiverem sido adotadas e levadas a bom termo * seguir-se-ão conseqüências admiráveis. O valor real da terra e do trabalho aumentará, ao passo que abaixará o valor de seus produtos. *

Rendimento desse plano

ROBERT OWEN

Esse plano permitirá que se suprimam, em uma geração, as subvenções concedidas aos miseráveis, pois se terá destruído radicalmente o pauperismo ou qualquer outra degradação dessa espécie. Ele fornecerá os meios de aumentar gradualmente a população dos distritos não populosos da Europa e dos Estados Unidos, sempre que esse aumento for julgado necessário; permitirá que uma população muito maior subsista com bem-estar, num ponto dado; * em resumo, será o meio de aumentar em mais de dez vezes a força e o poder político do país em que for adotado. [4]

[1] *The Book of the New Moral World*, Londres, 1836, resumido e traduzido por T. W. Thornton: *Le livre du nouveau monde moral contenant le système social rationnel*, Paris, 1846. (pp. 23-24, 30.)

[2] *An Adress Delivered to the Inhabitants of New Lanark*, 1816; traduzido pelo Conde de Laborde: *Institution pour améliorer le caractère moral du peuple*, Paris, 1819. (pp. 8-9.)

[3] *Courte exposition d'un système social rationnel*, libelo dirigido em francês a Thiers, Paris, 1848. (p. 2.)

[4] *Rapport au comité de l'association pour le soulagement des classes défavorisées employées dans l'industrie*, 1817, in *A Supplementary Appendix to the First Volume of the Life of Robert Owen, Containing a Series of Reports, Adresses, Memorials* (1803-1820), Londres, 1858. (pp. 57-64; tradução da autora.)

Charles Fourier
1772-1837

"Não creio que algum homem neste século tenha tido maior poder de imaginação que este caixeiro-viajante", dizia Charles Gide sobre Fourier. É a este dom que devemos o modelo mais detalhado do pré-urbanismo progressista: a falange.

Essa aglomeração ideal não é mais, aliás, que uma peça – a mais célebre – de um sistema completo, de que é indissociável. A construção global de Fourier tem origem numa impiedosa crítica da sociedade contemporânea[1] e de sua economia. Essa visão sombria é corrigida por uma concepção otimista da história, que, depois de ter atravessado essas fases sucessivas, selvageria, barbárie, patriarcado e civilização, acabará por realizar, através do garantismo, o sociantismo e, em último lugar, o harmonismo[2], o grande princípio natural da "Harmonia Universal". A "civilização", que reina no momento em que

---

1. Engels escrevia no *Anti-Dühring*: "Ele desvenda sem piedade a miséria material e moral do mundo burguês."
2. O *patriarcado* é caracterizado pela agricultura e criação de animais. A *barbárie* vê o clã ou a tribo ser substituídos pela nação. Formam-se cidades e impérios, enquanto a indústria se desenvolve. A *civilização* é caracterizada por um desenvolvimento sem precedentes da indústria. O *garantismo* é caracterizado por um conjunto de instituições (bancos, feitorias comunais, asilos rurais, falanstérios e cidades operárias) que instauram a solidariedade entre os membros da sociedade. O *sociantismo* ou *associação simples* ou ainda *serisofia*, e o *harmonismo* ou *associação composta* continuam a generalizar o princípio de associação.

68   O URBANISMO

Fourier escreve, é apenas "um flagelo passageiro", "uma enfermidade infantil, como a dentição". Mas só poderá ser ultrapassada por uma reestruturação radical da sociedade, que, para desenvolver a produção, libertar-se do pauperismo e realizar o homem total[3], deverá pôr em prática a associação e a cooperação.

Pode-se afastar Fourier do pré-urbanismo progressista, se se evocar o hedonismo que reina nas falanges, a dialética dos temperamentos que preside a composição destas, sua negação da família[4]. Mas outras características nos parecem mais significativas: a ruptura absoluta que representa a aglomeração falangista em relação às do passado, o modo como o campo é integrado nela, sobretudo a racionalização e a classificação sistemática dos lugares e das atividades.

A classificação é, aliás, uma verdadeira mania de Fourier. Traduz-se em uma terminologia específica que torna fastidiosa a leitura de suas principais obras:

– Théorie des quatre mouvements *(Teoria dos quatro movimentos) (1808).*

– Traité de l'association domestique *(Tratado da associação doméstica) (1822), a mais importante.*

– Le Nouveau Monde industriel et sociétaire *(O Novo Mundo Industrial e Societário) (1829).*

– La fausse industrie morcelée *(A falsa indústria fragmentada) (1835-1836).*

O FALANSTÉRIO

Os civilizados, considerando supérfluo o que diz respeito ao prazer da vista, rivalizam na emulação para enfear suas residências chamadas cidades e aldeias *. Procuraremos o modo como as artes poderiam, através do embelezamento e da salubridade, conduzir gradualmente à Associação[5] *.

A Associação nasceria do estado das coisas, numa cidade construída sob o regime de garantia[6] sensitiva quanto à beleza e à salubridade *.

Existem para os edifícios métodos adaptados a cada período social: só vou citar três.

---

3. Cuja imagem não deixou de exercer uma atração sobre Marx.

4. Essa é a diferença essencial entre a cidade radiosa de Le Corbusier e o falanstério de Fourier.

5. A *Associação*, que faz o interesse geral coincidir com o particular, realiza-se pela *atração* nas sociedades *harmônicas*; ela se opõe ao *fracionamento* das sociedades inferiores (patriarcado, barbárie, civilização), onde reina a *coação*.

6. Este termo está ligado à antropologia fourierista. O período garantista satisfaz os doze direitos do homem e as doze *garantias* a lhe ser dadas, e que dizem respeito ao desenvolvimento das doze paixões que formam os caracteres *radicais* do homem: cinco paixões sensitivas; quatro paixões afetivas, a saber, a amizade, a ambição, o amor, o familismo; três paixões distributivas, a saber, borboleteante (necessidade de variedade), cabalista (necessidade de intriga), compósita (necessidade de entusiasmo); mais uma décima primeira paixão, "caseia", o *uniteísmo*.

No quarto período, a distribuição bárbara, modo confuso. Interior de Paris, Rouen, etc.; ruas estreitas, casas amontoadas sem correntes de ar nem luz suficientes, disparate geral sem nenhuma ordem.

No quinto período, a distribuição civilizada, modo simplista *, só regularizando o exterior, onde se dispõem de certos alinhamentos e embelezamentos de conjunto: são assim diversas praças e ruas de cidades como Petersburgo, Londres e Paris, que têm bairros novos *.

No sexto período, a distribuição *garantista*, modo composto, que submete tanto o *interior* quanto o *exterior* dos edifícios a um plano geral de salubridade e de embelezamento, a garantias de estrutura *. É uma possibilidade de aperfeiçoamento social, em cujas conseqüências e extensão se terá dificuldade de acreditar *.

Um arquiteto que tivesse sabido especular a cerca do modo composto, poderia ter-se transformado no salvador do mundo social *. Seria mister que, de fato, a natureza consignasse às artes alguma intervenção na questão da Harmonia: ela teve de escolher * a arquitetura *.

Plano de uma cidade do sexto período [7]

Devem-se traçar três anéis concêntricos:
- o primeiro contém a cidade central;
- o segundo contém os arrabaldes e as grandes fábricas;
- o terceiro contém as avenidas e o subúrbio.

Cada um dos três anéis adota dimensões diferentes para as construções, nenhuma podendo ser levantada sem a aprovação de uma comissão de edis, que cuidarão da observância dos estatutos do garantismo, cuja exposição vem em seguida.

Os três anéis são separados por paliçadas, relvas e plantações que não devem cobrir a visão.

Toda casa da cidade deve ter como sua dependência, entre pátios e jardins, pelo menos tanto terreno vazio quanto ocupa sua superfície construída.

O espaço livre

O espaço vazio será duplo no segundo anel, ou local dos *arrabaldes*, e triplo no terceiro anel, chamado *subúrbio*.

Todas as casas devem ser isoladas e formar fachadas regulares, em todos os lados, com ornamentos graduados de acordo com os três anéis sem que se admitam muros divisórios nus.

O menor espaço de isolamento entre dois edifícios deve ser pelo menos de 6 toesas: 3 toesas ou mais por edifício, mas nunca menos de 3, e 3 até o ponto de separação e muro baixo de divisão. *

O espaço de isolamento só será calculado em plano horizontal, mesmo nos locais onde o declive seja acentuado.

O espaço de isolamento deve ser pelo menos igual à metade da altura da fachada[8] diante da qual se localiza, seja nos lados, ou

---

7. Este título é de Fourier.

8. Fourier tinha o costume de passear por Paris com um metro, com o qual media continuamente a frente das casas. Ele conhecia as dimensões de todos os principais monumentos e praças da Europa.

70 O URBANISMO

atrás da casa. Assim, uma casa cujo flanco medir 10 toesas de altura até a cornija deverá ter um terreno livre de 5 toesas na frente desse flanco, sem contar o do vizinho, que pode ser da mesma extensão. Se duas casas vizinhas tiverem, uma, 10 toesas de altura, e a outra, 8, haverá entre elas 5 e 4, total 9 toesas de isolamento e terreno vazio, dividido por uma grade ou paliçada.

Para evitar fraudes sobre a altura real, como as águas-furtadas e andares simulados, contar-se-á como altura real da parede tudo o que exceder o ângulo do 12º de círculo (ângulo de 30°) a partir da base (suposta) do esqueleto do edifício.

As coberturas deverão formar pavilhão ou frontões adornados lateralmente. Terão por toda parte calhas que levarão a água da beira das paredes até abaixo das calçadas.

Na rua, os edifícios não poderão exceder em altura, contada até a base do esqueleto, a largura da rua: se ela só tiver 9 toesas de largura, não se poderá levantar uma fachada de 10 toesas de altura, já que será preciso reservar um ângulo de 45° na fachada para a visão. (Se o ângulo do raio visual fosse mais obtuso, sucederia como com os palácios de Gênova ou com o portal de Saint-Gervais; para examiná-los seria preciso trazer um canapé e deitar-se nele de costas.) O espaço dos lados será pelo menos igual a um oitavo da largura da face que dá para a rua, * precaução necessária para evitar o acúmulo de população num só ponto. *

As ruas deverão estar voltadas para paisagens campestres ou monumentos da arquitetura pública ou privada: o monótono tabuleiro de xadrez será abolido. Algumas ruas serão curvas (serpenteantes), para evitar a uniformidade. As praças deverão ocupar pelo menos um oitavo da superfície. Metade das ruas deverão ser arborizadas (com árvores variadas).

O mínimo para as ruas é de 9 toesas; as calçadas podem, se as ruas forem destinadas só a pedestres, ser reduzidas a 3 toesas, mas é preciso conservar as outras 6, em cercado gramado, ou plantado e estaqueado. *

Não irei além nos detalhes, com os quais ainda se poderia preencher muitas páginas para descrever o conjunto de uma cidade garantista. Mas aqui só temos um resultado a considerar, que é a propriedade inerente a uma cidade como essa, de provocar a associação de todas as classes, operária ou burguesa, e até rica.

Habitat coletivo

Destaquemos em primeiro lugar que não se poderiam mais construir casas pequenas; ficariam muto caras, por causa dos isolamentos obrigatórios. Só os ricos poderiam dar-se a esse prazer; mas o homem que especula sobre o aluguel seria obrigado a construir casas muito grandes e, no entanto, muito cômodas e salubres, por causa da dupla distância exigida.

Nesse tipo de edifícios, seríamos levados, sem querer, a tomar todas as medidas de economia coletiva de onde nasceria logo a associação parcial; por exemplo, se o edifício reúne 100 famílias[9], não

9. "As associações de família ou * as cidades operárias pertencem ao 6º período *, estão fora do quadro da civilização *, e se fossem generalizadas,

CHARLES FOURIER

instalaremos as 20 bombas exigidas por 20 prédios que alojassem, cada um, 5 famílias. Já seria uma economia de 19/20, ou de 9/10, supondo-se a bomba e seus propulsores de maiores dimensões.

Assim como é difícil a limpeza em casas apertadas e obstruídas, como as de nossas capitais, ela é fácil num edifício onde os espaços vazios mantêm correntes de ar.

Ali seriam evitados, pois, de fato, os males da insalubridade, vantagem de grande importância.

A distribuição indicada só provocará as invenções societárias por concorrência entre os grandes edifícios de que será composta. Se fossem só em número de 4 ou 5 prédios de 100 famílias, como podem ser encontrados em Paris ou Londres, esses agrupamentos, afastados uns dos outros, não teriam nenhuma emulação econômica.

Mas, se tal cidade contém 100 grandes prédios, todos vizinhos e distribuídos de modo a prestar-se a economias domésticas, ela verá logo seus habitantes adestrando-se nessa indústria, que começará necessariamente com o objeto mais importante para o povo: a preparação e provisão dos alimentos. Veremos 2 ou 3 das 100 famílias estabelecer-se como hospedeiras; veremos outras especular, em outros ramos, sobre as provisões da casa.

Assim será organizada a divisão do trabalho que, uma vez introduzida na cidade ou anel central, se espalhará bem depressa pelos dois anéis, de arrabalde e de subúrbio, onde a obrigatoriedade de duplo e triplo espaço de terreno vazio tornará mais necessários os grandes agrupamentos. *

Uma cidade modelo

Esses grandes edifícios com a vantagem de ser bem arejados pelo espaço de isolamento plantado * satisfariam (os cinco sentidos). *

Suponhamos que Luís XIV, ao invés de construir o triste Versalhes, tivesse construído em Poissy uma cidade de arquitetura composta; * todos tê-lo-iam imitado. * Nenhum proprietário da cidade consentiria hoje em substituir seus muros por grades ou paliçadas; no entanto, assim ele ganharia cem vezes mais, pois desfrutaria da vista de cem jardins. Acontece o mesmo em relação a todas as outras disposições; * mas, para julgar o fato, precisaríamos de uma cidade experimental. *

O fundador de uma (tal) cidade * teria tido a dupla honra de cobrir de ridículo todas as outras capitais * e de metamorfosear subitamente o mundo social. *

O vício que * desviou dessa concepção foi o espírito de PROPRIEDADE SIMPLES que domina na civilização. Nela não reina nenhum princípio sobre a PROPRIEDADE COMPOSTA ou sujeição das possessões individuais às necessidades da massa.

A comuna-tipo ou falange[10]

conduziriam prontamente a esse 6º período. Introdução dos editores ao opúsculo de Fourier, *Modifications à introduire dans l'architecture des villes*, Paris, 1849.

10. "Para Fourier, o elemento da sociedade é a comuna. O estado da comuna num país dá a conhecer a natureza da sociedade à qual esse país per-

72 O URBANISMO

O edifício ocupado por uma falange não tem semelhança nenhuma com nossas construções, urbanas ou campestres, e para fundar uma grande Harmonia, de 1 600 pessoas, não se poderia utilizar nenhuma das nossas construções, nem mesmo um grande palácio como Versalhes, ou um grande monastério como o Escurial. *

Os alojamentos, plantações e estábulos de uma tal sociedade * devem diferir prodigiosamente de nossas aldeias ou cidades destinadas a famílias que não têm nenhuma relação societária e que operam contraditoriamente: em lugar desse caos de casinhas que rivalizam em sujeira e deformidade em nossas pequenas cidades, uma falange é construída como um edifício regular. *

Um protótipo experimental

O falanstério ou edifício da falange experimental deverá ser construído com material de pouco valor: madeiras, tijolos, etc. porque seria, repito, impossível, nessa primeira prova, determinar exatamente as dimensões convenientes, seja de cada seristério, ou local de relações públicas destinado às séries[11], seja de cada oficina, cada loja, cada estábulo, etc.

Seja, por exemplo, um galinheiro ou um pombal; antes de construí-lo, teremos calculado e previsto com cuidado quantas galinhas e pombos uma falange de tal grau deve criar; em quantas espécies e variedades ela deve classificar as espécies para coincidir com as Atrações dos diversos grupos que tratam dos animais, e para favorecer as rivalidades da Série.

Mas como a primeira falange não pode ter nenhuma noção prática, ela cometerá necessariamente muitos erros sobre as quantidades, dimensões e compartimentos: antes de chegar a dados exatos, é preciso tatear. *

A primeira falange será um bosquejo, um esboço feito por conta do globo, que reembolsará 12 vezes seu capital. Ela será, de certo modo, uma bússola para as falanges que serão fundadas por todo lado a partir do ano seguinte. *

Dissociação das funções

O centro do palácio ou falanstério deve ser destinado às funções tranqüilas, aos refeitórios, salas da bolsa, do conselho, biblioteca, salas de estudo, etc. Neste centro ficam o templo, a torre de ordem, o telégrafo, os pombos-correio, o carrilhão de cerimônias, o observatório, o pátio de inverno com plantas resinosas, situado atrás do pátio de parada.

Uma das alas deve reunir todas as oficinas ruidosas, como: carpintaria, ferraria, trabalhos com martelo; deve abrigar também todos

tence. Assim, para fazer a França passar do estado 'civilizado' ao 'societário', seria preciso transformar em comunas societárias – ou 'falanstérios' – as 40 mil comunas civilizadas existentes." (*Ibid.*)

11. "Os diferentes grupos recrutados a serviço de uma indústria qualquer formam um regimento de voluntários, chamado *série*. A série de grupos é a grande alavanca da organização societária, o ponto capital de todas as soluções harmônicas." (*Ibid.*)

CHARLES FOURIER

os conjuntos industriais de crianças, que são comumente muito ruidosos. * Será evitado, com essa reunião, um lamentável inconveniente de nossas cidades civilizadas, onde se vê, em toda rua, algum carpinteiro, algum ferreiro ou algum aprendiz de clarineta estourar o tímpano de cinqüenta famílias da vizinhança.

A outra ala deve abrigar a hospedaria, com suas salas de banho e de reuniões dos visitantes, para que não atravanquem o centro do palácio e não perturbem as relações domésticas da falange. Essa precaução de isolar os visitantes e concentrar suas reuniões numa das alas será muito importante na falange experimental, para onde os curiosos afluirão aos milhares e darão sozinhos um lucro que não posso estimar abaixo de 20 milhões. *

Funções comuns

O falanstério deve conter, além dos apartamentos individuais, muitas salas de relações públicas: vamos chamá-las *seristérios* ou locais de reunião e desenvolvimento das séries.

Essas salas não se parecem em nada com nossas salas públicas, onde as relações se operam sem graduações. Uma série não admite essa confusão. Tem sempre suas 3, 4 ou 5 divisões, que ocupam vicinalmente 3, 4 ou 5 locais, o que exige distribuições análogas às funções dos funcionários e dos societários. Também cada seristério é, geralmente, composto de três salas principais: uma para os grupos de centro, duas para as alas da série.

Além disso, as três salas do seristério devem ter gabinetes contíguos, para os grupos e comitês de série; por exemplo, no seristério de banquete ou sala de jantar, são necessárias primeiro seis salas bem desiguais:

1 de ala ascendente para a 1ª classe, por volta de ... 150
2 de centro para a 2ª classe 400
3 de ala descendente para a 3ª 900

Essas seis salas bem desiguais deverão ter, nas proximidades, diversos gabinetes para os diversos grupos que queiram isolar-se da mesa de gênero. Acontece todo dia de certas reuniões desejarem comer separadamente; elas devem encontrar salas perto do seristério onde é servido o *buffet* principal que alimenta as mesas de um mesmo gênero. *

Estábulos, celeiros e lojas devem ser instalados, se possível, de frente para o edifício. O intervalo entre o palácio e os estábulos servirá de pátio principal ou praça de manobra, que deve ser grande. Para dar uma idéia aproximada de suas dimensões, calculo que a frente do falanstério pode ser fixada a 600 toesas de Paris, 300 das quais para o centro e o pátio de parada, e 150 para cada uma das duas alas e dos lados contíguos ao centro. *

Jardins do palácio

Atrás do centro do palácio, as faces laterais das duas alas deverão prolongar-se de modo a formar e murar um grande pátio de inverno, que servirá de jardim e passeio plantado com vegetais resinosos e

74 O URBANISMO

verdes em qualquer estação. Esse passeio só pode ser concebido em pátio fechado, e não deve dar vistas para o campo. (A falange não precisa de passeios de verão; veremos no capítulo 9 que todo o cantão é um passeio.)

A fim de não dar ao palácio uma fachada muito extensa, com uma série de desenvolvimentos e prolongamentos que diminuiriam as relações, será conveniente (numa grande falange de grau 7 ou X) redobrar os corpos de construções das alas e do centro, e deixar no intervalo dos corpos paralelos contíguos um espaço vazio de 15 a 20 toesas pelo menos, que formará pátios alongados e atravessados por corredores dispostos sobre colunas e situados ao nível do primeiro andar, com vidraçaria fechada, e aquecida segundo o hábito da Harmonia. *

Circulações climatizadas

As ruas-galerias constituem um método de comunicação interna que por si só bastaria para desdenhar os palácios e as belas cidades da civilização. Quem quer que tenha visto as ruas-galerias de uma falange, contemplará o mais belo palácio civilizado como um lugar de exílio, um solar de tolos que, em 3 000 anos de estudos sobre a arquitetura, não aprenderam ainda a alojar-se sã e comodamente. *

Nossa falta de habilidade com relação a esse aspecto chega a tal ponto que os próprios reis, longe de dispor de comunicações em galeria fechada, freqüentemente não têm um pórtico para abrigar-se da chuva. * Na civilização, não se conhecem nem as ruas-galerias, nem as ruas subterrâneas, nem a vigésima parte dos atrativos materiais de que desfruta, em Harmonia, o mais humilde dos homens. *

Um harmoniano dos mais miseráveis, um homem sem um vintém, sobe de coche num pórtico bem aquecido e fechado; comunica-se do palácio com os estábulos por subterrâneos aparelhados e forrados de areia; ele vai de seu alojamento às salas públicas e oficinas por ruas-galerias que são aquecidas no inverno e ventiladas no verão. Pode-se, em Harmonia, percorrer em janeiro as oficinas, estábulos, lojas, salas de baile, de "banquete", de assembléia, etc. sem saber se está chovendo ou ventando, se faz calor ou frio. *

A rua-galeria

A rua-galeria ou *peristilo contínuo* fica no primeiro andar. Não se adapta ao térreo, que tem de ser atravessado em diversos pontos por arcadas para coches. *

As ruas-galerias de uma falange não recebem luz dos dois lados; estão ligadas a cada um dos corpos da habitação; todos esses corpos têm dupla fila de quartos, sendo que uma das filas dá para o campo e a outra para a rua-galeria. Esta deve, então, ter a altura dos três andares que, de um lado, recebem luz por ela.

As portas de entrada de todos os apartamentos do 1º, 2º e 3º andares dão para a rua-galeria, que tem escadas instaladas de espaço a espaço para subir ao 2º e 3º andares.

CHARLES FOURIER

Théorie de l'Unité universelle ou *Traité de l'Association domestique agricole*[12], Paris, 1822, citado conforme *l'Harmonie universelle et le Phalanstère, exposés par Fourier, recueil méthodique de morceaux choisis de l'auteur*, Paris, Librairie phalanstérienne, 1849. (Tomo I, pp. 176-184, 255-259, 261-263.)

---

12. O primeiro título é o que figura nas obras completas (1841-45), enquanto o segundo é o com que esta obra foi publicada em sua primeira edição.

Victor Considérant
1808-1893

Politécnico e engenheiro militar, abandonou ambas as profissões em 1831 para dedicar-se às idéias de Fourier e a sua difusão. Com a morte de Fourier, tornou-se o chefe do movimento falansteriano e diretor de seu órgão, A Falange.
Em suas numerosas obras:

- La destinée sociale, *1834-1838;*
- Manifeste de l'École sociétaire, *1841;*
- Exposition du Système phalanstérien de Fourier, *1845;*
- Principe du Socialisme, *1847,*

as teorias de Fourier são expostas de uma forma mais clara e mais sintética que nos livros do próprio fundador da escola.

Isso é particularmente verdadeiro no que se refere à organização do estabelecimento urbano, a que Considérant dedicou a Description du Phalanstère, *1840. O próprio Considérant tentaria algumas experiências falansterianas, todas destinadas ao fracasso. A mais célebre foi a colônia da Reunião, que ele fundou perto de Dallas, quando de seu exílio nos Estados Unidos, depois de sua participação na tentativa insurrecional de 1849.*

DO CAOS À ORDEM

78 O URBANISMO

I. HOJE

A ARQUITETURA escreve a história.
Quereis conhecer e apreciar a civilização em que vivemos? Subi ao campanário da aldeia ou nas altas torres da Notre-Dame.

Caos arquitetônico

Em primeiro lugar, seus olhos serão assaltados por um espetáculo de desordem:

São paredes que se ultrapassam, entrechocam-se, misturam-se, encontram-se sob mil formas estranhas; tetos com inclinações de todos os tipos que se alteiam e se atacam; empenas nuas, frias, enfumaçadas, perfuradas por algumas raras aberturas gradeadas; muros que se confudem; construções de todas as idades e todos os feitios, que se encobrem e privam-se, umas às outras, de ar, de visão e de luz. É um combate desordenado, uma pavorosa mistura arquitetônica.

As grandes cidades, e Paris principalmente, constituem um triste espetáculo de se ver, para quem quer que tenha a idéia de ordem e da harmonia, para quem quer que pense na anarquia social que é traduzida em relevo, com medonha fidelidade, por esse amontoado informe, essa baralhada de casas recobertas de forros, armadas com seus telhados metálicos, seus cata-ventos enferrujados, suas inúmeras chaminés, que desenham ainda melhor a incoerência social, o retalhamento de onde saiu esse caos arquitetônico. *

Vêde só como o homem está alojado na capital do mundo civilizado!

Superpopulação

Há nessa Paris um milhão de homens, de mulheres e de infelizes crianças, amontoados num círculo estreito onde as casas se chocam e se comprimem, erguendo e superpondo seus seis andares esmagados; aliás, seiscentos mil desses habitantes vivem sem ar e sem luz, em cubículos que dão para pátios sombrios, profundos, viscosos, em sótãos úmidos, em águas-furtadas abertas à chuva, ao vento, aos ratos, aos insetos. * Além disso, de baixo até em cima, do subterrâneo aos tetos, tudo é só ruína, mefitismo, imundície e miséria. *

"O homem não está alojado"

Em nossas cidades, casebres em ruínas, escuros, medonhos, mefíticos * arrastam-se em torno de monumentos que a civilização semeou aqui e ali, do mesmo modo como se vê, num jardim mal tratado, caracóis de baba impura arrastar-se pela haste de um lilás em flor. — O casamento do luxo e da miséria: esse é o complemento do quadro.

A civilização tem raros palácios, e miríades de pardieiros, como tem farrapos para as massas e trajes de ouro e seda para seus escassos favorecidos. Ao lado da libré bordada de um agiota, ela exibe o burel de seus proletários e as chagas de seus pobres. Se ela cria e mantém com grandes gastos uma suntuosa ópera onde maravilhosas harmonias acariciam os ouvidos de seus ociosos, ela também faz ouvir, no meio das ruas e praças públicas, os cantos de miséria de seus cegos, os tristes lamentos de seus mendigos. Aliás, aqui e lá, ela só sabe criar egoísmo e imoralidade, pois tanto a miséria quanto a opulência têm sua imoralidade e seu egoísmo.

Oh, não, não! em nossas aldeias, em nossas cidades, em nossas grandes capitais, o homem não está alojado — pois chamo de homem tanto o catador de papel que faz suas pilhagens à noite, com a lanterna na mão, e busca sua sobrevivência no monte de lixo que remexe com um pedaço de pau, tanto ele e seus numerosos irmãos de infortúnio quanto os homens da Bolsa e dos castelos. — E chamo de alojamento do homem uma habitação sadia, cômoda, limpa, elegante e em todos os aspectos confortável. *

II. AMANHÃ: O FALANSTÉRIO

As relações societárias impõem, portanto, à arquitetura, condições bem diferentes das da vida civilizada. Não se trata mais de construir o casebre do proletário, a casa do burguês, a mansão do agiota ou do marquês. Trata-se de construir o palácio onde o HOMEM deve morar. É preciso construí-lo com arte, harmonia e previsão; ele tem de abrigar apartamentos suntuosos e quartos modestos, para que cada um possa acomodar-se de acordo com seus gostos e suas posses; — depois é preciso distribuir por ele oficinas para todos os trabalhos, salas para todos os ofícios, de indústria ou do prazer.

E antes vamos dar uma olhada do alto no conjunto das disposições arquitetônicas resultante das grandes condições do programa societário; aqui estamos nós planando sobre um campo falansteriano; vejamos:

A ordem

Ah! Acabou-se a confusão de todas as coisas; a odiosa embrulhada da cidade e do burgo civilizado; o incoerente aglomerado de todos os elementos da vida civil, da vida agrícola, da vida industrial; a justaposição monstruosa e desordenada dos habitáculos do homem e dos animais, das fábricas, das estrebarias, dos estábulos; a promiscuidade das coisas, das pessoas, dos animais e das construções de toda ordem. * O Verbo da Criação repercutiu sobre o Caos, e a Ordem se fez.

Os elementos confundidos no Caos separaram-se e reuniram-se por gêneros e espécies sob o comando da Palavra. Com a Separação, a Distinção da Ordem, surgiram a vida, a economia e a beleza, todas as harmonias da vida, todas as suas magnificências.

A unidade de habitação

Contemplemos o panorama que se desenrola a nossos olhos. Um esplêndido palácio ergue-se no seio dos jardins, canteiros e relvas sombreadas, como uma ilha marmórea banhada por um oceano de verde. É a residência real de uma população regenerada.

Diante do Palácio estende-se uma vasta praça. É o pátio principal, o campo de reunião das legiões industriais, o ponto de partida

80 O URBANISMO

e de chegada das coortes ativas, a praça das paradas, dos grandes hinos coletivos, das revistas e das manobras.

A estrada magistral que sulca ao longe o campo com suas quatro fileiras de árvores suntuosas, margeadas por maciços de arbustos e de flores, chega, ladeando as duas alas avançadas do falanstério, ao pátio principal, que ela separa dos edifícios industriais e das construções rurais, erguidas ao lado das grandes culturas.

De um lado, o palácio da população; no centro, a sede administrativa do movimento, a grande praça das manobras; do outro lado, a cidade industrial, os abrigos para as colheitas, os tetos protetores das máquinas e dos animais, que secundam o homem na conquista da terra.

A cidade industrial

Na primeira fila da cidade industrial, uma linha de fábricas, de grandes oficinas, de lojas, de celeiros de reserva levanta suas paredes diante do falanstério. Os motores e as grandes máquinas desdobram ali suas forças, trituram, abrandam ou transformam as matérias-primas com seus órgãos metálicos, e executam por conta da falange mil operações maravilhosas. Constituem o arsenal das criações ativas e vivas da inteligência humana, o arco onde estão reunidas as *espécies* industriais, somadas pelo poder criador do homem às espécies vegetais e às espécies animais, essas máquinas inventadas pelo primeiro Criador. Ali, todos os elementos domados, todos os fluidos governados, todas as forças misteriosas subjugadas, todos os poderes da natureza vencidos, todos os deuses do Antigo Olimpo submetidos à vontade do Deus da terra obedecem à sua voz, servidores dóceis, e proclamam seu reino.

O estabelecimento agrícola

A linha das grandes construções industriais abre-se ao centro, para libertar a visão e permitir que o olhar mergulhe, do falanstério, no estabelecimento agrícola, e escape por cima de seus tetos baixos para as verdejantes perspectivas do campo e dos horizontes longínquos. No meio do grande leque aberto ao olhar por esse espaço monumental, o olho pára primeiro numa imensa área reservada aos animais domésticos, encantador conjunto de tanques, regatos correndo sobre o cascalho, redes de arame. correndo pelas relvas de pavilhões graciosos, parques com sombra, viveiros com vastos compartimentos agrupados na torre alta do pombal, que se ergue como um faustoso obelisco no centro das construções agrícolas. Os tetos rústicos da leiteria, do lugar onde se prepara gelo, da queijaria destacam-se à direita e à esquerda dos maciços dispersos protegidos pela ramagem. Em volta o olhar registra os terrenos para arado, de grades luzentes, os abrigos para carros envernizados, as cocheiras para veículos campestres, de cores variadas e contrastadas das séries e dos grupos[1]: o olhar percorre toda essa artilharia agrícola, mais brilhante que os arsenais mostrados com tanto orgulho pelas fundições militares da Inglaterra e da França.

---

1. Cf. *supra*, in Fourier.

VICTOR CONSIDÉRANT

Os parques, os abrigos, as cocheiras, as oficinas de ferragem e carpintaria, os pátios de serviço são, por sua vez, encaixilhados nos estábulos e estrebarias reais onde estão alojadas, por esquadrões, classificadas e divididas segundo suas espécies, títulos de valor e de sangue, as raças eqüinas e bovinas que a falange mantém. O ar e a água, sabiamente dispostos e conduzidos para o interior e exterior, circulam por essas grandes construções, separadas por árvores, comunicações combinadas e pátios de serviço. A luz banha-as e penetra nelas, e com a água, o ar, a luz e as atenções zelosas e cheias de orgulho das legiões ardentes encarregadas de sua manutenção, a limpeza, a salubridade, a vida em todo seu florescer e luxo. Em volta das construções rurais, e entrando pelo campo, como fortes avançados, os apriscos e os parques com medas de gramíneas e forragens.

Eis aí o conjunto! *

Estudemos agora de mais perto as disposições gerais do palácio de habitação, do falanstério propriamente dito. *

Características da habitação

O traçado geral do meu desenho[2] deriva do plano de Fourier. Satisfaz plenamente todas as conveniências societárias, todas as vantagens de comodidade, salubridade e segurança. É inútil dizer que esse traçado não tem nada de absoluto. As configurações do terreno e mil exigências diversas desenvolvem-no e modificam-no. As fachadas, o estilo e os detalhes oferecem, em cada falanstério, variedades infinitas. *

Temos diante de nós, ao olhar o falanstério, o corpo central, em cujo centro se eleva a torre de ordem; as duas alas que, caindo perpendicularmente sobre o centro, formam o grande pátio principal, onde se executam as paradas e manobras industriais. Depois os dois extremos das alas, dispostos em forma de ferradura, desenham a grande estrada que ladeia o pátio principal e estende-se, ao longo da linha de frente do falanstério, entre este edifício e as construções industriais e rurais situadas adiante.

Os corpos do edifício são duplos: o falanstério dobra-se sobre si mesmo, para evitar uma extensão de frente demasiado grande, um afastamento muito grande das alas e do centro; enfim, para favorecer a atividade das relações concentrando-as.

Classificação das funções

As oficinas ruidosas, as escolas barulhentas são relegadas a um pátio de extremidade, no fim de uma das alas; o barulho fica concentrado nesse pátio de algazarra. Evitam-se assim esses insuportáveis estrépitos de todo tipo que se espalham ao acaso por todos os bairros das cidades civilizadas, onde a bigorna do ferreiro, o martelo do funileiro, a flauta, a clarineta, a buzina de caça conspiram contra os ouvidos públicos, juntamente com o rangido do violino, o alarido dos coches e todas essas algazarras discordantes, irritantes, dilacerantes ou ensurdecedoras que tornam quase todos os apartamentos das grandes cidades

---

2. Considérant traçou uma perspectiva do falanstério.

82   O URBANISMO

verdadeiros infernos, finalmente e acima de tudo com o feroz, o inevitável, o indomável piano!

Na extremidade da outra ala fica a hospedaria ou hotel para visitantes. Essa disposição tem o propósito de evitar os atravancamentos no centro de atividade.

As grandes salas de reuniões gerais da Regência, da Bolsa, as de recepções, de banquetes, de bailes, de concertos, etc. ficam no centro do palácio, nas proximidades da torre de ordem. As oficinas, os apartamentos de dimensões e preços variados, repartem-se por todo o edifício. — As oficinas ficam geralmente no térreo, como evidentemente convém. Várias, entretanto, como as de costura, bordados e outras de gênero delicado podem subir ao primeiro andar.

É claro que o centro do palácio vai ser sua parte mais suntuosa: assim os apartamentos caros, ricamente ornamentados e principescamente montados ladeiam o grande jardim de inverno, fechado, atrás da torre de ordem, pelas pregas quadradas do corpo duplo. Os apartamentos mais modestos repartem-se pelas alas e suas extremidades.

Contra a segregação

No entanto, a Harmonia, sem aspirar a uma igualdade contrária a qualquer ordem natural e social, opera sempre a fusão das classes e a mistura das desigualdades. Para isso, reserva-se, dentro dessa disposição geral, uma *engrenagem* que impede e prevê até o menor germe de desconsideração para com um bairro: introduzem-se, no centro e nos arredores, alojamentos de preço módico, transferem-se os mais caros para as extremidades. — Aliás, as variedades de gosto, temperamento e caráter também dispersam as diferentes classes sociais por todos os corpos de construção do falanstério, e não se vê ali um bairro Saint-Marceau ao lado de um bairro Saint-Germain.

Espaços verdes interiores

Os grandes espaços deixados entre os prédios formam áreas plantadas, refrescadas por pequenos lagos e destinadas a diferentes serviços. São enfeitadas por platibandas e canteiros interiores. Ali abundam as estátuas, que destacam seu branco marmóreo sobre o verde maciço das plantas.

Pelo grande quadrado central estende-se o jardim de inverno, com suas árvores verdes e resinosas, para que, em qualquer estação, se possa distrair os olhos nele. Em todo o seu redor circulam um ou dois andares de estufas preciosas, cuja disposição pode ser combinada com a das grandes galerias e salas de banhos. — É o jardim mais rico, o mais luxuoso de todos os jardins da falange; forma um passeio elegante, abrigado e quente, onde os velhos e os convalescentes distraem-se respirando o ar e o sol. *

A rua-galeria

Tudo na construção harmoniana, apartamentos e oficinas, e todos os corpos de construções estão ligados entre si por uma RUA-GALERIA que os abraça, circunda o edifício e o envolve tudo. Essa *circum-galeria* é dupla: no térreo, é formada por arcadas que se estendem paralelamente ao prédio, como no Palácio-Real; sobre essas arcadas, acima do teto da galeria inferior, eleva-se a do primeiro andar. Esta sobe até o alto do edifício e recebe a luz por janelas altas e largas, se os apartamentos dos andares superiores se abrem para elas; ou detém-se e forma um terraço no andar superior.

Não é preciso dizer que essas galerias são envidraçadas, ventiladas e refrescadas no verão, aquecidas no inverno, sempre bem providas de ar e agradavelmente temperadas.

A rua-galeria é certamente um dos órgãos mais característicos da arquitetura societária. A rua-galeria de um falanstério de alta Harmonia é pelo menos tão ampla e tão suntuosa quanto a galeria do Louvre. Serve para banquetes e reuniões extraordinárias. Enfeitadas de flores como as estufas mais belas, decoradas com os produtos mais ricos das artes e da indústria, as galerias e os salões dos falanstérios abrem para os artistas da Harmonia admiráveis exposições permanentes. É provável que, muitas vezes, sejam inteiramente construídas de vidro.

Essa elegante rua-galeria contorna os corpos de construções, os jardins interiores e os pátios do falanstério; ora fora, ora dentro do palácio, ora expandindo-se para formar uma grande rotunda, um átrio inundado de luz solar; projetando através dos pátios seus corredores sobre colunas ou leves pontes suspensas, para reunir duas faces paralelas do edifício; ramificando-se, finalmente, nas grandes escadarias brancas e abrindo por todo lado grandes e suntuosas comunicações.

Essa galeria * que liga todas as partes do todo; que estabelece as relações do centro com as extremidades, é o canal por onde circula a vida dentro do grande corpo falansteriano; é a artéria magistral que leva o sangue do coração para todas as veias; é, ao mesmo tempo, o símbolo e a expressão arquitetônica da alta união social e da harmonia passional da falange, nessa grande construção unitária, na qual cada cômodo tem um sentido especial, na qual cada detalhe exprime um pensamento particular, responde a uma conveniência e coordena-se com o conjunto; − e cujo conjunto reproduz, completo, visível e corporificado, a lei suprema da associação, o pensamento integral de harmonia.

Depois de se viver num falanstério, onde uma população de 2 000 pessoas pode entregar-se a todas as suas relações civis ou industriais, ir ao trabalho, ver seu mundo, circular das oficinas aos apartamentos, dos apartamentos aos salões de baile e de espetáculo, ocupar-se com os negócios e com os prazeres, ao abrigo de intempéries; depois de se viver dois dias nesse meio régio, quem poderia suportar as cidades e aldeias civilizadas, com suas lamas, suas imundícies? * Que economia de despesas, de aborrecimentos, e de falta de comodidade, de resfriados, de doenças de todo tipo, obtidos só com a disposição de arquitetura societária! *

A torre

No centro do palácio ergue-se e domina a torre de ordem. Ali é que estão reunidos o observatório, o carrilhão, o telégrafo, o relógio, os pombos-correio, o vigia da noite; é ali que flutua ao vento a bandeira da falange. − A torre de ordem é o centro de direção e de

84 O URBANISMO

movimento das operações industriais do cantão; ela comanda as manobras com suas bandeiras, sinais, binóculos e porta-vozes, como um
general de exército instalado numa alta colina.

O templo e o teatro elevam-se à direita e à esquerda do palácio,
nas duas reentrâncias formadas pelas saliências dos extremos das alas,
entre o corpo do falanstério e os jardins cujos terraços o envolvem,
e do seio dos quais ele emerge. *

Coletivização do cotidiano

Abona-se com a falange tanto para o alojamento como para
a alimentação, quer tomemos um apartamento mobiliado, quer o
mobiliemos. Acabaram-se esses embaraços, esses numerosos aborrecimentos de arrumação, ligados ao insípido sistema doméstico da
família! Pode-se, a rigor, só possuir roupas e calçados, e abastecer-se
de roupa branca e de todo o resto por abono. *

O seristério[3] das cozinhas, com seus grandes fornos, seus uten-
sílios, seus instrumentos mecânicos abreviando o trabalho, suas fontes
com ramificações hidróforas, empavesado de baterias reluzentes, está
disposto em pátios internos de serviço, do lado do campo. Suas lojas,
armazéns, depósitos e as despensas ficam por perto.

As mesas servidas nessas salas baixas são apanhadas e erguidas
por máquinas, nas horas das refeições, são levadas para as salas de
banquete, no andar superior, salas cujos assoalhos têm um equipamento de alçações destinados a dar às grandes operações do serviço
unitário a rapidez prodigiosa das mudanças de uma ópera mágica.
— Esses mecanismos engenhosos, que a civilização emprega aqui e ali
para ser desfrutados por seus ociosos, são prodigalizados pela Harmonia, para que todo o seu povo os desfrute.

Calefação

O calor que se perde no seristério das cozinhas é utilizado para
aquecer as estufas, os banhos, etc. Alguns aquecedores bastam depois
para distribuir o calor por todas as partes do edifício, galerias, oficinas,
salas e apartamentos. Esse calor unitariamente disposto é conduzido
para os diferentes cômodos por um sistema de canos de comunicação,
com torneiras com que se varia e se gradua à vontade a temperatura
em todos os locais do palácio societário. Um sistema de canos interiores
e concêntricos aos dos aquecedores leva ao mesmo tempo água quente
para os seristérios onde ela é necessária e para todos os apartamentos.
Existe um serviço análogo para a distribuição da água fria. Concebe-se
facilmente como essas disposições de conjunto favorecem a limpeza
geral, como fazem circular o conforto e como contribuem para eliminar do serviço doméstico o que ele tem de sujo, de repugnante, de
medonho às vezes, nos doces tratos caseiros da civilização moral e
aperfeiçoada.

Distribuição de água

O mesmo pensamento unitário preside à disposição de todos os
serviços. Assim, é de um modo análogo que depósitos superiores, insta-

3. Cf. *supra*, in Fourier.

VICTOR CONSIDÉRANT

lados nos forros, receberão as águas do céu ou, alimentados por corpos de bombas, fornecerão ramificações de mangueiras divergentes de onde a água, projetada com a força de compreessão produzida por sua altura, alimentará, durante o verão, nos átrios, nas salas e nas grandes escadarias, fontes, pequenas cascatas de reservatórios brancos e arrojados jatos de água nos jardins e nos pátios. As mangueiras são utilizadas diariamente para regar as vizinhanças do falanstério; servem também para lavar os tetos, as fachadas e, principalmente, para eliminar qualquer possibilidade de incêndio. *

Iluminação

A iluminação geral, interna e externa, é também regulada na falange pela mesma idéia unitária. Ninguém ignora que a maior parte das grandes cidades e dos estabelecimentos públicos são iluminados por esse procedimento. — Os refratores lenticulares e os refletores parabólicos encontrarão um feliz emprego nesse planejamento unitário da iluminação, que multiplicará sua potência combinando convenientemente os recursos da catóptrica e da dióptrica.

III. CONCLUSÕES ECONÔMICAS E FILOSÓFICAS

É, pois, delírio e loucura propor-se a solução deste problema: *encontrar as soluções arquitetônicas mais convenientes às necessidades da vida individual e social, e constituir, segundo as exigências dessas condições, o tipo de habitação de uma população de 1 800 pessoas, população que corresponde à unidade de exploração do solo, e que constitui a comuna rural, quer dizer, o alvéolo elementar da grande colmeia social.*

O modelo-navio

Como! Isso é loucura e delírio! E dizeis: isso é inaudito, extravagante, *irrealizável* *, quando tendes debaixo dos olhos, e mais que que evidente! construções alojando *mil e oitocentos homens*, que não se apóiam em terra firme, em rocha, mas são bem móveis, desenvolvendo no oceano dez nós por hora e transportando seus habitantes de Toulon ao Cabo, do Cabo a Calcutá, de Calcutá ao Brasil e ao Canadá! construções de mil e oitocentos habitantes que pouco ligam para os ventos dos grandes mares e para os furacões dos trópicos, bravos e dignos navios de linha, * com grandes mastros e um velame robusto! *

É então mais fácil alojar mil e oitocentos homens no meio do oceano, a 600 léguas de qualquer costa, construir *fortalezas flutuantes*, que alojar, numa construção unitária, mil e oitocentos bons camponeses em plena Champagne ou em Beauce? *

O verdadeiro problema

A Academia empenha-se, todo ano, em encontrar temas para exames dos alunos da escola de arquitetura, e não teve a idéia de propor este! Trata-se, no entanto, de uma concepção mais fecunda, de uma

O URBANISMO

idéia muito mais elevada que todas as idéias arquitetônicas que tenham sido executadas ou só emitidas até aqui.

É esta, aliás, a tarefa social reservada à arte no curso do progresso social: que um arquiteto, deixando de lado o compasso, o cimácio e as ordens, proponha-se a resolver o problema arquitetônico assim colocado:

Dado o homem, com suas necessidades, gostos e inclinações inatas, determinar as condições do sistema de construção melhor apropriado à sua natureza:

Esse arquiteto estaria, desde o primeiro momento, diante da seguinte opção:

A. *Ou uma casa isolada para cada família;*

B. *Ou um edifício unitário para a reunião das famílias que compõem a comuna.*

A economia, a comodidade, a facilidade das relações e serviços, os prazeres de todo tipo, todas as conveniências materiais, sociais e artísticas batalhariam pelo segundo sistema.

A partir de então, ao optar pela arquitetura societária, o artista estaria no caminho do cálculo dos Destinos; ele descobriria pouco a pouco, ao procurar as bases de seu projeto, todas as condições da vida societária, que não passam de deduções naturais e práticas das necessidades, gostos e inclinações inatas do homem. E é assim que, ao especular sobre a arquitetura melhor adaptada à natureza humana, encontraria necessariamente a forma social que melhor se adaptasse a essa mesma natureza.

Esses problemas estão todos ligados entre si. Não se podem resolver alguns sem determinar simultaneamente a solução dos outros. *

Perguntais se não seria mais econômico e prudente, para alojar uma população que deverá elevar-se a mil e oitocentas ou duas mil pessoas, construir um grande edifício unitário, ou edificar de trezentas a quatrocentas casinhas isoladas e civilizadas, trezentas e cinqüenta pocilgas morais e filosóficas? *

Acrescentai ainda os muros de vedação exigidos, no regime de divisão, para cercar as casas, os jardins e os pátios; pensai * que estareis poupando quatrocentas cozinhas, quatrocentas salas de jantar, quatrocentos sótãos, quatrocentos porões, quatrocentos estábulos, quatrocentas granjas. * Redução análosa de uma quantidade de salas e oficinas dispersas hoje pelo burgo. — Independentemente da economia de espaço e de construção, acrescentai a de duas ou três mil portas, janelas, o espaço que ocupam, com seus caixilhos, revestimentos e guarnições de ferro; pensai na manutenção danosa de que cada uma dessas casas precisa por ano, na pequena duração dessas construções acanhadas, nos ignóbeis consertos feitos nelas incessantemente. Multiplicai a despesa de cada casa pelo número delas, e então pronunciai-vos! *

Description du Phalanstère et considérations sociales sur l'architectonique, Livraria societária, Paris; 2ª edição, 1848. (pp. 39-40, 47-48, 56-68, 80, 83-84, 88-89.)

Etienne Cabet
1788-1856

*Cabet, a quem Marx atribuiu a invenção do "comunismo utó-
pico", desenvolveu a visão de um socialismo de Estado na* Voyage en
Icarie *(1840), que ele afirmava, no ano de sua morte, ser "na verdade
uma descrição da organização social e política da comunidade, um
tratado científico e filosófico"*[1].

A Voyage *descreve amplamente a capital, Icara, e a forma como
estão dispostas as outras cidades. L. Mumford pôde justamente ver
nesse livro uma projeção da obra administrativa e centralizadora de
Napoleão, e uma idealização de Paris. No entanto, Icara simboliza
muito mais as idéias progressistas da época. É em primeira instância
uma conseqüência da revolução industrial*[2], *de que decorrem os princípios de racionalização, de higiene, de classificação; e deve ser aproximada dos modelos de Owen*[3] *(cuja influência, aliás, Cabet sofrera
na Inglaterra) de Fourier e de Considérant. Como para aqueles autores, a idéia de eficácia e de rendimento exerce um papel importante
e, mais que um cesarismo inconsciente, é essa idéia que justifica a
severidade dos sistemas de coação e de repressão propostos por Cabet.*

---

1. *Une Colonie icarienne aux États-Unis*, Paris, 1856.
2. "Sim, a máquina traz em seu ventre mil pequenas revoluções e a grande
revolução social e política." *Voyage en Icarie*, 2ª edição, p. 469.
3. Pelo papel atribuído à educação e pela crítica do trabalho industrial.

88   O URBANISMO

Este passa os últimos anos de sua vida nos Estados Unidos, onde tentou realizar, junto com emigrados europeus, comunidades comunistas construídas sob o modelo de sua Icária.

A ICÁRIA

I. DESCRIÇÃO DE ICARA, CAPITAL DA ICÁRIA

Regularidade e geometrismo

— Vêde![4] a cidade, quase circular, está dividida em duas partes quase iguais pelo *Tair* (ou o *Majestoso*), cujo curso foi corrigido e canalizado entre dois muros em linha quase reta, e cujo leito foi cavado para receber os navios que chegam pelo mar. *

Eis o porto, e as bacias, as lojas que quase formam uma cidade inteira!

Vereis que no meio da cidade o rio divide-se em dois braços, que se afastam, se aproximam e se reúnem de novo seguindo a direção primitiva, de modo a formar uma ilha circular bem grande.

Esta ilha é uma praça, a praça central, arborizada; em seu centro ergue-se um palácio que encerra um vasto e soberbo jardim elevado em forma de terraço, em cujo centro sobe uma imensa coluna sobrepujada por uma estátua colossal que domina todos os edifícios. De cada lado do rio há um grande cais ornamentado com monumentos públicos.

Em volta dessa praça central e afastados dela, podereis notar dois círculos, um de vinte e o outro de quarenta, que correspondem a outras praças, quase igualmente afastadas umas das outras e dispersas por toda a cidade.

Vêde só as ruas, todas retas e largas! Há cinqüenta ruas grandes que atravessam a cidade paralelamente ao rio, e cinqüenta que a atravessam perpendicularmente. As outras são mais ou menos longas. As que estão pontilhadas em preto, e que chegam juntas às praças, são *arborizadas*, como os bulevares de Paris. As dez grandes marcadas em vermelho são *ruas de ferro*; todas as amarelas são *ruas com trilhos* artificiais e as azuis são *ruas de canais*[5].

— E o que são — perguntei-lhe — todas essas faixas rosas, longas e largas, que estou vendo entre as casas de duas ruas?

— São os *jardins* que ficam atrás dessas casas. Vou mostrá-los daqui a pouco.

Bairros...

---

4. Em *Voyage* há numerosos diálogos, dos quais este é um exemplo: o narrador, Lorde William Carisdall, fala na primeira pessoa. Ele também cita cartas que escreve de Icária: é de uma delas que são tiradas, mais adiante, as passagens sobre a "cidade-modelo".

5. Para a explicação desses termos, ver pp. pp. 90-91.

Mas antes vêde essas massas que se distinguem por tintas leves de todas as cores, abrangendo toda a cidade. Há sessenta; são sessenta *bairros* (ou *comunas*), todos quase iguais, cada um representando a superfície e a população de uma cidade comunal ordinária.

bem diferenciados. . .

Cada bairro recebe o nome de uma das sessenta principais cidades do mundo antigo e moderno, e reproduz em seus monumentos e casas a arquitetura de uma das sessenta nações principais. Encontrareis, portanto, os bairros de Pequim, Jerusalém e Constantinopla, como os de Roma, Paris e Londres; de forma que Icara é realmente um resumo do universo terrestre.

. . .e classificados

Vejamos o *plano* de um desses *bairros*! Tudo o que aparece pintado é edifício público. Aqui está a escola, o hospital, o templo! Os vermelhos são grandes oficinas, os amarelos grandes lojas, os azuis locais de assembléia, os violetas são os monumentos.

Observai que todos esses edifícios públicos estão distribuídos de tal forma que aparecem em todas as ruas, e que todas as ruas têm o mesmo número de casas com prédios mais ou menos numerosos e mais ou menos vastos.

Eis agora, o *plano de uma rua*. Vêde! Dezesseis casas de cada lado, com um edifício público no meio e outros dois nas duas extremidades. As dezesseis casas são exteriormente semelhantes ou combinadas de modo a formar um único bloco, mas nenhuma rua se parece totalmente com as outras. *

Quanto ao povo, é nessas *assembléias* que ele exerce todos os seus direitos *, realiza suas eleições, faz suas deliberações. * E para facilitar-lhe o exercício desses direitos, o território é dividido em 100 pequenas *províncias*, subdivididas em 1 000 *comunas* quase iguais em extensão e população. *

Política e progressismo

Para que se possa aprofundar completamente em cada discussão, a representação popular e cada assembléia comunal, quer dizer, o povo todo, divide-se em quinze comitês principais, de *constituição*, de *educação*, de *agricultura*, de *indústria*, de *nutrição*, de *vestimentos*, de *alojamento*, de *estatística*, etc. Cada grande comitê compreende pois a 15ª parte da massa dos cidadãos; e toda a inteligência de um povo de homens bem educados e instruídos está continuamente em ação para descobrir e aplicar todos os melhoramentos e todos os aperfeiçoamentos.

Nossa organização política é pois uma REPÚBLICA democrática e até uma DEMOCRACIA quase pura.

II. MÉTODO DO MODELO

O URBANISMO

A idéia de um modelo

Todos os cidadãos devendo ser alojados de modo semelhante e o melhor possível na comunidade, a representação popular decidiu que seria concedida uma magnífica recompensa e um *busto* em todas as casas da república, em nome do povo, a quem apresentasse o *plano de uma CASA modelo* que fosse o mais perfeito sob todos os aspectos.

E, depois de todos os planos terem sido julgados num *concurso* público, a representação popular adotou o plano premiado, e ordenou que dali em diante todas as casas da comunidade seriam construídas com base nesse plano.

E todos entenderam que dali é que resultava essa inestimável vantagem de que, todas as portas, as janelas, etc. sendo exatamente iguais, ia-se poder preparar, em quantidades enormes, todas as peças constitutivas de uma casa, de uma fazenda, de uma aldeia e de uma cidade. *

Obtivemos até os planos-modelo de uma *fazenda*, de diversas *oficinas*, de *hospitais*, de *escolas*, etc.

Fez-se o mesmo para com a *mobília* e para cada *espécie* de *móveis*.

Como todas as cidades comunais devessem ser semelhantes na comunidade, uma imensa recompensa e uma *estátua* em todas as comunidades foram oferecidas a quem apresentasse o plano mais perfeito de uma cidade-modelo.

Determinou-se o mesmo para com as *cidades-provinciais*, a *capital* e todos os *monumentos*. *

A. A cidade modelo[6]

Higiene física

Não vos falarei das precauções tomadas com respeito à *salubridade*, à livre circulação de *ar*, à conservação de sua pureza e até à sua purificação. No interior da cidade, nenhum cemitério, nenhuma fábrica insalubre, nenhum hospital: todos esses estabelecimentos estão nas extremidades, em praças arejadas, onde haja água corrente, ou no campo.

Nunca vos poderei indicar todas as precauções que foram tomadas para a *limpeza* das ruas. Que as calçadas sejam varridas e lavadas toda manhã, e que estejam perfeitamente limpas, é muito simples: mas as ruas são de tal modo pavimentadas ou construídas que as águas nunca estagnam nelas, pois encontram a cada passo aberturas para escapar por *canais subterrâneos*.

Não só a *lama*, juntada e varrida com instrumentos engenhosos e cômodos, desaparece levada para os mesmos canais pelas águas das fontes, mas todos os meios que puderdes conceber são empregados para que se forme o mínimo possível de lama e *poeira*.

Circulação

6. O subtítulo é do próprio Cabet.

Vêde em primeiro lugar a construção das ruas! Cada uma tem oito *trilhos* de ferro ou pedra para quatro carros em linha, dos quais dois podem ir num sentido e dois no outro. As rodas nunca saem desses trilhos, e os cavalos nunca saem do espaço calçado interme-diário. As quatro calçadas intermediárias são de pedra ou calhau, e todas as outras faixas da rua são pavimentadas de tijolos. As rodas não fazem nem lama nem poeira, os cavalos também quase não os fazem, nem tampouco as máquinas que correm pelas ruas-estradas de ferro.

Observai, além disso, que todas as grandes oficinas e as grandes lojas estão instaladas à margem das ruas-canais e das ruas-estradas de ferro; que os *carros*, aliás sempre pouco carregados, só passam por essas ruas; que pelas ruas com trilhos só circulam ônibus, e que inclusive pela metade das ruas da cidade não circulam nem ônibus nem carros, mas só carrinhos puxados por grandes cães, para as distribuições coti-dianas pelas famílias.

Mais ainda, nunca lixo algum é jogado das casas ou oficinas nas ruas; nunca se transportam por elas nem palha, nem feno, nem esterco, dado que as estrebarias e lojas ficam nas extremidades; todas as carroças e carros fecham-se tão hermeticamente que nada do que contêm pode cair fora, e todos os descarregamentos são feitos com máquinas que não sujam a calçada e a rua.

Fontes em cada rua fornecem a água necessária para limpar, para abater a poeira e para refrescar o ar.

Tudo está arranjado, como vêdes, para que as ruas se mante-nham naturalmente limpas, pouco cansadas[7] e fáceis de limpar.

A lei (vós talvez comeceis rindo, mas acabareis admirando), a lei decidiu que o pedestre estará em *segurança*. *

Climatização

Os pedestres são protegidos até contra as intempéries, pois todas as ruas têm *calçadas*, e todas essas calçadas estão cobertas por *vidros*, para proteger da chuva sem privar da luz, e com telas móveis para proteger do calor. *

Levamos a precaução ao ponto de construir, de distância em distância, de cada lado da rua, *abrigos* debaixo dos quais param os ônibus, para que se possa subir neles ou descer deles sem se temer a chuva ou a lama. *

Higiene moral

Vós não veríeis nessa cidade nem *cabarés*, nem tabernas, nem *cafés*, nem botequins, nem bolsa, nem casas de jogo ou de loterias, nem abrigos para prazeres vergonhosos ou culpáveis, nem quartéis ou corpos de guarda, nem policiais e espiões, como também nenhuma prostituta, nem gatunos, nenhum bêbado ou mendigo; ao invés disso, encontraríeis por toda parte RESERVADOS, tão elegantes quanto limpos e cômodos, uns para as mulheres, outros para os homens, onde

---

7. *Sic.*

o pudor pode entrar um momento, sem nada temer nem para si próprio nem para a decência pública.

Vossos olhos nunca seriam ofendidos por todos esses *rabiscos*, desenhos, escritos, que sujam as paredes de nossas cidades, ao mesmo tempo que fazem com que se abaixe os olhos; pois as crianças estão acostumadas a nunca estragar ou sujar nada, como a enrubescer diante de tudo o que pode ser indecente ou desonesto.

Padronização dos cartazes

Vós não teríeis nem mesmo a satisfação ou o aborrecimento de ver tantas *tabuletas* e letreiros nas portas das casas, nem tantos cartazes e *anúncios* de comércio, que quase sempre enfeiam os prédios; mas veríeis belas *inscrições* nos monumentos, oficinas e lojas, como veríeis todos os anúncios úteis, magnificamente impressos em papéis de diversas cores, e colocados por cartazeiros da república em molduras destinadas a esse fim, de modo a concorrer para o embelzamento geral.

Supressão do pequeno comércio

Vós também não veríeis mais essas ricas e elegantes *lojas* de todo tipo, que se vêem em Paris e Londres nas ruas comerciais. Mas o que são as mais belas dessas lojas, as mais ricas dessas butiques, bazares, os maiores desses mercados ou feiras comparados com os *ateliers*, as butiques, as oficinas e as *lojas* de Icara! Imaginai todas as oficinas e lojas de ourivesaria e de jóias, por exemplo, de Paris ou de Londres, reunidas numa única ou duas oficinas e numa única ou duas lojas; imaginai que acontecesse o mesmo com todos os ramos da indústria e comércio; e dizei-me se as joalherias, relojoarias, floriculturas, casas de plumagem, tecidos, moda, instrumentos, frutas, etc., etc., não eclipsariam todas as lojas do mundo; dizei-me se vós não teríeis o mesmo, e talvez maior prazer visitando-as que percorrendo nossos museus e monumentos artísticos! Bem, essas são as oficinas e lojas de Icara! *

B. O alojamento modelo

— Sabendo que Icar tinha interrompido o *plano-modelo* de uma casa depois de ter consultado o *comitê* de alojamento e o povo todo, depois de ter examinado as casas de todos os países, eu esperava ver uma casa perfeita sob todos os aspectos, principalmente no que se refere à comodidade e limpeza; no entanto, minha expectativa ainda foi superada. *

Casa individual

Cada casa tem quatro andares, sem contar o térreo; e três, ou quatro, ou cinco janelas de largura.

Debaixo do térreo estão as adegas, jazigos, depósitos de lenha e carvão, cuja base fica a cinco ou seis pés abaixo da calçada e a abóbada a três ou quatro pés acima. * A madeira, o carvão e todo o resto são transportados por máquinas, dos carros até o subterrâneo, sem ao menos tocar * a calçada. *

Depois * todos esses objetos sobem, em cestos ou vasos, para a cozinha e os andares superiores, através de aberturas na abóbada e de pequenas máquinas. *

No térreo * uma sala de jantar, uma cozinha e todas as suas dependências, * uma sala de banho com uma farmacinha, uma salinha de trabalho para os homens, uma outra para as mulheres; um patiozinho para as aves, um cômodo para os objetos de jardinagem e, por último, o jardim. *

O primeiro andar contém um grande salão.

Os outros cômodos são dormitórios. *

Todas as janelas abrem-se para dentro e têm balcões. *

Teto-terraço

— Que vista bonita! — exclamei, ao chegar a um *terraço* com uma balaustrada e coberto de flores, coroando a casa e formando ainda um delicioso jardim de outro tipo, com uma vista magnífica.

— Nas belas noites de verão — disse a anfitriã — quase todas as famílias se reúnem em seus terraços para tomar ar fresco, e ali cantam, tocam e ceiam. *

Um outro terracinho com flores na galeria que cobre a calçada, e as flores em quase todos os balcões ainda aumentam o prazer da casa e perfumam o ar ambiente. *

Equipamento para a higiene

Não há precaução que não tenha sido tomada para a limpeza. As partes inferiores, mais expostas à sujeira, são protegidas por uma porcelana envernizada, ou *pintura* que não grava a sujeira e é facilmente lavada. ÁGUAS potáveis e não potáveis, trazidas de altos reservatórios e levadas até o terraço superior, são distribuídas por tubos e canos por todos os andares e até quase todos os apartamentos, ou são projetadas com força por *máquinas de lavar*, enquanto todas as *águas sujas* e todas as imundícies são arrastadas sem empoçar em nenhuma parte e sem espalhar nenhum mau cheiro, para largos tubos subterrâneos que descem por baixo das ruas. Os lugares naturalmente mais desagradáveis são aqueles onde a arte fez mais esforços para evitar qualquer desprazer; e uma das estátuas mais bonitas da República é a que se vê, em todas as casas, acima da porta de um pequeno e encantador gabinete, destinada a eternizar o nome de uma inventora de um processo de dissipação dos odores fétidos.

Nem a *lama* que os pés podem trazer de fora deixa de ser objeto de uma atenção particular. Independentemente de as calçadas serem extremamente limpas, uma infinidade de pequenos cuidados impedem que um pé sujo venha sujar os apartamentos ou até mesmo a soleira da porta e da escada, enquanto a educação impõe às crianças, como um de seus primeiros deveres, o hábito da limpeza em tudo. *

Esta é uma casa de Icária! E todas as casas das cidades são exatamente iguais por dentro, cada uma habitada por uma só *família*.

As casas são de três tamanhos, de três, ou quatro, ou cinco janelas de frente, para as famílias com menos de doze pessoas, de vinte e cinco ou de quarenta. Quando a família é mais numerosa (o que

94 O URBANISMO

acontece freqüentemente), ela ocupa duas casas contíguas, que se comunicam por uma porta interna: e como todas as casas são parecidas, a família vizinha cede normalmente de bom grado sua casa para ocupar uma outra, ou então o juiz a obriga, em caso de recusa, a não ser que a família numerosa encontre duas outras casas contíguas vagas.

C. A mobília modelo

Nesse caso, já que os móveis são exatamente iguais, como também as casas, cada família só leva alguns objetos pessoais, e deixa sua casa toda mobiliada a fim de· ir para uma outra igualmente mobiliada. *

Disposição dos objetos

Todos esses apartamentos têm *prateleiras*, armários, guarda-louças, estantes, etc., e todas as paredes estão dispostas de modo que esses móveis sejam imóveis, incrustados, apoiados ou aplicados e consistam apenas em estantes interiores ou em gavetas com portas na frente e algumas vezes com prateleiras em cima, o que faz com que haja uma enorme economia de trabalho e materiais. *

Sabíamos que cada um desses móveis de uma casa foram aprovados por uma lei do governo, e que cada família tinha uma espécie de *atlas* ou grande pasta contendo a lista ou o inventário dessa *mobília legal*, com gravuras e desenhos descrevendo a forma e a natureza de cada objeto.

Pedimos para ver esse livro curioso e o examinamos com prazer e interesse.

— Cada um desses móveis — disse a anfitriã — foi escolhido entre milhares do mesmo tipo, e adotado num concurso com base em um *plano-modelo*: preferimoş o mais perfeito, do ponto de vista da comodidade, simplicidade, economia de tempo e material, até o da elegância e graça: vêde o resultado!

— E essa *uniformidade* não cansa — acrescentei.

— Em primeiro lugar, é um bem sem preço — disse a mulher —, uma necessidade até, e a base de todas as nossas instituições; em segundo lugar, combina-se em cada lugar com uma variedade infinita. Assim, vêde: nessa casa, como em todas as outras, vós não vereis dois quartos, duas portas, duas lareiras, dois papéis de parede, dois tapetes que se pareçam; e nossos legisladores souberam conciliar todas as belezas da *variedade* com todas as vantagens da uniformidade.

Voyage et aventures de Lord William Carisdall en Icarie, traduzidas do inglês de Francis Adams (E. Cabet) por Th. Dufruit, edições H. Souverain, Paris, 1840. As páginas indicadas são as da segunda edição, de 1842. (Pp. 20-22, 365-366, 41-43, 44-46, 63-69, 71.)

Pierre-Joseph Proudhon
1809-1863

Du Principle de l'Art et de sa destination sociale foi interrompido pela morte de Proudhon. Redigido às pressas, com materiais díspares, por um autodidata que confessava: "está acima das minhas forças, mas a coisa foi lançada e não posso voltar atrás"[1]*, este livro dedica seus capítulos mais interessantes a Courbet e ao problema do realismo.*

Encontramos nele um capítulo sobre os Monumentos e embelezamentos modernos de Paris, *que não está isento de contradições e de temas "pequeno-burgueses" característicos de Proudhon, mas que repousa sobre três idéias do urbanismo progressista: necessidade de uma luta contra a nostalgia do passado para promover uma forma global de existência moderna; necessidade de uma racionalização do meio de comportamento; papel da indústria na nova cidade*[2].

---

1. *Correspondência*, T. XIII, p. 132.
2. "O engenheiro admira numa máquina a solidez, a economia de recursos; em uma palavra, a idéia: alguns traços acrescentados às peças, algumas despesas com a elegância, o embelezamento... não significam nada para ele. A exatidão da fórmula, sua aplicação correta e feliz, é esse o seu ideal. Ide às exposições da indústria, tornadas tão brilhantes que eclipsam as exposições de pintura e estatuárias: o que faz o ideal desses industriais, desses manufatureiros, desses metalúrgicos. . . : qualidade superior do *produto*, redução ao preço mínimo de produção" (p. 181).

MONUMENTOS DE PARIS

Perigos da cidade-museu

Faz parte da dignidade de um povo civilizado ter museus de antigüidades. Isso é de interesse para a história, o sentimento do nosso progresso, a inteligência da arte em suas diversas épocas e, conseqüentemente, na nossa, o sentimento de solidariedade para com nossos antepassados.

Aprovo, portanto, as restaurações de catedrais, de palácios, quando os custos não são altos demais; aprovo as aquisições de estátuas. Coloquem estes objetos em seus museus, salas, pátios e jardins; não os coloquem em suas praças públicas, onde só os monumentos nacionais têm o direito de figurar.

O que faz o obelisco de Lúxor na Praça da Concórdia? * Era preciso colocá-lo no centro do pátio do Louvre. *

Ora, que povo singular somos nós! Fomos procurar, com grandes gastos, com a permissão do paxá egípcio, árabe ou turco, que zomba das antigüidades, *um* dos obeliscos do templo de Lúxor; nós o erguemos no centro da Praça da Concórdia, onde é uma figura tão estranha como seria um genuflexório na sala da Bolsa; e tivemos o grande cuidado de colocar no pedestal desse singular monumento, de um lado, uma inscrição que indica o ano e o reinado durante o qual foi trazido o obelisco; de outro, o desenho das máquinas utilizadas para erguê-lo: de modo que parecemos tê-lo trazido para Paris só para nos dar o prazer de ver como um engenheiro saído de nossa Escola Politécnica, conseguiria levantá-lo! Certo, não coloco a civilização francesa abaixo da dos egípcios de Sésostris; mas lamento pensar que foram capazes de uma tal asneira... Quê! nessa praça revolucionária, que já mudou duas ou três vezes de nome, onde tantas cenas se passaram, só soubemos erguer duas fontes mitológicas, aliás bastante bonitas, e um obelisco egípcio! ...

Nossa arte é ferro-velho. Fazemos de uma igreja um panteão de homens ilustres, inscrevemos no frontispício dessa igreja uma dedicatória usurpatória e mentirosa, pois a igreja de Soufflot foi dedicada a Santa Genoveva, é a segunda catedral de Paris. Em compensação, convertemos o templo da Glória, paralelogramo copiado dos gregos, em uma pretensa igreja (a Madalena), sem sinos, sem capelas, sem relógio, sem forma cristã. O conjunto de nossos monumentos denota um povo cuja consciência está vazia e cuja nacionalidade está morta. Não temos nada na consciência, nem fé, nem lei, nem moralidade, nem filosofia, nem senso econômico, mas ostentação, pura arbitrariedade, contra-senso, falsa aparência, mentira e volúpia. *

Por uma cidade funcional

O que há de melhor nas belezas de Paris são, junto com os mercados centrais, de que falarei logo mais, as *squares* de importação inglesa e os bancos nos bulevares, cuja iniciativa tampouco é nossa.

PIERRE-JOSEPH PROUDHON 97

Em 1858, não havia nenhum em Paris; na mesma época, encontrei-
-os por todo lado em Bruxelas. *

Se o valor decorativo de um monumento consiste em revelar
pela fachada o fim a que se destina, as duas obras-primas da arquitetura
de Paris são, sem dúvida, a prisão de Mazas e os mercados centrais. *

Os mercados centrais causaram grande escândalo entre os acadêmicos, alunos e mestres. Ali, com efeito, não há colunas, nem pilastras, nem cornijas, nem ordem ática; nem capitéis, nem modilhões,
nem desenhos, nem estátuas, nem baixo-relevos; há pedras nas fundações, ferro desde o solo até a cobertura, um teto de vidro e de zinco:
nada disso foi previsto pelo Instituto nem pela Escola. Os mercados
são um monumento nascido da barbárie; um roubo feito aos artistas,
donos dos trabalhos da cidade e do Estado; uma usurpação de poder
por parte dos modestos desenhistas, modeladores e fundidores da
fábrica de Mazières.

Mas o público colocou-se do lado dos industriais, contra os
artistas, e com razão. O ideal de um mercado, onde se acumulam
materiais que se decompõem rapidamente, seria que fosse a céu aberto;
mas como a inclemência do nosso clima não o permite, o melhor seria
que a cobertura fosse de algum modo suspensa, como uma lâmpada
no teto; se ainda faltasse ponto de apoio, podia-se recorrer a colunas
que sustentassem o teto, mas que ocupassem o menor lugar possível;
muito ar, muita água, tal era o programa utilitário, sanitário. O engenheiro dos mercados centrais entendeu isso: nada sobra em seu monumento; ele só buscou o simples, e encontrou o grandioso. Os acadêmicos podem preferir um amontoado de pedras, mais ou menos simé-
trico, sem ar, sem luz, com o tifo ameaçando permanentemente, como
acontece na espécie de bastilha ou de cadeia que 'nda subsiste diante
da igreja de Santo Eustáquio, ou nos outros mercados de Paris, fechados
por muros: o público agora sabe o que pode e deve ser um monumento
de utilidade pública, e não será mais enganado pelos charlatães da
forma e do ideal, sem consciência e sem idéias.

O objetivo da arte consiste em ensinar-nos a juntar o agradável
ao útil em todas as coisas de nossa existência; aumentar assim para
nós a comodidade dos objetos, e a partir daí aumentar nossa própria
dignidade.

Sobre o habitat individual

A primeira coisa de que devemos cuidar é da *habitação*. O povo
deve ser bem alojado: isso é mais que conveniente, pois ele é soberano
e rei.

Ora, a morada do cidadão, do homem médio, ainda não foi
encontrada. Não temos o *mínimo* de alojamento, nem o *mínimo*
de salário. Os artistas pedem trabalho, quer dizer, palácios, igrejas,
museus, teatros, *monumentos*; sua arte não conseguiu dar-nos alojamento; pelo contrário, o luxo das construções que nos impõem con-
verteu-se num auxiliar da miséria. *

Deixo de lado a questão do barato, sem o qual a vida não passa
de servidão. "Se a república não é o direito, dizia-me um homem de
bem, rio da república." Digo da arte e das cidades: se a arte e a edili-

98 O URBANISMO

dade não sabem dar-nos moradia barata, rio da arquitetura e da edilidade. Ora, estamos bem longe disso.

Em vão sepultamos nessas casas monstruosas uma mobília mais ou menos suntuosa e artística: guarda-louças, baús e mesas esculpidos, quadros, estatuetas, pianos, etc. Que bela compensação! Tomamos a ficção por realidade.

Daria o museu do Louvre, as Tulherias, Notre-Dame — e a Coluna, além do mercado, — em troca de uma casinha feita a meu gosto, onde eu moraria sozinho, no centro de um terreno fechado de um décimo de hectare, onde eu teria água, sombra, grama e silêncio. Se me ocorresse colocar lá dentro uma estátua, não seria nem um Júpiter nem um Apolo: não saberia o que fazer com esses senhores; nem vistas de Londres, de Roma, de Constantinopla ou de Veneza. Deus me livre de morar nessas cidades! Colocaria o que me falta: a montanha, o vinhedo, o prado, as cabras, as vacas, os carneiros, os ceifeiros e os pastorzinhos.

Como não enxergamos que esse excesso de obras de arte, de monumentos de arte, só tem o propósito, por uma terrível ironia, de manter-nos em nossa indigência? Se nossa educação estivesse acabada, se exercêssemos nossos direitos, se vivêssemos uma vida livre, precisaríamos de escolas de arte e de prêmios de Roma? Essa nova Paris não nos causaria horror? Nós apertamos o cinto e, na falta do que comer, alimentamo-nos com espetáculos!

Uma aglomeração de mil pequenos proprietários, alojados em suas próprias casas, explorando, cultivando, cada um valorizando seu patrimônio, sua indústria e seu capital, que se administrem e julguem-se por si mesmos, essa é a obra-prima política, da qual todas as outras não passam de acessórios, que nunca soubemos realizar.

Artistas, professores e sacerdotes, acadêmicos e filósofos, todos cumprem igualmente mal seu dever, converteram-se em instrumentos de miséria e de depressão.

Du principe de l'arte et de sa destination sociale, P. J. Proudhon, Gárnier frères, Paris, 1865. (Pp. 338, 345, 348-350, 352-353.)

Benjamin Ward Richardson
1828-1896

Médico inglês, autor de uma série de trabalhos científicos notáveis pela diversidade e originalidade, pesquisou a coagulação sangüínea (The Cause of Coagulation of the Blood, *1858*), *a tisiologia* (On the Hygienic of Pulmonary Comsumption, *1856*), *a anestesiologia* (On a Local Anesthesia by Ether Spray) – *campo no qual chegou a inventar aparelhos de reanimação. Seus trabalhos sobre a toxicologia estão entre os primeiros a colocar em evidência os efeitos nocivos do álcool e do fumo. Publicou também uma obra sobre as* Doenças da vida moderna *(1875). Enfim interessou-se particularmente pela epidemiologia e pela higiene.*

Devemos-lhe a criação do Journal of Public Health and Sanitary Review *(1855-1859), e da* Social Science Review *(1862). Sua utopia,* Hygeia *(1876), inspirada formalmente pela* Utopia *de Th.* More, *foi inicialmente uma comunicação ao congresso de 1875 da* Social Science Association, *cuja secção* Saúde *presidia: ele havia preparado inicialmente um relatório sobre as estatísticas de mortalidade mas, no último momento, preferiu uma exposição mais suave dos meios que preconizava para lutar contra o deplorável estado sanitário das grandes cidades.*

Hygeia *alcançou imediatamente uma difusão mundial. Depois dessa obra, Richardson ainda publicou, em particular:*

– The Future of Sanitary Science *(1877),*
– The Health of Nations *(1887).*

O URBANISMO

HIGÉIA

A população da cidade pode ser avaliada em 100 000 pessoas vivendo em 20 000 casas, construídas em 4 000 acres de terreno, numa média de 25 pessoas por acre. Pode parecer uma grande população em relação ao espaço ocupado mas, dado que o efeito da densidade sobre a vitalidade só se manifesta de modo determinante quando esta atinge um grau extremo, como em Liverpool e Glasgow, podemos adiantar estas cifras.

Higiene e gabaritos

A higiene da população fica garantida contra os perigos dessa forte densidade graças ao tipo de casa escolhido, que permite assegurar uma distribuição homogênea da população. As casas elevadas que ensombrecem as ruas e implicam a entrada única para várias moradas não são, em parte alguma, autorizadas. Nos bairros de negócios, que exigem centros comerciais ou lojas, os edifícios têm quatro andares e, em certas ruas dos bairros do oeste, onde as casas são separadas, encontram-se também edifícios com três ou quatro andares; mas, de modo geral, parece nefasto ultrapassar essa altura; os andares serão limitados a quinze apartamentos; nenhum prédio deverá ultrapassar os sessenta pés. *

Comunicações e espaços verdes

A superfície de nossa cidade permite o estabelecimento de duas vastas ruas principais ou bulevares que vão de leste a oeste e constituem as principais vias de comunicação. Em cada uma delas acha-se uma via férrea destinada a todo o tráfego pesado. As ruas norte-sul, que cortam as principais vias de circulação em ângulo reto, e as ruas secundárias, paralelas a estas, são todas bem largas e, devido à baixa altura das casas, são perfeitamente ventiladas e bem ensolaradas. Têm árvores dos dois lados. Todos os espaços intermediários dos fundos das casas são jardins. As igrejas, hospitais, teatros, bancos, salas de conferência e outros edifícios públicos, assim como certos edifícios privados, como os entrepostos e os estábulos, são independentes, formando pedaços de ruas e ocupando a posição de várias casas. São cercados por um jardim e contribuem não só para a beleza da cidade, mas também para a sua salubridade.

A casa-tipo

Os imóveis são construídos com um ladrilho que apresenta as seguintes vantagens sanitárias: é envernizado e totalmente impermeável à água, de tal modo que, nas estações úmidas, as paredes não ficam saturadas por toneladas de água, como é o caso de tantas das nossas residências atuais. Os ladrilhos são perfurados transversalmente e, nas suas extremidades, há uma abertura em ângulo, na qual não se insere nenhuma argamassa, para que se comuniquem entre si. Graças a esse dispositivo em forma de ninhos de abelha, as paredes encerram permanentemente uma massa de ar introduzida pelas aberturas laterais

BENJAMIN WARD RICHARDSON

da parede externa. * Os ladrilhos que formam as paredes internas da casa são envernizados com cores diferentes, à escolha do proprietário; estão tão elegantemente dispostas que qualquer ornamento suplementar é inútil. *

O teto-terraço

As mudanças mais radicais introduzidas nas casas de nossa cidade dizem respeito às lareiras, tetos, cozinhas e suas dependências. * As lareiras * comunicam-se com poços centrais, para onde a fumaça é conduzida; depois de ter atravessado um forno a gás que deve destruir o carbono livre, ela é descolorida e expulsa para o ar livre. Assim a cidade fica desembaraçada das chaminés e dos efeitos danosos produzidos pela fumaça. Os tetos das casas apresentam uma leve inclinação, mas não são planos. São recobertos por asfalto (cuja duração e facilidades de reparo a experiência — fora de nossa cidade imaginária — demonstrou) ou por telhas planas. Esses tetos, cercados por balaustradas de ferro pintadas com gosto, constituem, em cada casa, excelentes áreas cheias de ar. Em certos casos, ali cultivam-se flores.

A cozinha-laboratório

A dona-de-casa não deve ficar chocada quando souber que as cozinhas de nossa cidade moderna e todas as suas dependências estão instaladas diretamente embaixo desses tetos-jardins; elas ficam, na verdade, no andar superior da casa e não no inferior. Sob todos os pontos de vista, sanitário e econômico, essa disposição é perfeita. A cozinha é iluminada com perfeição, de tal modo que qualquer sujeira é imediatamente detectada. Os cheiros da cozinha nunca se espalham pelos outros cômodos da casa. * A água quente da caldeira da cozinha é facilmente distribuída pelos cômodos dos andares inferiores, de modo que a água quente e a fria podem ser, a qualquer momento, obtidas em qualquer cômodo. * A lavanderia, ao lado da cozinha, tem todo o equipamento necessário; quando a roupa é lavada na casa, o espaço ao ar livre no teto constitui um maravilhoso lugar para secagem.

Na parede da parte posterior da cozinha fica o orifício superior do cano de lixo. Este conduto, aberto ao ar na altura do teto, chega aos subterrâneos da casa. Tem em cada andar uma porta de correr. O condutor para o carvão sai da parte de trás da cozinha e também é ventilado pelo teto.

No patamar do segundo andar * fica um banheiro alimentado pela água quente e fria da cozinha. O chão da cozinha e de todos os andares superiores é ligeiramente elevado no centro; é recoberto por ladrilhos cinza, polidos; o chão do banheiro é idêntico. Os cômodos têm assoalhos de madeira e, em toda a volta, um rodapé de carvalho verdadeiro, com cinco centímetros de altura. No chão, nenhum tapete, nunca. Conserva-se brilhante e limpo pela utilização das tradicionais ceras de abelha e terebintina; graças a isto, o ar é purificado e ozonizado.

A função-sono

Considerando-se que um terço da vida um homem passa ou deveria passar dormindo, os dormitários são objeto de um cuidado todo particular, de modo que sejam perfeitamente iluminados, espaçocos e ventilados. Calculam-se duzentos pés cúbicos para cada dormitório e banem-se dos espaços consagrados ao sono todos os artigos não indispensáveis relativos à mobília ou à vestimenta. *

O zoneamento

Em regiões especiais da cidade, levantam-se blocos concebidos, essencialmente, de modo semelhante às casas residenciais. Cada um pode dispor de uma sala pagando uma quantia semanal módica. Ali, ele pode trabalhar quantas horas quiser, mas não tem o direito de transformar essa sala em local de moradia. Cada bloco fica sob a responsabilidade de um superintendente e é submetido ao controle das autoridades sanitárias. Assim, a família é isolada do trabalho, e o trabalhador tem a garantia das vantagens de que dispõe hoje o advogado, o comerciante, o banqueiro: ou, para ser mais exato, ele dispõe das mesmas vantagens que o homem ou a mulher que trabalha na fábrica e volta para casa a fim de comer e dormir.

Lavanderia

Atualmente, em todas as cidades do reino da Grã-Bretanha, a lavagem das roupas é extremamente perigosa, pois uma pessoa gozando de boa saúde não tem nenhum meio de saber se sua roupa e a de seus filhos não foram misturadas * com a proveniente da cama ou de corpos de portadores de doenças contagiosas. * Em nossa comunidade-modelo, esse perigo é inteiramente evitado pelo estabelecimento de lavanderias públicas sob direção municipal. Ninguém é obrigado a mandar sua roupa para ali; mas, se não o faz, é obrigado a lavá-la em casa.

Hospitais

Passeando pelas ruas principais da cidade, encontramos, em vinte locais eqüidistantes, um prédio separado, cercado por terreno próprio: é o hospital-modelo. Não se pouparam gastos para fazer dessas instituições as melhores dentro de sua categoria. Vários elementos contribuem para seu sucesso. São instituições pequenas e facilmente deslocáveis. A velha idéia do hospital — depósito para colecionar doenças em grande quantidade, e cujo valor se mede pelo número de leitos — é aqui abandonada. Abandonado também o velho costume de construir um hospital para durar séculos, como um castelo normando.

Cultivo do corpo

Nossa cidade-modelo é, bem entendido, abundantemente provida de casas de banho, piscinas, banhos turcos, áreas para exercício, ginásios, bibliotecas, escolas primárias, escolas de arte, salas de conferência e locais consagrados à diversão instrutiva. Em todas as escolas primárias, o exercício físico constitui uma parte do programa.

BENJAMIN WARD RICHARDSON

Hygeia, a City of Health, Londres, Macmillan, 1876. (pp. 18-23, 30, 32, 39; tradução da autora.)

Jean-Baptiste Godin
1819-1888

Ele foi o inventor dos aparelhos de aquecimento à base de fundição, aos quais deixou seu nome. Imbuído de idéias fourieristas, escreveu numerosas obras visando à melhoria da condição do proletariado industrial:

- Solutions sociales, *1870.*
- Les Socialistes et les droits du travail, *1874.*
- La Politique du travail et la politique des privilèges, *1875.*
- Mutualité nationale contre la misère, *1883.*

No plano político, fundou, segundo o modelo do falanstério fourierista, o Familistério de Guise (Norte) que funciona ainda hoje.

O FAMILISTÉRIO DE GUISE

Vantagens do familistério

No familistério, mil e quinhentas pessoas podem ver-se, visitar-se, estar livres das ocupações domésticas, reunir-se em locais públicos, fazer suas compras, debaixo de galerias cobertas, sem pensar no tempo que está fazendo, e sem nunca ter de andar mais de seiscentos metros.

Na aldeia, o habitante muitas vezes tem de andar vários quilômetros para fazer as mesmas coisas, sem que nada o proteja das intempéries, e seu tempo perde-se assim numa atividade quase sempre infrutífera. O palácio social, pelo contrário, chama seus habitantes à vida útil, porque a atividade deles é diretamente produtora.

Essa facilidade de relações contribui para fazer do palácio social a habitação mais própria para elevar o nível moral e intelectual da população, porque há, para a criança, uma escola perto de sua casa, e porque as comodidades da vida no palácio, tirando do trabalhador o acréscimo de dificuldades que a moradia isolada comporta, deixam-lhe mais tempo de lazer para iniciar-se nos feitos do progresso e nos da vida social, pela leitura dos jornais e livros que uma biblioteca, fácil de organizar, torna acessíveis a toda a população.

É preciso, no palácio social, tirar do operário os motivos que o levariam a afastar-se de sua morada: sua casa precisa ser um lugar de tranqüilidade, atrativos e repouso; essa casa precisa ser o apartamento habitável, livre de todas as coisas incômodas, aborrecedoras: a lavagem da roupa deve ser feita num local especial, onde todos encontram os tanques e objetos próprios para essa operação.

No palácio social, a luz deve penetrar por toda parte abundantemente: nada de salas escuras, nada de lugares obscuros; a claridade e o espaço são as primeiras condições da limpeza e da higiene. Por isso tudo é amplamente iluminado no familistério, como tudo é amplamente provido de ar e de água.

O espaço dedicado ao público, a grandiosidade dos pátios, os jardins e os passeios que cercam esse palácio, tudo concorre para dar, em toda parte, livre acesso ao ar e à luz. *

No que é de uso comum, é preciso evitar principalmente que falte espaço para a liberdade de movimentos de cada indivíduo; nesse aspecto, será preciso lutar contra a tendência à parcimônia, desde a origem das construções sociais.

A educação

A educação e a instrução são divididas, no familistério, em sete classes: cada uma tem seu pessoal dirigente e corpo de mestres, seus locais e materiais próprios. Essas divisões, de acordo com a idade das crianças, são:

— 1) *A Amamentação:* crianças desde o nascimento até a idade de 26 ou 28 meses. Berçários.

— 2) *O Maternal (Pouponnat):* categoria das crianças desde que aprendem a andar e a manter-se limpas até a idade de 4 anos.

— 3) *O Infantil (Bambinat):* categoria de crianças de 4 a 6 anos.

— 4) *A pequena escola*, ou *terceira classe* do ensino: crianças de 6 a 8 anos.

— 5) *A segunda escola*, ou *segunda classe* do ensino: crianças de 8 a 10 anos.

— 6) *A primeira escola*, ou *primeira classe* do ensino: crianças de 10 a 13 anos.

— 7) *Os cursos superiores:* categoria especial; as crianças cuja inteligência se revelou fora do normal.

— 8) *A aprendizagem:* o ingresso da criança na vida produtiva dá-se, gratuitamente, na própria indústria do familistério; as diversas profissões que ela abrange são oferecidas à escolha da criança e o aprendiz entra logo na posse do prêmio do trabalho realizado por ele. *

A jardinagem

Entre os recursos atrativos do ensino que o familistério oferece às crianças, precisam-se incluir os jardins. Todos os anos, no versão, as escolas formam grupos de alunos que, sob a direção do jardineiro--chefe, se iniciam na aprendizagem do cultivo e manutenção dos jardins, como também do respeito ao trabalho do outro. Os grupos de meninos e meninas elegem, entre si, chefes e subchefes, cujo dever é fazer com que se executem bem as orientações do jardineiro-chefe, e cuidar da boa ordem da tropa dos pequenos trabalhadores. As eleições são feitas todas as semanas, e os eleitos devem dar o exemplo constante do melhor trabalho, sob pena de perder a consideração dos eleitores.

A administração do familistério, para encorajar esse movimento, dá para as crianças uma pequena contribuição, que varia de acordo com as aptidões e capacidades dos grupos de trabalhadores, que o jardineiro-chefe estabelece de acordo com as crianças.

Os jardins do palácio são abertos o dia todo às crianças para passeios e jogos. Mas uma parte reservada, gramada, com alamedas tortuosas, com subidas e descidas, serve para os passeios do conjunto das classes e constitui uma recompensa muito apreciada por todos os alunos.

La Richesse au Service du Peuple: le Familistère de Guise, Paris, 1874. (Pp. 31-32, 53, 59, 126, 131.)

Júlio Verne
1828-1905

Júlio Verne antecipou-se principalmente no campo das máquinas e meios de comunicação. Em oposição ao que se poderia pensar, sua fé no poder criador da técnica não lhe inspirou uma visão otimista da cidade-máquina. Em seu relato La Journée d'un journaliste américain *em* 2889[1], *ele imagina uma metrópole gigante cujos imóveis têm vários quilômetros de largura e cujos habitantes vivem alienados pela utilização de aparelhos que fazem de tudo. As preferências de Júlio Verne tomam a direção de uma solução mais humana, onde o bem essencial do progresso técnico se resume na higiene: é a Franceville dos* Cinq cents millions de la Bégum, *que deve muito à* Hygeia *de* Richardson[2].

FRANCEVILLE

1. Publicado primeiro em inglês, na revista americana *The Forum*, em 1899, depois em francês sob o título *Hier et demain*.

2. O próprio Júlio Verne reconhece essa filiação numa nota do capítulo 10 de seu livro: "Essas prescrições, como também a idéia geral do Bem-Estar foram tomadas ao sábio Doutor Benjamin Richardson, membro da Sociedade Real de Londres."

DISCURSO DO DR. SARRASIN[3]

O modelo higiênico

"Senhores, entre as causas de miséria e morte que nos rodeiam, é preciso mencionar uma à qual é racional dar uma grande importância: refiro-me às condições higiênicas deploráveis nas quais vive a maior parte dos homens. Eles se amontoam nas cidades, em casas muitas vezes privadas de ar e de luz, esses dois agentes indispensáveis para a vida. Tais aglomerações humanas tornam-se, às vezes, verdadeiros focos de infecção. Os que não encontram a morte nesse ambiente têm, no mínimo, sua saúde afetada; sua força produtiva diminui e a sociedade perde assim grandes somas de trabalho que poderiam ser aplicadas em usos mais preciosos. * Por que não reunir todas as forças da nossa imaginação para traçar o plano de uma cidade-modelo com base em dados rigorosamente científicos? (Sim! Sim! É verdade!) Por que não empregar depois o capital de que dispomos na edificação dessa cidade e na apresentação dela ao mundo como um ensinamento prático...? *"

UM ARTIGO DA "UNSERE CENTURIE", REVISTA ALEMÃ

(O comitê diretor de Franceville[4]) contestou-se em propor um certo número de regras fixas, às quais os arquitetos tiveram de se dobrar.

A casa-tipo

19 — Cada casa ficará isolada num lote de terreno com árvores, grama e flores. Será destinada a uma única família.

29 — Nenhuma casa terá mais de dois andares; o ar e a luz não devem ser monopolizados por uns em detrimento dos outros.

39 — Todas as casas serão de frente, afastadas 10 metros da rua. *

49 — As paredes serão de tijolos tubulares patenteados, de acordo com o modelo. *

59 — Os tetos formarão terraço, sendo levemente inclinados nos quatro sentidos, cobertos de betume, tendo aos lados uma galeria bem alta para que os acidentes sejam impossíveis, e cuidadosamente canalizados para que a água da chuva escoe com rapidez.

69 — Todas as casas serão construídas sobre uma abóbada de fundação, aberta de todos os lados, e formando sob o plano de habitação um subsolo para ventilação, como também uma nave. Os canos de água e de esgoto ficarão a descoberto, aplicados à pilastra central da abóbada, de modo a ser sempre fácil verificar o seu estado e, em

---

3. Dirigindo-se ao Congresso de Higiene de Londres, depois de saber que tinha herdado os 500 milhões da Begum.
4. A cidade-modelo cuja construção foi empreendida pelo dr. Sarrasin.

caso de incêndio, ter-se imediatamente a água necessária. O chão dessa nave, elevado a cinco ou seis centímetros acima do nível da rua, será propriamente coberto com areia. Uma porta e uma escada especial estabelecerão sua comunicação direta com as cozinhas. *

7⁰ – As cozinhas, copas ou suas dependências estarão, contrário ao uso comum, situadas no andar superior e em comunicação direta com o terraço, que se tornará assim um amplo anexo ao ar livre. *

8⁰ – O plano dos apartamentos é abandonado à fantasia individual. Mas proscrevem-se impiedosamente dois perigosos elementos causadores de doença, verdadeiros ninhos de miasmas e laboratórios de venenos: os tapetes e os papéis de parede. * (As) paredes (são) revestidas por ladrilhos envernizados. * São lavados como se lavam espelhos e vidraças, como se esfregam o chão e o teto. Nenhum germe mórbido pode ficar ali imiscuído em emboscada.

9⁰ – Cada dormitório fica separado do banheiro. Não precisaríamos recomendar muito que se fizesse desse cômodo, onde se passa um terço da vida, o mais vasto, o mais arejado e, também, o mais simples. Ele só deve servir ao sono. *

10⁰ – Cada cômodo tem sua lareira. * Quanto à fumaça, ao invés de ser expulsa pelo teto, entra pelos tubos subterrâneos que a atrai para fornos especiais feitos às expensas da cidade. * Ali ela é desprovida das partículas de carbono que carrega e, tornada incolor, é lançada a uma altura de trinta e cinco metros na atmosfera.

Estas são as dez regras fixas impostas para a construção de cada habitação particular.

As disposições gerais não são estudadas com menos cuidado.

A cidade ortogonal

E, antes de tudo, o plano da cidade é essencialmente simples e regular, de modo a poder prestar-se a todos os desenvolvimentos. As ruas, que se cruzam em ângulo reto, são traçadas a distâncias iguais, com largura uniforme, arborizadas e designadas por números ordenados.

De meio em meio quilômetro, a rua, um terço mais larga, toma o nome de bulevar ou de avenida, e apresenta num dos lados um fosso a descoberto para os bondes e trens metropolitanos. Em todos os cruzamentos, haverá um jardim público.

Para obter o direito de residência em France-Ville, é necessário dar boas referências, estar apto a exercer uma profissão útil ou liberal, na indústria, nas ciências ou nas artes, comprometer-se a observar as leis da cidade. Não se tolerarão os ociosos.

Já existe um grande número de edifícios públicos. Os mais importantes são a catedral, um certo número de capelas, os museus, bibliotecas, escolas e ginásios, planejados com um luxo e um conhecimento das conveniências higiênicas verdadeiramente dignos de uma grande cidade.

Não é preciso dizer que as crianças são submetidas, desde os quatro anos, a exercícios intelectuais e físicos que bastam para desenvolver suas forças cerebrais e musculares. São habituadas a uma limpeza tão rigorosa, que consideram uma mancha na roupa uma verdadeira desonra.

112 O URBANISMO

A higiene pormenorizada

Essa questão da limpeza individual e coletiva constitui, aliás, a preocupação capital dos fundadores de France-Ville. Limpar, limpar constantemente, destruir e anular logo que são formados os miasmas que emanam sem cessar de uma aglomeração humana, tal é a tarefa principal do governo central. Para isso, os produtos dos esgotos são levados para fora da cidade, tratados por processos que permitem sua condensação e seu transporte cotidiano para o campo.

A água corre por todo lado. As ruas pavimentadas de madeira coberta de betume, e as calçadas de pedra são tão brilhantes quanto o chão de um pátio holandês. Os mercados são objeto de uma observação incessante. * Esse cuidado sanitário, tão necessário, e tão delicado, é confiado a homens experientes, a verdadeiros especialistas, educados para esse fim nas escolas normais.

Sua jurisdição estende-se até às lavanderias. * Nenhuma peça volta a seu dono sem ter sido realmente lavada a fundo. *

Não há muitos hospitais, pois o sistema de assistência a domicílio é geral. * Só é preciso acrescentar que a idéia de fazer de um hospital um edifício maior que todos os outros e de juntar num mesmo foco de infecção setecentos ou oitocentos doentes não pôde entrar na cabeça de um fundador da cidade-modelo. *

Não terminaríamos se quiséssemos citar todos os aperfeiçoamentos higiênicos que os fundadores da cidade implantaram. Cada cidadão recebe, ao chegar, um folheto onde os princípios mais importantes de uma vida regulada segundo a ciência estão expostos numa linguagem simples e clara.

Les cinq cents millions de la Bégum, Paris, Edições P. J. Hetzel, 1879. (pp. 25-26, 100-103.)

Herbert-George Wells
1866-1946

O antigo discípulo de Huxley, o socialista da escola fabiana e o pai da ficção científica exprimem-se todos em Une utopie moderne. *Wells fez desse livro uma espécie de súmula ideológica – quase uma caricatura – do pré-urbanismo progressista. Ordem, classificação, higiene, apologia do maquinismo, rendimento: esses temas e motivações diretoras acham-se ali postos em prática sob a autoridade particularmente limitadora de uma classe de especialistas. A originalidade própria de Wells é a de ter dado a seu modelo uma dimensão, pela primeira vez, planetária.*

O PLANETA ORGANIZADO

Hotéis-modelo

A casa onde moramos é uma dessas hospedarias com tarifa mínima e, em parte, regulamentadas e dirigidas, na falta de empresas privadas, pelo Estado mundial, de um extremo a outro do planeta. Existem alguns estabelecimentos do mesmo tipo em Lucerna. O nosso possui várias centenas de pequenos quartos com funcionamento e limpeza automáticos, instalados e mobiliados como os que ocupamos no albergue similar – mas muito menor – de Hospenthol. Encontra-se aí o mesmo quarto de vestir e de banho, e a sucinta simplicidade da mobília tem as mesmas proporções graciosas. Mas este albergue é

114   O URBANISMO

quadrangular, como um colégio de Oxford: aproximadamente quarenta pés de altura, com cinco andares de quartos em cima dos apartamentos do térreo. As janelas abrem-se seja para o interior, seja para o exterior do quadrilátero; as portas dão para passagens artificialmente iluminadas, com escadas aqui e ali.

Essas passagens estão cobertas por uma espécie de tapete de cortiça, mas todo o resto é nu. O térreo é ocupado pelo equivalente a um clube londrino: cozinhas e copas, refeitórios, salas de leitura, salas de reuniões, salas para fumantes, bibliotecas e salões de beleza. Uma colunata com bancos dá para o pátio interno, no meio do qual se estende uma relva. *

Esse tipo de construção quadrangular é o elemento predominante na Lucerna utópica, e pode-se ir de um a outro extremo da cidade através de galerias e colunatas cobertas, sem ter de sair às ruas. *

Circulação

Duas ou três grandes ruas com seus bondes, sua pista para ciclistas e calçadas especiais para os transportes rápidos convergirão para o centro urbano, onde os Escritórios Públicos serão agrupados em torno de dois ou três teatros e das lojas principais; ali também ficará a estação inicial dos trens rápidos para Paris, Inglaterra e Escócia. * E é afastando-se desse centro da cidade que se chegará ao conjunto de habitações e terrenos que será a característica comum a todas as partes habitáveis do globo. *

Beleza funcional

Caminhamos algum tempo e notamos diferenças entre a arte do engenheiro desta terra e o da Utopia. As estradas, os trens, os canais subterrâneos, o túnel de Urnerloch são belas coisas. As máquinas, os caminhos, os cais, os fossos, as pontes de ferro, todas as invenções da engenharia não têm de ser, forçosamente, feias. A fealdade está na medida da imperfeição: um objeto de fabricação humana é feio, na maior parte dos casos, proporcionalmente à pobreza do pensamento que o construiu; é mais ou menos feio ou bonito se o construtor apreendeu mais ou menos a necessidade a que ele responde. *

Mas, em Utopia, um homem que empreende a construção de uma estrada de ferro é um homem cultivado; como um bom escritor ou um artista, ele esforçar-se-á para atingir a simplicidade da perfeição. As ruas, as estradas de ferro, os acessórios assumirão aquela graça, aquela harmonia que a natureza, esse grande engenheiro, dá às hastes e folhas de suas plantas, às articulações e gestos de seus animais. Julgar este homem como sendo o contrário de um artista, declarar artista alguém que talha objetos com as mãos, e bruto alguém que se serve de uma máquina, não passa de uma fase passageira da estupidez humana. A linha de bonde que seguimos é a impecável execução de um plano perfeito.

A Modern Utopia, Londres, 1905; tradução francesa de Henry D. Davray e B. Koziakiewicz: *Une utopie moderne*, Mercure de France, Paris 1907. (Pp. 235, 236, 238, 124, 125.)

II. O PRÉ-URBANISMO CULTURALISTA

Augustus Welby Northmore Pugin
1812-1852

Arquiteto inglês que colaborou com Sir Charles Barry nos planos do Parlamento de Westminster (1837-1843). Entre suas obras pessoais, podemos citar principalmente a catedral de Killarney e a capela do monastério beneditino de Douai.

Tendo-se convertido ao catolicismo em 1833, foi um dos promotores do renascimento gótico inglês; para ele, o gótico era a forma arquitetônica que correspondia ao verdadeiro sentimento cristão; inversamente, o renascimento das formas só lhe parecia possível acompanhado de um renascimento dos sentimentos de que procediam. Reconhece-se aí um tema que será retomado pelos pré-rafaelitas.

Em Contrasts *(1836), Pugin opõe, por meio de gravuras, edifícios homólogos da Idade Média e da sua época. Um dos contrastes mais impressionantes é dado por "uma cidade católica em 1440 e a mesma em 1840", tendo sido os edifícios religiosos substituídos por uma fábrica, um asilo de loucos, uma cadeia, um "socialist hall of science", aos quais Pugin deu o aspecto mais triste.*

Em 1841, ele publica The True Principles of Pointed or Christian Architecture, *antes de escrever sua célebre* Apology for the Present Revival of Christian Architecture in England *(1843).*

Achamos indispensável citar aqui algumas páginas de Pugin: ele está na origem da corrente culturalista e foi dele que Ruskin recebeu as idéias que deviam depois influenciar W. Morris. "Se Ruskin não

118 O URBANISMO

tivesse vivido, Pugin nunca teria sido esquecido", afirma Sir Kenneth Clark [1]

O BELO ONTEM

Nostalgia

Esta obra mostrará quão pouco nossa época fez para melhorar a arquitetura, e o nível mesquinho em que esta deverá permanecer, a menos que revivam os mesmos sentimentos que inspiraram os antigos construtores na composição de suas obras: restabelecimento que, apesar de desejado com fervor, não ouso esperar atualmente. Mas estou intimamente convencido: é só por sentimentos semelhantes e tão elevados que resultados igualmente elevados poderão ser obtidos. *

I. ONTEM

A comparação das obras arquitetônicas deste século com as da Idade Média deve pôr em evidência aos olhos de qualquer observador atento a maravilhosa superioridade destas últimas. *

Admitiremos sem qualquer dificuldade que o critério ótimo da beleza arquitetônica é a adaptação da forma à função: o estilo de um edifício deve corresponder à sua utilização, de modo que o espectador perceba instantaneamente a que se destina. *

Quem pode contemplar os prodigiosos edifícios religiosos da Idade Média sem sentir quão precisa é esta observação? Cada parte dá testemunho de sua origem; o próprio plano do edifício é o símbolo da redenção humana. *

Para que as construções produzam efeitos semelhantes sobre o espírito, é preciso que seus autores tenham sido totalmente absorvidos pela devoção e fé, que a glorificação da religião tenha sido o próprio fim de sua educação.

A comunidade cultural

Aqueles homens sentiam estar comprometidos com a ocupação mais gloriosa que possa caber a um homem, a de levantar um templo para a veneração do Deus da Verdade e da Vida.

Este sentimento é que guiava ao mesmo tempo a mente que concebia os planos do edifício e o escultor paciente cujo cinzel recortava o detalhe admirável e diverso. Este sentimento é que levou os antigos pedreiros, apesar do perigo e das dificuldades da tarefa, a perseverar até que tivessem erguido suas flechas gigantescas numa região próxima das nuvens. * É um sentimento que pode ser encontrado na quase totalidade dos edifícios da Idade Média: apesar da grande diversidade de temperamentos que seus estilos demonstram, eles exprimem a unidade de inspiração que animava construtores e decoradores.

---

1. *The Gothic Revival*, Londres, Constable, 1928. Reeditado por Pelican Books, 1964.

AUGUSTUS WELBY NORTHMORE PUGIN 119

Sim, foi com efeito a fé, o ardor e, acima de tudo, a unidade de nossos antepassados que lhes permitiram conceber e levantar esses maravilhosos edifícios. * Foi assim até que a heresia tivesse destruído a fé, o cisma dado fim à unidade, até que a avareza tivesse inspirado o saque das riquezas que haviam sido consagradas ao serviço da Igreja. *

II. HOJE

Talvez não haja, atualmente, tema mais banal que a imensa superioridade deste século sobre todos os que o precederam. Esta grande época de progresso e avanço intelectual * supõe-se rica de realizações nunca igualadas; e inchada de orgulho por sua pretensa excelência, a nova geração olha com piedade e desprezo para tudo o que a precedeu.

Processo do progressismo

Em certos campos, estou pronto a admitir que grandes e importantes invenções foram levadas à perfeição, mas é preciso invocar sua natureza puramente mecânica e não hesito em dizer que, na medida em que semelhantes obras progrediram, as obras de arte e as puras produções do espírito declinaram, numa proporção muito maior. * O lugar, o destino ou o caráter do edifício inspiram seu projeto (design)? Não, claro que não. Temos chalés suíços num país plano, villas italianas num clima frio, um kremlin turco à guisa de residência real, templos gregos em praças populosas, lojas no estilo egípcio.

Mas não só edifícios isolados são construídos nesses estilos impróprios: basta erguer os olhos para os ninhos de monstruosidade que são o Regent's Park ou a Regent Street, onde todos os estilos se acumulam confusamente.

É quase inconcebível que homens dedicados à arte da arquitetura tenham podido cometer tais absurdos. * Consideramos essas obras como um grande melhoramento para a metrópole, mas elas são tão-somente uma vergonha nacional. * Igualmente abomináveis são os amontoados de tijolos e de pretensão que tomaram o nome pomposo de villes-d'eaux.

Mecânica e orgânica

Creio ter mostrado que este país, qualquer que seja sua excelência no campo mecânico, tem tão pouco a invocar a título de progresso nas artes que, sem os resquícios dos edifícios erguidos durante a Idade Média, seus monumentos arquitetônicos seriam totalmente desprezíveis.

Dói-me profundamente o estado de degradação no qual cada nova invenção, cada nova melhoria técnica parece mergulhar mais as artes. Quero arrancar da nossa época sua máscara de superioridade tão lamentavelmente usurpada e quero atrair de novo a atenção geral para os méritos do passado. * É só em seus vestígios que se pode descobrir a excelência; é só estudando o fervor, as realizações e os sentimentos dessas épocas admiráveis e no entanto desprezadas que a arte poderá ser restaurada e a perfeição reconquistada.

Modelo possível

Não há nenhum motivo para que nobres cidades, oferecendo todos os aperfeiçoamentos possíveis em matéria de esgotos, adução de água, de gás, não possam ser edificadas num estilo ao mesmo tempo coerente e cristão.

Contrasts or a Parallel between the Noble Edifices of the Fourteenth and Fifteenth Centuries and Similar Buildings of the Present Day, Shewing the Present Decay of Taste, editado pelo autor, Londres, 1836. (Pp. 1-3 e 30-35; tradução da autora.)

E para o último parágrafo acima: *True Principles of Pointed or Christian Architecture*, editado pelo autor, Londres, 1841. (p. 16; tradução da autora.)

John Ruskin
1818-1900

Em uma primeira etapa Ruskin se dedica à crítica e à filosofia da arte, para concluir com uma filosofia social que não se dissociará delas.

A concepção ruskiniana da arte foi marcada simultaneamente por uma educação estética exemplar, que abrangia o conhecimento direto das obras-primas européias da pintura e da arquitetura e – profundamente – pelo pensamento de Pugin. A arte é, aos olhos de Ruskin, a revelação de uma verdade transcendente, mas exprime também a vitalidade de uma sociedade: "A arte de um país exprime suas virtudes políticas e sociais". A sociedade é uma totalidade orgânica cujos aspectos todos estão ligados entre si, de modo indissociável. Estes temas, manejados por Ruskin a propósito da pintura, para a qual adota a ética pré-rafaelita, serão também aplicados à arquitetura, à qual, desde a juventude, dedica numerosas obras[1].

---

1. Cf. *The Poetry of Architecture*, 1837. Esta obra já contém em germe a maior parte das idéias posteriormente desenvolvidas. Na página 1, Ruskin afirma: "Ninguém pode ser arquiteto sem ser metafísico". E acrescenta adiante: "Achamos interessante e útil constatar que as características particulares das arquiteturas nacionais provêm não só de sua adaptação aos locais e aos climas, mas de sua conexão com o clima mental particular no qual se desenvolveram", Ruskin publicou depois, especialmente: *Les sept lampes de l'architecture* (1849), *Les pierres de Venise* (1851-1853), *Conférences sur l'architecture et la peinture* (1853), as primeiras das quais conhecidas sob o nome de *Eloge du gothique*.

O URBANISMO

A crítica da arquitetura contemporânea leva Ruskin inevitavelmente à crítica da sociedade vitoriana, inorgânica, desintegrada, incoerente[2]. *A pobreza da arquitetura e do planejamento urbano é o reflexo de uma situação geral: Ruskin analisa impiedosamente as conseqüências do sistema industrial e a decadência do trabalho humano que, baseado em noções de lucro e de produção, deixou de ser a realização de uma função vital.*

Esse pensamento nostálgico constituirá, especialmente através de William Morris, o fundamento do urbanismo culturalista. Mas, enquanto que a crítica de Ruskin é aguda, fundada numa experiência vivida, as propostas positivas de Unto this Last *(1862) e* Munera Pulveris *(1862) em favor de um Estado paternalista e hierarquizado são monótonas e abstratas.*

ELOGIO DA DIVERSIDADE

Por mais que eu esteja familiarizado com a arquitetura moderna, não concebo ruas que, pela simplicidade e dignidade do estilo e pela amplidão e claridade do aspecto igualem as da cidade nova de Edimburgo. No entanto, estou convencido de que, quando vocês[3] atravessam essas ruas, o prazer e o orgulho que sentem lhes são inspirados, em grande parte, pela paisagem que as circunda, * a superfície brilhante do estuário do Forth ou os contornos acidentados do Castle Rock. Abstraíam-se do mar onduloso e das sombrias rochas de basalto, e temo que a George Street por si só não lhes ofereça grande interesse.

A cidade, espetáculo mais atraente que a paisagem

Imagino uma cidade situada de modo ainda mais notável que Edimburgo. * Em vez do sombrio rochedo solitário que sustenta seu castelo, ela está rodeada por um anfiteatro de colinas coroadas de ciprestes e oliveiras, * possui uma cadeia de montanhas azuis mais altas que os mais altivos cumes das Highlands. * No entanto, quando vocês saem para fora das paredes e percorrem as ruas dos bairros dessa cidade — estou falando de Verona — o olho não tende a se deter nessa paisagem, por mais maravilhosa que seja; ele não busca, como aqui, os espaços que se abrem entre as casas. * O coração e os olhos têm muito o que fazer nas ruas da própria cidade; esse espetáculo basta-lhes. *

A cidade não é uma coleção de unidades

Esta é, com efeito, uma cidade da qual se pode orgulhar e esta é a nobreza arquitetural que os senhores devem ambicionar em tudo o que construírem ou reconstruírem em Edimburgo. * Lembrem-se

---

2. 1860 marca, para Ruskin, o fim do período dedicado exclusivamente à arte. Daí por diante, vai preocupar-se especialmente com a economia política: cf. *La Couronne d'oliviers sauvages* (1866), consagrado a três ensaios sobre o trabalho, o comércio e a guerra.

3. Ruskin pronunciou essa conferência em Edimburgo, durante a viagem que fez (com o pintor Millais) para descansar da redação, recém-terminada, das *Pedras de Veneza.*

JOHN RUSKIN

principalmente de que é pela iniciativa privada, bem mais que pela atuação pública, que sua cidade deve ser embelezada. Pouco importa que tenham uma enorme quantidade de belos monumentos públicos se eles não se ligam, não se harmonizam com o conjunto das casas. Nem o espírito, nem o olho confundirão um novo colégio, um novo hospital, ou qualquer outro novo estabelecimento com toda uma cidade. *

Não pensem que podem ter uma boa arquitetura só gastando muito. Não é subscrevendo generosamente, de quarenta em quarenta anos, à edificação de um grande monumento que estimularão arquitetos inspirados. É só pela simpatia e interesse ativos que dedicarem ao trabalho doméstico de cada dia, que poderão elevar seu sentimento e a arte de seus construtores à compreensão do que é verdadeiramente grande. *

Nenhum mortal gostou alguma vez ou poderá gostar da nossa arquitetura atual. Vocês não têm nenhum interesse em *ouvir* sempre a repetição da mesma coisa; como podem suportar *ver* sempre a repetição da mesma coisa?

Todos vocês conhecem o tipo de janelas que se controem geralmente em Edimburgo. * Elas não têm, de forma alguma, mau aspecto; têm, pelo contrário, uma forma viril e forte, à qual o desprezo por qualquer ornamento confere uma certa dignidade. No entanto, não posso dizer que seja uma forma cativante.

Contra a repetição

Quantas janelas desse mesmo tipo vocês acham que existem na cidade nova de Edimburgo? Não as contei na cidade toda, * mas apenas, esta manhã *, na Queen Street *; e, de um lado desta rua, não contei menos de seiscentas e setenta e oito janelas exatamente do mesmo tipo, sem que nada viesse romper a uniformidade. E a ornamentação é igualmente monótona. *

Pela diversidade

— Mas — vocês objetam — * vemos sempre o nascer e o pôr-do-sol, violetas e rosas, e nunca nos cansamos.

— Como? Vocês já viram alguma vez um nascer de sol igual a um outro? Deus não muda para vocês a forma de suas nuvens toda manhã, toda tarde? * No entanto vocês acham que se podem colocar 150 000 janelas quadradas uma ao lado da outra e encontrar algum interesse nisso. Vocês fazem seus arquitetos *refazer* sempre a mesma coisa * e ainda esperam que ela os impressione. *

Todas as obras de arte dignas de ser executadas são interessantes e atraentes, quando terminadas. Não há lei nem direito que consagre o tédio. *

Observem um instante este desenho[4]. É * a janela de um edifício doméstico inglês, construído há seiscentos anos. Não me digam que não sentem nenhum prazer ao olhá-la * ou que, se todas as janelas de

---

4. Ruskin, antecipando os métodos modernos, passava lâminas que ilustravam suas teses e que, como não existisse a fotografia, ele próprio tinha desenhado ao natural.

124 O URBANISMO

suas ruas tivessem uma forma mais ou menos parecida, com ornamentos constantemente variados, vocês as olhariam com a mesma indiferença de hoje. *

A arquitetura é uma arte que todo mundo deveria aprender, porque interessa a todo mundo; e é de uma tal simplicidade que é tão indesculpável não se estar familiarizado com suas regras elementares quanto ignorar a gramática e a ortografia. *

Pela assimetria

Vocês sabem como os arquitetos são apaixonados pela igualdade e semelhanças. * Ora, a natureza despreza tanto a igualdade e a semelhança quanto a estupidez dos homens. Vocês observarão que os brotos do freixo[5] terminam em quatro hastes verdes, com folhas; vistas de cima, têm a forma de uma cruz. * Vocês imaginariam * que os quatro braços da cruz são iguais. Mas olhem mais atentamente e vão notar que dois braços ou duas hastes opostas só têm cinco folhas, enquanto os dois outros têm sete *; há sempre um par de hastes mais abastecido que o outro. * É a essa (assimetria) que a (árvore) deve toda a sua graça, todo o seu encanto *.

Vocês não ignoram o quanto nossos melhores pintores de arquitetura apreciam o aspecto das ruas de certas cidades do continente. * Ora, o principal encanto de todas essas ruas provém do fato de que suas casas têm telhados altos com empenas. * Pelas ruas de Antuérpia, de Gand ou de Bruxelas, uma série maravilhosa e fantástica de degraus e de curvas distintamente decorados sucedem-se ao infinito. Na Picardia, na Normandia e em muitas cidades alemãs, quando se emprega principalmente a madeira, o telhado, cercado por uma bela cornija esculpida, sobressai da empena e projeta sua sombra na fachada. *

Modelo das ruas medievais

De qualquer forma, o aspecto da rua toda depende da importância das empenas, não só nas fachadas principais, mas também nos lados, onde se abrem pequenas lucarnas e mansardas de uma forma fantasiosa e agradável, coroadas por pequenas flechas ou pináculos. Sempre que há uma escadinha circular, ou um balcão, ou qualquer outra forma irregular, os detalhes escarpados do teto projetam-se em forma de pequenas torres ou flechas, * coroadas por caprichosos ornamentos, se bem que, visto de cima e à distância, o marulho confuso dos telhados de uma cidade francesa é tão interessante quanto suas ruas. *

(Meu) plano de reformas não seria pior pelo fato de ser utópico ou romântico. Mas não é nem uma nem outra coisa. Não é utópico, pois aconselha a retomar uma tradição que foi seguida durante séculos. * Não é romântico *, pois se limita a aconselhar, a cada um de vocês, a morar em uma casa mais bonita do que aquela onde moram no momento, substituindo uma decoração cara por outra, barata.

Talvez vocês achem que a beleza, em arquitetura, saia muito caro. Pelo contrário, a fealdade é que é ruinosa. Em nossa arquitetura moder-

---

5. Em suas comparações com a obra da natureza, também ilustradas por croquis, Ruskin é o precursor dos teóricos do *modern'style*.

JOHN RUSKIN

na, a decoração custa somas enormes, porque está mal colocada e mal executada. *

O artesanato

Percorram seus monumentos edimburgueses e vejam * o que eles lhes podem oferecer. Só tabuleiros, mais tabuleiros, sempre tabuleiros, um deserto de tabuleiros. As casas têm um aspecto de prisão, e o são, com efeito. * Estes tabuleiros não são prisões para o corpo, mas sepulturas para a alma, pois os homens que puderam levar a cabo uma obra como a escultura de Lyon[6], estão aqui presentes. Estão aqui, sob o aspecto desprezado de vossos artesãos. A raça não degenerou. Vocês é que escravizaram estes homens. * Eles renasceriam para a vida com uma alma nova se vocês lhes libertassem os corações do peso apressor desses muros.

A arquitetura difere da pintura por ser uma arte de *acumulação*. * A escultura que enfeita[7] a casa do seu vizinho aumenta o efeito que pode ser produzido pela que decora a sua. As duas casas formam uma só grande massa, maior ainda se for acrescida uma terceira *, se todas as ruas da cidade unirem suas esculturas numa harmonia solene. *

Cidade e comunidade

A harmonia desprendida pelas ruas de uma cidade, onde um pináculo eleva-se acima de outro, onde um guarda-vento protege outro, onde as torres se sucedem ao longo dos cumes das colinas *, atinge hoje um grau de sublimidade incomparável. *

É uma lei divina e natural que os seus prazeres, assim como as virtudes de vocês, se valorizem pelo auxílio mútuo. * A arquitetura urbana pode assim adquirir um encanto e uma santidade que falta até mesmo ao templo. *

Acho * que os costumes nômades, que se tornaram hoje quase necessários à nossa existência são, mais que qualquer outra característica de nossa vida moderna, a causa profunda dos vícios da nossa arquitetura. Consideramos nossas casas unicamente como alojamentos temporários. * [1]

O enraizamento

Não posso evitar o pensamento de que é um mau presságio para um povo destinar suas casas a durar uma só geração. * Se os homens vivessem realmente como homens, suas casas seriam templos. * Essas lamentáveis concreções de cal e argila erguidas, com tanta pressa e

---

6. Trata-se de um pedestal da porta principal da catedral de Lyon, analisado anteriormente por Ruskin.

7. Para Ruskin, "a decoração é o elemento principal da arquitetura". "Este princípio, diz ele, é sempre * considerado como uma de minhas mais afrontosas heresias" (apêndice ao *Elogio do gótico*, ed. citada, pp. 92-93). Pois se "a primeira condição que temos o direito de reclamar de um edifício é que ele responda completamente e para sempre à sua destinação *, toda essa operação não precisa da intervenção da grande ARTE *, da parte divina da obra" (Ibid., pp. 94-95).

126 O URBANISMO

grosseiramente, na planície cavada em volta da nossa capital – carcaças magras, oscilantes, sem fundações, feitas de estilhaços de madeira e pedras pobres –, sombrias fileiras presididas pela mesquinharia, indiferenciadas e sem relação entre si – tão iguais que parecem uma só –, olho-as não só com o desgosto do olhar ultrajado, não só com a dor de ver a paisagem profanada, mas com o penoso sentimento, ao vê-las assim negligentemente enterradas no solo natal, de que as raízes de nossa grandeza nacional talvez estejam profundamente corroídas; * o temor de que chegou uma hora * em que a aglomeração das habitações · de uma população combatente e sobrecarregada só se distinga ainda das tendas do árabe ou do cigano por ser menos saudavelmente abertas ao ar e por ter sido mais infelizes na escolha de sua localização sobre esta terra. *

Valor da particularidade

Se, sempre que fosse possível, os homens construíssem suas habitações de acordo com sua condição, no começo de sua carreira *, se eles as construíssem para durar tanto quanto se pode esperar que dure a mais sólida obra humana, teríamos então uma verdadeira arquitetura doméstica, fonte de todas as outras *, uma arquitetura que dedicaria o mesmo respeito tanto às pequenas quanto às grandes construções. *

Esta sabedoria * foi a fonte da grande Arquitetura do passado, na Itália e na França. Ainda hoje, o interesse de suas cidades mais bonitas provém, não da riqueza isolada de seus palácios, mas da delicada e zelosa decoração das habitações, mesmo das menores, de suas épocas de esplendor. Em Veneza *, muitas das casas mais elegantes dão para canais estreitos e são bem pequenas. *

Gostaria, pois, de ver nossas habitações comuns construídas para durar, e construídas para ser belas *; gostaria de vê-las com diferenças capazes de convir ao caráter e às ocupações dos seus moradores, com a capacidade de exprimir-se por eles e de contar a sua história. *

A intenção

A intenção histórica dos edifícios públicos devia ser ainda melhor definida. É uma das vantagens da arquitetura gótica * admitir uma riqueza histórica sem limites *; nossos grandes monumentos cívicos não deviam ter um único ornamento que não contivesse alguma intenção intelectual. *

A idéia * de edificar cidades que seriam habitadas por futuras nações nunca, suponho, contou realmente entre as causas determinantes reconhecidas dos nossos esforços. Nem por isso deixa de ser um dever para todos. *

Essas considerações para com a posteridade não implicam, aliás, em nenhuma perda para o presente. * A maior glória de um edifício não reside nem em suas pedras, nem em seu ouro. Sua glória está toda em sua idade, nessa sensação profunda de expressão, de vigilância grave, de simpatia misteriosa, * que para nós se desprende de suas paredes, amplamente banhadas pelas ondas rápidas da humanidade. *

A conservação dos monumentos do passado não é uma simples

JOHN RUSKIN

questão de conveniência ou de sentimento. *Não temos o direito de tocar neles*. Eles não nos pertencem. Pertencem em parte àqueles que os construíram, em parte a todas as gerações que virão depois de nós. *
A única influência que pode substituir a dos bosques e dos prados é a força da antiga arquitetura. Não se separem dela por consideração para com a regularidade da praça, a alameda * arborizada, a bela rua ou o grande cais. Não é disso que uma cidade irá orgulhar-se. * [2]

[1] *Lecture on Architecture and Painting. Delivered at Edimburgh in November 1853*, Londres, 1854, traduzido para o francês por E. Cammaerts: *Confèrences sur l'architecture et la peinture*, H. Laurens, Paris, 1910. Conferência *Éloge du gothique*. (pp. 4-11, 18-19, 32-33, 62, 67-68, 78-81.)

[2] *The Seven Lamps of Architecture*, Londres, 1849, tradução francesa de George Elwall: *Les sept lampes de l'architecture*, 2ª ed. Laurens, Paris, 1916. (pp. 246-251, 261-262.)

William Morris
1834-1896

O próprio William disse que Ruskin "foi seu mestre espiritual", mas especificou: "antes que eu me transformasse num socialista militante"[1]. Esta restrição marca o que separa duas mentes cujo pensamento foi igualmente dominado pela idéia da arte e da beleza, que tanto um quanto o outro descobriram nas obras do passado e que tanto um quanto o outro vincularam a uma teoria social: ao contrário do conservador Ruskin, Morris propõe a ideologia culturalista e nostálgica às classes trabalhadoras, que constituem para ele as forças novas e reais da sociedade[2].

1. *How I became a Socialist*, 1894, *The Collected Works of William Morris*. Longmans, Green and C°, Londres, 1915, t. 23; pp. 279-281.
2. "Além do desejo de produzir coisas belas, a paixão de minha vida foi e continua sendo o ódio pela civilização moderna. * Como posso qualificar sua domesticação e seu desperdício de forças mecânicas, a pobreza de sua cultura, sua inacreditável organização a serviço de uma vida tão miserável? Seu desprezo pelos prazeres simples que, no seu delírio, cada um deveria saborear em paz. Sua vulgaridade cega, que destruiu a arte? * As lutas travadas pela humanidade durante séculos não produziram nada além dessa confusão sórdida e pavorosa?

"Eu ficaria nesse ponto se não me parecesse que, entre os lixos da civilização, as sementes de uma grande mudança, que chamamos de revolução social, não estivessem começando a brotar. * Graças a isso, evitei, de um lado, tornar-me um desprezador do progresso e, de outro, perder tempo e energia elaborando planos com a ajuda dos quais os pequenos burgueses esteticistas esperam fazer com que a arte brote, quando ela não tem mais raízes. E assim tornei-me um

O URBANISMO

Cronologicamente, antes de ser poeta, pensador e militante político, Morris é um artista. Como arquiteto, incorpora-se ao grupo pré-rafaelita, onde se liga particularmente a D. G. Rossetti. Com este último, mais Webb, Burne-Jones, Madox Brown, Faulkner e Marshall, ele funda, em 1862, uma firma de decoração cujos trabalhos irão contribuir poderosamente para a gênese do melhor modern style, e estão entre as "fontes (plásticas) do século XX"[3]. Morris exercerá o mesmo papel nas artes gráficas depois de fundar, em 1891, a Kelmscottpress.

Para ele, o belo trabalho é a expressão de uma cultura total que só tem sentido com a condição de ser o patrimônio próprio da classe trabalhadora. ("A causa da arte é a causa do povo[4].") Ora, atualmente esta acha-se alienada pelo trabalho degradante do sistema industrial; sua liberação é necessária.

Para participar dessa liberação, Morris vai exercer um papel ativo dentro da ala esquerda do socialismo inglês, criticando incansavelmente o mercantilismo em todos os seus aspectos. Em 1883, ele adere à Democratic Federation, em 1884 à Socialist League. Tesoureiro e redator-chefe do Commonweal (órgão mensal da League), publicará nele em forma de folhetim as Novas de Nenhuma Parte, romance utópico no qual o autor se imagina transportado para a Inglaterra do século XXI, descreve o país e o diálogo com as pessoas que encontra. É sua oportunidade de expor sua visão da sociedade futura. Os problemas da cidade e da arquitetura ocupam no livro um lugar considerável, como ainda em seus numerosos ensaios políticos e sociais, entre os quais citaremos em particular:

- Signs of Change (1884-1887),
- Lectures on Socialism (1883-1894),
- Lectures on Art and Industry (1881-1894),
- Hopes and Fears for Art (1877-1881).

A COMUNIDADE

I. HOJE

Degeneração da arquitetura

Ninguém sabe melhor que eu que imensa soma de talento e conhecimento constitui atualmente o apanágio de nossos grandes arquitetos: aqui e ali, por todo o país, podemos ver os edifícios cujos planos fizeram e rejubilamos com eles. Mas isto nos serve muito pouco, nesta

---

socialista militante. * É da índole da arte oferecer ao trabalhador uma vida na qual a percepção da beleza, quer dizer, o gozo do prazer verdadeiro, será tão necessária quanto o pão cotidiano." (Ibid.)

3. Como a firma adquiriu grande importância, Morris separou-se dela em 1875, para realizar um trabalho pessoal e mais reduzido. Quanto a sua contribuição ao século XX, cf. o catálogo da exposição Les sources du XXe siècle, Paris, 1960-1961.

4. Art and Socialism, 1884, The Collected Works, t. 23, p. 204.

época em que um homem que deixa a Inglaterra por alguns anos encontra, ao voltar, uma Londres que cresceu meio condado de tijolos e cimento. Os otimistas podem pretender que o estilo arquitetônico dessas construções dá testemunho de um progresso? Pelo contrário, não é verdade que a situação não cessa de piorar, se isso é possível? A última casa construída é sempre a mais vulgar e a mais feia. *

A verdade é que praticamente toda casa nova é de uma fealdade vergonhosa e degradante, e se por acaso tivermos a sorte de encontrar uma que demonstre real preocupação com a organização e o plano, ficamos surpresos e queremos saber quem a construiu, quem é o proprietário, quem a planejou e tudo o que diz respeito a ela de *a* a *z*, quando a arquitetura era algo vivo, toda casa construída era mais ou menos bela. *

A cidade medieval

Sabemos agora que, na Idade Média, casas do campo e catedrais eram construídas com o mesmo estilo e com os mesmos ornamentos; só as dimensões e, em certos casos, o material diferenciavam as construções humildes das de destaque. E só quando esse tipo de beleza se instalar de novo em nossas cidades; quando cada barraquinha de merceeiro de nossos bairros, cada alpendre for naturalmente adaptado àquilo a que se destina e dotado de beleza, * é que teremos de novo uma verdadeira escola de arquitetura.

Sem dúvida não é fácil imaginar a beleza de uma cidade que o é graças a todas as suas casas, pelo menos se não se viu, por exemplo, Rouen ou Oxford há trinta anos atrás. Mas em que estranho estado não tombou a arte, se não queremos ou não sabemos de nenhum modo conseguir que nossas casas se adaptem à existência de seres humanos racionais. A verdade é que não o conseguimos. *

E agora por que não podemos remediar esta situação? Por que não podemos, por exemplo, ter habitações simples e bonitas, adaptadas a homens e mulheres cultos, bem educados, e não a máquinas de digerir, ignorantes e ávidas? Vocês podem dizer: porque não queremos, e isso é bem verdade; mas isso só faz recuar a questão, e devemos perguntar: por que somos indiferentes à arte? Por que a sociedade civilizada, em tudo o que se refere à beleza das obras humanas, degenerou desde a época agitada da bárbara e supersticiosa Idade Média? *

A indústria e o artesanato

Eu disse que as relíquias da arte do passado que fomos levados a estudar hoje revelam um trabalho que não era apenas superior em qualidade ao que realizamos agora, mas era de outra natureza. Essa diferença de natureza explica nossa atual miséria e leva-nos a uma última questão: como remediar essa pobreza? Por sua natureza própria, o antigo artesanato, até a Renascença pelos menos, implicava um trabalho inteligente; em nosso caso trata-se ou de um trabalho que não é inteligente, ou de um trabalho de escravos, motivo suficiente para a degradação da arte, já que significa o desaparecimento da arte popular, da civilização. A arte popular, a arte que resulta da cooperação de numerosos espíritos, de temperamentos e de talentos diversos, onde

132 O URBANISMO

cada um subordina sua atividade à da comunidade, sem perder a individualidade, esta arte é inestimável e sua perda irreparável. *

O trabalho inteligente, que produzia a arte verdadeira, era agradável: era um trabalho humano e não vexatório e degradante; o trabalho não inteligente que produz um simulacro de arte é aborrecido, é um trabalho desumano, vexatório e degradante; é justo e normal que dele só resulte a fealdade. E a causa imediata desse labor degradante que oprime uma parte tão grande do nosso povo é a organização do trabalho, que se tornou o instrumento maior do grande poder da Europa moderna, o comércio competitivo. Este sistema mudou completamente o modo de trabalhar em todos os campos que podem ser considerados como próprios da arte. [1]

II. AMANHÃ

Riqueza da arquitetura

Pareceu-me reconhecer Broadway no cruzamento de estradas que ainda existiam. No lado norte de Broadway, havia uma fileira de prédios baixos precedidos por pátios, e magnificamente construídos e ornamentados, formando um vivo contraste com as casas despretensiosas dos arredores; acima dessa construção baixa, elevavam-se o teto abrupto, coberto de chapas de ferro, e os contrafortes e partes altas da parede de um grande *hall*, num estilo esplêndido de arquitetura flamígera, da qual não seria suficiente dizer que me pareceu reunir as melhores qualidades do gótico da Europa moderna às da arquitetura sarracena e da bizantina, se bem que não copiasse nenhum desses dois estilos. Do outro lado da estrada, ao sul, havia uma construção octogonal com um teto elevado, que lembrava o batistério de Florença, exceto no fato de estar rodeada por uma arcada em forma de claustro apoiada sobre ela; essa construção era delicadamente trabalhada.

Toda aquela massa arquitetônica com a qual nos deparamos tão de repente, no meio de culturas sorridentes, não era apenas de uma beleza refinada, mas tinha gravada em si uma expressão de vida generosa e abundante tal que eu nunca senti ter desfrutado até então. *

Crítica do fourierismo

— O senhor[5] falou há pouco de arrumação de casa, o que me soou um pouco como costume dos tempos passados; achei que as pessoas aqui deviam viver mais em comum.

— Em falanstérios, não? Bem, vivemos como nos agrada e, em geral, agrada-nos viver com alguns companheiros (de casa), com os quais nos acostumamos. Lembre-se de que a pobreza desapareceu e de que os falanstérios de Fourier, e todas as coisas desse tipo, muito naturais em seu tempo, só representavam um refúgio contra a pura indigência. Um modo de viver como aquele só podia ser concebido por

---

5. O interlocutor de Morris aqui é Hammond, um velho filósofo de cento e cinco anos, avô de Dick, que é o jovem guia de Morris através da Inglaterra utópica do século XXI.

WILLIAM MORRIS 133

gente cercada pela pior forma de pobreza. Mas o senhor deve compreender também que, se é de regra para nós que haja casas distintas, mantidas de modos mais ou menos diversos, nenhuma porta, entretanto, está fechada para uma pessoa de bom caráter que se acomode à vida dos outros companheiros da casa; só não seria razoável que alguém entrasse numa casa e convidasse as pessoas a mudar seus hábitos mais agradáveis; ele poderia ir para outro lugar e viver como lhe agradasse. *

As grandes cidades...

— E as grandes cidades? O que fizeram delas? Londres, que... da qual li que era o moderna Babilônia da civilização, parece ter desaparecido.

— Bem — disse o velho Hammond — talvez, depois de tudo, ela se pareça mais com a antiga Babilônia que com a "moderna Babilônia" do século XIX. Mas pouco importa. Afinal, há uma grande população entre o lugar onde estamos e Hammersmith, e o senhor ainda não viu a parte mais densa da cidade.

— Então diga-me, como é para o lado leste?

...bem limitadas, e densas

— Houve um tempo em que, se o senhor tivesse montado num bom cavalo e tivesse corrido numa boa velocidade, em linha reta, desde minha porta, aqui, durante uma hora e meia, o senhor ainda estaria em plena Londres e estaria vendo só "pocilgas", como as chamavam; ou seja, locais de tortura para inocentes, homens e mulheres ou, pior, casas de prostituição, onde se mantinham e educavam homens e mulheres num aviltamento tal que essa tortura consistia em arrebatar-lhes a vida simples, normal e natural.

— Eu sei, eu sei — disse impacientemente. — Era o que era; diga-me alguma coisa do que é. Não sobrou nada daquilo?

— Nem um traço, mas ficaram algumas lembranças, o que me agrada. *

Há poucas casas daqui até os limites da antiga cidade, mas dentro da cidade temos uma população densa. Nossos antepassados não se apressaram, no fim do século XIX, em derrubar as casas do bairro de negócios da cidade e que, mais tarde, ficou conhecido com o nome de Cidade-Fraude. O senhor entende, essas casas, ainda que estivessem terrivelmente enraizadas, eram grandes, solidamente construídas, e limpas, porque não eram usadas para morar, mas só como casas de jogo, de modo que as pessoas pobres das pocilgas derrubadas as tomaram por alojamento e moraram nelas até que os homens daquele tempo pudessem pensar em algo melhor para eles; as construções foram então derrubadas progressivamente, de modo que as pessoas se acostumaram ali a viver em grupos mais densos do que na maioria dos lugares; assim, ela é ainda a parte mais populosa de Londres. * Mas é muito agradável, em parte devido ao esplendor da arquitetura. * No entanto, essa densidade * não vai além de uma rua chamada Aldgate. * A partir desta rua, as casas estão amplamente disseminadas pelos prados, que são muito bonitos, principalmente * pelos lados que chamamos de Strat Ford e Old Ford, nomes que o senhor não deve conhecer *.

134 O URBANISMO

Eu não os conhecia!, pensei. Como era estranho que eu, que tinha assistido à destruição do último vestígio do encanto daqueles prados ao longo do Lea, fosse ouvir falar deles como se tivessem recuperado todo o seu encanto! *

A expulsão da indústria

— Quanto aos lugares sombrios que eram, antigamente, como sabemos, os centros manufatureiros, desapareceram assim como o deserto londrino de tijolo e cimento; entretanto, como eram apenas centros de "manufaturas", e tinham como único objeto o mercado do jogo, deixaram menos traços de sua existência que Londres. Certo, a grande mudança no emprego da força mecânica tornava a coisa mais fácil, e provavelmente teriam deixado de ser "centros", mesmo se não houvéssemos mudado nossos hábitos; mas, sendo o que eram, não poupamos sacrifício para livrar-nos dos "distritos manufatureiros", como eram chamados. Aliás, todo o carvão e o minério de que precisamos é extraído e mandado para onde é necessário com tão pouca sujeira e desordem quanto possível, e sem perturbar a vida das pessoas tranqüilas. Ficaríamos tentados a acreditar, pelo que lemos sobre o estado desses distritos no século XIX, que os que detinham sua posse atormentavam, sujavam e aviltavam os homens por maldade premeditada; mas não era assim: como a falsa educação de que falamos há pouco, essa situação provinha de uma espantosa pobreza. Eles eram obrigados a suportar qualquer coisa e até a demonstrar contentamento, ao passo que agora podemos nos servir de tudo, e recusar a andar quando não nos apetece. *
— E as cidadezinhas? Suprimiram-nas completamente?

Valor das cidadezinhas

— Não, não, não foi assim. Pelo contrário, nas cidades pequenas derrubou-se pouco e reconstruiu-se muito. É verdade que seus bairros, quando elas os tinha, desapareceram e adquiriram o aspecto geral da região, e que o centro delas ganhou em espaço e se descongestionou; de modo que é graças a essas cidadezinhas que nós, homens de hoje, podemos fazer uma idéia do que eram as cidades do velho mundo — mas uma idéia aperfeiçoada.
— Tome Oxford, por exemplo — sugeri.
— Sim, acho que Oxford era bonita, inclusive no século XIX. Agora, ela demonstra o interesse de conservar ainda um grande número de construções da época pré-comercial, e é um lugar magnífico, se bem que haja muitas cidades que se tornaram quase tão belas. *

Volta à aldeia

— O senhor deve saber que, pelo fim do século XIX, as aldeias estavam quase destruídas, exceto onde tinham passado a ser simples anexos de distritos manufatureiros, ou espécies de distritos manufatureiros secundários. Deixavam que as casas se deteriorassem e se arruinassem; cortavam as árvores pelos poucos trocados que a madeira podia dar; a construção havia-se tornado inexprimivelmente pobre e feia. A mão-de-obra era rara, mas o salário abaixava assim mesmo.

WILLIAM MORRIS 135

Todas as humildes artes do campo, que antes se acrescentavam aos pequenos prazeres dos camponeses, estavam perdidas. Os produtos do campo que passavam pelas mãos dos cultivadores nunca atingiam sua boca. Uma inacreditável miséria e um amargo constrangimento reinavam nos campos.

— Ouvi dizer que era assim — disse eu — mas, e depois?

Supressão da diferença entre a cidade e o campo

— A mudança produzida nesses aspectos desde os primeiros momentos de nossa época foi de uma rapidez muito singular. As pessoas invadiram as aldeias e, por assim dizer, atiraram-se à terra libertada como um animal selvagem sobre a presa; em muito pouco tempo as aldeias da Inglaterra ficaram mais populosas que haviam sido desde o século XIV, e cresceram rapidamente. Naturalmente, essa invasão do campo foi um assunto difícil, e teria causado muita miséria se o povo ainda estivesse sob a servidão de um monopólio de classe. Mas, no ponto em que se estava, as coisas se arrumaram logo. As pessoas encontraram as ocupações que lhes convinham. * A cidade invadiu o campo; mas os invasores, como os guerreiros invasores dos tempos antigos, cederam à influência dos que os rodeavam e se tornaram camponeses; e quando ficaram mais numerosos que os homens das cidades, influenciaram-nos, de modo que a diferença entre a cidade e o campo foi diminuindo; e foi esse modo de viver do campo, vivificado pelo pensamento e o espírito alerta das pessoas criadas nas cidades que produziu esta vida feliz, cheia de lazer, mas ativa, de que o senhor teve uma primeira idéia.

O prazer

Muitos erros foram cometidos, mas tivemos tempo de repará-los. Restou muito a fazer pelos homens do meu tempo. As idéias confusas da primeira metade do século XX, na época em que os homens ainda viviam curvados sob o temor da pobreza, e não prestavam bastante atenção ao prazer presente da simples vida diária, destruíam em grande parte o que a época comercial nos deixara de beleza exterior; e reconheço que os homens só lentamente se recuperaram dos danos que causaram a si mesmos, mesmo depois que se libertaram. * Mas veio a recuperação; e quanto mais coisas o senhor vir, mais vai entender que somos felizes, que vivemos no meio da beleza, sem nenhum medo de ficar afeminados; que temos muito a fazer e * temos prazer em fazê-lo. Que mais podemos pedir à vida? *

As reservas naturais

— Alguma coisa não encaixa, acho, na sua palavra "jardim" para caracterizar o país. O senhor falou de terras incultas e de florestas, e eu próprio vi o começo da sua floresta de Middlesex e de Essex. Por que as conservam como um jardim? Não é realmente lastimável?

— Meu amigo, gostamos desses pedaços de natureza selvagem, podemos nos permitir a tê-los, e os temos; aliás, quanto às florestas, precisamos de muita madeira para construção, e achamos que acontecerá o mesmo com nossos filhos e netos. Ouvi dizer que havia antiga-

136 O URBANISMO

mente árvores e rochas nos jardins; e eu que não gosto de rochas artificiais, garanto-lhe que muitas rochas naturais do nosso jardim merecem ser vistas. *

A arquitetura como escritura

— Livros, livros, sempre livros, vovô![6] Quando é que você vai entender que, afinal de contas, é o mundo em que vivemos que nos interessa, este mundo de que somos uma parte e que nunca amaremos demais! Vejam! — diz ela, abrindo mais a janela, mostrando-nos a branca luz que a lua fazia brilhar entre as sombras negras do jardim, onde corria um leve arrepio de vento na noite de verão. — Vejam! Estes são nossos livros de hoje! * Sim, estes são nossos livros e, se precisarmos de outros, poderemos encontrá-los em magníficas construções que levantamos no país todo (e sei que nunca houve nada semelhante em outras épocas), onde um homem pode manifestar tudo que há dentro de si e expressar seu espírito e sua alma com o trabalho de suas mãos. [2]

[1] *Art, Wealth and Riches*, conferência pronunciada a 6 de março de 1883, in *The Collected Works of William Morris*, Londres, 1915. (Tomo 23, pp. 147-150. Tradução da autora.)

[2] *News from Nowhere*, publicado em folhetim em 1884 e em livro em 1891, traduzido para o francês por P. G. Chesnais: *Nouvelles de Nulle part ou une ère de repos*, Paris, Société nouvelle de Libraire et d'Édition, 1902 (pp. 39-40, 107-111, 113-114, 116-118, 121, 244-245.)

6. A personagem, a quem se dirige sua neta Helena, é um fenômeno raro na *Utopia* de Morris, um "admirador dos tempos passados".

III. O PRÉ-URBANISMO SEM MODELO

Friedrich Engels
1820-1895

O problema das grandes cidades foi abordado de dois modos por Engels. Por um lado, numa análise crítica impiedosa, fundada numa investigação sociológica prévia, nutrida simultaneamente pelas observações pessoais do autor e por todas as fontes escritas disponíveis, ele denuncia a miséria do proletariado urbano nas cidades industriais inglesas, no capítulo "As grandes cidades" de A Situação da Classe Trabalhadora na Inglaterra *(1845).*

Por outro lado, quase trinta anos depois, Engels ocupa-se não mais da situação de fato, mas das soluções preconizadas para remediá-la. Os três artigos de 1872, reunidos em 1897 em A Questão do Alojamento, *destinam-se a evidenciar o caráter paternalista e reacionário das soluções "sociais" para a crise do alojamento propostas por Proudhon, alguns de seus discípulos e alguns burgueses liberais. Vigorosamente, Engels toma partido a favor de soluções provisórias e pragmáticas: o alojamento, para ele, é tão-somente um aspecto parcial de um problema global de que não pode ser dissociado e que só a ação revolucionária permitirá resolver.*

Engels recusa, portanto, os modelos dos socialistas utópicos, cujo pensamento compara, nesse aspecto, ao dos capitalistas exploradores do proletariado. Além disso, ele repele o método geral dos modelos, não por razões de facilidade, mas por desconfiança a respeito das construções a priori e porque se recusa radicalmente a separar a questão do alojamento de seu contexto econômico e político. Neste sentido,

140   O URBANISMO

a atitude de Engels continua exemplar para o pensamento urbanístico de hoje

ENQUANTO NÃO CHEGA A REVOLUÇÃO

I. CRÍTICA DAS GRANDES CIDADES INDUSTRIAIS

Uma cidade como Londres, onde se pode andar horas sem chegar nem ao começo do fim, sem descobrir o menor indício de proximidade do campo, é realmente alguma coisa de muito particular.

Esplendor

Essa centralização enorme, esse amontoado de três milhões e meio de seres humanos num único lugar centuplicou o poder desses três milhões e meio de homens. Elevou Londres à posição de capital comercial do mundo, criou docas gigantescas e reuniu os milhares de navios que sulcam continuamente o Tâmisa. Não conheço nada mais imponente que o espetáculo oferecido pelo Tâmisa quando a gente sobe do mar até London Bridge. *

Miséria

Os sacrifícios que tudo isso custou, só se descobrem mais tarde. Depois de pisar e repisar por alguns dias a calçada das ruas principais, de abrir a duras penas caminho através da multidão, das filas sem fim de coches e de carros, de visitar os "bairros ruins" dessa metrópole, só então é que começamos a nos dar contas de que esses londrinos tiveram de sacrificar o melhor de sua condição de homens para realizar todos os milagres da civilização que inundam a cidade, de que forças que dormiam dentro deles continuaram inativas e foram abafadas para que só algumas pudessem ser desenvolvidas mais amplamente e ser multiplicadas, ao unir-se às dos outros. A multidão das ruas já tem, em si só, alguma coisa de repugnante, que revolta a natureza humana. As centenas de milhares de pessoas, de todo tipo e de todas as classes, que andam apressadas, acotovelando-se, não são *todas* seres com as mesmas qualidades e capacidades e com o mesmo interesse na busca da felicidade? E não devem, finalmente, buscar essa felicidade através dos mesmos meios e procedimentos? No entanto, essas pessoas passam umas pelas outras correndo, como se não tivessem nada em comum, nada a fazer juntas, e no entanto a única convenção entre elas é o acordo tácito segundo o qual cada um se mantém à sua direita na calçada, para que as duas correntes da multidão que se cruzam não constituam obstáculo uma à outra; e, no entanto, não vem ao pensamento de ninguém dirigir ao outro sequer um olhar. Essa diferença brutal, esse isolamento insensível de cada indivíduo no seio de seus interesses particulares são tanto mais repugnantes e ofensivos, quanto maior for o número desses indivíduos confinados num espaço tão reduzido. E ainda que saibamos que esse isolamento do indivíduo, esse torpe

FRIEDRICH ENGELS 141

egoísmo constituam em toda parte o princípio fundamental da nossa sociedade, eles não se manifestam em nenhum lugar com uma impudência, uma segurança tão totais quanto aqui, precisamente, na multidão da grande cidade. A desagregação da humanidade em mônadas, cada uma com um princípio de vida particular e um fim particular, essa atomização do mundo é aqui levada ao extremo.

Resulta daí também que a guerra social, a guerra de todos contra todos, aqui é abertamente declarada. *

Segregação dos pobres

Toda grande cidade tem um ou vários "bairros ruins", onde se concentra a classe operária. É verdade que muitas vezes a pobreza reside em vielas escondidas bem perto dos palácios dos ricos, mas em geral a ela é destinado um terreno à parte onde, longe do olhar das classes mais felizes, ela tem de, bem ou mal, ajeitar-se sozinha. Esses "bairros ruins" estão organizados, na Inglaterra, em todo lugar quase da mesma maneira, as piores casas na parte mais feia da cidade; o mais freqüente é que sejam sobrados ou casas térreas, de tijolos, alinhados em longas filas, se possível com subterrâneos habitados e quase sempre construídos irregularmente. Essas casinhas de três ou quatro cômodos chamam-se *cottages* e constituem comumente em toda a Inglaterra, com exceção de alguns bairros de Londres, as moradias da classe operária. As ruas não são normalmente nem planas nem pavimentadas; são sujas, cheias de detritos vegetais e animais, sem esgotos nem escoamento de água mas, em troca, semeadas de poças estagnadas e mal cheirosas. Além disso, a ventilação é difícil devido à má e confusa construção de todo o bairro e, como muitas pessoas vivem ali num pequeno espaço, é fácil imaginar que ar se respira nesses bairros operários. Ainda, as ruas servem para secar a roupa, quando faz bom tempo; estendem-se cordas de uma casa à de frente e ali pendura-se a roupa úmida.

Saint Giles

Examinemos alguns desses bairros pobres. Há primeiro Londres e, em Londres, a célebre "Ninhada dos Corvos" (Roockery), St. Giles, onde só se pode passar por algumas ruas e que deve ser destruído. Esse St. Giles está situado no meio da parte mais populosa da cidade, cercado por ruas largas e iluminadas, por onde se agita a alta sociedade londrina — bem perto de Oxford Street, de Trafalgar Square e do Strand. Constitui-se numa massa de casas de três ou quatro andares, construídas sem planejamento, com ruas estreitas, tortuosas e sujas, onde reina uma animação tão intensa quanto nas ruas principais que atravessam a cidade, ressalvando que só se vê, em St. Giles, gente da classe operária. O comércio é feito nas ruas: cestos de legumes e frutas, naturalmente todos de má qualidade e apenas comestíveis, reduzem mais a passagem e deles emana, como de açougues, um cheiro repugnante. As casas são habitadas dos porões aos forros, tão sujas fora quanto dentro, com um aspecto tal que ninguém desejaria morar nelas. Mas isso ainda não é nada, perto dos alojamentos em vielas transversais, onde se chega por passagens cobertas e onde a sujeira e a vetustez ultrapassam a imaginação; não se vê, por assim dizer, uma única vidraça

142 O URBANISMO

intacta as paredes são cobertas de crostas, como pele de leprosos, os umbrais das portas e das janelas estão quebrados ou arrancados, as portas — quando existem — são feitas de tábuas velhas emendadas; aqui, mesmo nesse bairro de ladrões, as portas são inúteis porque não há o que roubar. Por toda parte, montes de lixo e cinzas e a água suja jogada na frente das portas acabam por formar placas nauseabundas. É ali que moram os mais pobres dos pobres, os trabalhadores mais mal pagos, junto com os ladrões, os escroques e as vítimas da prostituição, todos misturados. *

Em Londres, 50 000 pessoas levantam-se a cada manhã sem saber onde deitarão a cabeça na noite seguinte. As mais felizes são as que conseguem dispor à noite de um ou dois pences e vão para uma assim chamada "casa-dormitório" (*lodging house*), encontrada em grande número em todas as grandes cidades e onde se dá asilo às pessoas pobres em troca de algumas moedas. *

Liverpool

Os outros grandes portos não são melhores. Liverpool, apesar de todo seu movimento, luxo e riqueza, trata seus trabalhadores com a mesma selvageria. Uma boa quinta parte da população, ou seja, mais de 45 000 pessoas moram em subterrâneos exíguos e sombrios, úmidos e mal ventilados, que somam 7 862 na cidade. A esta cifra acrescentem-se ainda 2 270 pátios (*courts*), quer dizer, pequenas praças fechadas dos quatro lados e tendo como entrada e saída só uma estreita passagem, a maior parte das vezes arqueada e que, conseqüentemente, não permite que haja *a menor* ventilação, a maior parte do tempo muito sujas e habitadas quase que exclusivamente por proletários. Voltaremos a falar desses pátios, quando chegarmos a Manchester. Em Bristol, tivemos oportunidade de visitar 2 800 famílias de operários, das quais 46% moravam em um só cômodo. *

Manchester

Todo o conjunto chamado correntemente de Manchester conta com pelo menos 400 000 habitantes, ou mais. A cidade em si é construída de um modo tão particular que se pode morar nela anos, entrar nela e sair diariamente, sem nunca entrever um bairro operário nem encontrar operários, se nos limitarmos a cuidar de negócios ou a passear. Mas isso principalmente porque os bairros operários — por um acordo inconsciente e tácito, assim como por intenção consciente e confessada — estão separados com o maior rigor das partes da cidade reservadas à classe média ou então, quando isso é impossível, dissimulados sob o manto da caridade. Manchester abriga, em seu centro, um bairro comercial bem extenso, com meia milha de comprimento e outro tanto de largura, formado quase unicamente de escritórios e entrepostos (*warehouses*). Esse bairro é quase todo desabitado e, à noite, deserto e vazio; só as patrulhas de polícia rondam com suas lanternas pelas ruas estreitas e sombrias.

Esta parte é sulcada por algumas grandes artérias com tráfego enorme; os andares térreos dos edifícios são ocupados por lojas de luxo. Nessas ruas, encontram-se aqui e ali andares habitados onde reina, até altas horas da noite, uma animação considerável. Com exceção desse bairro comercial, toda a cidade de Manchester propriamente dita, todo o Salford e Hulme, uma parte importante de Pendleton e de Chorlton, dois terços de Ardwick e alguns quarteirões de Cheetham Hill e de Broughton não passam de um distrito operário que envolve o bairro comercial como um cinturão, cuja largura média é de uma milha e meia. Depois desse cinturão, vivem a média e a alta burguesia. *

"A pequena Irlanda"

O canto mais pavoroso – se quisesse falar com detalhes de todos os blocos de imóveis separadamente, eu nunca terminaria – situa-se junto a Manchester, imediatamente a sudeste de Oxford Load, e chama-se "a pequena Irlanda" (*Little Ireland*). Num vão de terreno bem profundo, limitado em semicírculo pelo Medlock, e nos quatro lados por altas fábricas, altas margens cobertas por casas ou aterros, distribuem-se em dois grupos aproximadamente 200 *cottages*, com a parede de trás na maior parte das vezes divisória; cerca de 4 000 pessoas, quase todas irlandesas, moram ali. Os *cottages* são velhos, sujos e muito pequenos, as ruas desiguais, com altos e baixos, em parte não pavimentadas e sem escoamento de água; por todo lado, uma quantidade considerável de imundícies, de detritos e de lama nauseabunda entre as poças estagnadas; a atmosfera fica empestada por suas emanações, sombria e pesada devido à fumaça de uma dezena de chaminés de fábricas; uma multidão de crianças e de mulheres em farrapos circula por esses lugares, suja como porcos que chafurdam em montes de cinzas e nas poças. Em resumo, esse canto todo oferece um espetáculo tão repugnante quanto os piores pátios das margens do Irk. A população que vive nesses *cottages* em ruínas, por trás dessas janelas quebradas, às quais colaram papel untado, e dessas portas rachadas de alizares podres, e até desses porões úmidos e sombrios, no meio dessa sujeira e desse mau cheiro sem limites, nessa atmosfera que parece intencionalmente fechada, essa população deve realmente situar-se no degrau mais baixo da humanidade; tal é a impressão e a conclusão impostas ao visitante pelo aspecto desse bairro visto do exterior. Mas o que dizer quando se fica sabendo que, em cada um desses casebres, que têm no máximo dois cômodos e um sótão, às vezes um porão, moram vinte pessoas, que nesse bairro inteiro só existe um banheiro – na maior parte das vezes inabordável, claro – para em média 120 pessoas e que, apesar de todos os sermões dos médicos, apesar da emoção que se apossou da polícia encarregada da higiene durante a epidemia de cólera, quando ela descobriu o estado em que se encontrava a Pequena Irlanda, tudo está, hoje, no ano da graça de 1844, quase no mesmo estado que em 1831? *

Afronta ao homem

Estes são os diferentes bairros operários de Manchester, tais como tive oportunidade de observá-los durante vinte meses. Para resumir o resultado de nossas andanças através dessas localidades, diremos que a quase totalidade dos 350 000 operários de Manchester e de seu subúrbio mora em *cottages* em mau estado, úmidos e sujos; que

144 O URBANISMO

as ruas estão, na maior parte das vezes, no estado mais deplorável e são extremamente sujas, e que foram construídas sem o menor cuidado com a ventilação, com a única preocupação do maior lucro possível para o construtor; em uma palavra, que nesses alojamentos operários de Manchester não há limpeza, não há conforto e, portanto, não há vida em família possível; que só uma raça desumanizada, degradada, rebaixada a um nível bestial, tanto do ponto de vista intelectual quanto do ponto de vista moral, fisicamente mórbida, pode ali sentir-se à vontade e em casa. [1]

II. A QUESTÃO DO ALOJAMENTO

A crise do alojamento, aspecto particular da exploração

A crise do alojamento — à qual a imprensa dá hoje tanta atenção — não reside no fato universal de que a classe operária está mal alojada e vive em habitações superpopulosas e insalubres. *Esta* crise do alojamento não é uma particularidade do momento presente, nem é um desses males que são próprios do proletariado moderno e que o distinguiria de todas as classes oprimidas que o precederam; muito pelo contrário, todas as classes oprimidas de todos os tempos foram quase igualmente afetadas. Para pôr fim a *esta* crise do alojamento, só há *um* meio: eliminar pura e simplesmente a exploração e a opressão da classe trabalhadora pela classe dominante. O que entendemos hoje por crise do alojamento é o agravamento particular das más condições de habitação dos trabalhadores como conseqüência do brusco afluxo da população para as grandes cidades; é um enorme aumento dos aluguéis; um amontoado cada vez maior de locatários em cada casa e, para alguns, a impossibilidade de encontrar até um lugar onde viver. E se *esta* crise do alojamento dá tanto o que falar, é que não se limita à classe operária, mas atinge igualmente a pequena burguesia.

A crise do alojamento é para os trabalhadores e para uma parte da pequena burguesia das nossas grandes cidades modernas um dos inúmeros males de importância *menor* e secundária que resultam do atual modo de produção capitalista. Ela não é de forma algum uma conseqüência direta da exploração do trabalhador, *como tal*, pelo capitalismo. *

Não há solução sem revolução

Como resolver, pois, a questão do alojamento? Em nossa sociedade atual, como qualquer outra questão social: estabelecendo gradualmente um equilíbrio econômico entre a oferta e a demanda; esta solução, que não impede que o problema se recoloque sem cessar, não é pois uma solução. Quanto à forma como uma revolução social resolveria a questão, isso depende não só das circunstâncias nas quais ela se produziria, mas também de questões muito mais extensas, sendo uma das mais essenciais a supressão da oposição entre a cidade e o campo. Como não nos cabe construir sistemas utópicos para a organização da sociedade futura, seria mais que ocioso estender-nos sobre esse tema. O certo é que já existem nas grandes cidades imóveis suficientes para

FRIEDRICH ENGELS

habitar e para remediar, sem demora, através de seu emprego racional, qualquer verdadeira "crise do alojamento". Isso só pode acontecer, naturalmente, mediante a expropriação dos proprietários atuais, mediante a ocupação de seus imóveis pelos trabalhadores sem abrigo ou imoderadamente amontoados em suas casas; e, assim que o proletariado tiver conquistado o poder político, esta medida exigida pelo bem público será tão fácil de realizar-se quanto são hoje as expropriações e requisições de alojamentos pelo Estado. *

A cidade e o campo

Confessamos, pois, que a solução burguesa para a questão do alojamento faliu: ela chocou-se com *a oposição entre a cidade e o campo*. E aqui estamos no cerne da questão, que só poderá ser resolvida se a sociedade for profundamente transformada, de modo a poder dedicar-se a suprimir essa oposição levada a extremo pela sociedade capitalista de hoje, a qual, bem longe de poder suprimi-la, torna-a, pelo contrário, cada dia mais aguda. Os primeiros socialistas utópicos modernos, Owen e Fourier, já o reconheceram perfeitamente. Em suas construções-modelo, a oposição entre a cidade e o campo não existe mais;* não é a solução do problema do alojamento que resolve conjuntamente a questão social, mas a solução da questão social, quer dizer, a abolição do modo de produção capitalista, que tornará possível a solução da questão do alojamento. Querer resolver esta última conservando as grandes cidades modernas é um absurdo. Essas grandes cidades modernas só serão suprimidas com a abolição do modo de produção capitalista e, quando este processo estiver em marcha, será coisa bem diferente proporcionar para cada trabalhador uma casa que lhe pertença. *

Contra os projetos utópicos

Quando * o Sr. Sax[1] sai das grandes cidades e discorre amplamente sobre as colônias operárias que devem ser erguidas *ao lado* das cidades, pintando-nos todas as suas maravilhas, suas "canalizações de água, sua iluminação a gás, seu aquecimento central de ar e de água, suas cozinhas-lavanderias, seus locais de secagem de roupa, seus banheiros, etc." com "jardins de infância, escolas, salas de oração (!) e de leitura, bibliotecas... cafés, cervejarias, salas de dança e de música (...)", vemos que isso não muda absolutamente nada. Esta colônia, tal como a descreve, é diretamente copiada dos socialistas Owen e Fourier, pelo Sr. Huber, que a aburguesou completamente, despojando-a simplesmente de tudo o que havia de socialista nela. E, assim, ela se torna duplamente utópica. Nenhum capitalista tem interesse em edificar tais colônias; elas não existem em nenhum lugar do mundo, salvo em Guise, na França; e esta foi construída por um fourierista, não como um negócio rendoso, mas como uma "experiência socialista". *

1. Emil Sax (1845-1927), economista burguês austríaco, publicou em Viena em 1869 *As condições de habitação das classes laboriosas e sua reforma*. Para Engels, este livro simboliza "a literatura burguesa sobre a saúde pública e a questão do alojamento"; o segundo ensaio (ou segunda parte) de *La question du logement* é inteiramente dedicado à sua refutação.

146 O URBANISMO

Investigação e espera

* Não tenho por que me defender contra a censura de considerar o estado desonroso das habitações operárias atuais "como um detalhe sem importância". Fui, pelo que sei, o primeiro escritor de língua alemã que descreveu essa situação em seu desenvolvimento típico, tal como se encontra na Inglaterra: não como pensa Mülberger[2] porque ela "se choca de frente com *meu sentimento de justiça*" – aquele que quisesse escrever livros sobre tudo o que se choca com seu sentimento de justiça teria muito trabalho pela frente – mas, como se pode ler no prefácio de meu livro, para dar ao socialismo alemão, então em seus inícios e que se perdia numa vã fraseologia, uma base concreta, ao pintar a situação social criada pela grande indústria moderna. Quanto a querer resolver a assim chamada questão do *alojamento*, essa idéia me vem tão pouco à mente quanto a de me ocupar com detalhes da questão, ainda mais importante, da *alimentação*. Considerar-me-ia satisfeito se pudesse demonstrar que a produção, em nossa sociedade modelo, é suficiente para que todos os seus membros tenham bastante o que comer e que existam habitações bastantes para oferecer provisoriamente às massas trabalhadoras um abrigo espaçoso e sadio. Mas especular sobre o modo como a sociedade futura irá regular a repartição dos alimentos e dos alojamentos leva diretamente à *utopia*. No máximo podemos, pelo conhecimento que temos das condições fundamentais de todos os modos de produção que existiram até agora, estabelecer que com a queda da produção capitalista certas formas de apropriação da sociedade atual tornar-se-ão impossíveis. As próprias medidas de transição deverão adaptar-se, em toda parte, às condições que existirem naquele momento. Elas serão fundamentalmente diferentes nos países de pequenas propriedades e nos de grandes propriedades. [2]

[1] *Die Lage der arbeitenden Klasse in England*, Leipzig, Otto Wigand, 1845. Tradução francesa de G. Badia e J. Frédéric: *La situation de la classe laborieuse en Angleterre*, Paris, Éditions sociales, 1960. (pp. 59-60, 62-64, 68, 74, 85-86, 101, 104.)

[2] *Zur Wohnungsfrage*, Leipzig, 1887. Tradução francesa de Gilberte Lenoir: *La question du logement*, Paris, Éditions sociales, 1957. (pp. 21, 36-37, 57-58, 108.)

.

2. Médico de Wurtemberg que publicou anonimamente no *Volkstaat* (órgão central do Partido Social-Democrata alemão, de 1868 a 1876) uma série de artigos "sobre os efeitos miraculosos da medicina universal de Proudhon" (Engels, Prefácio, p. 10). Engels responde-lhe, no mesmo órgão, por artigos que constituem hoje a primeira parte de *La question*. A terceira parte (*Observações complementares sobre Proudhon e a questão do alojamento*) é a resposta à resposta, desta vez assinada, que Mülberger tinha dado aos artigos de Engels.

Karl Marx
1818-1883

O horizonte da cidade é a tela de fundo sobre a qual se desenha o conjunto do pensamento histórico e político de Marx. "A história de qualquer sociedade até nossos dias é a história da luta das classes."[1] Ora, esta luta, em suas fases decisivas, desenrola-se na cidade, berço da burguesia e mais tarde do proletariado industrial, esses dois motores da história e da revolução.

Através do tempo, a cidade desempenhou, pois, um duplo papel, alienante e libertador. A cidade industrial do século XIX é um momento – último, talvez – dessa dialética. Marx consagrou-lhe só algumas páginas, mas que não podem ser ignoradas por uma reflexão sobre a cidade. Em primeiro lugar – e principalmente – há a inesquecível análise teórica dos manuscritos de 1844, onde o jovem Marx traça em negativo o estatuto "ontológico" da cidade[2]. Seguem-se as descrições concretas de O Capital *onde, depois de Engels, ele descreve a condição do proletariado urbano na Inglaterra.*

---

1. *Manifesto do Partido Comunista.*
2. Poderemos, com muita precaução, aproximar dessas páginas ainda impregnadas de hegelianismo, o texto de Heidegger citado adiante. Nos dois casos aparece o papel formador de um "habitar" autêntico.

148 O URBANISMO

A CIDADE COMO DEGRADAÇÃO

I. A GRANDE CIDADE INDUSTRIAL:

"Casa da luz" ou covil

*Até a necessidade de ar livre deixa de ser uma necessidade para o operário; o homem volta à caverna, que agora está empestada pelo hálito pestilento e mefítico da civilização, e só habita nela de um modo *precário*, como uma potência estranha que qualquer dia pode se lhe subtrair, de onde pode qualquer dia ser expulso se não pagar. Ele tem de *pagar* por essa casa mortuária. A "casa de luz" que, em Ésquilo, Prometeu designa como um dos maiores presentes que lhe possibilitaram transformar o selvagem em homem, deixa de ser um presente para o operário. A luz, o ar, etc. ou a limpeza *animal* mais elementar deixam de ser uma necessidade para o homem. A *sujeira*, essa estagnação, essa putrefação do homem, essa *cloaca* (no sentido literal) da civilização torna-se seu *elemento de vida*. Nenhum de seus sentidos existe mais, não só sob seu aspecto humano, mas nem tampouco sob seu aspecto *inumano*, quer dizer, pior que animal. *

Dissemos acima que o homem volta para sua *caverna*, etc., mas encontra-a sob uma forma alienada e hostil. O selvagem em sua caverna — este elemento da natureza que se lhe oferece espontaneamente para que dele desfrute e encontre ali abrigo — não se sente mais estranho ou, mais exatamente, fica tão à vontade quanto o *peixe* dentro da água. Mas o covil onde o pobre se aloja é alguma coisa de hostil, é um "domicílio que contém em si uma potência estranha, que só se dá a ele na medida em que ele lhe dá seu suor", que ele não pode considerar como sua própria casa, — onde poderia finalmente dizer: aqui estou em casa, — onde sente mais estar na casa de um outro, na casa de um *estranho* que todo dia o espreita e o expulsa se não paga o aluguel. Do mesmo modo, do ponto de vista da qualidade, ele conhece seu alojamento como o contrário do alojamento humano situado *no além*, no céu da riqueza. [1]

Contra o mito da desordem

Nunca uma sociedade expira antes que sejam desenvolvidas todas as forças produtoras que ela pode conter; nunca relações superiores de produção são estabelecidas antes que as condições materiais de sua existência brotem no próprio seio da velha sociedade. Por isso é que a humanidade só se propõe tarefas que pode realizar: considerando melhor as coisas, veremos sempre que a tarefa surge onde as condições materiais necessárias para sua realização, já se formaram, ou estão em vias de ser criadas. [2]

II. LONDRES

Miséria de Londres

Londres ocupa o primeiro lugar no que se refere a alojamentos obstruídos ou absolutamente impróprios para ser habitados pelo

KARL MARX 149

homem. Há dois fatos certos, diz o Dr. Hunter: "O primeiro é que Londres contém vinte colônias fortes com aproximadamente dez mil pessoas cada uma, cujo estado de miséria supera tudo o que foi visto até hoje na Inglaterra, e esse estado resulta quase inteiramente da instalação lamentável de suas moradias. O segundo é que o grau de obstrução e de ruína dessas moradias é muito mais agudo que há vinte anos atrás. Não é exagero afirmar que, em alguns bairros de Londres e de Newcastle, a vida é realmente infernal."[3]

Em Londres, a parte melhor situada da classe operária, incluindo-se nela os pequenos comerciantes e outros elementos da pequena classe média, sofre cada dia mais a influência fatal dessas abjetas condições de alojamento, à medida que se põem em marcha os "melhoramentos", e que são demolidos os antigos bairros, à medida que as fábricas, cada vez mais numerosas, fazem afluir massas para a metrópole e, enfim, à medida que os aluguéis das casas nas cidades sobem no ritmo da renda predial.

Superpopulação

Os operários expulsos pela demolição de suas antigas moradas não abandonam de todo sua paróquia, ou se estabelecem o mais próximo possível dela, nos seus limites. "Eles procuram naturalmente alojar-se na vizinhança de seus locais de trabalho, de onde resulta que a família que tinha dois quartos é forçada a conformar-se com um só. Mesmo quando o aluguel é mais alto, a morada nova é pior que a outra, já ruim, de onde os expulsaram. A metade dos operários do Strand já se vêem obrigados a caminhar duas milhas até chegar ao serviço." Esse Strand, cuja rua principal oferece ao visitante uma boa idéia da riqueza londrina, vai precisamente dar-nos um exemplo do amontoado humano reinante em Londres. Um empregado da polícia sanitária calculou, em uma dessas paróquias, quinhentos e oitenta e um habitantes por acre[4], se bem que a metade do leito do Tâmisa tenha sido incluído nessa estimação. O certo é que toda medida de polícia que, como aconteceu até agora em Londres, expulsa os operários de um bairro mediante a demolição das casas não habitáveis, só serve para amontoá-los de modo pior em outro. "Ou é preciso, de qualquer modo – diz o Dr. Hunter –, que esse modo absurdo de proceder tenha um fim, ou a simpatia pública (!) deve despertar para o que podemos chamar sem exagero de um dever nacional. Trata-se de dar um abrigo a pessoas que não podem consegui-lo por falta de capital, mas que não deixam de remunerar seus proprietários mediante pagamentos periódicos." *

Proletarização

No começo do século XIX, não havia, com exceção de Londres, nenhuma cidade na Inglaterra com cem mil habitantes. Só cinco tinham mais de cinqüenta mil. Hoje existem vinte e oito cuja população excede essa cifra. "O aumento enorme da população das cidades não foi o

---

3. Citação do *Public Health, Eighth Report*, 1866.
4. O acre equivale a quarenta ares e meio.

150 O URBANISMO

único resultado dessa mudança, mas as antigas cidadezinhas compactas tornaram-se centros em torno dos quais se erguem, de todos os lados, construções que não deixam o ar penetrar por nenhuma parte. Os ricos, não os achando mais agradáveis, vão para outros bairros, que os agradam mais. Os sucessores desses ricos vêm ocupar, então, suas grandes casas; uma família instala-se em cada quarto, muitas vezes até com sublocatários. Foi assim que uma população inteira se instalou em habitações que não foram construídas para ela e onde ficou totalmente deslocada, entregue a influências degradantes para os adultos e perniciosas para as crianças." [3]

[1] *Manuscritos de 1844*: redigidos por Marx em Paris, em 1844, e publicados pela primeira vez por Landshut e Mayer em *Der historische Materialismus. Die Frühschriften*, Leipzig, 1932. Tradução francesa de E. Bottigelli, Éditions sociales, Paris, 1957. (O texto citado pertence ao terceiro manuscrito, pp. 101--102, 108-109.)

[2] *Zur Kritik der politischen Oekonomie, erstes Heft*, Berlim, Duncker, 1959. Tradução francesa de M. Rubel e E. Évrard, in Karl Max, *Oeuvres*, t. I, Paris, La Pléiade, Gallimard, 1963. (pp. 273-274.)

[3] *Das Kapital, erstes Buch*, Berlim, Meisner, 1867. Tradução francesa de J. Roy, revista por M. Rubel, La Pléiade, Gallimard. (pp. 1348-1350.)

P. Kropotkin
1842-1921

Este aristocrata russo foi, além de um geógrafo brilhante, um revolucionário militante, um escritor que consagrou seu talento à divulgação de suas idéias científicas e à difusão da doutrina anarquista.

Desde a juventude, interessou-se pela condição da classe camponesa e pela agricultura russa. Secretário da seção de geofísica da Sociedade Russa de Geografia, fez numerosas explorações na Manchúria e estudou os depósitos glaciais da Finlândia e da Suécia. Em 1873, publicou retificações ao mapa da Ásia.

Em 1872, tornou-se anarquista e membro, na Suíça, da Federação do Jura. Militante niilista, ficou preso na Rússia de 1874 a 1876. Depois de fugir da Rússia, militou de novo na Suíça e na França (onde foi encarcerado de 1882 a 1886), antes de instalar-se em Londres. Ali é que desenvolveria sua teoria da ajuda mútua, que preconiza um sistema de cooperação econômica que torna supérfluo qualquer governo fortemente estruturado.

Seus conhecimentos agrícolas, excepcionais para a época, sua informação científica e seu ódio pela opressão levaram-no à visão de um futuro no qual seriam eliminadas as grandes cidades e as fortes concentrações demográficas, em proveito de uma verdadeira simbiose da indústria e do campo. Mais tarde, o ideal "usoniano" de Frank Lloyd Wright aproximar-se-á dessa visão de Kropotkin.

O EQUILÍBRIO CIDADE-CAMPO

I. CRÍTICA DAS UTOPIAS PROGRESSISTAS

Contra a opressão

Com Cabet *, o comunismo jacobino e a supressão da individualidade chegavam à sua completa expressão. Assim, na *Viagem* de Cabet vemos por toda parte, até na cozinha de qualquer casa, a autoridade, o Estado. * O Comitê chega até a regular o número de refeições, seu horário, sua duração, seu número de pratos, seu tipo e sua ordem. As roupas são todas ordenadas pelo Comitê, de acordo com um plano modelo; o uniforme usado por todos indica as condições e a posição do indivíduo. Os operários, sempre fabricando as mesmas peças, formam um regimento[1] — "tamanha ordem e disciplina reinam ali!", exclama Cabet. *

Por um grupo "vital"

A idéia de comunas independentes para os grupos *territoriais*, e de vastas federações de negócios para os grupos *de funções sociais* * permite que os anarquistas concebam de modo concreto, real, a organização possível de uma sociedade libertada. Era só acrescentar os *grupos por afinidades pessoais* — grupos inumeráveis, infinitamente variados, de longa duração ou efêmeros, que surgem de acordo com as necessidades do momento para todos os fins possíveis — grupos que já vemos surgir na sociedade atual, à margem dos grupos políticos e profissionais.

Esses três tipos de grupos, que se entrelaçam como uma rede, chegariam assim a permitir a satisfação de todas as necessidades sociais: o consumo, a produção e a troca; as comunicações, as instalações sanitárias, a educação; a proteção mútua contra as agressões, o auxílio mútuo, a defesa do território; a satisfação, enfim, das necessidades científicas, artísticas, literárias e de diversão. O conjunto — sempre cheio de vida e sempre pronto a responder por novas adaptações às novas necessidades e às novas influências do meio social e intelectual. *

Contra o modelo

Quanto às *novas* formas da vida que começará, quando houver uma revolução, a germinar sobre as ruínas das formas precedentes, nenhum governo jamais poderá encontrar *sua* expressão, *pois essas*

---

1. O pensamento de Kropotkin desenvolve-se portanto contra a idéia de opressão, que caracteriza, pelo contrário, os modelos progressistas, onde é solidária ao objetivo do rendimento. Em um e outro caso, o projeto urbano não pode ser destacado de uma posição ética. Quanto a Kropotkin, cf. *A moral anarquista* (Paris, Les Temps nouveaus, 1889), p. 7: "Procurar o prazer, evitar a dor, é o fato geral, é a própria essência da vida. Sem essa busca do agradável a vida seria impossível. O organismo desagregar-se-ia, a vida cessaria." E, p. 9: "É sempre essa maldita idéia de punição e de castigo que se põe diante da razão, é sempre essa herança absurda do ensino religioso."

formas não se determinarão por si mesmas dentro da obra de reconstrução das massas, realizando-se em mil aspectos simultaneamente. * Não se legisla o futuro. Tudo o que se pode fazer é adivinhar as tendências essenciais e limpar o caminho para elas. *

Contra o proselitismo falansteriano

Quase todas as comunas foram fundadas em conseqüência de um ímpeto de entusiasmo quase religioso. Pedia-se aos homens que fossem "pioneiros da humanidade", que se submetessem a regras morais minuciosas, que se refizessem inteiramente para a vida comunista, que dessem todo seu tempo, horas de trabalho ou não, para a comuna, que vivessem inteiramente para ela. Era insensato.

Era tratá-los como monges, e pedir para que fossem − sem nenhuma necessidade − aquilo que não são. *

O outro erro foi o de modelar a comuna com base na família e de querer fazer dela "a grande família". Assim, todos deviam viver sob um mesmo teto, forçados o tempo todo a estar em companhia dos mesmos irmãos e irmãs. *

A primeira condição de sucesso para uma comuna prosperar seria, pois, abandonar a idéia de um falanstério e morar em casinhas independentes, como ocorre na Inglaterra.

Contra as aglomerações reduzidas

Além disso, uma comuna *pequena* não duraria muito. Os "irmãos e irmãs", forçados ao contato contínuo com a pobreza de impressões que os envolve, acabariam por se detestar. * Uma associação limitada de dez, vinte ou cem pessoas não pode durar mais de três ou quatro anos. Se durasse mais, seria lamentável, pois só seria a prova de que todos se deixaram subjugar por um só, de que todos perderam sua individualidade. Seria preciso haver pelo menos uma dezena ou mais de comunas federadas. * De outra forma a colmeia comunista tem necessariamente de perecer ou cair (como acontece quase sempre) nas mãos de um único. *

Contra a construção em campo raso

Compreendemos, pois, o erro que os icarianos e os outros comunistas cometeram ao ir fundar suas comunas nos prados da América do Norte. Era melhor pagar o aluguel da terra na Europa do que se afastar para o deserto − a não ser que sonhassem * com a fundação de um novo *império religioso*. Os reformadores *sociais* precisam lutar e manter-se perto dos centros intelectuais, em contato contínuo com a sociedade que tentam reformar, como precisam da inspiração da ciência, da arte, e do progresso, que não se obtém só através de livros. * [1] .

II. SUGESTÕES PARA O FUTURO

O progresso, a nosso modo de ver, consiste em entender que uma única *cidade*, adotando a forma de comuna, encontraria difi-

154 O URBANISMO

culdade em sobreviver. O ensaio devia, conseqüentemente, começar num *território* — por exemplo, de um dos estados do oeste americano. *

Com efeito, será preciso projetar-se um dia em direção ao futuro comunista num território bastante grande, *que compreenda cidade e campo* — e não uma só cidade ou uma só aldeia.

O trabalho integrado

Até agora a economia política insistiu sobretudo na *divisão*. Nós reclamamos *a integração*, e sustentamos que o ideal da sociedade — quer dizer, o objetivo próximo em direção ao qual a sociedade já está a caminho — é uma sociedade de trabalho integrado, uma sociedade onde cada indivíduo é, ao mesmo tempo, produtor de trabalho manual e de trabalho intelectual; onde todo homem útil é operário e onde cada operário trabalha ao mesmo empo no campo e na oficina; onde todo grupo de indivíduos, bastante numeroso para dispor de uma certa variedade de recursos naturais — quer se trate de uma nação ou, melhor ainda, de uma região — produz e consome a maior parte de seus próprios produtos agrícolas e manufaturados. *

A descentralização industrial

Por que, numa sociedade racionalmente organizada, Londres continuaria sendo um grande centro de produção de doces e de conservas, e continuaria fabricando guarda-chuvas para quase todo o Reino Unido? Por que as inúmeras pequenas indústrias de Whitechapel continuariam onde estão, ao invés de dispersar-se por todo o país? Não há nenhum motivo para que os casacos usados pelos ingleses sejam confeccionados em Berlim e em Whitechapel, e não em Devonshire ou no Derbyshire. E por que Paris refinaria açúcar para quase toda a França? * Não há razão nenhuma para que persistam essas anomalias e outras análogas. As indústrias devem disseminar-se por toda a superfície do globo, por todos os países civilizados, e essa dispersão será necessariamente seguida por uma dispersão das fábricas por todo o território de cada nação. *

Quando vemos a Suíça transformar-se num país exportador de máquinas a vapor, de locomotivas, de barcos a vapor, sem ter nem minério de ferro, nem hulha para obter o aço, * nem sequer um porto marítimo; * quando vemos a Bélgica tornar-se exportadora de uva, Manchester transformada em porto marítimo, e assim por diante, entendemos que os produtos locais e as facilidades marítimas ainda não são os dois fatores dominantes na distribuição geográfica das indústrias. Percebemos que, no final das contas, é o fator *intelectual* (o espírito de invenção, a faculdade de adaptação, a liberdade, etc.) que domina sobre os outros.

Mistura das atividades

O leitor pôde persuadir-se, através de numerosos exemplos, de que *todas* as indústrias ganham se ficam próximas dentro de um meio industrial variado. Cada indivíduo necessita de um *meio técnico*. Acontece o mesmo também com a agricultura.

P. KROPOTKIN

A agricultura não pode se desenvolver sem a ajuda das máquinas, e o uso destas não pode se generalizar fora de um meio industrial, sem que haja oficinas mecânicas ao alcance do agricultor. * A agricultura tem tanta necessidade da ajuda dos que moram nas cidades que, todo verão, vêem-se milhares de homens sair de seus casebres e ir fazer a colheita no campo. Os miseráveis de Londres vão aos milhares para Sussex. * Na França, aldeias inteiras são abandonadas durante o verão. * Todo verão milhares * de poloneses se dispersam, para fazer a colheita, pelas planícies da Prússia, do Mecklemburgo. *

A agricultura não pode dispensar a ajuda desses operários suplementares durante o verão, mas ainda tem muita necessidade de ajuda temporária para melhorar a terra. *

Educação integral: homem completo

A disseminação das indústrias pelo campo, de modo que a agricultura possa tirar sempre proveito de sua aliança com a indústria e da combinação do trabalho industrial com o trabalho agrícola, é certamente a primeira medida a ser tomada logo que for possível uma reorganização séria do estado de coisas atual. *

Essa medida nos será imposta * pela necessidade que toda mulher e que todo homem sadios têm de consagrar uma parte de sua vida ao trabalho manual ao ar livre. *

Mas uma tal transformação implica também uma modificação radical do nosso sistema de educação atual. *

À divisão da sociedade em trabalhadores intelectuais e manuais, opomos a combinação de duas ordens de atividade; e no lugar do ensino "profissional", que comporta a manutenção da separação atual, preconizamos, com os fourieristas * e com um bom número de sábios modernos, a educação integral, a educação completa. [2]

[1] *La science moderne et l'anarchie*, Paris, Stock, 1913, 2ª edição. (pp. 73, 92-93, 129, 152-154.)

[2] *Fields, Factories and Workshops*, Londres, Hutchinson & Cia., 1899. Traduzido para o francês por Francis Leray: *Champs, usines, ateliers*, Paris, 1910. (pp. 334-340, 348.)

N. Bukharin e G. Preobrajensky
1888-1938?　　　　　**1886-193?**

Militantes revolucionários bolchevistas da primeira fase, membros do Comitê Central do P. C. Soviético, redigem juntos, durante a guerra civil, entre março e outubro de 1919, o ABC do Comunismo. *Esta obra, escrita às pressas e inspirada no programa adotado pelo P.C. russo em seu 8º Congresso, é uma espécie de guia prático para a formação dos militantes.*

O caráter pragmático desse manual e o contexto revolucionário onde se insere fazem com que coincida naturalmente, no que se refere ao habitat, como a posição que Engels defende em A Questão do alojamento. *Foi por isso que nos decidimos incluir estas páginas na presente seção. Entretanto, os dois jovens teóricos entreviam, para o período pós-revolucionário, a possível criação de cidades-tipo. O urbanismo soviético irá orientar-se rapidamente nesse sentido.*

Depois de 1923, Bukharin e Preobrajensky conheceram destinos diferentes, tendo, os dois um fim trágico. O primeiro foi fuzilado após o terceiro processo de Moscou, o segundo desapareceu pouco depois, nas prisões stalinistas.

UM PRAGMATISMO

O alojamento, símbolo da luta de classes

158 O URBANISMO

Em nenhum outro aspecto os privilégios da classe burguesa aparecem tão brutalmente quanto no da habitação. Os melhores bairros da cidade são habitados pela classe burguesa. As ruas mais limpas, ladeadas por árvores e jardins, são ocupadas pelas classes possuidoras. *

As famílias burguesas moram em palacetes ou apartamentos cujo número de cômodos vai bem além do número dos membros da família, além de ser ornamentados por jardins, ter banheiros e dispor de todo o conforto moderno.

As famílias operárias amontoam-se em subsolos, em quartos únicos ou, o mais freqüente, em barracos comunitários, como os presos nas celas comuns das prisões. O operário que inala durante o dia todo de trabalho a fumaça da fábrica, a serragem, a limalha e a poeira, ainda tem de passar a noite numa atmosfera onde respiram normalmente quatro ou cinco crianças.

Não é de estranhar que as estatísticas registrem um maior número de mortes nos bairros operários, entre as pessoas cujo dia de trabalho é longo, mas cujo casebre é estreito e a vida curta. *

Primeiras realizações da revolução soviética

A revolução proletária operou um transtorno completo na questão da habitação. O poder soviético empreendeu a nacionalização das casas burguesas, anulou os aluguéis atrasados dos operários em alguns casos, diminuiu-os em outros. Foi estabelecido e, em parte, realizado um programa de alojamento gratuito para os trabalhadores que moram nas casas nacionalizadas. Além disso, nas grandes cidades, transferiram-se sistematicamente os operários de seus subsolos, de suas casas semidestruídas, de seus bairros insalubres para os palacetes e os grandes imóveis do centro. Ainda foram-lhes fornecidos móveis e todos os objetos de uso doméstico.

A tarefa do Partido Comunista tende a continuar essa política, a melhorar a condição da família operária, a lutar contra a deterioração das casas nacionalizadas, a cuidar de seus reparos e da manutenção de sua limpeza, a manter em bom estado todos os serviços acessórios, como canalizações, aquecimento central, etc.

O regime soviético, generalizando a nacionalização das casas de aluguel pertencentes aos grandes capitalistas, não tem nenhum interesse em tocar nos pequenos proprietários pertencentes à classe dos operários, dos empregados e dos pequenos burgueses. A tentativa de nacionalização de suas pequenas casas nas cidadezinhas de província provocou uma situação na qual não havia ninguém para cuidar dessas casas, uma vez nacionalizadas; elas começaram a estragar e, freqüentemente, não havia mais ninguém que quisesse morar nelas. Em compensação, os pequenos proprietários puseram-se a reclamar e a revoltar-se contra o regime soviético.

O governo, enfrentando nas cidades uma crise gravíssima de habitação, crise ocasionada pela paralisação da construção, realizou um trabalho enorme para distribuir equitativamente apartamentos para todos os cidadãos. As seções soviéticas encarregadas da habitação têm controle sobre todos os apartamentos livres e instalam neles locatários de acordo com um plano estabelecido. Ao mesmo tempo, essas seções fazem o recenseamento do número de cômodos em todas as casas das grandes cidades e dispõem dos lugares excedentes nos apartamentos das famílias e das pessoas sozinhas que têm um número de cômodos superior ao fixado.

Sem modelos

O fim da guerra civil e da ruína econômica vai provocar um crescimento da população urbana. O proletariado que se refugiara nas aldeias vai voltar para as cidades. O excesso da população das aldeias também afluirá para as cidades. Então, será colocada, para o regime soviético, a questão de novas construções, de construções que deverão satisfazer as necessidades da sociedade comunista. É difícil dizer neste momento qual o tipo de casa será melhor: ou casas muito grandes, com todo o conforto moderno, com jardim, com restaurante comum, etc., ou casinhas operárias bem planejadas. Uma outra coisa é certa: o programa de habitação não deve absolutamente opor-se ao programa de associação da indústria com a agricultura. Ele deve contribuir para a dispersão dos citadinos pelos subúrbios e não permitir mais o acúmulo de milhões de pessoas privadas de ar puro, separadas da natureza e destinadas a uma morte prematura.

O ABC do Comunismo, por N. Bukharin e E. Preobrajensky, Moscou, 1919. Nova edição francesa apresentada por P. Broué, F. Maspero, Paris, 1963. (pp. 321-324.)

IV. O URBANISMO PROGRESSISTA

Tony Garnier
1869-1948

Discípulo de Paul Blondel, enamorado das formas antigas, cuja influência é perceptível em toda a sua obra, Garnier, Prêmio de Roma 1899, dedicou parte de sua estada na Villa Medicis à elaboração do projeto revolucionário de uma cidade modelo. O plano foi terminado em 1901 e o conjunto das ilustrações em 1904, data em que foram expostas na Academia.

Desde essa época, elas exerceram uma influência considerável. Uma cidade industrial só devia entretanto ser editado em 1917; a obra compreende uma introdução teórica e uma série de desenhos. É, antes da Carta de Atenas, o primeiro manifesto do urbanismo progressista. Uma cidade industrial tem como princípios diretores a análise e a separação das funções urbanas, a exaltação dos espaços verdes que desempenham o papel de elementos isoladores, a utilização sistemática dos materiais novos, em particular do concreto armado.

Os diferentes tipos de edifícios são padronizados: casas com átrio, pavilhões escolares com um só nível, fábricas; certas soluções formais são muito avançadas para a época (especialmente os halls de laje cogumelo).

Em 1905, E. Herriot, prefeito de Lyon, nomeou Tony Garnier arquiteto-chefe da cidade, que na prática foi para ele a cidade industrial[1]. Entre suas construções, destacam-se o matadouro de Mouche

---

1. Cf. *Les grands travaux de la ville de Lyon*, Paris, Massin, 1919.

164 O URBANISMO

(1909-1913), o estádio olímpico (1913-1916), o hospital de Grange Blanche (1915-1930) e o famoso bairro residencial "Estados Unidos", no qual o habitat coletivo aparece disperso pelo verde. e de onde são totalmente eliminados os pátios interiores. As construções de Tony Garnier são, apesar de sua utilização do concreto, menos audaciosas que seus desenhos, e o rigor de seu estádio ou de suas casas com átrio traduz sua nostalgia pela Antigüidade. Foi essencialmente através de sua obra escrita e gráfica que Tony Garnier pôde exercer um papel fundamental dentro da gênese da arquitetura moderna e do urbanismo.

UMA CIDADE INDUSTRIAL[2]

DISPOSIÇÃO

Os estudos de arquitetura que apresentamos aqui, numa longa seqüência de lâminas, referem-se ao estabelecimento de uma cidade nova, a *Cidade Industrial*, pois a maior parte das cidades que serão fundadas daqui por diante deverão sua criação a motivos industriais; visamos, pois, o caso mais geral. Por outro lado, numa cidade dessa espécie, todas as fórmulas arquitetônicas podem legitimamente ser postas em prática e examinadas. Ao dar à nossa cidade uma importância média (nós a imaginamos com cerca de 35 000 habitantes), tivemos sempre em mente o mesmo objetivo: manter-nos dentro de uma série de investigações de ordem geral, que não poderiam ser motivadas pelo estudo de uma aldeia ou de uma cidade muito grande. Finalmente, é ainda dentro desse espírito que admitimos que o terreno por onde se estende o conjunto das construções compreendia ao mesmo tempo zonas montanhosas e uma planície atravessada por um rio.

Nossa cidade é uma fantasia sem realidade; digamos, entretanto, que as cidades de Rive-de-Gier, Saint-Étienne, Saint-Chamond, Chasse e Givors têm necessidades análogas às da cidade imaginada por nós. A região do sudeste da França foi a escolhida para situarmos este estudo e os materiais usados nessa região é que serão empregados por nós na construção.

A razão determinante do estabelecimento de uma tal cidade pode ser a presença próxima de matérias-primas, ou a existência de uma força natural suscetível de ser utilizada para o trabalho, ou ainda a comodidade dos meios de transporte. Aqui, a força da torrente é o ponto de partida; há também minas na região, mas podemos imaginá-las mais afastadas.

O leito da torrente está represado; uma usina hidroelétrica distribui a força, a luz e o aquecimento às fábricas e a toda a cidade.

A fábrica principal está situada na planície, na confluência da torrente e do rio. Uma estrada de ferro de tráfego intenso passa entre a fábrica e a cidade, que está muito acima, num planalto. Ainda mais acima, espalham-se os estabelecimentos sanitários; eles estão,

---

2. Todos os títulos e subtítulos deste texto são de Tony Garnier.

TONY GARNIER

assim como a própria cidade, ao abrigo dos ventos frios, expostos ao sul, em terraços do lado do rio. Cada um desses elementos principais (fábrica, cidade e estabelecimentos para enfermos) está isolado de modo que se possa dispor de superfície livre em caso de necessidade, o que permitiu que continuássemos com o estudo até um ponto de vista mais geral.

Ao buscar as disposições que satisfizessem melhor as necessidades materiais e morais do indivíduo, fomos levados a criar regulamentos sobre essas disposições: regulamentos de inspeção de limpeza, regulamentos sanitários, etc., e a supor como já realizados certos progressos de ordem social de onde resultaria um alcance normal para esses regulamentos, alcance este que as leis atuais não autorizam. Admitimos, pois, que a sociedade pode de agora em diante dispor livremente do solo, e que cabe a ela cuidar da provisão de água, pão, carne, leite e medicamentos, por causa dos múltiplos cuidados que esses produtos exigem.

HABITAÇÕES

Muitas cidades já puseram em vigor regulamentos de higiene, variáveis segundo as condições geográficas ou climatológicas. Supusemos que, em nossa cidade, a orientação e o regime dos ventos levaram a estipular normas que podem ser assim resumidas:

— 1º Na habitação, os dormitórios devem ter pelo menos uma janela orientada para o sul, bastante grande para que haja luz no cômodo todo e para deixar que os raios do sol entrem amplamente;

— 2º Os pátios maiores e menores, quer dizer, os espaços, fechados por paredes, que servem para iluminar ou para arejar, estão proibidos. Qualquer espaço, por menor que seja, deve ser iluminado e ventilado pelo exterior;

— 3º Dentro das habitações, as paredes, o chão, etc., são de materiais lisos, com os ângulos arredondados.

Essas regras impostas para a habitação inspiram o mais possível as disposições tomadas com respeito aos edifícios públicos.

O terreno para ser construído nos bairros residenciais divide-se primeiro em ilhotas de 150 metros no sentido leste-oeste e de 30 metros no sentido norte-sul; essas ilhotas dividem-se em lotes de 15 metros por 15, sempre com um lado dando para a rua. Tal divisão permite que se utilize melhor o terreno e que se satisfaçam os regulamentos enunciados acima. Qualquer habitação ou outra construção pode compreender um ou vários lotes, mas a superfície construída deverá ser sempre inferior à metade da superfície total, sendo que o restante do lote forma um jardim público utilizado pelos pedestres; queremos dizer que cada construção deve deixar, na parte não construída de seu lote, uma passagem livre que vai da rua à construção situada atrás. Essa disposição permite que se atravesse a cidade em qualquer sentido, sem ser preciso passar pelas ruas; o solo da cidade, visto em conjunto, é como um grande parque, sem nenhum muro divisório limitando os terrenos. O espaço entre duas habitações no sentido norte-sul é pelo menos igual à altura da construção situada ao sul. Por causa desses regulamentos que só permitem o uso

166 O URBANISMO

da metade do terreno e que proíbem qualquer muro divisório, por causa também de o solo ser nivelado só para o escoamento das águas, não há motivo de se temer a monotonia dos nossos alinhamentos atuais.

A cidade compreende uma rede de ruas paralelas e perpendiculares. A rua mais importante parte da estação da estrada de ferro e vai de leste para oeste. As ruas norte-sul têm 20 metros de largura e são arborizadas dos dois lados; as ruas oeste-leste têm 13 ou 19 metros de largura, as de 19 metros são arborizadas somente do lado sul, as de 13 metros não são arborizadas.

ADMINISTRAÇÃO – ESTABELECIMENTOS PÚBLICOS

No centro da aglomeração há um vasto espaço destinado aos estabelecimentos públicos, que formam três grupos:

I – Serviços administrativos e salas de assembléias.
II – Coleções.
III – Estabelecimentos desportivos e de espetáculos.

Os grupos II e III localizam-se num parque limitado ao norte pela rua principal e pelo grupo I, ao sul por um terraço ajardinado com vistas para a planície, o rio e as montanhas da outra margem.

Grupo I: As salas de assembléias compreendem:

1⁹ Uma sala aberta, bem aberta, continuamente acessível ao público e com capacidade para 3 000 pessoas, que serve para fixar cartazes e, através de fonógrafos com alto-falantes, para ouvir, no momento exato em que acontecem, as sessões do parlamento ou as apresentações musicais; serve também para grandes reuniões.

2⁹ Uma segunda sala para 1 000 ouvintes, disposta em bancadas, e duas outras salas, também em bancadas, com 500 lugares cada uma. Estas três salas destinam-se a conferências, a projeções, etc.

3⁹ Uma grande quantidade de salinhas de reunião (cada uma com escritório e vestiário) para os sindicatos, as sociedades e para grupos diversos.

Todas essas salas têm acesso através de um grande pórtico que forma uma galeria coberta, instalada no centro da cidade, e por onde uma grande multidão pode circular ao abrigo das intempéries.

Ao sul desse pórtico, uma torre de relógios, visível em toda a extensão da rua principal, indica de longe o ponto central da cidade.

Os serviços administrativos compreendem:

1⁹ Um prédio contendo conjuntamente os serviços do Conselho da cidade, os dos atos públicos (nascimentos, uniões, mortes) e os do tribunal de justiça; cada um desses serviços tem salas públicas, salas de comissões, escritórios e dependências;

2⁹ Um outro prédio destinado a todos os escritórios, onde todos os órgãos da cidade têm pelo menos um empregado em contato com a administração;

3⁹ Um terceiro prédio para os laboratórios de análises;

4⁹ Um último, finalmente, para os arquivos administrativos, próximo ao Corpo de Bombeiros.

Há ainda o serviço de organização do trabalho, que compreende os escritórios para a inscrição da oferta e procura de emprego, como

TONY GARNIER

também os escritórios de informações, um conjunto de escritórios para os sindicatos e as associações e, por último, hotéis e restaurantes para receber as pessoas que esperam por trabalho.

Depois há os serviços de consultas, que compreendem um edifício para as consultas médicas, um outro de farmácia para a distribuição dos medicamentos; finalmente, um serviço de hidroterapia médica.

Mais ao sul, na rua principal, fica o serviço de correspondência: agências de correio, telégrafo e telefones.

Grupo II: Este grupo compreende *as coleções.*

1º Coleções históricas e documentos que interessam à cidade do ponto de vista arqueológico, artístico, industrial ou comercial. No parque, em torno das salas que abrigam estes serviços, estão dispostos os monumentos, feitos com material durável.

2º Coleções botânicas, no jardim e numa grande estufa.

3º Uma biblioteca, composta de uma ampla sala de leitura, com uma seção de consulta de livros e outra, de consulta das publicações periódicas e das estampas, e de uma grande sala de mapas, em cujo centro há um mapa-múndi com escalas que facilitam a consulta. À entrada desse serviço, as dependências indispensáveis para os catálogos, a encadernação, a classificação, a impressão, os escritórios de empréstimo de livros para fora, etc. Em volta, os depósitos.

4º Uma grande sala isolada, com quatro entradas, destinada às exposições temporárias, onde podem ser apresentadas, se assim se quiser, várias exposições simultâneas ou uma só de maior importância.

Grupo III: Para esportes e espetáculos, este grupo abrange:

1º Uma sala de espetáculos e de conferências (1 900 lugares), com todas as dependências necessárias: cena móvel que permite a redução dos entreatos e a supressão do porão cênico; dependências para os atores, a platéia e o cenário; vestiários e reservados, sala de descanso e bar para o público.

2º Bancadas semicirculares, como nos teatros antigos, para as representações ao ar livre, tendo como cenário exclusivamente um fundo verde.

3º Ginásios.

4º Uma grande casa de banhos, com piscinas de água quente e fria, com muitos chuveiros e banheiras, salas de ducha, de massagem e de repouso, um restaurante, uma sala de esgrima e pistas de treino.

5º Quadras para os jogos (tênis, futebol, etc.) e pistas para ciclistas ou atletas. A metade desses terrenos é ladeada por arquibancadas cobertas e por bancadas gramadas e arborizadas.

Os grupos II e III estão dispostos, como foi dito antes, dentro de jardins arborizados, cortados por passeios com bancos, fontes, etc.

Todos os estabelecimentos públicos são quase inteiramente construídos em cimento armado e cristal.

ESCOLAS

Em certos pontos da cidade, convenientemente escolhidos e espalhados pelos bairros, ficam as escolas primárias para as crianças

168   O URBANISMO

até 14 anos, aproximadamente. São escolas mistas, quer dizer, com meninos e meninas nas mesmas salas de aula, sendo que as crianças só se separam pela idade e grau de instrução.

Uma rua especial e ajardinada separa as classes dos pequenos das dos grandes e serve de lugar de recreio para as crianças antes do início das aulas. Também há, claro, pátios de recreio cobertos e descobertos. Essas escolas têm, além das salas de aula, uma sala de projeções. Perto estão localizadas as salas dos diretores e dos vigilantes.

Na extremidade nordeste da cidade ficam as escolas secundárias; o ensino ali responde às necessidades de uma cidade industrial; trata-se de um ensino especial para uma pequena quantidade de alunos que se destinam à administração e ao comércio; de um ensino profissional artístico e, para o maior número, de um ensino profissional industrial. Estas escolas são freqüentadas por todos os jovens entre catorze e vinte anos. Alguns, reconhecidamente capacitados para uma educação superior, são mandados para uma escola especial ou para uma faculdade.

A escola profissional artística está desenvolvida o bastante para formar operários da indústria artística, dentro da área de arquitetura, pintura, escultura e da de todas as suas aplicações em móveis, tecidos, bordados, roupas, trabalhos em couro, cobre, estanho ou ferro, vidro, cerâmica, esmalte, tipografia, litografia, fotografia, gravura, mosaico, letreiros, cartazes, etc.

A escola profissional industrial ocupa-se principalmente das duas principais indústrias da região: a indústria metalúrgica e a de preparação da seda. Conseqüentemente, há uma divisão especial anexa a cada uma dessas indústrias e ali é seguido, em todas as suas fases, o andamento do trabalho.

ESTABELECIMENTOS SANITÁRIOS

Os estabelecimentos sanitários (715 leitos) situados na montanha, ao norte do centro da cidade, são protegidos dos ventos frios pela montanha, emoldurados por cortinas de verde a leste e a oeste. Abrangem quatro partes principais:

— 1º O hospital.
— 2º O setor de helioterapia.
— 3º O setor das doenças contagiosas.
— 4º O setor dos inválidos.

O conjunto e o detalhe são ali tratados de acordo com o avanço atual da ciência médica. A disposição de cada um dos elementos foi feita visando a uma possível ampliação.

ESTAÇÃO

O bairro da estação é reservado principalmente às habitações comunitárias: hotéis, grandes lojas, etc., de modo que o restante da

TONY GARNIER 169

cidade fique livre das construções elevadas. Na praça em frente à estação há um mercado ao ar livre.

A estação, de importância média, fica no cruzamento da grande avenida que vem da cidade com as ruas que levam à cidade velha, às margens da torrente; a fábrica principal fica bem perto dali. A estação conta com serviços públicos ao nível das ruas; as linhas ficam no subsolo e dispõem de plataformas e de salas de espera em seu nível. Uma grande torre de relógios é visível de toda a cidade. A estação dos comerciantes fica mais a leste; a da fábrica, mais a oeste.

A estrada de ferro de longo percurso deve ser completamente reta, de modo a servir para trens de alta velocidade.

SERVIÇOS PÚBLICOS

Certos estabelecimentos estão sob a dependência da Administração e submetidos a disposições especiais. São os matadouros, o serviço de fabricação de farinha e de pão, o serviço de águas, os armazéns de produtos farmacêuticos e lácteos.

A Administração cuida dos esgotos, do aproveitamento do lixo; cuida também da regulagem de água e do fornecimento de força motriz, luz e aquecimento para as fábricas e particulares; para isso, é necessária uma instalação geral, pois cada local deve ser ventilado, aquecido, eletricamente iluminado, e deve dispor de água quente e fria, de um sistema de esgoto, etc.

FÁBRICA

A fábrica principal é uma metalúrgica. Minas localizadas nos arredores produzem a matéria-prima e a força é fornecida pela torrente.

Ela fabrica principalmente canos de ferro, redondos ou perfilados, chapa de ferro fundido, rodas, ferramentas e máquinas agrícolas; faz a montagem dos vigamentos metálicos, fabrica o material para as estradas de ferro e para a navegação, os automóveis e aviões.

Conseqüentemente, ela conta com altos-fornos, fundições de aço, oficinas de prensa e martelos pesados, oficinas de montagem e ajustamento, uma doca para o lançamento de navios e para o conserto destes, uma estação especial entroncada com a avenida principal, um porto fluvial, fábricas de construção de carrocerias, fábricas de produtos refratários, etc.; pistas de prova para os diferentes veículos, numerosos laboratórios, casas para os engenheiros. Naturalmente, há dependências distribuídas por toda parte: reservados, vestiários, refeitórios, postos de socorro médico, etc.

Grandes avenidas arborizadas passam pelas diferentes regiões da fábrica. Cada região é disposta de tal forma que pode crescer independentemente e sem atrapalhar as outras divisões.

Em torno da aglomeração principal há outras aglomerações, fazendas de exploração agrícola, criação do bicho-da-seda, fiação, etc.

CONSTRUÇÃO

Os materiais empregados são o cimento simples para as fundações e as paredes, e o cimento armado para os forros e os tetos. Todos os edifícios importantes são quase exclusivamente construídos em cimento armado.

Estes dois materiais são empregados em forma de massa, em moldes preparados com essa finalidade. Quanto mais simples forem os moldes, mais fácil será a construção e, conseqüentemente, menos cara. Essa simplicidade de meios conduz logicamente a uma grande simplicidade de expressão na estrutura. Salientemos ainda que, se nossa estrutura se mantiver simples, sem ornamentos, sem saliências, toda nua, poderemos depois dispor elementos de artes decorativas sob todas as suas formas, e cada objeto de arte conservará sua expressão, tão mais nítida e pura quanto mais totalmente independente da construção. Quem negará que o emprego de tais materiais permite, melhor que outros, que se obtenham grandes planos horizontais e verticais, próprios para dar às construções esse ar de calma e de equilíbrio que as harmoniza com as linhas da natureza? Outros sistemas de construção, outros materiais levarão, sem dúvida, a outras formas que será interessante procurar.

Este é o resumo do programa de estabelecimento de uma cidade onde todos são conscientes de que o trabalho é a lei humana e de que há ideal bastante no culto da beleza e da bondade para tornar a vida esplêndida.

Une Cité industrielle. Étude pour la construction des villes, Paris, Vincent, 1917. Texto integral da introdução às ilustrações (planos e perspectivas).

Georges Benoit-Lévy
nascido em 1880

Ele foi, juntamente com Charles Gide e E. Risler, que participaram anteriormente do movimento das cidades operárias, um dos promotores da Associação Francesa das Cidades-Jardins.

Sua obra A cidade-jardim *foi inspirada pela leitura de Ebenezer Howard e por uma viagem de estudos à Grã-Bretanha, durante a qual ele visitou as principais cidades experimentais inglesas*[1]. *Mas na verdade,* A cidade-jardim *contribuiu para falsear na França a idéia da* garden-city *inglesa. A leitura dos textos que se seguem evidenciará o aspecto paternalista das propostas francesas, ligadas a uma concepção estreitamente capitalista da produção industrial.*

Sem participar, de modo nenhum, do espírito culturalista e da visão comunitária que caracterizam a cidade de Ebenezer Howard, a cidade-jardim *de Benoit-Lévy é uma espécie de cidade de criação, verde e higiênica, destinada a obter dos operários que ali moram o melhor rendimento possível.*

---

1. Cidades anteriores às verdadeiras *garden-cities*, lançadas por industriais ingleses como Lever e Cadbury.

O URBANISMO

CIDADE-JARDIM À FRANCESA

Missão do industrial

Hoje, é em torno das fábricas que devem ser criados os centros de vida social; cabe aos industriais criar as novas cidades, cabe a eles torná-las sadias e belas *, é deles que devemos esperar todos os melhoramentos sociais. *

Lá onde a indústria é poderosamente organizada, onde a situação econômica é próspera, o estado social e o estado moral também são melhores.

A cidade feliz, a cidade da felicidade então seria aquela onde, devido a uma produção nova e próspera, seria criado um centro modelo de vida social. *

Cabe aos industriais racionalmente organizados criar esse centro modelo. *

Qual deve ser a cidade nova? Deve ser a cidade industrial, pois a indústria se desenvolve sem interrupção – e a única questão que se coloca é a seguinte: "Como trabalhar na indústria de um modo sadio e como viver perto da fábrica de um modo sadio?"

É impossível para o industrial que se estabeleceu há muito tempo numa dada região, que imobilizou seu capital em construções e maquinaria, pensar em abandonar o local ou até em transformar seu modo de produção, a não ser em circunstâncias extraordinárias.

Mas, diariamente, montam-se novos negócios; encontram-se industriais que procuram reformar suas instalações, aperfeiçoar sua maquinaria. E o que pedem esses industriais?

Conseguir terreno a baixo preço e perto das vias de comunicação, com uma força motriz rendosa e com mão-de-obra econômica.

Raramente todas essas condições são satisfeitas, pois, quer se trate do operário, quer do intermediário, quer do próprio diretor de indústria, todos dão testemunho, na falta dos meios necessários de informação, da maior ignorância no que diz respeito às questões que lhes interessam mais de perto.

A *Associação das Cidades-Jardins*, composta de pessoas competentes em matéria de organização do trabalho e de higiene social, coloca-se à disposição dos industriais para dar-lhes todas as informações que possam desejar no que diz respeito à instalação de suas fábricas e à higiene de suas aglomerações operárias.

Modelos

A Associação, além disso, tomará a iniciativa de agrupar as indústrias visando à formação de cidadezinhas industriais modelos; ela procurará as regiões que melhor convenham a cada grupo. Do ponto de vista da força motriz, por exemplo, para tal grupo, serão utilizadas as quedas d'água; para tal outro, o emprego de um gás pobre bastará para acionar os dínamos; – para um, talvez seja preferível agrupar os trabalhadores numa oficina comunitária; para o outro, distribuir a sua força por oficinas de tipo familiar; tantas quanto forem as questões colocadas, tantas serão as questões que os documentos já reunidos, que as pesquisas atualmente em curso permitirão resolver do melhor modo possível. Na realidade, elas constituirão comunas industriais, agrupamentos econômicos que veremos pouco a pouco substituir as subdivisões puramente políticas. Quando uma nação chega a seu ponto de formação integral, quando seu poder está politicamente estabelecido, a evolução naturalmente leva-a a desenvolver sua vitalidade econômica.

Amanhã, o legislador sancionará essas tendências, ao aprovar as propostas que pedem a criação de sindicatos de fábricas, de cooperativas industriais para a utilização da força das quedas d'água.

Para o rendimento

Esses princípios serão aplicados de modos variáveis, de acordo com as circunstâncias. Mas, em todos os casos, acreditamos que, para remediar a anarquia apresentada pela nossa situação econômica e para remediar a crise que nossas indústrias atravessam atualmente, é oportuno ajudar os industriais que o desejem a realizar o programa seguinte:

Objetivo: Organizar o trabalho industrial e agrícola de tal modo que ele dê aos diretores de empresas lucros equitativos e *certos*, que forneça aos operários meios de viver em condições normais – e que garanta a todos os habitantes o bem-estar, a segurança e a saúde.

Meios: 1º – Comprar terrenos que reúnam esta tripla condição:

– Ser baratos;

– Estar próximos a vias de comunicação;

– Oferecer as facilidades necessárias à exploração agrícola e industrial;

2º – Construir neles pequenas cidades com uma organização racionalmente concebida. *

La cité-jardin, Paris, Henri Jouve, 1904. (pp. 78, 250-252.)

Walter Gropius
1883-1969

Gropius exerceu sobre a arquitetura e o urbanismo contemporâneos uma influência ideológica comparável à de Le Corbusier. Nos anos 1920 e 1930 suas concepções tiveram pontos de contato. Mas, enquanto Le Corbusier sempre atuou como franco-atirador e polemista, difundindo suas teorias sob forma de manifestos, em exposições, revistas e livros, Gropius foi essencialmente um professor[1], cujo ensino na célebre escola Bauhaus e depois na Faculdade de Arquitetura de Harvard marcou duas gerações.

Ele foi discípulo de P. Behrens, o arquiteto alemão que, pela primeira vez, tentou uma síntese da arquitetura e da indústria. Juntamente com Mies Van der Rohe, Le Corbusier, Oud e Mendelsohn, mas de modo mais precoce, Gropius foi um dos criadores da arquitetura racionalista. Ele construiu o primeiro símbolo desta em 1911: a fábrica Fagus em Alfed-an-der-Leine, com esqueleto de aço, frentes de vidro e formas geométricas completamente despojadas.

Em 1919, Gropius criou em Weimar a Bauhaus, onde pretendia realizar a síntese das artes e da indústria "para promover o novo edifício do futuro". Contratou professores como Klee, Kandinsky,

---

1. Gropius escreveu relativamente pouco. Entre suas obras, podemos consultar: *Idee und Aufbau des Staatlichen Bauhauses*, Weimar & Munique, 1923; *The New Architecture and the Bauhaus*, Faber & Faber, Londres, 1934; *Building our Communities*, Chicago, Theobald, 1945

O URBANISMO

Moholy-Nagy e Schlemmer. Em matéria de urbanismo, os temas fundamentais da Bauhaus giravam em torno de conceitos de padronização, pré-fabricação, criação de um espaço moderno. Gropius teve *a oportunidade de aplicá-los em duas cidades operárias, a cidade* Dammerstock *de Karlsruhe (1927-1928) e o* Siemenstadt *de Berlim (1928), que iriam, a partir daquele momento, servir de modelo ao urbanismo progressista.*

Em 1928, Gropius abandonou a direção da Bauhaus a Mies. Queria mais liberdade para prosseguir com seus trabalhos pessoais, em particular com o estudo do alojamento em série que, desde então, não deixou de preocupá-lo[2]. Em 1934, ele fugiu do nazismo e refugiou-se na Grã-Bretanha, onde se dedicou principalmente à criação de protótipos de arquitetura escolar. Em 1937, mudou-se para os Estados Unidos, onde foi nomeado diretor da Faculdade de Arquitetura de Harvard. Depois da Segunda Guerra Mundial, fundou uma agência, The Architect's Collaborative, *cuja atividade teve grande repercussão. Principalmente graças à influência de Gropius, "o estilo internacional" conquistou, a partir da Segunda Guerra Mundial, a arquitetura americana.*

O PAPEL DA INDÚSTRIA

I. DECLARAÇÃO DE PRINCÍPIO

Organização, essência, função, uniformização

Um novo e verdadeiro espírito construtor surge hoje, simultaneamente, em todos os países civilizados. A construção revela-se como o princípio e o fim de um desejo de organização cujas raízes estão na sociedade inteira. * Este espírito novo, e os novos meios técnicos que ele emprega têm por conseqüência uma forma de construção inteiramente nova — não artificialmente, mas porque essa construção deriva da própria essência do edifício e da função que ele deve cumprir. *

O novo espírito de organização, que pouco a pouco se desvenda, remete-nos ao fundamento das coisas: para conceber o que quer que seja — um móvel, uma casa — de modo que possa funcionar corretamente, é preciso antes procurar sua essência.

A procura da essência de uma construção situa-se na fronteira comum à mecânica, à estática, à óptica, à acústica e às leis da proporção. A proporção pertence ao reino do espírito — o material e a construção são seus subordinados. *

Entre uma pluralidade de soluções economicamente idênticas — na prática, há sempre várias — o artista, dentro de fronteiras fixadas por seu tempo, escolhe de acordo com seu gosto pessoal. É por isso

---

2. Principalmente nos Estados Unidos, onde se ocupará do problema da casa pré-fabricada.

que na obra se distingue a escritura de seu autor. Mas é errôneo pretender a qualquer preço uma expressão individual. E a vontade, que caracteriza nossa época, de construir uma imagem *única* do mundo elimina essa nostalgia, para libertar os valores espirituais de seus limites individuais e afirmar seu alcance objetivo. * A arquitetura é sempre nacional, sempre individual, mas dos três círculos concêntricos – indivíduo, povo, humanidade – o último engloba muito amplamente os dois outros. Daí nosso título: *Arquitetura internacional.* * Uma verdadeira adequação ao espírito do nosso tempo, ao espaço e aos materiais novos, aos recursos atuais da indústria e da economia determina infalivelmente o aspecto de todos os conjuntos de construção moderna: exatidão e rigor formal, simplicidade dentro da diversidade; estruturação das unidades construtivas conforme às funções respectivas dos edifícios, das ruas, dos meios de transporte; limitação a formas-tipo, de base, que são classificadas e repetidas. [1]

II. *STANDARDS* E INDUSTRIALIZAÇÕES

Anonimato do standard

A estandartização não constitui um freio para o desenvolvimento da civilização; é, pelo contrário, uma das suas condições imediatas. Pode-se definir um *standard* como o exemplar único e simplificado de qualquer objeto de uso, obtido pela síntese das melhores formas anteriores, sendo que esta síntese é precedida pela eliminação de qualquer contribuição pessoal dos desenhistas e de todas as características não essenciais. *

As grandes épocas da história permitem verificar que a existência de *standards* – dito de outro modo, o uso consciente de formas-tipo – é o critério de qualquer sociedade civilizada e bem ordenada; pois é um lugar-comum que a repetição dos mesmos meios em vista dos mesmos fins exerce sobre o espírito humano uma influência estabilizadora e civilizadora.

Cidade-standard

Enquanto célula de base de uma unidade superior, que é a rua, a residência representa um órgão de grupo-tipo. A uniformidade das células entre si reclama uma elaboração formal. * Na medida em que constitui um modelo mais acabado que qualquer dos protótipos de que deriva, um *standard* admitido é sempre o denominador formal comum de todo um período. A unificação dos componentes arquitetônicos deveria contribuir para dar a nossas cidades essa homogeneidade salutar que é a marca própria de uma cultura urbana superior. Uma prudente limitação a alguns tipos-padrões de edifícios aumenta sua qualidade e diminui seu preço de custo, elevando assim o nível social da população em seu conjunto. * A repetição de elementos estandartizados e a utilização de materiais idênticos nos diferentes edifícios traduzir-se-á, em nossas cidades, por uma unidade e uma sobriedade comparáveis às que a uniformidade da roupa introduziu na vida social. *

178 O URBANISMO

Cidade industrializada

Da mesma forma como elaboramos materiais artificiais, superiores pela eficácia e uniformidade aos materiais naturais, os métodos modernos de construção tendem sempre, e cada vez mais, a fazer desta um processo industrial. Como as partes de um *meccano*, estes serão reunidos a seco, * e tornar-se-ão um dos principais produtos da indústria. * A sambladura a seco é a mais benéfica, * pois a alvenaria é a causa direta da maior parte das falhas dos velhos métodos de construção. * Ao invés de ancorar profundamente no solo alguns edifícios, com fundações maciças, a nova arquitetura coloca-os ligeiramente * sobre a superfície da terra. *

Em 1928, depois de ter-me assegurado do futuro da Bauhaus, * voltei à prática. * A questão que mais me preocupava se referia à morada mínima para as classes economicamente desfavorecidas: era preciso determinar a estrutura necessária desse alojamento, concebido como uma unidade econômica completa. * E além desses problemas surgia o da forma a ser dada à cidade inteira, entendida como um organismo planejado.

Minha concepção do arquiteto como coordenador — cujo papel consiste em reduzir ao mesmo denominador os problemas plásticos, técnicos, sociais e econômicos colocados pela construção — levou-me inevitavelmente do estudo das funções do alojamento ao das funções da rua e do das funções da rua ao das funções da cidade. *

Imóvel ou pavilhão

(Uma das tarefas) de uma verdadeira escola-modelo de arquitetura consistirá * na descoberta do tipo ideal de construção. *

A opinião continua dividida no que se refere ao tipo de alojamento ideal para a maioria da população: casas individuais com jardins; prédios de apartamentos de altura média (de dois a cinco andares); ou prédios de oito a doze andares.

Os prédios de apartamentos foram criticados em seus exemplos habituais de cinco andares, * mas seus inconvenientes desaparecem quando são substituídos por outros de oito a doze andares. Tais imóveis satisfazem todas as exigências em matéria de ar, de luz e de tranqüilidade; * oferecem, ainda, muitas vantagens ausentes nas casas individuais. Ao invés de ter janelas no térreo, dando para paredes e para pequenos pátios sem sol, os apartamentos abrem-se para o céu e o espaço verde que separa os blocos de imóveis e serve como área para as crianças brincar. * E quando os tetos-terraço desses altos imóveis são igualmente ocupados por jardins, os últimos temores associados à expressão "prédio de apartamentos" desaparecem definitivamente. *

Pela verticalidade dos centros urbanos

A forma de habitat chamada na Alemanha de *Flachbau* — casas individuais com jardins particulares — é tudo, menos uma panacéia. Com efeito, se o fato se generalizasse, chegaria a uma desintegração da cidade que significaria sua absoluta antítese. Nosso objetivo deve

WALTER GROPIUS

ser uma estrutura urbana mais dilatada, mas que não tenda à completa dispersão. Construções horizontais e verticais — *Flachbau* e *Hochbau* — devem ser edificadas simultaneamente. Devemos limitar as primeiras às zonas suburbanas de baixa densidade demográfica e as últimas aos centros urbanos muito populosos, * onde se apresentarão sob forma de imóveis de oito a doze andares, com todos os serviços comuns habituais. Os imóveis de altura intermediária não apresentam as vantagens de nenhum dos dois outros tipos. É por isso que seria melhor abandoná-los. *

Se a cidade deve ser reduzida à menor superfície para conservar distâncias mínimas entre os diferentes centros de negócios, uma única solução racional permite que se assegure mais ar e mais luz e, por mais paradoxal que pareça, que se aumente o espaço vital; essa solução é a multiplicação dos níveis.

Suponhamos que tenhamos decidido a levantar imóveis independentes numa diagonal norte-sul, num terreno de aproximadamente 750 por 300 pés³.

Se compararmos, do ponto de vista da disposição, do espaço e da luz, o caso de imóveis de dois, três e cinco andares com o dos imóveis de dez andares, obteremos resultados surpreendentes. *

Vantagens dos imóveis altos

(1) Os imóveis de dez andares apresentam 60% de superfície útil, sem deixar de dispor da mesma quantidade de ar e de luz. *

(2) O preço de custo dos imóveis de dez andares acusa uma economia de 40% em relação aos imóveis de dois andares. *

(3) O ângulo de iluminação entre os imóveis cai de 30 graus para cinco imóveis de dez andares a 17,5 graus para os imóveis de dois andares. Dito de outra forma, no caso dos imóveis de dez andares, obtém-se um ganho considerável em quantidade de luz, de ar e de sol graças a intervalos quase dez vezes maiores entre os imóveis. * E consegue-se ainda um espaço precioso para os estacionamentos, ao mesmo tempo em que se podem dispor lojas ao longo das duas fachadas dos imóveis.

Nova York

É, pois, evidente que os limites de altura impostos pelos regulamentos constituem uma restrição irracional que inibiu a evolução das formas arquitetônicas. A redução do número de habitações por hectare é, decerto, uma necessidade, mas não tem nada a ver com a altura dos edifícios em questão. * O fato de os bairros de arranha-céus de Nova York e de Chicago serem um labiríntico caos não constitui de forma alguma um argumento contra o valor dos prédios de escritórios altos. O problema só pode ser resolvido controlando-se a densidade da construção (dos centros urbanos), subordinando-se esta às redes de transporte e colocando-se um freio no escândalo da especulação predial. [2]

3. 228,40 m por 91,44 m.

180 O URBANISMO

III. CIDADE E CAMPO

Cidade e campo reconciliados

A nostalgia sentida pelo citadino em relação ao campo e pelo camponês em relação à cidade traduz uma aspiração profunda, sempre crescente. Os progressos técnicos transplantam a civilização urbana para o campo e, reciprocamente, reintroduzem a natureza do coração da cidade. Há mais de uma geração não cessamos de protestar contra a congestão das cidades e de reclamar por cidades mais espaçosas e mais verdes. Estes desejos têm por corolário a descongestão da rede de ruas e a implantação de um sistema de transportes adequado. A cidade de amanhã levará suas fronteiras muito além das de hoje, desaparecendo simultaneamente com seus conglomerados anárquicos, de funções incoerentes, e com o amontoado dos seus imóveis, substituindo-os por muitas unidades menores.

São essas unidades, mais de acordo com a escala humana, que esperamos ver amplamente espalhadas por regiões inteiras. Estas cidades dispersas[4] e espaçosas — cidades verdes disseminadas num campo urbanizado[5] — cumpririam uma missão histórica, há muito tempo necessária: a reconciliação da cidade com o campo. Essas comunidades e regiões assim planejadas * aliviarão a antiga cidade dos seus pesos mortos: os bairros descongestionados poderão finalmente assegurar sua verdadeira função de centro regional orgânico, comercial e cultural. *

Rendimento e autoridade

A descongestão das cidades será assegurada pela transferência dos que não têm emprego fixo. Esses indivíduos serão redistribuídos por novas "unidades urbanas" (*townships*) onde recuperarão sua capacidade de produção e seu poder aquisitivo.

O preço do terreno, da construção, da viabilidade e dos diferentes serviços urbanos agrava atualmente o orçamento dos trabalhadores e das empresas a ponto de elevar-se hoje, praticamente, a 50% da renda total da população. Cabe agora ao urbanista conceber soluções audaciosas, que permitam reduzir esse perigoso aumento das despesas urbanas por habitante, sem por isso reduzir o papel e a eficácia da cidade. O valor em capital dos imóveis e dos serviços diversos, em Nova York, por exemplo, eleva-se hoje, aproximadamente, a dezesseis mil dólares por família, quando uma nova cidade bem concebida, estabelecida em terreno virgem, que oferecesse mais possibilidades que Nova York, custaria sem dúvida menos da metade dessa soma. *

---

4. Nessa concepção radical da dispersão (e na seqüência deste texto) constatamos a influência dos Estados Unidos em Gropius. Sua posição aqui difere da de Le Corbusier, que continuou fiel ao ideal da grande cidade, que ele concentra no espaço verde.

5. Em inglês, há um jogo de palavras, que se perde na tradução: *Country-cities in city-countries.*

WALTER GROPIUS

Uma nova "unidade urbana"

Essas novas unidades urbanas, cuidadosamente concebidas, representariam para nós uma experiência preparatória, uma etapa preliminar a um estádio mais complexo: a reconstrução das nossas grandes cidades. Com uma população de cinco a oito mil pessoas e uma capacidade industrial de dois a três mil operários, essas novas cidades seriam a unidade de base de uma estrutura urbana regional, * onde se poderia exercer a flexibilidade e a plasticidade tornadas necessárias pela mobilidade sempre crescente de nossa sociedade. A velha "cidade" poderá deixar de ser uma unidade de administração local, autônoma; tornar-se-á uma parte de um novo sistema administrativo que cobrirá toda uma região e dentro do qual "a unidade urbana" * representará o elemento último. * Tais unidades deverão acabar com o antagonismo, criado no século XIX, entre cidades grandes e pequenas de um lado, entre cidade e campo do outro. Deslocando os desempregados (tanto os da cidade quanto os do campo), permitiremos que os cidadãos e os camponeses participem simultaneamente da criação de novas aglomerações humanas. [3]

[1] *Internationale Architektur*, Bauhaus Bücher (1), Munique, A. Langen, 1925. (pp. 6, 7, 8. Tradução da autora.)

[2] *The New Architecture* & *the Bauhaus*, Londres, Faber & Faber, 1935. (pp. 34, 37, 38, 40, 39, 44, 97, 98, 110, 111, 100-103, 106-108. Tradução da autora.)

[3] *A Program for City Reconstruction*, com a colaboração de Martin Wagner, in *The Architectural Forum*, julho de 1943. (pp. 75, 78, 79. Tradução da autora.)

Charles-Édouard Jeanneret,
chamado Le Corbusier
1887-1965

Para Le Corbusier, arquitetura e urbanismo são indissociáveis; uma arquitetura nova que ponha em prática as novas técnicas de construção e a nova visão do espaço só tem sentido quando integrada a uma cidade moderna.

Os temas em torno dos quais se organiza a cidade corbusieriana – classificação das funções urbanas, multiplicação dos espaços verdes, criação de protótipos funcionais, racionalização do habitat coletivo – pertencem ao acervo comum dos arquitetos progressistas da mesma geração. A contribuição pessoal de Le Corbusier reside principalmente na sistematização das idéias, em sua extrema esquematização[1] e em sua expressão em um estilo simples, direto e surpreendente, cuja verve extraordinária e acuidade contribuíram muito para seu êxito.

A obra urbanística de Le Corbusier apresenta-se sob três aspectos:

1º. As realizações: muito pouco numerosas, reduzem-se, no período anterior à guerra de 1940, à modesta cidade-jardim de Pessac

---

1. Cf. por exemplo a construção em altura, preferida pelos urbanistas progressistas, porque permite altas densidades demográficas, ao mesmo tempo que libera o solo. Este tema foi particularmente desenvolvido por L. Hilberseimer. Le Corbusier tira dali a idéia da *cidade vertical*.

184 O URBANISMO

(1925), composta só de habitações (a maioria individuais); e, no período posterior, ao plano base de Chandigarh, capital do Punjab.

2º. *Os planos base, jamais executados. São numerosos e aplicam um esquema relativamente constante aos locais mais diversos. O primeiro, cronologicamente, é o* Plano para uma cidade contemporânea de 3 milhões de habitantes, *de 1922, que se converterá no* Plano Vizinho de Paris *de 1925. Mais tarde aparecem, no curso dos anos trinta, os planos para Argel, Nemours (Argélia), Barcelona, Buenos Aires, Montevidéu, São Paulo, Paris 1937. Depois da guerra, o plano de Saint-Dié, recusado pelas autoridades francesas, alcançará um grande sucesso nos Estados Unidos.*

3º. *Os livros. Segundo as palavras de um discípulo de Le Corbusier, constituíram "o ABC de duas gerações de arquitetos". Citaremos em particular:*

- Vers une architecture *(1923).*
- Urbanisme *(1925).*
- La ville radieuse *(1935).*
- La Charte d'Athènes *(1943).*
- Propos d'urbanisme *(1946).*
- Manière de penser l'urbanisme *(1946).*
- L'unité d'habitation de Marseille *(1950).*

O URBANISTA REI[2]

I. CRÍTICA DAS CIDADES CONTEMPORÂNEAS

Desordem

Digamos desde já que, há cem anos, submersos na grande cidade por uma invasão súbita, incoerente, precipitada, imprevista e opressora, tomados de surpresa e desconcertados, nós nos abandonamos, não mais agimos. E o caos veio com suas conseqüências fatais. A grande cidade, fenômeno de força em movimento, é hoje uma catástrofe ameaçadora, por não ter sido mais animada por um espírito de geometria. *

Insegurança

É tempo de repudiar o traçado atual de nossas cidades, em virtude do qual se acumulam os imóveis, se enlaçam as ruas estreitas repletas de barulho, de cheiro de gasolina e de poeira e onde cada andar abre de par em par suas janelas para essas sujeiras. As grandes

2. Nossas abreviações remetem às seguintes obras:
MU: Manière de penser l'urbanisme, Paris, Architecture d'aujourd'hi, 1946, reed. Gonthier, 1963. – *VA: Vers une architecture*, Crès, 1925, reed. Vincent Fréal, 1958 [Trad. bras.: *Por uma Arquitetura*, São Paulo, Perspectiva, 1977. Estudos 27]. – *AA: L'Art décoratif d'aujourd'hi*, Crès, 1925, Vincent Fréal, 1958. – *U: Urbanisme*, Crès. 1925. – 3E: *L'Urbanisme des trois etablissements humaines*, Ed. Minuit, 1959. [Trad. bras.: *Os Três Estabelecimentos Humanos*, São Paulo, Perspectiva, 1976. Debates 96]. – *OC: Oeuvres complètes de Le Corbusier*, publicadas por W. Boesiger, Girsberger, Zurique, t. 3.

CHARLES-ÉDOUARD JEANNERET

cidades tornaram-se densas demais para a segurança dos habitantes; no entanto não são densas o bastante para responder à realidade nova dos "negócios". *

Falta de humanidade

As condições naturais foram abolidas! A cidade radioconcêntrica industrial moderna é um câncer que vai indo bem! Aquartelamento e falta de humanidade caracterizam nossos medíocres cubículos de aluguel, mal protegidos contra o ruído. *

Esboço de solução

À grande disseminação do pânico, uma lei natural deve ser oposta, a que faz com que os homens se agrupem para ajudar-se mutuamente, defender-se economizar esforços. A revolução arquitetônica, com a introdução do vidro, do aço e do cimento armado, permitiu que fossem encontradas as soluções necessárias. O uso secular: fundações maciças, muros de arrimo espessos, com janelas escassas, solo inteiramente obstruído, telhado inutilizável, necessidade de repetir disposições idênticas de andar em andar − foi substituído por uma nova técnica: fundações localizadas, supressão dos muros de arrimo, possibilidade de dispor de toda a fachada para a iluminação, solo livre entre as estreitas estacas, telhados que constituem um solo novo para o uso dos habitantes.

A casa não se apóia mais sobre paredes, mas sobre pilares (menos de um milésimo de superfície coberta).

O solo não é tocado no seu todo. O primeiro andar fica a 3 metros do chão, deixando livre o espaço embaixo da casa, entre as estacas.

(*U*, p. 24; *VA*, p. 43; *MPU*, p. 7; *3E*, p. 28.)

II. O *STANDARD* E A MÁQUINA

Homens e necessidades-tipo

Procurar a escala humana, a função humana, é definir as necessidades humanas. Elas são pouco numerosas; são bastante idênticas entre todos os homens, pois os homens foram feitos com o mesmo molde desde as épocas mais longínquas que conhecemos. O *Larousse*, ao fornecer-nos a definição de homem, dá-nos três imagens que o desmontam sob nossos olhos; a máquina toda está ali, carcaça, sistema nervoso, sistema sangüíneo; e é assim com cada um de nós, exatamente e sem exceção. *Essas necessidades são típicas*, quer dizer, nós todos temos as mesmas; *todos nós temos necessidade de completar nossas capacidades naturais por meio de elementos de reforço.* *

Os *objetos-membros humanos* são *objetos-tipo*, que respondem a necessidades-tipo: cadeiras para sentar, mesas para trabalhar, aparelhos para iluminar, máquinas para escrever (isso mesmo!), estantes para classificar.

Embora nossas mentes sejam diversas, nossos esqueletos são semelhantes, nossos músculos ocupam os mesmos lugares e realizam

186 O URBANISMO

as mesmas funções; as dimensões e os mecanismos estão, pois, determinados. O problema está, portanto, colocado e falta encontrar quem o resolva de modo engenhoso, sólido e barato. Sensíveis à harmonia que proporciona a quietude, podemos reconhecer o objeto que se harmoniza com nossos membros. Quando *a* e *b* são iguais a *c, a* e *b* são iguais entre si. No caso, teremos: *a* = nossos objetos-membros humanos; *b* = nosso sentimento da harmonia; *c* = nosso corpo. Por tanto, os objetos-membros humanos são conformes a nosso sentimento da harmonia, sendo conformes a nosso corpo. Então, podemos ficar contentes... até o próximo aperfeiçoamento dessas ferramentas. *

Standards

Estabelecer um *standard* significa esgotar todas as possibilidades práticas e razoáveis, deduzir um tipo que se reconhece conforme às funções e que fornece um rendimento máximo, com o emprego mínimo de meios, de mão-de-obra e de material, de palavras, de formas, de cores, de sons.

O automóvel é um objeto de função simples (rodar) e de fins complexos (conforto, resistência, aspecto), que impôs à grande indústria a necessidade imperiosa de estandartizar-se. Todos os automóveis têm as mesmas disposições essenciais. *

Apologia da máquina

A máquina é um acontecimento tão capital dentro da história humana que nos é permitido destinar-lhe um papel de condicionamento da mente, papel tão decisivo e muito mais importante que os impostos no passado pelas hegemonias guerreiras, ao substituir uma raça por outra. A máquina não opõe uma raça a outra, mas um mundo novo a um mundo antigo, na unanimidade de todas as raças. *

A máquina cria a máquina. Elas estão afluindo agora e por toda parte brilhando. A civilidade chega ali onde ficam as seções. As seções mostram a geometria que condiciona tudo. Se civilizarmos as seções, é para tender a funções perfeitas. O espírito de perfeição revela-se nos lugares de perfeição geométrica. *

Coloque a máquina em funcionamento. Todas as portas se abrem, tudo é confusão dentro da alegria. *Temos de pensar que somos a primeira geração em milhares de anos que contempla as máquinas*, e é preciso perdoar tais entusiasmos.

A lição da máquina está na pura relação de causa e efeito. Pureza, economia, tensão rumo à sabedoria.

O despertar brutal para nós, pois fulgurante, *das alegrias intensas da geometria*. Desta vez nós as sentimos com os sentidos (e Copérnico ou Arquimedes só podiam inventá-las, dentro de duas cabeças). *

A máquina de morar

Uma casa é uma máquina de morar. Banhos, sol, água quente, água fria, temperatura à vontade, conservação dos alimentos, higiene e beleza na justa proporção. Uma poltrona é uma máquina de sentar,

CHARLES-ÉDOUARD JEANNERET

etc.: Maple mostrou o caminho. As bacias são máquinas de lavar: Twyford criou-as. *

É preciso estudar a célula perfeitamente humana, a que responde a circunstâncias fisiológicas e sentimentais; chegar à casa-ferramenta (prática e suficientemente comovente), que se revende ou se realuga. A concepção de "meu teto" desaparece (regionalismo, etc.), pois o trabalho se desloca (a contratação de operários), e seria lógico que cada um pudesse segui-lo com *armas e bagagens*. Armas e bagagens é denunciar o problema da mobília, o problema do "tipo". Casa-tipo, móveis-tipo. Tudo já se fomenta, as idéias encontram-se e cruzam-se nesse ponto que se revela como um sentimento incisivo, mais que como uma concepção clara. Certas mentes já imaginam o edifício, agitam a questão de uma organização internacional dos *standards* da construção.

(*AD*, p. 72, 76; *VA*, p. 108; *AD*, p. 110, 114; *VA*, p. 73; *U*, p. 219.)

III. A CLASSIFICAÇÃO

A classificação...

Classifiquemos. Três tipos de população: os citadinos por morada; os trabalhadores cuja vida corre metade no centro e metade nas cidades-jardins; as massas operárias que dividem seu dia entre as fábricas do subúrbio e as cidades-jardins.

...das populações

Esta classificação é, na verdade, um programa de urbanismo. Sua objetivação na prática significa começar o depuramento das grandes cidades. Pois elas se encontram hoje, em conseqüência de seu crescimento precipitado, no mais terrível caos: tudo nelas se confunde. Este programa de urbanismo poderia, por exemplo, ser assim fixado, se se pensar numa cidade de 3 000 000 de habitantes: no centro, e só para o trabalho do dia, de 500 000 a 800 000 pessoas; à noite, o centro esvazia-se. A zona de residência urbana absorve uma parte dessas pessoas; as cidades-jardins, o resto. Admitamos pois meio milhão de habitantes da cidade (no cinturão do centro) e dois milhões e meio nas cidades-jardins.

Esta classificação, justa em princípio, incerta nos números, convida a medidas de ordem, fixa as linhas capitais do urbanismo moderno, determina a proporção da cidade (centro), dos bairros residenciais, coloca o problema das comunicações e dos transportes, fixa as bases da higiene urbana, determina o modo do loteamento, o traçado das ruas, a configuração destas, fixa·as densidades e, conseqüentemente, o sistema de construção do centro, dos bairros residenciais e das cidades-jardins. *

...das circulações

Uma doutrina dos transportes pode então existir e ser aplicada hoje. ·"A regra das 7 V" estabelecida em 1948 a pedido da U.N.E.S.C.O.

188   O URBANISMO

constitui um sistema sangüíneo e respiratório. As "7 vias" tornam-se tipos hierarquizados capazes de regular a circulação moderna[3].

V.1: estrada nacional ou de província, que atravessa o país ou os continentes.

V.2: criação municipal, tipo de artéria essencial de uma aglomeração.

V.3: vias reservadas exclusivamente às circulações mecânicas, não têm calçada; nenhuma porta de casa ou de edifício abre-se para elas. Há semáforos a cada quatrocentos metros, permitindo-se assim aos veículos uma velocidade considerável. A V.3 tem como conseqüência uma criação moderna do urbanismo: o setor.

V.4: rua comercial do setor.

V.5: penetrando no setor, ela conduz os veículos e os pedestres às portas das casas, ainda com a ajuda da V.6.

V.7: via que alimenta a zona verde, onde ficam as escolas e os esportes.

A V.8 veio depois, canalizando as bicicletas.

A regra das 7 V foi totalmente aplicada em Chandigarh, nova capital do Punjab, na Índia, em construção desde 1951.

(*U*, pp. 93-94 e 3*E*, p. 48.)

IV. GEOMETRIA

Ora, uma cidade moderna vive praticamente de linhas retas; construção dos imóveis, dos esgotos, das canalizações, das ruas, das calçadas, etc. A circulação exige a linha reta. A reta é sadia também para a alma das cidades. A curva é prejudicial, difícil e perigosa; ela paralisa.

A linha reta está em toda a história humana, em toda intenção humana, em todo ato humano.

É preciso ter a coragem de contemplar com admiração as cidades retilíneas da América. Embora o esteta se abstenha, o moralista, pelo contrário, pode ficar ali mais tempo que se poderia imaginar em princípio.

A rua curva é o caminho dos asnos; a rua reta, o caminho dos homens. *

Se do alto contemplarmos a terra tumultuosa e enredada, veremos que o esforço humano é idêntico através de todos os séculos e em todos os lugares. Os templos, as cidades, as casas são células de aspecto idêntico e de dimensões na escala humana. Pode-se dizer que o animal humano é, como a abelha, um construtor de células geométricas. *

3. Em sua obra *Études sur les transformations de Paris* (1903-1909), Eugène Hénard já classificava as circulações em seis categorias: 1. Doméstica (constante e uniformemente repartida). – 2. Profissional (constante e convergente). – 3. Econômica (constante e convergente). – 4. Mundana (constante e convergente). – 5. Fechada (periódica e divergente). – 6. Popular (excepcional e variável). Hénard destacava "a necessidade de uma teoria geral da circulação" e declarava: "A essas seis espécies de movimento correspondem ou deveriam corresponder tipos de vias públicas apropriadas a sua destinação" (p. 191).

A retidão decorre dos meios aplicados. O ângulo reto domina. As necessidades a satisfazer (criar, para morar e para trabalhar, cômodos ou locais quadrados), são resolvidas espontaneamente pela técnica do cimento armado (pilares, vigas, travas, todas grandes e pequenas, abóbodas planas, obras de alvenaria, etc.); desde o abandono dos pontaletes, quando se iniciou nos primeiros momentos do cimento armado o encravamento de pilares e vigas, a atitude *ortogonal* do plano de concreto armado tornou-se evidente, dentro da *pureza* e da *retidão.* *

Ordem e eficácia

Os novos planos que asseguram uma boa circulação, uma sadia distribuição, a classificação e a ordem, fazendo do conjunto de um edifício uma verdadeira biologia (esqueleto de sustentação, espaços arejados e iluminados, alimentação por meio de canalizações, que subministram "utilidades" abundantes — água, gás, eletricidade, telefone, esgoto, aquecimento, ventilação, etc.) dão uma sensação de eficiência.

Urbanismo e arquitetura

Esta arma, aliás carregada, tem nome: *os construtores*; ela acaba com o debate. Feito isso, este termo, que exprime, a bem da verdade, um programa, liga, reúne, une, ordena e produz. A unidade e a continuidade penetram então o conjunto dos temas. Nada é mais contraditório. O construtor encontra-se tanto na oficina de fabricação quanto nos andaimes do templo; é ajuizado e engenhoso, tanto quanto poeta. Cada qual, bem alinhado segundo a ordem e a hierarquia, ocupa seu lugar.

O urbanista mal se distingue do arquiteto. O primeiro organiza espaços arquitetônicos, fixa o local e o destino dos volumes de construção, reúne todas as coisas no tempo e no espaço por meio de uma rede circulatória. E o outro, o arquiteto, ocupado, por exèmplo, com uma simples habitação, * também levanta volumes, cria espaços. No nível do ato criador, o arquiteto e o urbanista são um só. *

Observaremos acima de tudo que esses volumes construídos, concebidos como verdadeiras ferramentas, trazem poder, riqueza, beleza e esplendor arquitetônicos. Obedecendo a tais regras, as zonas de habitação oferecerão um espetáculo de clareza, de graça, de ordem e de elegância.

(*U*, p. 10, 24; *MPU* p. 35, 11-12, 65.)

V. CONTRA A RUA

Os cafés, locais de repouso, etc. deixaram de ser esse mofo que rói as calçadas: transferiram-se para os terraços dos tetos, como acontece com o comércio de luxo (pois não é verdadeiramente ilógico que uma superfície inteira de uma cidade não seja utilizada, mas apenas reservada para que as ardósias dos telhados e as estrelas

190 O URBANISMO

se contemplem mutuamente?). Passarelas curtas sobre essas ruas normais estabeleceriam a circulação desses novos bairros recuperados e dedicados ao repouso entre flores e espaços verdes.

Esta concepção triplicaria a superfície de circulação da cidade; é realizável, *corresponde a uma necessidade, custa menos e é mais sadia que as atuais superfícies por onde vagamos*. Ela era sadia dentro do velho quadro das nossas cidades, como será sadia a concepção das cidades-torre nas cidades de amanhã. *

O número das ruas atuais *deve ser reduzido em dois terços*. O número dos cruzamentos de ruas é função direta do número das ruas; é um agravamento considerável do número das ruas. *O cruzamento de ruas é o inimigo da circulação*. O número atual de ruas é determinado pela mais longínqua história. A proteção da propriedade defendeu, quase sem exceção, a menor vereda do pequeno burgo primitivo e erigiu-a em rua, até em avenida. O caminho dos asnos, o caminho dos homens. As ruas, assim, cortam-se a cada 50, a cada 20, a cada 10 metros! ... Então se produzem engarrafamentos ridículos.

A separação entre duas estações de metrô ou de ônibus fornece o módulo útil de desvio entre os cruzamentos de ruas, módulo condicionado pela velocidade dos veículos e pela resistência admissível do pedestre. Esta medida média de 400 metros dá, pois, a separação normal das ruas; é o padrão das distâncias urbanas. Minha cidade é traçada em quadrados regulares de ruas espaçadas de 400 metros e cortadas às vezes a cada 200 metros. *

Trata-se então de estudar bem a célula, quer dizer, o alojamento de um homem, de fixar seu módulo e de preparar a execução em séries uniformes. Uma rede monótona e tranqüila, formada de inúmeras células, estender-se-á por grandes movimentos arquitetônicos, movimentos que serão diferentes da indigente rua em forma de corredor: o urbanismo abandonará a "rua-corredor" atual e, graças a uma nova distribuição de espaços, criará, numa escala muito ampla, uma nova sinfonia arquitetônica.

A rua-corredor, com duas calçadas, abafada entre casas altas, deve desaparecer. As cidades têm o direito de ser diferentes de palácios cheios de corredores.

O urbanismo exige uniformidade no detalhe e movimento no conjunto.

(*VA*, p. 45; *U*, pp. 160-161, p. 68.)

VI. EM FAVOR DO ESPAÇO VERDE

Ao invés de traçar cidades em forma de maciços quadrangulares com a estreita vala das ruas limitada pelos sete andares de imóveis cortados a pico sobre a calçada e rodeando pátios insalubres, espécie de sentinas sem ar e sem sol, traçaríamos, ocupando as mesmas superfícies, e com a mesma densidade de população, maciços de casas com redentes sucessivos serpenteando ao longo de avenidas axiais. Não mais pátios, mas sim apartamentos que abram todas as suas faces para o ar e a luz, e que não dêem mais para as árvores doen-

CHARLES-ÉDOUARD JEANNERET

tias dos bulevares atuais, mas para relvas, para áreas reservadas a jogos e a plantações abundantes.

A natureza é de novo levada em consideração. A cidade, ao invés de tornar-se um pedregal impiedoso, é concebida como um grande parque. * A aglomeração urbana (é) tratada como cidade verde.* Sol, espaço, zonas verdes.

Os imóveis surgem na cidade por trás do rendado de árvores. Está assinado o pacto com a natureza. *

As casas, semelhantes em altura, concentradas, sem deixar de assegurar uma forte densidade de habitação, ocupam apenas uma pequena parte do solo. As "unidades de habitação de dimensões conformes" assim constituídas, de 50 metros de altura, distam umas das outras de 150 a 200 metros e estão implantadas, em função do sol e do local, dentro de um parque verde.

Uma unidade de habitação aloja 1 600 pessoas e cobre 4 hectares. Igual número de habitantes que vivessem em cidades-jardins horizontais necessitariam de 320 casinhas cobrindo 32 hectares. A densidade é de 400 habitantes por hectare para uma unidade de habitação, ao invés de 50, como acontece nas cidades-jardins.

Uma cidade do tipo "cidade-radiosa", constituída de unidades de habitação, cobriria apenas 25 hectares, ao passo que uma do tipo cidade-jardim exigiria 200. *

Partindo do acontecimento construtivo capital que é o arranha--céu americano, bastaria reunir em alguns poucos pontos esta forte densidade de população e levantar ali construções imensas de 60 andares. O cimento armado e o aço permitem audácias e prestam-se sobretudo a um certo desenvolvimento das fachadas, graças ao qual todas as janelas darão para céu aberto; assim, daqui por diante, os pátios serão suprimidos. A partir do décimo quarto andar, reina a calma absoluta, o ar puro.

Nessas torres que abrigarão o trabalho, até aqui comprimido dentro de bairros compactos e em ruas congestionadas, estarão reunidos todos os serviços, de acordo com a feliz experiência americana, de modo a trazer a eficácia, a economia de tempo e de esforços e, assim, uma tranqüilidade indispensável. Essas torres, levantadas a uma grande distância umas das outras, dão em altura o que, até agora, se empregava em superfície; deixam livres grandes espaços que repelem para longe de si as ruas axiais repletas de barulho e de uma circulação mais rápida. Ao pé das torres aparecem os parques; o verde estende-se pela cidade toda. As torres alinham-se em avenidas imponentes; trata-se realmente de uma arquitetura digna do nosso tempo. *

(*VA*, p. 47; 3*E*, pp. 37, 52, 45, 30; *VA*, p. 43.)

VII. A CIDADE MODELO

Fiz como o pesquisador em seu laboratório: afastei os casos específicos, deixei de lado o acidental, situei-me num terreno ideal. O objetivo não era vencer um estado de coisas preexistentes, mas

192 O URBANISMO

chegar, mediante a construção de um edifício teórico rigoroso, a formular os princípios fundamentais do urbanismo moderno.

Esses princípios fundamentais, se não foram inventados, podem constituir o esqueleto de qualquer sistema de urbanização contemporâneo; serão a *regra* do jogo. Pensar em seguida num caso específico, quer dizer, em Paris, Londres, Berlim, Nova York ou num minúsculo burgo, significa ser mestre, se partirmos das certezas obtidas, em dar uma direção à batalha que vai ser travada. Pois querer urbanizar uma grande cidade contemporânea é como travar uma formidável batalha. Ora, já viram travar uma batalha sem conhecimento preciso dos objetivos a atingir? Esta é exatamente a nossa situação. Autoridades encurraladas lançam-se em aventuras de policiais com cassetete, policiais a cavalo, sinais sonoros e luminosos, passarelas sobre as ruas, calçadas rolantes sob as ruas, cidades-jardins, supressão de bondes, etc. Tudo, seguidamente, de modo ofegante, para fazer frente à fera. A FERA, a Grande Cidade, é muito mais forte; ela está apenas despertando. O que inventaremos amanhã?

Precisamos de uma linha de conduta.

Precisamos dos princípios fundamentais do urbanismo moderno.

O terreno [4]

O terreno plano é o ideal. Onde quer que a civilização se intensifique, o terreno plano fornece as soluções normais. Onde a circulação diminui, os acidentes do terreno atrapalham menos.

O rio passa longe da cidade. O rio é uma estrada de ferro sobre a água, é uma estação de mercadorias, uma estação de triagem. Em uma casa bem dividida, a escada de serviço não passa pela sala.

A população

Os urbanos, os suburbanos e os mistos.

a) Os urbanos, os do centro da cidade, os que trabalham e residem na cidade.

b) Os suburbanos, os que trabalham na periferia, na zona das fábricas e que não vão à cidade; residem na cidade-jardim.

c) Os mistos, os que trabalham no centro da cidade, na zona comercial, mas vivem com a família nas cidades-jardins. *

Devemos distinguir um órgão denso, rápido, ágil, concentrado: *a cidade* (centro devidamente organizado). Um outro órgão flexível, extenso, elástico: a *cidade-jardim* (cinturão).

Entre estes dois órgãos, distinguir *com força de lei* a presença indispensável da zona de proteção e de extensão, *zona vassala*, bosque e prados, reserva de ar.

As densidades

Quanto maior a densidade de população de uma cidade, meno-

---

4. Toda a série de títulos que se seguem foram tomados do texto de Le Corbusier.

CHARLES-ÉDOUARD JEANNERET

res as distâncias a percorrer. Conseqüência: *aumentar a densidade do centro das cidades, sede dos negócios.*

Pulmão

O trabalho moderno intensifica-se cada vez mais, solicitando sempre com maior perigo nosso sistema nervoso. Otrabalho moderno exige calma, ar salubre e não ar viciado.

As cidades atuais aumentam sua densidade às expensas de zonas ajardinadas que são o pulmão da cidade.

A cidade nova deve aumentar sua densidade aumentando consideravelmente suas superfícies plantadas.

Aumentar as superfícies plantadas e diminuir o caminho a ser percorrido. É preciso construir o centro da cidade *para o alto.* *

O apartamento da cidade pode ser construído sem pátio e longe das ruas, com as janelas dando para parques extensos: loteamentos com redentes e loteamentos fechados.

A rua

A rua moderna é um organismo novo, uma espécie de fábrica alargada, um depósito ventilado com múltiplos órgãos complexos e delicados (as canalizações). Vai contra toda a economia, contra todo o bom senso enterrar as canalizações da cidade. Elas devem ser acessíveis em qualquer ponto. O chão dessa fábrica alargada tem destinos diversos. A realização dessa fábrica envolve tanto a *construção* das casas que costumam flanqueá-la como as pontes que a prolongam através dos vales ou por cima dos rios.

A rua moderna deve ser uma obra-prima da engenharia e não mais um trabalho de empreiteiros. *

Três tipos de ruas, umas abaixo das outras:

a) No subsolo, os transportes pesados. O andar das casas que está nesse nível é formado de estacas que deixam entre si espaços livres muito grandes; os transportes pesados descarregam ou carregam suas mercadorias nesse andar, que constitui na verdade os depósitos da casa.

b) No nível do térreo dos imóveis, o sistema múltiplo e sensível das ruas normais que leva a circulaçãộ até seus limites mais sutis.

c) Norte-sul, leste-oeste constituem os dois eixos da cidade; os autódromos em cruz, para circulação rápida em sentido único, são estabelecidos sobre grandes passarelas de concreto de 40 ou 60 metros de largura, unidas a cada 800 ou a cada 1 200 metros por meio de rampas, com as ruas normais. Podemos entrar nos autódromos em cruz por qualquer ponto e atravessar a cidade e chegar ao subúrbio, em alta velocidade, sem ter de enfrentar nenhum cruzamento. *

A estação

Só há uma estação. A estação só pode ficar no centro da cidade. É seu único lugar; não há nenhum motivo para a instalar em outro. A estação é o cubo da roda.

A estação é um edifício antes de tudo subterrâneo. Seu teto com dois andares abaixo do solo natural da cidade constitui *o aero-*

194   O URBANISMO

porto para táxis aéreos. Este aeroporto (que depende do aeroporto principal, situado na zona vassala) deve ter comunicação direta com os metrôs, os trens de subúrbios, os trens interurbanos, o "grande autódromo" e os serviços administrativos de transporte.

Plano da cidade

Princípios fundamentais:

1⁹ — Descongestionamento do centro das cidades;
2⁹ — Aumento da densidade;
3⁹ — Aumento dos meios de circulação;
4⁹ — Aumento das superfícies verdes.

No centro, a ESTAÇÃO com plataforma de aterrissagem dos táxis aéreos.

Norte-sul, leste-oeste: o GRANDE AUTÓDROMO para veículos rápidos (passarela superelevada, de 40 metros de largura).

Aos pés dos arranha-céus e ao redor deles, uma praça de 2 400 X 1 500 metros (3 640 000 metros quadrados) coberta por jardins, parques e quincunces. Nos parques, aos pés e em torno dos arranha-céus, os restaurantes, os cafés, as lojas de luxo, os prédios com dois ou três terraços dispostos em bancadas; os teatros, as salas, etc.; as garagens descobertas ou fechadas.

Nos arranha-céus, fazem-se os negócios.

À esquerda, os grandes edifícios públicos, os museus, a câmara municipal, os serviços públicos. Adiante, à esquerda, o jardim inglês. (O jardim inglês destina-se à extensão lógica do coração da cidade.)

À direita, percorridos por um dos ramais do "grande autódromo", os depósitos de mercadorias e os bairros industriais com as estações de mercadorias.

Em volta de toda a cidade, *a zona vassala*, bosques e prados. *

Uma palavra resume a necessidade de amanhã: *é preciso construir* AO AR LIVRE. A geometria transcendente deve reinar, ditar todos os traçados e levar a suas conseqüências menores e inúmeras.

A cidade atual morre por não ser geométrica. Construir ao ar livre significa substituir o terreno irregular, *insensato*, que *é o único existente hoje* por um terreno *regular*. Fora disso *não há salvação*.

(*U* pp. 158-166.)

VIII. A HABITAÇÃO MODELO

O edifício agrupa 337 apartamentos de 23 tipos diferentes, desde o apartamentinho para o celibatário, ou para o casal sem filhos, até o grande apartamento para famílias de três a oito filhos.

Os apartamentos agrupam-se a dois, imbricados pés com cabeça ao longo dos corredores chamados "ruas interiores", situados no eixo longitudinal do edifício. A primeira característica do apartamento-tipo é ser construído em dois andares, como um sobrado particular. Os apartamentos estão isolados uns dos outros por caixas de chumbo (isolamento fônico).

CHARLES-ÉDOUARD JEANNERET

A sala comum tem a altura de dois andares e mede 4,80 metros do chão ao teto. Uma vidraça de 3,66 metros de largura por 4,80 metros de altura mostra a magnífica paisagem. A cozinha faz parte do apartamento. Há um fogão elétrico com três chapas e um forno, uma pia dupla, uma parte da qual forma um esvazia-lixo automático, um armário frigorífico, uma grande mesa de trabalho, prateleiras e armários e um exaustor, ligado à ventilação geral.

A unidade é servida por cinco ruas interiores superpostas. À metade da altura do edifício (7º e 8º andares) fica a rua de comércio alimentício (serviços comuns), com: peixaria, mercearia, açougue, salsicharia, casa de vinhos, leiteria, padaria, casas de frutas, de legumes e de pratos prontos. Há um serviço de entrega a domicílio. Pode-se comer num restaurante, salão de chá ou *snack-bar*. Há estabelecimentos vários: lavanderia, tinturaria, drogaria, salão de beleza, mais um posto de correio auxiliar, tabacaria, banca de jornais, livraria e farmácia. Na mesma rua interior ficam os hotéis.

No último andar (17º) ficam uma creche e uma escola maternal em comunicação direta, por meio de um plano inclinado, com o jardim do teto-terraço reservado às crianças. Este jardim tem uma pequena piscina para crianças. O teto-terraço forma jardim suspenso e mirante, e abrange: uma sala para cultura física, uma praça de treinos e de exercícios ao ar livre, um solário, uma pista de corrida de 300 metros, um bar-restaurante, etc.

(*OC*, t. III, 1946-1952, p. 194.)

Stanislav Gustavovitch Strumilin

nascido em 1877

Economista, especialista em estatística e planejamento, S. G. Strumilin ocupou altos cargos oficiais (foi vice-presidente do Gosplan e chefe da Direção Central de Estatística de 1921 a 1937 e de 1943 a 1951). Membro da Academia de Ciências da União Soviética a partir de 1931, tornou-se o economista oficial do regime. Deve-se a ele uma afirmação famosa, popularizada por Stalin: "Nossa tarefa não consiste em estudar a economia, mas em transformá-la. Não estamos ligados por nenhuma lei. Não existe uma fortleza que os bolcheviques não possam ocupar. A questão dos ritmos está sujeita à decisão dos seres humanos".

Depois da desestalinização, seus Esboços da economia socialista da União Soviética *(1959) alcançaram grande repercussão. Ele não hesitou em descrever nessa obra as fraudes das estatísticas soviéticas, graças a que "o ritmo de crescimento da produção bruta comparada com o crescimento real da renda nacional é conscientemente exagerado..."*

O artigo de Novi Mir, *do qual apresentamos aqui um extrato, não representa uma posição de vanguarda. Ele exprime a visão de um autor beneficiado com uma audiência considerável, devido a sua situação dentro do regime. Observaremos que a* comuna de Strumilin *é comparável à* unidade de habitação *de Le Corbusier* [1].

---

1. A unidade de habitação já aparece prefigurada durante os anos 1920 nos projetos dos arquitetos soviéticos Ol e Ginsburg.

198 O URBANISMO

UMA CIDADE COMUNISTA

Diante de uma nova etapa do nosso desenvolvimento – a etapa do florescimento do comunismo – a previsão e a organização meticulosas de toda uma rede de comunas que integram trabalho e alojamento se tornam uma necessidade cada vez mais real, cada vez mais urgente.

A comuna-tipo

Sob que aspecto se apresenta o nó elementar dessa rede de comunas[2], a comuna-elementar-tipo? Como essa comuna pode realizar seu objetivo, a *coletivização* da vida dos trabalhadores e a liberação completa da mulher, finalmente arrancada das ingratas funções caseiras que ainda assume em cada lar individual?

Condições diferentes levarão a soluções sempre diferentes. Podemos imaginar essas comunas sob a forma de "grandes casas" organizadas de acordo com o modelo dos sanatórios ou dos hotéis de hoje, cuja organização comunitária assegura não só as refeições, mas ainda o conjunto dos serviços necessários às famílias que ali residem. É possível que, com este fim, se organizem combinados, onde imóveis ou palácios-comunas estariam justapostos às empresas onde trabalharão todos os habitantes das comunas. Cada uma dessas comunas, naturalmente, deverá ser atendida por um complexo de serviços coletivos ou de comunas auxiliares de trabalho: centros escolares, médicos, alimentícios, etc. Nas grandes cidades, o conjunto desses complexos comunais formará "microdistritos": os habitantes poderão satisfazer todas as suas necessidades cotidianas, tanto vitais quanto culturais, em seus próprios locais de trabalho e em suas próprias casas.

Passagens cobertas entre as unidades

Nossos melhores arquitetos já estão estabelecendo, prevendo o futuro, planos imobiliários desse tipo. Já estão estudando atentamente a repartição respectiva dos imóveis residenciais, dos estabelecimentos pré-escolares e escolares, dos pátios internos e das praças desses "microdistritos", de modo a deixar a população inteiramente protegida dos perigos da circulação urbana de veículos. Nesse tipo de complexos, os diversos edifícios serão ligados por passagens cobertas que permitirão às crianças ir de suas casas ao jardim de infância ou à escola, e vice-versa, em qualquer tempo e sem o menor risco.

Nas cidades pequenas e nas pequenas aglomerações, evidentemente não haverá necessidade de conjuntos tão complexos. Mas a dispersão das casinhas do campo ou dos chalés familiares também não será conveniente às futuras comunas agrícolas, quando elas se tiverem transformado em grandes fábricas de grão e de carne, realizando as primeiras operações de transformação de sua produção em

---

2. Em todo este texto, a palavra comuna aparece acompanhada pelo adjetivo *bytovaia* (de vida), que faz com que ela perca a ressonância política que tem em russo. (Nota do tradutor para o francês do texto russo.)

produto da indústria alimentícia, ou da açucareira e de conservas. Os colcoses atuais já começam a adquirir importância e a transformar-se de acordo com o tipo urbano. *

Palácios-comunas

Os palácios-comunas serão grandes? Certos economistas atribuem-lhes uma enorme capacidade; chegam a prever até 10 000 habitantes por unidade! Talvez haja necessidade de edifícios assim para as unidades de produção mais importantes do país, mas a média atual das empresas soviéticas ainda não chega a 1 000 trabalhadores. Ora, a automatização sempre crescente dos meios de produção não torna mais necessário o crescimento da mão-de-obra. Nessas condições, a comuna-tipo não incluirá, contanto as crianças, os velhos e o pessoal que trabalha nela, mais de 2 000 a 2 500 pessoas. As cidadezinhas com uma média de 30 000 habitantes não contarão, portanto, com mais de quinze comunas. Ao prever imóveis residenciais de três a quatro andares, com um volume aproximado de 250 000 metros cúbicos, poderíamos destinar a cada um deles um terreno * de uns 7 500 hectares, aproximadamente.

Concentração

A cidade toda, incluindo as empresas de produção, os estabelecimentos comunitários, a central elétrica, a central telefônica, o centro culinário, a usina de fabricação do pão, a central radiofônica, a biblioteca, um instituto para 3 000 estudantes, quinze escolas-internatos para 6 000 alunos, um hospital, uma grande loja, um teatro, um clube e um estádio, ocupará um espaço não superior a 300 hectares, sendo metade do qual destinado a espaço verde. Numa cidade assim, que se estende por, no máximo, três quilômetros quadrados, a distância de uma extremidade ao centro poderá ser percorrida no máximo em dez minutos, o que significa que ali não haverá necessidade nem de metrô, nem de ônibus elétricos, nem de elevadores para subir à "estratosfera", como sucede nos arranha-céus americanos. Tudo será muito simples e muito mais acessível.

Serviços do palácio

Em cada palácio-comuna, que se estenderá por uma superfície habitável máxima de 45 000 metros quadrados, poderão ser instalados no andar inferior, semi-subterrâneo, todos os serviços utilitários: sala de assistência, centro sanitário, posto de correio, salão de beleza, lavanderia, os outros andares serão reservados ao alojamento dos habitantes da comuna; por exemplo, o primeiro andar poderá compreender, em uma ala, todos os apartamentos para crianças, em outra ala, todos os destinados aos velhos * e ao pessoal de serviço encarregado de cuidar deles, o segundo andar compreenderia apartamentos de dois a três cômodos para as famílias e o terceiro, quartos individuais para os jovens trabalhadores, os estudantes e todos os solteiros. Os cálculos atuais permitem afirmar que dentro de vinte anos será possível fornecer a cada indivíduo uma superfície habitável de

200 O URBANISMO

16 a 18 metros quadrados, sem contar a superfície ocupada pelos restaurantes, salas de leitura e outras instituições comunitárias (jogos de crianças, círculos de música, de dança, ou outras formas de atividades artísticas ou esportivas). Com este fim se prevê, para cada um desses andares de habitação, uma superfície de 800 a 1 000 metros quadrados.

Podemos imaginar que o palácio-comuna será dividido em uma série de seções ou corpos de edifícios, ligados entre si por galerias cobertas e cercados por jardins interiores, por um pequeno estádio e até por uma piscina e uma pista de patinação. Para realizar um conjunto semelhante bastam, no total, oito hectares.

Felizmente, mais ninguém, hoje, imagina as futuras comunas sob a forma de sinistras moradias comunitárias dotadas de cozinhas comuns e assoladas por uma perpétua discórdia. A comuna deve fornecer os *prazeres* necessários a uma comunidade de amigos.

A função "solidão"

O trabalhador precisa de repouso e de tranqüilidade a salvo de intrusões, seja no seio da família, seja até isoladamente. É bom estar sozinho, sem nada que venha aborrecer, quando pensamos profundamente em algo, ou quando somos atraídos pela realização de um trabalho criador interessante. Não é desagradável, às vezes, para um casas de esposos que se amam, esquecer-se[3] numa "solidão a dois" silenciosa; quando ficamos a sós com nós mesmos, como se diz, o caminho é mais curto e o repouso mais completo. É por isso que cada trabalhador aspira a dispor de um cômodo à parte — e toda família, de um apartamento, pequeno talvez, mas independente.

Mas ficar muito tempo longe dos outros torna-se logo monótono; os homens são essencialmente seres sociais. Bem descansado, cheio de energias novas, um homem sadio procura, por si mesmo, comunicar-se com seus semelhantes, com base na simpatia e interesses comuns. Graças a seus diversos locais individuais e coletivos, o palácio-comuna garante, a todo momento, não só a solidão indispensável, mas também maiores possibilidades de comunicação livre e ativa entre todos os seus membros.

Locais coletivos

O contato cotidiano entre indivíduos nas horas de lazer já existe hoje nas cantinas comunitárias. Mas um ou outro membro da comunidade pode querer comer em casa sua refeição preparada, ou pode querer, ele próprio, prepará-la a seu gosto, em sua cozinha. Mas, sem dúvida, a grande maioria da população não vai querer gastar nisso um tempo precioso e preferirá encontrar os amigos e conversar livremente, durante uma refeição em torno a uma mesa comum. Os encontros nos locais do palácio-comuna previstos para as diversas atividades coletivas (científicas, literárias, musicais, coreográficas, esportivas

---

3. Este verbo também significa "adormecer-se". Pode-se escolher entre uma versão escoteira ou uma versão puritana da passagem. (Nota do tradutor para o francês do texto russo.)

ou quaisquer outras) aumentarão ainda as possibilidades de encontros amistosos. Se considerarmos que todos os habitantes adultos do palácio comunal já experimentaram a solidariedade fundamental no local de trabalho, veremos claramente a diversidade de laços que pode vincular as unidades de alojamento e de trabalho, e transformá-las em uma verdadeira coletividade econômica e social.

Com a diversidade das tendências e dos talentos individuais de cada um, uma tal comuna apresentar-se-á como um organismo econômico e social monolítico, capaz de sustentar efetivamente seus membros e de criar entre eles um sentimento real de solidariedade sempre que os interesses da coletividade o exijam. Encontraremos na comuna a melhor garantia para o desenvolvimento dos princípios de colaboração e dos fundamentos morais sobre os quais se deve edificar qualquer sociedade comunista. As comunas são o elemento fundamental dessa construção.

Mas uma pergunta vem naturalmente a nós: não é um pouco cedo para pensar nessas comunas e numa ampla reconstrução da existência baseada em novos princípios? *

Comunas-tipo e economia planejada

Uma comuna satisfatória, sem nada supérfluo, para entre 2 000 e 2 500 pessoas, exigiria, com base nos preços atuais, um investimento de 500 milhões de rublos. Para toda a população da União Soviética, seria preciso gastar 5 trilhões de rublos. Mesmo daqui a quinze anos, quando seremos cinco vezes mais ricos e tivermos, há muito tempo, alcançado os Estados Unidos, precisaremos ainda de dez ou quinze anos para realizar tal programa de construção. O problema não é, pois, imediato.

Mas, dentro de uma economia planejada, precisamos pensar nos problemas com dezenas de anos de antecipação; e se, no futuro, construirmos um grande número de habitações sem nos preocupar com as exigências de um modo de vida comunista, teremos de pagar caro nossa imprevidência. Construímos casas que devem durar muito tempo e não barracos.

Podemos dizer que ainda não estamos preparados para a introdução maciça de formas de vida coletivas. É verdade; mas já existe hoje a possibilidade de introduzir experiências isoladas nesse sentido. *

Na vanguarda do movimento comunitário podemos contar, só nas cidades, cerca de 2 000 brigadas, equipes, setores de trabalho comunista envolvendo mais de 5 000 000 de trabalhadores, técnicos e engenheiros, prontos não só a trabalhar, mas ainda a viver como comunistas. *

Cidades-modelo

A título experimental, poderíamos criar — em alguma parte do Angara ou do Ienissei — condições coletivas de trabalho e de existência. Edificaríamos as primeiras cidades-modelo e os primeiros imóveis comunais-modelo atraindo para eles essa juventude trabalhadora que anseia desde hoje por viver ao modo comunista. *

É claro que, em nenhum caso, alguém será forçado a entrar

202 O URBANISMO

nessas comunas. Ela será sempre uma comunidade voluntária de amigos com as mesmas idéias, prontos a colaborar e a apoiar-se mutuamente. Todos os individualistas (por temperamento ou por educação), os misantropos furiosos e os anacoretas poderão, se quiserem, viver fora da comuna, a título de exploradores individuais. Mas as vantagens da vida coletiva — que crescerá incessantemente, sempre com tendências maiores para o comunismo integral — serão tão grandes que, mesmo entre os atrabiliários, haverá cada vez menos gente que se oponha a ela. *

La vie ouvrière et le communisme, artigo publicado em *Novi Mir*, 1960, nº 7, 3ª parte. (pp. 211-214, tradução para o francês de Jean-Jacques Marie.)

V. O URBANISMO CULTURALISTA

Camillo Sitte
1843-1903

Arquiteto, direto da Escola Imperial e Real das Artes Industriais de Viena, seus conhecimentos da arqueologia medieval e renascentista inspiraram-lhe uma teoria e um modelo da cidade ideal que ele desenvolveu na obra Der Städtebau nach seinen kunstlerischen Gründsätzen *(1889).*

Esta obra de inspiração essencialmente estetizante, estava destinada a polemizar contra as transformações de Viena e o planejamento do Ring segundo os princípios haussmanianos. No entanto não teve efeito sobre o destino urbanístico da capital austríaca e as concepções de O. Wagner.

Em compensação, assim que foi publicada, grande número de municipalidades convidaram Sitte para seus projetos de extensão (Altona, Brünn, Linz), Der Städtebau *inspirou uma geração de urbanistas germânicos (K. Henrici, Th. Fischer, O. Lasme, etc.) antes de exercer uma influência decisiva sobre a realização das cidades-jardins inglesas e sobre o urbanismo culturalista anglo-saxão.*

Freqüentemente citado por P. Geddes e L. Mumford pelo caráter humano das soluções que preconiza, Sitte representa pelo contrário, para Le Corbusier[1] e os progressistas, a encarnação de uma vocação retrógrada para o passado.

---

1. Cf. LE CORBUSIER, *L'urbanisme* (Nota preliminar): "Um dia, a leitura de Camillo Sitte, o Vienense, fez com que eu me inclinasse insidiosamente para

A LIÇÃO DA HISTÓRIA

INTRODUÇÃO[2]

Aristóteles resumiu todos os princípios da construção das cidades nesta sentença: "Uma cidade deve ser construída de modo a proporcionar a seus habitantes segurança e felicidade."

Problema estético

Para atingir esse objetivo, não basta a ciência de um técnico, é preciso ainda o talento de um artista. Foi assim na Antiguidade, na Idade Média e na Renascença, em toda parte onde as Belas-Artes tiveram um lugar de honra. *

O estudo do passado

Aqueles que se entusiasmam com as boas causas e crêem nelas o bastante devem se convencer de que o nosso tempo ainda pode criar obras de beleza e de bondade. Não é, pois, nem na qualidade de historiador, nem na de crítico, que examinaremos os planos de uma série de cidades. É na de técnico e de artista que queremos procurar os procedimentos de suas composições, procedimentos esses que produziram no passado efeitos tão harmoniosos e que hoje só causam impressões enfadonhas e sem nexo. Este exame permitirá que encontremos para o problema atual da construção das cidades uma solução que deverá satisfazer três condições principais: livrar-nos do sistema moderno dos conjuntos de casas regularmente alinhadas; salvar, na medida do possível, o que resta das cidades antigas; e aproximar sempre mais nossas criações atuais do ideal dos modelos antigos. *

Locais para a vida pública

Os locais públicos (fórum, mercado, etc.) não servem, atualmente, nem para grandes festas populares nem para a vida de todos os dias. Sua única razão de ser consiste em proporcionar mais ar e mais luz e em romper a monotonia dos oceanos de casas. Às vezes eles também valorizam um edifício monumental, ao desobstruir suas fachadas. Que diferença da Antiguidade! As praças eram então uma necessidade de primeira ordem, pois foram o teatro das principais cenas da vida pública, que ocorrem hoje nas salas fechadas. Era ao ar livre, na ágora, que o conselho das cidades gregas se reunia.

A praça do mercado, que era um segundo centro da atividade dos nossos antepassados, subsistiu, é verdade, até nossos dias. Mas

o pitoresco urbano. As demonstrações de Sitte eram hábeis, suas teorias pareciam justas; baseavam-se no passado. Para dizer a verdade, elas eram o passado — e o passado minúsculo, o passado sentimental, a florzinha um pouco insignificante à beira do caminho. Não era o passado dos apogeus, mas o das fórmulas de compromisso. A eloquência de Sitte ia bem com aquele enternecedor renascimento do 'teto' que devia, em um paradoxo digno de loucos, desviar grotescamente a arquitetura de seu caminho."

2. Os títulos em maiúsculo são de Sitte.

CAMILLO SITTE

tende, cada vez mais, a ser substituída por grandes mercados igualmente fechados. E quantas outras cenas da vida pública não desapareceram completamente? Os sacrifícios diante dos templos dos deuses, os jogos, todo tipo de representação teatral. *

As praças como locais de espetáculo

Esse parentesco próximo do fórum com uma sala de festas, cuja arquitetura é realçada por estátuas e pinturas deduz-se claramente da descrição de Vitrúvio e, mais claramente ainda, do exame do fórum de Pompéia. Vitrúvio ainda escreveu * a esse respeito: "Os gregos dispõem suas praças de mercado em forma de quadrado e cercam-nas com grandes colunatas duplas, apoiando cornijas de pedra ou de mármore acima das quais correm galerias. Nas cidades italianas, o fórum assume um outro aspecto, pois desde épocas imemoriais ele é o teatro dos combates de gladiadores. As colunatas devem, portanto, ser menos densas. Elas abrigam lojas de cambistas e seus andares superiores têm saliências em forma de balcões que, graças a sua utilização freqüente, proporcionam ao Estado rendimentos sempre crescentes".

Essa descrição mostra claramente a analogia entre o teatro e o fórum *. (Em Pompéia) o centro do fórum continua livre, enquanto sua periferia é ocupada por numerosos monumentos cujos pedestais cobertos por inscrições ainda são visíveis. Que impressão grandiosa esse lugar não devia produzir! Segundo nosso ponto de vista moderno, seu efeito devia ser parecido com o de uma grande sala de concertos sem teto. Pois o olhar encontrava em toda parte edifícios que não se pareciam em nada com nossas filas de casas modernas, e as ruas que desembocavam diretamente na praça eram muito pouco numerosas. *

A praça do mercado de Atenas estava disposta, em linhas gerais, de acordo com as mesmas regras. * As cidades consagradas da Antigüidade helênica (Olímpia, Delfos, Elêusis) são uma aplicação ainda mais grandiosa dessas regras. * A Acrópole de Atenas é a criação mais acabada desse gênero. Os templos e os monumentos de seu interior são os mitos de pedra do povo grego. A poesia e o pensamento mais elevados estão ali encarnados. Trata-se, na verdade, do centro de uma cidade considerável, a expressão dos sentimentos de um grande povo. *

RELAÇÕES ENTRE OS EDIFÍCIOS, OS MONUMENTOS E AS PRAÇAS

A Idade Média

A Piazza del Duomo, em Pisa, * encerra tudo o que a burguesia da cidade pôde criar em matéria de edifícios religiosos de uma riqueza e grandiosidade sem iguais. A esplêndida Catedral, o Campanário, o Batistério, o incomparável Campo-Santo não são separados por nenhum elemento profano ou banal. O efeito produzido por uma praça semelhante, separada do mundo e no entanto rica na posse das obras mais nobres do espírito humano, é considerável. Nem aqueles cujo sentido artístico é pouco desenvolvido, não podem escapar da

208   O URBANISMO

força dessa impressão. Não há nada ali que distraia nossos pensamentos e que nos faça lembrar da vida cotidiana. Os prazeres artísticos de quem contempla a nobre fachada da Catedral não são absolutamente diminuídos pela visão de uma moderna loja de modas, pelos gritos dos cocheiros e dos carregadores ou pelo alarido de um café. Ali reina a paz. Podemos assim concentrar a atenção para apreciar plenamente as obras de arte acumuladas naquele lugar. *

Hoje: praças sem significação...

Na Idade Média e na Renascença, as praças costumavam ser utilizadas para objetivos práticos e formavam um todo com os edifícios que as rodeavam. Hoje, elas servem no máximo como locais de estacionamento de veículos e não têm nada a ver com as casas que dão para elas. Os palácios dos nossos Parlamentos não têm ágora cercada de colunatas; nossas universidades e nossas catedrais perderam sua atmosfera de paz; uma multidão agitada não circula mais, nos dias de mercado, diante dos hotéis das nossas cidades; em resumo, falta animação precisamente nos lugares onde, na Antigüidade, ela era mais intensa – perto dos edifícios públicos. Perdemos, pois, em grande parte, o que contribuía para o esplendor das praças antigas.

...nem densidade estética

E falta quase inteiramente o que constituía seu próprio esplendor – as inúmeras estátuas. O que temos que se compare com a riqueza dos antigos fóruns e com as obras de grande estilo, tais como a Praça da Signoria de Florença e sua Loggia des Lanzi? *.

O CENTRO DAS PRAÇAS É DESOBSTRUÍDO

Contra a ordem elementar

É instrutivo estudar o modo como os antigos instalaram suas fontes e monumentos e ver como sempre souberam utilizar as circunstâncias que se lhes apresentavam. * É preciso ser cego para não observar que os romanos deixavam livre o centro de seu fórum. * Na Idade Média a escolha da localização das fontes e das estátuas parece, em muitos casos, desafiar qualquer definição; as situações mais estranhas foram adotadas. * Estamos pois diante de um enigma: o enigma do sentimento artístico natural que, nos velhos mestres, operava milagres sem o auxílio de nenhum regulamento estético. Os técnicos modernos que os sucederam, armados de esquadros e compassos, pretenderam resolver as delicadas questões de gosto com a grosseira geometria. *

Se queremos, pois, recuperar a liberdade de invenção dos antigos mestres e reagir contra as regras geométricas e inflexíveis de seus sucessores, precisamos seguir, através da reflexão, os caminhos que nossos pais trilharam por instinto, nas épocas em que o respeito pela arte era uma tradição. *

CAMILLO SITTE

Ornamentação lateral

Na Itália, diante do Palazzo Vecchio, na praça da Signoria de Florença[3], diante do Palazzo Communale de Perusia, diante do Palazzo Farnese de Roma, erguem-se fontes às margens da rua e não no eixo dos palácios ou da praça. Ocorre o mesmo na França, com a Fonte São Lázaro em Autun e a Fonte dos Inocentes em Paris que, antes de 1786, ao invés de erigir-se no meio de uma praça, ocupava a esquina formada pela Rua de Fers e a Rua Saint-Denis.

Um dos exemplos mais instrutivos é dado pela estátua eqüestre de Guattamelata, de Donatello, situada diante de Santo Antônio de Pádua. Se de início nos causa estranheza o modo como ela difere das localizações preconizadas por nossos sistemas modernos invariáveis, não tardamos a ser surpreendidos pelo efeito grandioso produzido pelo monumento naquele lugar e acabamos por ficar convencidos de que, se fosse transportado para o meio da praça, ela causaria uma impressão bem menos relevante. Uma vez familiarizados com essa idéia, não nos surpreendemos mais com sua orientação nem com outras originalidades de sua localização.

Decoração e circulação

Assim, à regra antiga que manda situar os monumentos nos lados das praças, vem acrescentar-se o princípio consagrado na Idade Média, sobretudo nas cidades do Norte, segundo o qual os monumentos e as fontes se elevam nos pontos mortos da circulação. Os dois sistemas às vezes são observados simultaneamente. * Acontece freqüentemente que as necessidades práticas e as exigências da arte se confundem, o que é muito compreensível, pois o que entrava a circulação é muitas vezes também um obstáculo à visão. Deve-se, pois, evitar erguer um monumento no eixo de edifícios ou de portas ricamente decoradas, pois ele ocultaria obras arquitetônicas notáveis e, reciprocamente, um fundo muito rico e muito movimentado não seria um segundo plano adequado a um monumento. Os antigos egípcios já conheciam esse princípio, pois assim como Guattamelata e a pequena coluna se erguiam ao lado da entrada da Catedral de Pádua, os obeliscos e as estátuas dos faraós elevavam-se ao lado das portas dos templos. Esse é todo o segredo que hoje nos recusamos a decifrar.

Contra o isolamento dos monumentos

A regra que acabamos de deduzir não se aplica só aos monumentos e fontes, mas a qualquer espécie de construções e, particularmente, às igrejas. Estas, que ocupam atualmente, quase sem exceção, o centro das praças, outrora nunca ficavam nesse lugar. Na Itália, as igrejas estão sempre apoiadas, de um ou de vários lados, em outros prédios e formam com eles grupos de praças. *

A posição da igreja no meio da praça não pode ser defendida nem em nome do interesse do construtor, pois essa localização o

---

3. Sitte dá os planos de todos os exemplos que se seguem. Procede assim em toda a sua obra onde, praticamente, cada caso citado remete a um plano.

210 O URBANISMO

obriga a erigir, com grandes gastos, em redor de suas amplas fachadas, todos os elementos de arquitetura, tais como as cornijas, os socos, etc. Encostando um ou dois lados do edifício em outras construções, o arquiteto pouparia todas essas despesas, e assim as fachadas poderiam ser totalmente construídas em mármore e ainda sobrariam fundos suficientes para enriquecê-las com estátuas. Assim, não teríamos mais esses perfis monótonos estendendo-se até o infinito em redor do edifício, cuja perfeição chega a ser impossível admirar num só volver de olhos. *

Apesar de todos esses inconvenientes e apesar de todos esses ensinamentos da história da arquitetura eclesiástica, as igrejas modernas do mundo inteiro erguem-se, quase sem exceção, no centro das praças. É de se pensar que perdemos todo o discernimento.

Teatros e palácios públicos

Os teatros, os palácios públicos e muitos outros edifícios são também vítimas dessa concepção errônea. Será que pensamos que é possível ver uma construção de todos os lados ao mesmo tempo ou imaginamos que uma construção notável é valorizada se seu contorno estiver inteiramente livre? Ninguém imagina que, criando um vazio em volta de um edifício, nós o impedimos de formar quadros variados com o que o ladeia. Que há de mais belo que os losangos poderosos dos palácios florentinos vistos das estreitas ruelas adjacentes? Estes edifícios adquirem assim um duplo valor, pois seu aspecto é completamente diferente se visto da *piazza* ou do *vicolo*.

Não basta, ao gosto do nosso tempo, dispor de suas próprias criações do modo mais favorável possível; ele ainda tem de melhorar as obras dos antigos mestres, despojando-as do que as rodeia. E não hesitamos em fazê-lo, quando é evidente que elas foram compostas precisamente para harmonizar com os edifícios vizinhos e que, sem eles, perderiam todo o valor. *

Esse procedimento é empregado em toda parte, de preferência nas antigas portas de acesso às cidades. É realmente algo muito belo uma porta de cidade isolada, em torno da qual se pode passear, ao invés de passar sob suas abóbadas. O exemplo da porta de Berna * mostra-nos como as exigências da comunidade podem ser satisfeitas sem que se suprima completamente a razão de ser desses velhos monumentos do passado. *

A PRAÇA É UM ESPAÇO FECHADO

Valor estético do espaço fechado

* É por serem também fechadas que as praças produzem um efeito de conjunto tão harmonioso. É essa qualidade que um pedaço de terreno, no meio de uma cidade, deve seu nome de praça. É verdade que, em nossos dias, designamos assim qualquer parcela de terreno cercado por quatro ruas e onde renunciamos a erigir qualquer construção. Isso pode bastar ao higienista e ao técnico, mas, para o artista, esses poucos metros quadrados de terreno ainda não constituem uma praça. *

CAMILLO SITTE 211

Um espaço fechado * é a condição mais essencial de qualquer efeito artístico e, no entanto, é hoje ignorada pelos que elaboram os planos urbanos. Os antigos, ao contrário, empregaram os meios mais diversos para cumpri-la, quaisquer que fossem as circunstâncias. * Percebemos isso melhor com o auxílio de alguns exemplos. O caso mais simples é o seguinte: diante de um edifício monumental, fizemos um corte na massa das casas e a praça assim criada, cercada de edifícios por todos os lados, produz um efeito feliz. Assim é a Piazza San Giovanni, em Bréscia. Freqüentemente, uma segunda rua desemboca na pracinha, caso em que, no entanto, tomamos o cuidado de não abrir uma brecha grande demais em suas paredes, para que o edifício principal fique bem emoldurado. Os antigos atingiram esse propósito através de meios tão variados, que não podem ter sido guiados só pelo acaso. Sem dúvida, muitas vezes foram ajudados pelas circunstâncias, mas também souberam utilizá-las admiravelmente. Hoje em dia, em casos semelhantes, derrubaríamos todos os obstáculos e abriríamos grandes brechas nas paredes da praça, como se faz nas cidades que se quer modernizar.

Ruas e continuidade visual

Será por acaso que as ruas antigas desembocam nas praças de modo diretamente oposto ao procedimento dos construtores das cidades modernas? Hoje é comum que duas ruas, que se cortam em ângulo reto, desemboquem em cada esquina de uma praça; provavelmente, insiste-se em aumentar ao máximo a abertura feita no recinto da praça e em destruir qualquer impressão de conjunto. Antigamente, procedia-se de modo inteiramente diverso. O esforço era para que não desembocasse mais de uma rua em cada esquina da praça. Se fosse necessária uma segunda artéria de direção perpendicular à primeira, faziam-na terminar na rua, bem longe da praça, para que desta não se pudesse vê-la. E melhor ainda: as três ou quatro ruas que terminavam nas esquinas tinham direções diferentes. Este caso notável repetia-se com tanta freqüência – de forma mais ou menos completa, é verdade – que pode ser considerado como um dos princípios conscientes ou inconscientes da construção das cidades antigas. Um exame atento mostra que esse plano em forma de braço de turbina é muito vantajoso. Assim, de cada ponto da praça só pode haver uma perspectiva das ruas que desembocam nela e o cinturão das casas só é interrompido uma vez; ela até parece, com freqüência, totalmente contínua, pois as construções de esquina escondem umas às outras, graças à perspectiva, e qualquer brecha capaz de provocar uma impressão desagradável é preenchida. O segredo desse procedimento consiste no fato de que as ruas desembocam perpendicularmente aos raios visuais e não paralelamente. *

Os antigos recorreram ainda a outros meios para fechar suas praças. Com muita freqüência, interromperam a perspectiva infinita de uma rua com uma porta monumental de uma ou várias arcadas; a distância entre uma e outra porta, e seu número, eram determinados pela maior ou menor intensidade de circulação no lugar correspondente. *

212 O URBANISMO

As colunatas, juntamente com os pórticos, serviam também para emoldurar as praças. * Às vezes, as praças eram inteiramente cercadas por altas muralhas, com portas simples ou monumentais, como na antiga residência episcopal de Bamberg (1591) e no Palácio de Altemburgo (1562-1564); na antiga Universidade de Friburgo em Brisgau e em vários outros lugares. * Enfim, o motivo da arcada foi empregado de mil modos. *

DA IRREGULARIDADE DAS PRAÇAS ANTIGAS

Apologia da irregularidade

Os técnicos têm hoje muito mais trabalho que o necessário para criar ruas retilíneas intermináveis e praças de uma regularidade impecável. Os que se preocupam particularmente com a estética das cidades acham que esses esforços estão muito mal dirigidos. Nossos pais tinham, a esse respeito, idéias muito diferentes das nossas. Eis algumas provas: a Piazza dei Eremitani e a Piazza del Duomo em Pádua, a Piazza Anziani em Pisa, duas praças de San Gimignano e a Piazza San Francesco em Palermo.

A irregularidade típica dessas antigas praças provém de seu desenvolvimento histórico gradual. Raramente nos enganamos ao atribuir a existência dessas sinuosidades surpreendentes a causas práticas — à presença de um canal ou de um caminho já traçado ou à forma de uma construção.

Todos sabemos, por experiência própria, que essas alterações feitas na simetria não chocam de modo algum os olhos, mas que excitam mais nosso interesse na medida em que parecem completamente naturais, com um aspecto pitoresco nada intencional.

Plano desenhado e plano vivido

Quem quer que examine o plano de sua própria cidade verá que as irregularidades que sobre o papel lhe causam estranheza, nunca causam a mesma sensação na realidade. Todos conhecem, mesmo que não a tenham visitado, pelo menos por gravura, a célebre Praça de Erbe em Verona. * Mas muito poucos, sem dúvida, deram-se conta de sua forma irregular *. No momento em que contemplamos suas belezas, não pensamos em analisar a estrutura em detalhes. A diferença existente entre a representação gráfica e o aspecto real da Piazza Santa Maria Novella, de Florença, não é menos surpreendente. Com efeito, a praça tem cinco lados, mas na memória de mais de um viajante ela só tem quatro; pois, no local, só conseguimos ver três lados na praça por vez e o ângulo formado pelos dois outros fica por trás das costas do observador. Além disso, é fácil nos enganarmos ao avaliar o ângulo formado entre si por esses lados. Os efeitos de perspectiva ficam difíceis de avaliar, até para quem trabalha com isso, se só nos fiarmos nos olhos. É uma verdadeira praça de surpresas, onde ficamos sujeitos às ilusões de óptica mais variadas. É muito diferente da simetria rigorosa tão cara aos construtores de cidades modernas.

CAMILLO SITTE

Construir para os olhos

É muito estranho que as menores irregularidades das cidades modernas nos choquem, enquanto as das praças antigas não pareçam desagradáveis. Com efeito, estas só são percebidas no papel; no local, escapam à nossa atenção. Os antigos não concebiam seus planos em pranchas de desenho, mas suas construções erguiam-se pouco a pouco *in natura*. Eles percebiam, pois, facilmente, o que surpreendia os olhos na realidade e não se detinham a corrigir defeitos de simetria só evidentes sobre o papel. São prova disso as diferentes praças de Siena. *

Simetria e proporção

A noção de simetria propaga-se em nossos dias com a rapidez de uma epidemia. É familiar às pessoas menos cultas e todos acham que devem dar sua opinião em questões de arte tão difíceis como são as que se referem à construção de cidades, porque todos acham que têm no dedinho, o único critério necessário: a simetria. Esta palavra é grega, mas pode-se provar facilmente que, na Antigüidade, tinha um sentido bem diferente do de hoje. * A proporção e a simetria são, para os antigos, uma única e mesma coisa. A única diferença entre esses dois termos consiste em que, em arquitetura, a proporção é simplesmente uma relação agradável aos olhos, * enquanto a simetria consiste na mesma relação expressa em números. Este sentido subsistiu durante toda a Idade Média. A partir do momento em que os mestres góticos começaram a traçar desenhos de arquitetura e em que se principiou a preocupação cada vez maior com eixos de simetria no sentido moderno do termo, a noção de semelhança da imagem à esquerda e à direita de uma linha principal erigiu-se em teoria. A essa idéia nova deu-se um nome antigo, com significação alterada. Os escritores da Renascença já a empregam com esse sentido. Desde então, os eixos de simetria tornaram-se cada vez mais freqüentes nos planos dos edifícios e nos das cidades. É só recorrendo a eles que o arquiteto moderno pretende realizar todas as tarefas que lhe cabem. Nossas regras de construção, que se dizem estéticas, estão aí para provar a insuficiência desse infeliz princípio. *

Nas cidades modernas, as irregularidades de planos não têm sucesso, pois são criadas artificialmente, com o auxílio da regra. Traduzem-se freqüentemente em praças triangulares, resíduo fatal de um parcelamente em tabuleiro. Essas praças provocam, na maior parte das vezes, um mau efeito: o olho não pode iludir-se, pois vê sempre as intersecções ofensivas das fileiras de casas. *

A VIDA MODERNA LIMITA O DESENVOLVIMENTO DA ARTE
DE CONSTRUIR CIDADES

Por que desaparece a antiga cidade-lugar público

* Em nossa vida pública, muitas coisas transformaram-se irremediavelmente, por conseguinte muitas formas arquitetônicas perderam sua importância de outrora. * O que podemos fazer se os acon-

tecimentos públicos são hoje contados nos jornais, ao invés de ser proclamados, como nos tempos antigos, na Grécia e em Roma, por pregoeiros públicos nas termas ou sob os pórticos? O que podemos fazer se os mercados abandonam cada vez mais as praças para fechar-se em construções de aspecto pouco artístico ou para transformar-se em vendas ambulantes a domicílio? O que podemos fazer se as fontes só têm um valor decorativo, já que a multidão se afasta delas, porque as canalizações levam a água diretamente para as casas e as cozinhas? As esculturas abandonam cada vez mais as praças e as ruas para fechar-se nas prisões de arte chamadas museus. *

O gigantismo

Antes de tudo, o desenvolvimento considerável que nossas capitais estão atingindo quebrou, em todos os seus recantos, o molde das antigas formas de arte. Quanto mais uma cidade cresce, mais suas ruas e praças devem ampliar-se em todos os sentidos, mais seus edifícios devem ser erguidos e espalhados. Com suas dimensões colossais, seus inúmeros andares e as filas intermináveis de suas janelas semelhantes, eles mal podem causar uma impressão artística. A sensibilidade acaba por embotar-se à vista de motivos arquitetônicos sempre iguais; são necessários meios muito poderosos para produzir ainda algum efeito. Mas não podemos mudar essa situação e o construtor de cidades, assim como o arquiteto, deve traçar seus planos na escala das capitais modernas de vários milhões de habitantes. Graças ao enorme acúmulo de seres humanos, o valor do solo aumentou proporcionalmente em alguns pontos do globo. *

O problema econômico

Do ponto de vista puramente econômico, a divisão regular do terreno em parcelas tornou-se um fator de cujos efeitos é difícil escapar. No entanto, não nos deveríamos submeter cegamente a esse uso, pois destruímos assim, com estas hecatombes, as obras de arte das nossas cidades. O que é feito, com o emprego dos sistemas geométricos, de todos esses recantos de ruas pitorescas que nos encatam pela originalidade, na velha Nuremberg e por toda parte onde foram conservados? O preço elevado dos terrenos convida a utilizá-los o mais possível; além disso, muitas formas arquitetônicas agradáveis ao olhar desaparecem pouco a pouco. Cada parcela construída tende a se aproximar sempre mais do cubo moderno. As sacadas, os saguões, os patamares, as arcadas tornaram-se, para nós, objetos de um luxo exorbitante; mesmo quando constrói edifícios públicos, o arquiteto mal pode dar livre curso à fantasia fazendo com que se destaquem os balcões, as sacadas e desenhando tetos de perfil interessante. Ao nível do chão, ele tem de respeitar rigorosamente o alinhamento previsto. *

A aquisição da higiene

Seria preciso ser completamente cego para não reconhecer os progressos grandiosos alcançados, no campo da higiene, pela arte moderna de construir cidades. Nesse aspecto, nossos engenheiros, cuja falta de gosto tanto criticamos, fizeram milagres e prestaram à humanidade serviços inesquecíveis. Foi graças ao trabalho que realizaram que a saúde pública das cidades européias melhorou consideravelmente, como indicam os coeficientes de mortalidade, que diminuíram muitas vezes pela metade. Nós o reconhecemos de bom grado! Resta saber se é indispensável comprar essas vantagens a um preço tão alto. Para obtê-las, será mesmo preciso eliminar toda a beleza das nossas cidades? *

Visão do mundo e estética

Não podemos mais criar obras de uma arte tão perfeita quanto a Acrópole de Atenas. Ainda que dispuséssemos dos milhões que uma obra semelhante custaria, não poderíamos executá-la. Faltam-nos os princípios artísticos, uma concepção do universo comum a todos, viva na alma do povo, que poderia encontrar em tal obra sua representação material. * Poderíamos realmente conceber no papel essas belezas que os séculos passados produziram? Poderíamos, imbuídos dessa falsa ingenuidade, desse sentido do natural, que é puro artifício, experimentar uma alegria verdadeira e sincera? Certamente que não. Estes prazeres estão negados a uma época em que não se constrói mais ao sabor do tempo, mas racionalmente, sobre o papel. *

Modernizar o modelo antigo

Nem a vida moderna, nem a ciência técnica moderna permitem que se copie servilmente a disposição das cidades antigas. Temos de reconhecê-lo, se não nos quisermos abandonar a um sentimentalismo sem esperanças. Os modelos dos antigos devem reviver hoje, e não como cópias conscienciosas; é examinando o que há de essencial em suas criações e fazendo sua adaptação às circunstâncias modernas que podemos atirar, num solo aparentemente estéril, um grão capaz de germinar de novo.

Apesar de todos os obstáculos que se apresentam diante de nós, não tenhamos medo de tentar esse estudo. * É precisamente no modo de dispor as cidades que a arte pode, mais que em qualquer outro campo, exercer sua influência, pois assim sua ação educadora se faz sentir a todo instante na alma do povo e não está, como por exemplo nos concertos e nos espetáculos, reservada às classes abastadas da nação. Seria, pois de se esperar que o poder público concedesse à estética da rua toda a importância que ela merece. *

REFORMAS A INTRODUZIR NA ORDENAÇÃO
DAS CIDADES MODERNAS

Fazer praças

* Cada cidade, por menor que fosse, poderia orgulhar-se de uma praça bela e original, se todos os edifícios importantes estivessem ali reunidos como numa exposição em que um valorizasse o outro. O objetivo dos planos de extensão das cidades consiste em preparar de modo inteligente e possível esse ideal. Antes de consegui-lo, será

216　　O URBANISMO

sem dúvida preciso travar mais de uma batalha contra o poder absoluto dos sistemas. Com efeito, se as partes a ser construídas já estão desenhadas no papel e se a superfície toda do terreno está dividida em lotes prontos para a venda, qualquer esforço é vão: um bairro planejado desse modo seria sempre vulgar. * A vulgaridade dos nossos bairros tem muitas conseqüências importantes: o homem não sente nenhuma alegria em morar ali, não se vincula ao local e não adquire nenhum sentimento de lar, como pudemos realmente constatar entre os habitantes de cidades enfadonhas e construídas sem arte. *

Arte ou aparência

O plano de uma cidade que devesse produzir um efeito artístico é também uma obra de arte e não um simples conjunto de construções e vias. Aí está o cerne de toda a questão. *

Da existência de um verdadeiro programa depende a boa execução do plano de uma cidade. Os estudos preparatórios necessários[4] podem ser feitos pela administração ou por comissões de peritos. Devem consistir em:

Um plano de extensão

a) Num cálculo aproximado do crescimento previsível da população do bairro projetado durante os cinqüenta anos que se seguirão e num estudo da circulação e do gênero de habitações a ser previsto, convém saber antecipadamente onde serão levantadas as casas de aluguel, os palacetes e os edifícios destinados ao comércio e à indústria, quer desejemos espalhar esses diferentes tipos de edifícios de acordo com o fim a que se destinam, quer prefiramos construir bairros mistos. Os que fazem objeção a esse modo de agir com o argumento da impossibilidade de estabelecer essas previsões com uma exatidão mais ou menos aproximada, procuram evitar, com subterfúgios, um trabalho e uma responsabilidade sem dúvida consideráveis. * Certo, se não tivermos coragem de prever algo determinado, o bairro de casas de aluguel desenvolver-se-á sozinho por onde puder, pois nesse tipo de construções, adaptáveis a qualquer lugar e por isso mesmo destinadas à vulgaridade, podemos, se preciso, incluir tudo: oficinas, casas de operários, casas comerciais, palácios, etc.; digo se preciso, porque assim as exigências especiais de cada um desses edifícios nunca serão plenamente satisfeitas. *

b) Munido das informações indispensáveis que acabamos de enumerar, o autor de um plano de extensão pode então prever o número de construções públicas necessárias ao bairro projetado, como também suas dimensões e forma aproximadas. Este trabalho é facilmente feito por antecipação, se pudermos recorrer aos dados estatísticos sempre fáceis de reunir. Do número suposto da futura população, deduziremos o número e a amplitude das igrejas, das escolas,

---

4. O método preconizado aqui por Sitte antecipa os trabalhos de Geddes. Está muito adiantado para a sua época. Le Corbusier e os arquitetos progressistas não lhe fizeram justiça.

CAMILLO SITTE

dos prédios administrativos, dos mercados, dos jardins públicos e talvez até das salas de espetáculo. *

Então começaria a elaboração do plano de extensão propriamente dito. Poderia efetuar-se facilmente através de concursos públicos. * A primeira tarefa dos concorrentes seria então prever a localização mais conveniente para os prédios públicos necessários e agrupá--los com arte. Além disso, seria prudente situar os jardins públicos a igual distância uns dos outros e, na medida do possível, afastados das ruas populares e ruidosas. * Cada um desses vastos espaços verdes deveria estar rodeado de todos os lados por casas cujo alinhamento só seria interrompido por dois ou vários portais de acesso. Esses jardins, livres de poeira, valorizariam as amplas fachadas dos prédios vizinhos. Os jardins devem ser espalhados, mas, em compensação, os edifícios importantes devem ser agrupados. * Se não necessárias várias praças, é melhor agrupá-las que dispersá-las por toda parte. Cada uma delas, por sua situação, forma e amplitude, teria de expressar claramente um determinado caráter. *

Conservar as irregularidades

Por que suprimir a qualquer preço as desigualdades do terreno, destruir os caminhos existentes e até desviar cursos d'água para obter uma banal simetria? Melhor seria, pelo contrário, conservá-los com alegria, para motivar quebras nas artérias e outras irregularidades. * Sem elas, as construções mais bonitas conservam sempre uma certa rigidez e uma afetação que produz um efeito deplorávvel; além disso, essas irregularidades permitem que nos orientemos facilmente através do labirinto das ruas e, até do ponto de vista da higiene, não deixam de ter suas vantagens. É graças às curvas e aos cortes de suas artérias que a violência do vento é menos sensível nas cidades antigas[5]. Ele somente sopra com força sobre os tetos, ao passo que, nos bairros modernos, ele se engolfa pelas ruas retas de modo bem desagradável, até mesmo prejudicial à saúde. Este fato pode ser observado sempre onde há bairros velhos e novos contíguos. Na parte antiga da cidade, não somos incomodados demais por ventos de força moderada. Assim que entramos na cidade moderna, somos envoltos por nuvens de poeira. Nas praças onde desembocam ruas em todos os sentidos, formando correntes de ar por todos os lados, podemos observar os mais belos turbilhões de poeira no verão, de neve no inverno. Esta é uma das principais vantagens apresentadas pelos sistemas modernos de construção de cidades! *

De qualquer ângulo que se encare o problema da construção de cidades, conclui-se que foi estudado, em nossos dias, muito superficialmente. Os esforços mentais que foram necessários e as capacidades artísticas empregadas para resolvê-lo são realmente insignificantes. Para conseguir soluções práticas, é preciso agir com energia e perseverança, pois se trata nada menos do que de abolir completamente os princípios vigentes e de substituí-los por métodos precisamente contrários.

---

5. A reconstrução de certas cidades destruídas durante a guerra é uma prova. Cf. Le Havre de Perret.

218   O URBANISMO

Der Städtebau, traduzido para o francês por Camille Martin: *L'art de bâtir des villes*, Atar, Genebra, H. Laurens, Paris, 1ª ed., 1902. Citações tiradas da 2ª ed., 1918. (pp. 10-17, 20-26, 29-30, 32-34, 37-40, 41-47, 59-66, 139-146, 149, 154-158, 161-162.)

Ebenezer Howard
1850-1928

E. Howard foi o criador das cidades-jardins. Militante desde 1879 no movimento socialista inglês, autodidata, foi profundamente marcado pela leitura de dois livros: Progress and Poverty, *de Henry George (1881)*[1] *e* Looking Backward *(1889), a utopia do americano E. Bellamy. Nestas obras residem as fontes da sua própria obra, que surgiu em 1898:* Tomorrow: A Peaceful Path to Social Reform[2]. *Nova utopia, onde estava exposta sua teoria da* garden-city, *e que logo devia tornar-se realidade graças ao sólido sentido prático do autor. O êxito imediato e considerável de sua obra levou, com efeito, E. Howard a fundar, em 1899, a Associação das* Garden-Cities; *a partir de 1903, ela pôde adquirir, em Letchworth, o primeiro terreno onde construir.*

1. Podemos ler em *Social Problems* de Henry George (1884), no capítulo intitulado "City and Country": "As imensas populações dessas grandes cidades estão completamente frustradas de todas as agradáveis influências da natureza. A grande maioria delas nunca põe, do começo ao fim do ano, os pés sobre o solo. * Esta vida das grandes cidades não é a vida natural do homem. Nessas condições, ele só pode deteriorar-se, física, mental, moralmente" (p. 309).

2. *Amanhã: um caminho pacífico para a reforma social.* A obra seria reeditada em 1902 com o título: *Garden Cities of Tomorrow (Cidades-Jardins de amanhã).*

E. Howard confiou aos arquitetos Parker e Unwin o projeto de Letchworth, e a Louis de Soissons o de Welwyn (1919). Estas duas cidades converteram-se depois em modelos na Europa e nos Estados Unidos, onde inspiraram especialmente Henry Wright e Clarence Stein. Depois da Segunda Guerra Mundial, elas ainda serviram de protótipo para a construção de cidades novas na Grã-Bretanha.

Sentimos uma certa ressonância progressista em Howard. Entretanto, ele sempre subordinou a preocupação com a higiene e o progresso ao ideal de pequenas comunidades limitadas no espaço e dotadas de um espírito comunitário.

A CIDADE-JARDIM INGLESA

I. A IDÉIA DA CIDADE-JARDIM

Na verdade, não existem, como se afirma constantemente, só duas possibilidades — a vida na cidade e a vida no campo. Há uma terceira solução, na qual todas as vantagens da vida mais ativa na cidade e toda a beleza e as delícias do campo podem estar combinadas de um modo perfeito. *

A cidade e o campo podem ser * considerados dois ímãs, cada um procurando atrair para si a população; a esta rivalidade vem interpor-se uma nova forma de vida, que participa das duas outras. *

O ímã cidade-campo

Veremos que o Ímã-Cidade, comparado com o Ímã-Campo, oferece a vantagem dos altos salários, das oportunidades de emprego e das previsões tentadoras de progresso; mas essas vantagens são amplamente compensadas pelos aluguéis e preços altos. A vida social que proporciona e seus locais de diversão são muito atraentes; mas as horas excessivas de trabalho durante o dia e a noite, as distâncias que separam do trabalho e o "isolamento da multidão" tendem a reduzir muito o valor dessas boas coisas. As ruas bem iluminadas constituem um grande atrativo, especialmente no inverno, mas a luz do sol fica cada vez mais escondida e o ar está tão viciado que os belos monumentos públicos, assim como os pardais, ficam logo cobertos de fuligem e as mais belas estátuas enfeiam-se. Palácios suntuosos e ruelas temíveis são os dois atrativos estranhos e complementares das cidades modernas.

Há no campo belas paisagens e parques senhoriais, bosques perfumados, ar fresco, murmúrio das águas. * Os aluguéis, calculados por acre, são certamente baixos, mas esses aluguéis baixos são a conseqüência natural dos baixos salários, e não uma fonte de conforto substancial, ao passo que as longas horas e a falta de diversão fazem com que a luz do sol e o ar puro não consigam mais alegrar os corações. A única indústria, que é a agricultura, sofre freqüentemente com as chuvas excessivas, a que se acrescenta, nas épocas da seca, também freqüentes, a escassez de água, até para beber. *

Nem o Ímã-Cidade nem o Ímã-Campo realizam completamente o ideal de uma vida verdadeiramente conforme com a natureza. O homem deve desfrutar ao mesmo tempo da sociedade e das belezas da natureza. Os dois ímãs têm de tornar-se um só. *

A cidade é o símbolo da sociedade — de ajuda mútua e de cooperação amistosa, de paternidade, maternidade, fraternidade, de uma ampla relação homem a homem, de simpatias expansivas, de ciência, arte, cultura e religião. E o campo: O campo é o símbolo do amor e das liberalidades de Deus para com o homem. Tudo o que somos e tudo o que temos provém do campo. Nossos corpos são formados dele e voltam para ele. Por ele somos alimentados, vestidos, alojados e abrigados. * Sua beleza inspira a arte, a música e a poesia. Suas forças animam as engrenagens da indústria. * Mas a plenitude de sua alegria e de sua sabedoria não foi revelada ao homem e não poderá ser revelada enquanto persistir essa separação ímpia e antinatural entre a sociedade e a natureza. A cidade e o campo *devem esposar-se*, e dessa feliz união brotará uma nova esperança, uma nova vida, uma nova civilização. O propósito deste livro consiste em mostrar que o primeiro passo nessa direção pode ser dado com a construção de um ímã Cidade-Campo. Espero convencer o leitor de que isto é realizável na prática, aqui e agora, e com base naqueles princípios que são verdadeiramente os mais sadios, tanto do ponto de vista ético quanto econômico. *

A construção de um tal ímã, se pudesse ser realizada e seguida * pela construção de muitos outros, certamente responderia esta pergunta atual e iquietante: "Como deter a maré da migração da população para as cidades e devolver essa população à terra?" *

II. O MODELO

Compra e financiamento

Imagine o leitor uma propriedade que cobre uma superfície de 2 400 hectares e que, atualmente, é apenas agrícola e que foi comprada em leilão público por 2 500 francos o hectare, ou seja, por seis milhões de francos. Suponha-se que esta compra tenha sido feita mediante um empréstimo sob hipoteca, com juro médio não superior a 4 por cento. A propriedade é legalmente outorgada em nome de quatro homens de posses, de integridade e honra indubitáveis, que fazem em nome dela um depósito a título de garantia, em primeiro lugar para os credores hipotecários e depois para a população da cidade-jardim, ímã Cidade-Campo que se pretende construir nesse terreno. Um traço essencial das disposições financeiras é que todos os aluguéis da terra, aluguéis que deverão ser baseados no valor anual desta, serão pagos aos administradores que, depois de haver atendido aos lucros e de haver coberto devidamente o fundo de amortização, remeterão o excedente, ou saldo, ao Conselho Central da nova municipalidade, para que tal Conselho o empregue na construção e na manutenção de todas as obras públicas necessárias: estradas, escolas, parques, etc. *

222 O URBANISMO

O objetivo é, em resumo, elevar o nível da saúde e do bem-estar de todos os verdadeiros trabalhadores, qualquer que seja sua posição; e o meio pelo qual esses objetivos podem ser realizados é uma combinação sadia, natural, econômica, da vida da cidade com a vida do campo, e tudo isso num terreno que pertence à municipalidade.

A Cidade-Jardim, que deverá ser construída quase no centro dos 2 400 hectares, ocupará uma superfície de 400 hectares, ou seja, um sexto dos 2 400 hectares. Ela será, de preferência, de forma circular, com um raio de 1 130 metros, ou seja, de um pouco mais de um quilômetro, do centro à circunferência.

O centro público

Seis bulevares magníficos — cada um com 36 metros de largura — atravessam a cidade do centro à circunferência, dividindo-a em seis partes, ou bairros. No centro há um espaço de dois hectares, aproximadamente, dedicado a um belo jardim bem regado ou irrigado; em volta desse jardim ficam, cada um em terreno próprio e espaçoso, os maiores edifícios públicos: sede da câmara municipal, sala de concertos e de leitura, teatro, biblioteca, museu, galeria de arte e hospital.

O Palácio Cristal

O resto do grande espaço fechado pelo "Palácio Cristal" forma um parque público que ocupa uma extensão de 58 hectares, incluindo-se grandes pátios de recreação, de acesso fácil para toda a população.

Em volta do Parque Central (com exceção das interseções com os bulevares) desenvolve-se uma grande arcada de vidro chamada "Palácio Cristal", que se abre para o parque. Esta construção é, na época chuvosa, um dos recursos favoritos do público; a certeza de ter este claro abrigo nas proximidades convida o público a ir ao Parque Central, mesmo quando o tempo está incerto. Ali são expostos à venda os produtos manufaturados mais diversos e ali é feito esse tipo de compras em que o público delibera e escolhe a seu gosto. O espaço fechado pelo Palácio Cristal é, no entanto, maior do que essas atividades o exigem, e assim uma parte considerável dele é utilizada como jardim de inverno. O conjunto forma uma exposição permanente muito atrativa, enquanto sua forma irregular o situa a fácil acesso a todos os habitantes da cidade, pois o cidadão mais distante se encontra a menos de 550 metros.

Casas

Prosseguindo, através do Palácio Cristal, nossa caminhada em direção ao bulevar exterior da cidade, atravessamos a Quinta Avenida, arborizada, como todas as ruas da cidade, ao longo da qual — olhando em direção ao Palácio Cristal — encontramos um cinturão de casas muito bem construídas e levantadas em terreno próprio e espaçoso. Se continuarmos nosso passeio, observaremos que a maioria das casas estão construídas em forma de anéis concêntricos, dando frente para as avenidas (sendo que este termo designa as vias circulares), ou ao longo dos bulevares e das vias que convergem, em sua totalidade, para o centro da cidade.

População

Quando perguntamos ao amigo que nos acompanha em nosso passeio qual pode ser a população dessa cidadezinha, ele responde que há aproximadamente 30 000 pessoas na própria cidade e 2 000 na zona agrícola, e que há na cidade 5 500 terrenos com uma superfície *média* de 6,5 m × 44 m, sendo que o espaço mínimo é de 6,5 m × 33 m. Ao observar a arquitetura e as disposições variadas das casas e dos grupos de casas — algumas têm jardins comunitários e cozinhas cooperativas —, verificamos que a observância do traçado das ruas ou as formas harmoniosas de alterá-lo constituem os pontos principais no que se refere à construção, sobre os quais as autoridades do município exercem controle, pois as preferências e gostos individuais são amplamente encorajados, sem que se prejudiquem as disposições sanitárias adequadas, que são estritamente impostas.

A avenida central

Ainda caminhando para o extremo da cidade, chegamos à "grande avenida". Esta avenida justifica plenamente seu nome, pois tem 125 metros de largura e forma um cinturão verde de mais de cinco quilômetros de comprimento, divide em duas coroas a parte da cidade que se estende para fora do Parque Central. Ela forma, na verdade, um parque adicional de 50 hectares, parque que fica a menos de· três minutos de caminhada para o habitante que mora mais longe. Nessa esplêndida avenida, seis áreas, cada uma com um hectare e meio, são ocupadas por escolas públicas e pelas quadras de jogos e jardins que as cercam; outras áreas são reservadas às igrejas, cujas denominações a população determinará, de acordo com suas crenças; elas serão erguidas e mantidas por donativos dos que as freqüentam e seus amigos. Observamos que as casas, ao longo da Grande Avenida, apartam-se * do plano geral de anéis concêntricos e foram dispostas em forma de meia-lua, para assegurar um maior desenvolvimento na Grande Avenida e ampliar aos olhos a largura já esplêndida dessa via.

Instalações industriais periféricas

No anel exterior da cidade, estão dispostos em escalões as manufaturas, as lojas, os mercados, os depósitos de carvão, de madeira, etc. Todas essas instalações se colocam ao longo da estrada de ferro circular que rodeia toda a cidade e comunica-se, através de ramificações, com uma grande linha férrea que passa através da propriedade. Essa disposição permite carregar diretamente os vagões com as mercadorias que saem das lojas e das oficinas para ser expedidas pela estrada de ferro para mercados afastados ou, inversamente, permite descarregar diretamente as mercadorias dos vagões nas lojas ou nas manufaturas, proporcionando assim não só uma grande economia de gastos com embalagem e transporte e reduzindo ao mínimo a

224 O URBANISMO

perda por avarias e as quebras, mas também diminuindo o tráfego pelas ruas e reduzindo, notavelmente, os gastos com a manutenção dessas ruas. Na Cidade-Jardim, a fumaça, esse elemento nocivo, é mantida num limite estreito, pois todas as máquinas são acionadas por eletricidade, o que faz com que o custo da eletricidade destinada à iluminação e a outras finalidades diminua enormemente.

A agricultura suburbana

Os resíduos da cidade são utilizados na região agrícola da propriedade, que é cultivada e explorada individualmente em forma de fazendas grandes e pequenas, terras de arrendamento, pastagens, etc. A concorrência natural entre esses sistemas variados de agricultura, espontaneamente postos à prova pelos ocupantes para oferecer à municipalidade a mais alta renda, tenderá a instaurar o melhor sistema agrícola ou, o que é provável, os *melhores sistemas* adaptados a fins diversos. Pode-se assim conceber facilmente que é vantajoso cultivar trigo candial em campos bem vastos, que impliquem uma unidade de ação sob a direção de um fazendeiro capitalista ou de um corpo de cooperativistas, ao passo que é preferível que o cultivo de legumes, frutas e flores, que exigem cuidados mais constantes e mais pessoais, e maior faculdade inventiva ou até artística, corra a cargo de pessoas ou pequenos grupos de indivíduos que tenham uma fé comum na eficácia e no valor de certos métodos de cultivo e de adubagem, seja em estufas, seja em terra normal. *

Liberdade econômica

Enquanto a cidade propriamente dita, com uma população ocupada com diversos negócios, carreiras ou profissão * oferece à população ocupada com a agricultura o mercado mais natural, * os fazendeiros e outros produtores não têm, no entanto, a cidade como seu único mercado; eles têm, pelo contrário, pleno direito de oferecer seus produtos a quem desejarem. Neste ponto, como em outros da experiência, veremos que não se trata de restringir os direitos dos indivíduos, mas que, pelo còntrário, seu campo de iniciativa é ampliado.

Este princípio de liberdade é verdadeiro também para os manufatores e outros fabricantes que se estabeleceram na cidade. Eles dirigem seus negócios como bem lhes agrada, ainda que estejam sujeitos, claro, à lei comum do país e tenham a obrigação de dar aos trabalhadores espaço suficiente e condições sanitárias razoáveis. Até no que diz respeito aos serviços tais como a distribuição de água, luz, comunicações telefônicas, coisas que uma municipalidade, sendo capaz e honesta, é a mais indicada a tender, não procuraremos estabelecer um monopólio absoluto; pelo contrário, autorizaríamos qualquer corporação privada ou qualquer corpo de indivíduos que se mostrasse capaz, a encarregar-se desses serviços ou outros, seja para toda a cidade, seja para uma parte dela apenas, sob condições mais vantajosas. *

Venda de bebidas

Convém assinalar que o município, na qualidade de único pro-

EBENEZER HOWARD 225

prietário do terreno, tem o poder de agir da maneira mais drástica com relação ao comércio de bebida alcoólica. Sabemos que existe um grande número de proprietários que não autorizam a exploração de bebidas alcoólicas dentro de suas propriedades; o proprietário da Cidade-Jardim — a própria população — *poderia* adotar este procedimento. Mas seria prudente? Não acredito. Em primeiro lugar, tal restrição manteria afastada a categoria já numerosa e sempre crescente dos bebedores moderados e também dos que não são, a bem da verdade, moderados no uso do álcool, mas que os reformadores gostariam muito de submeter às sadias influências na Cidade-Jardim.

A taberna ou seus equivalentes teriam, numa comunidade como esta, de disputar com muitos outros competidores os favores da população quando, nas grandes cidades, onde existe pouca diversão racional e barata, ela prospera por si só.

É por isso que a experiência, no campo da reforma alcoólica, teria mais valor se se permitisse um comércio regulado racionalmente do que se ele fosse proibido. *

III. O COMÉRCIO

Os negócios realizados nas lojas (do Palácio Cristal) são levados a cabo não pela Administração da cidade, mas por diversos indivíduos e sociedades; o número de comerciantes, no entanto, é limitado pelo princípio da opção local. *

Vantagens conjuntas do monopólio e da concorrência

A Cidade-Jardim é a única proprietária do terreno e pode arrendar a um locatário, por exemplo um comerciante privado ou uma sociedade de panos ou de artigos de fantasia, um certo espaço dentro da Grande Arcada (Palácio Cristal), mediante um aluguel contributivo anual determinado. Pode dizer a seu locatário: "Este local é o único que temos no bairro, atualmente, para alugar para um negócio desse ramo. Além disso o Palácio Cristal será não só o centro de compras da cidade e do distrito e uma exposição permanente onde os fabricantes da cidade exibem seus produtos, mas também um jardim de verão e de inverno. Para isso, sua superfície coberta excede de muito as necessidades dos escritórios ou lojas, que se supõem estabelecidos dentro de limites razoáveis. Enquanto você satisfizer o público, nenhuma parte do espaço reservado à recreação será alugada a ninguém que se dedique ao mesmo negócio que você. Devemos, entretanto, evitar o monopólio. Se o público tiver queixas de seu serviço e quiser que a arma representada pela concorrência seja empregada contra você, alugaremos debaixo da Arcada, se isto for requerido por um certo número de habitantes, o espaço necessário para o estabelecimento de algum comerciante desejoso de abrir um negócio concorrente." *

A iniciativa individual é respeitada

Graças a esse sistema de opção local, veremos que os comer-

226 O URBANISMO

ciantes da cidade — sejam eles particulares ou sociedades cooperativas — se tornariam, se não no sentido estrito ou técnico das palavras, pelo menos num sentido muito real, servidores do município.
No entanto, não estariam ligados à rotina oficial e teriam os direitos
e poderes totais de iniciativa. *

Poderiam até vender bem abaixo do preço que prevalecesse
em outros locais, mas, tendo um comércio garantido e podendo
julgar com muita exatidão a demanda, poderiam aplicar e recuperar
seu capital com extraordinária freqüência. Os gastos de exploração
seriam muito baixos.

IV. O FUTURO

Suponhamos que a Cidade-Jardim cresceu até atingir uma população de 32 000 indivíduos. De que maneira deve crescer? Como
satisfaremos as necessidades dos outros habitantes, que seriam atraídos por suas numerosas vantagens? Ela invadirá a zona agrícola que
a rodeia e destruirá assim para sempre seu direito de ser chamada
de Cidade-Jardim? Decerto que não! Chegaríamos a esse resultado
desastroso se o terreno em redor da cidade fosse, como o terreno
em redor de nossas cidades atuais, propriedade individual de homens
preocupados em tirar lucro dele. Então, assim que a cidade estivesse
construída, o terreno agrícola estaria "maduro" para a construção. *

Malthusianismo urbano

Mas * os habitantes da Cidade-Jardim não poderão * ser taxa-
dos de egoístas, ao impedir o crescimento da cidade e assim privar
muitas outras pessoas do gozo de suas vantagens? De modo algum.
Existe uma brilhante alternativa, se bem que até agora esquecida.
A cidade *crescerá*, mas crescerá de acordo com um princípio cujo
resultado será não diminuir nem destruir, mas aumentar sempre suas
vantagens sociais, sua beleza e sua comodidade. Considere por um momento o caso de uma cidade da Austrália que ilustra, em certa medida,
o princípio no qual insisto agora. A cidade de Adelaide está cercada
por seus "terrenos-parques". A cidade é construída. Como ela cresce?
Saltando por cima desses "terrenos-parques" e criando *North-Adelaide*.
Este é o princípio a que pretendemos adequar, mas aperfeiçoando-o,
à Cidade-Jardim. *

Uma divisão celular

(Imaginemos) a Cidade-Jardim * já construída. Sua população
atingiu 32 000 habitantes. Como crescerá? Crescerá mediante o estabelecimento — provavelmente com a intervenção dos Poderes Parlamentares — de uma outra cidade, um pouco além da zona dos jardins
ou do campo, de modo que a nova cidade possa ter sua própria zona
de jardins ou de campo. Eu disse "mediante o estabelecimento de
uma outra cidade", sendo que, por razões administrativas, haveria
duas cidades; mas os habitantes de uma poderiam chegar à outra em
poucos minutos, pois haveria um meio rápido de transporte e assim

a população das duas cidades na verdade representariam uma única comunidade.

A cidade das cidades

Esse princípio de crescimento — princípio que consiste em conservar sempre um cinturão de campo ou de jardim em volta das nossas cidades — seria mantido em vigor até que, com o correr do tempo, tivéssemos um grupo de cidades, evidentemente dispostas não de acordo com a forma geométrica rígida do meu diagrama, mas agrupadas em redor de uma cidade central, de modo que todo habitante do grupo inteiro, se bem que num sentido vivendo em cidade de pequena extensão, viveria na realidade em uma cidade considerável e magnífica e gozaria de todas as suas vantagens; no entanto, todos os prazeres do campo — prados, matas, bosques, além dos jardins e parques — ficariam a poucos minutos de caminhada. *Dado que a população é dona, em caráter coletivo, do terreno* no qual esse belo grupo de cidade é construído, os edifícios públicos, as igrejas, as escolas e as universidades, as bibliotecas, as galerias de pintura e os teatros atingiriam um grau de magnificência que nenhuma cidade no mundo, levantada sobre terrenos de propriedade privada, pode oferecer.

Comunicações

Salientei que os habitantes dessa bela cidade ou desse belo grupo de cidades criarão transportes rápidos por estradas de ferro. * Haverá, em primeiro lugar, uma linha intermunicipal ligando entre si todas as cidades do círculo exterior — 32 quilômetros de desenvolvimento — de modo que, para ir de uma cidade qualquer à sua vizinha mais afastada, não haverá mais do que 16 quilômetros a percorrer, o que seria feito em 12 minutos. Estes trens não parariam entre as cidades, havendo para isso trens elétricos * em grande quantidade, ligando as cidades vizinhas entre si por uma linha direta.

Há também um sistema de estradas de ferro que põe cada cidade do círculo exterior em comunicação direta com a cidade central. A distância de cada cidade ao coração da cidade central não vai além de 5 quilômetros e um quarto e pode ser facilmente coberta em 5 minutos.

Os que sabem, por experiência própria, da dificuldade de ir de um subúrbio a outro de Londres, entenderão imediatamente a vantagem enorme que beneficiaria os habitantes de um grupo de cidades tais como descrevi, porque eles teriam para servi-los um *sistema* e não um *caos* de ferrovias. A dificuldade existente em Londres deve-se, com efeito, à falta de previsão e de planejamento. *

Romper com o presente

Alguns dos meus amigos argumentaram que um tal esquema de grupo de cidades é bem adaptável a um país novo, mas que não ocorreria o mesmo num país antigo, com cidades já construídas e com um "sistema" ferroviário em sua maior parte estabelecido. * Não, não pode ser assim; pelo menos não por muito tempo. O Que

228 O URBANISMO

É pode impedir por algum tempo O Que *Deveria Ser*, mas não pode deter a marcha do progresso. Essas cidades superpopulosas cumpriram sua missão; elas eram o que de melhor podia ser construído por uma sociedade em grande medida baseada no egoísmo e na avidez. *
É por isso que insisto com o leitor para que ele não tome como coisa certa que as grandes cidades, pelas quais talvez ele nutra um orgulho perdoável, são necessariamente, em sua forma atual, muito mais permanentes que o sistema da diligência, que foi objeto de viva admiração, até ser suplantado pela estrada de ferro. A pergunta simples a ser feita, e resolutamente, é esta: Podem ser obtidos melhores resultados se partirmos de um plano ousado do que se tentarmos adaptar nossas velhas cidades a nossas novas necessidades, que são cada vez maiores? Se fizermos assim a pergunta, só poderemos responder afirmativamente; e assim que este simples fato estiver bem compreendido, a revolução social começará rapidamente.

Garden-Cities of Tomorrow, nova edição com prefácios de Sir F. Osborn & Prof. L. Mumford, Londres, Faber & Faber, 1946. Tradução francesa de L. E. Crepelet: *Villes-jardins de demain*, Tientsin Press Limited, China, 1902. (pp. 15-26, 83-84, 77-79, 81, 128, 134.)

Raymond Unwin
1863-1940

Arquiteto inglês que se associou com Barry Parker e com ele construiu a primeira e célebre garden-city *de Letchworth e o* Hampstead Garden Suburb. *Ocupou em Birmingham uma das primeiras cadeiras de* Town Planning *fundada por Cadbury. R. Unwin resumiu suas idéias e experiência em dois livros:*

- Nothing Gained by Overcrowding *(1918)*.
- Town Planning in Practice *(1909)*.

O REAGRUPAMENTO

Limites necessários

Não há motivo para limitar hoje as cidades do mesmo modo (que no passado); fazê-lo seria puro contra-senso, seria agravar mais a congestão urbana; mas, ao deixar as cidades estender-se livremente, é importante dar-lhes, de algum modo, limites, e precisar, separando-o das partes vizinhas, o espaço destinado aos novos bairros. *

Assim é que podemos tirar partido, sem copiar seus muros fortificados, do excelente ensino dado pelas cidades do passado. * O próprio muro pode encontrar uma utilização moderna. Pode servir como separação interessante em um terreno em declive, em um dis-

230 O URBANISMO

trito contíguo a um parque ou a uma zona de espaço livre, cuja monotonia romperíamos com pavilhões e portas. *

Mas estas não são as únicas formas a serem dadas a esses limites; assim, onde existem florestas que não podem ser inteiramente conservadas, geralmente será possível manter uma faixa estreita, de largura suficiente para formar uma tela. * Nas grandes cidades ou nos bairros extensos, seria conveniente organizar largas faixas de separação, formadas de parques, áreas de jogos ou até terrenos de cultivo. Em todo caso, precisaríamos estabelecer * uma linha que separasse a cidade e o campo; um e outro poderiam estender-se de ambos os lados e interromper-se nitidamente ao chegar à linha; evitaríamos desse modo essa margem irregular de aglomerações, de entulhos e de pardieiros que desonram os subúrbios de quase todas as cidades modernas.

Os cinturões de espaços livres com vegetação * ajudarão a fazer com que o terreno que eles cercam constituam uma unidade local. *

Papel dos centros

Não é de se acreditar que qualquer espaço livre forme uma verdadeira praça, nem de se imaginar, já que as praças que tiveram êxito apresentam as formas mais variadas, que qualquer forma será aceitável. * Não existe uma verdadeira praça pública na Paris de Haussman.

Na verdade, os próprios princípios da arquitetura e da arte urbana exigem que se dê a mesma importância aos centros característicos das cidades modernas que aos das cidades antigas. É preciso estabelecer sempre uma relação e uma proporção entre as diferentes partes das composições estudadas; é sempre preciso que algumas dessas partes se destaquem e dominem e que outras lhes fiquem subordinadas; o melhor modo de conseguir isso, em urbanismo, consiste em ter, como os antigos, centros bem definidos. Os edifícios públicos dispersos ao acaso por toda a cidade não produzem impressão alguma: nas ruas comuns, são vistos apenas de uma forma imperfeita e não se atinge nenhum efeito arquitetônico de conjunto. Os prédios agrupados, pelo contrário, valorizam-se mutuamente; os contrastes violentos de dimensão e de escala que eles apresentam em relação às construções vizinhas são evitados e, se os edifícios estão bem colocados, o resultado obtido pode ser de natureza tal que surpreenda a imaginação; teremos assim verdadeiros núcleos de composição dentro do projeto da cidade.

Centros principais e secundários

Os edifícios oficiais, estaduais ou municipais, e suas dependências constituirão naturalmente o centro principal; mas gostaríamos também de ver a formação de centros secundários. Um dos mais indicados seria um centro de educação onde ficariam agrupados os estabelecimentos de educação pública e de arte, acompanhados de ginásios, escolas técnicas, campos de jogos e outros anexos cujas localizações próximas os valorizariam mutuamente. *

Mesmo nos arredores, nos bairros e subúrbios, é necessário que os edifícios públicos sejam agrupados para criar efeitos de conjunto bem definidos. A importância, para o plano das cidades, deste princípio de composição por centros não pode ser exagerada. É, pois, prudente, no início dos estudos, escolher locais convenientes para os grupos principais e secundários; e como esses centros devem servir não só de sítio para os edifícios públicos, mas também como focos de vida social, essas duas utilizações devem ser levadas em consideração, além da escolha. Para se ter certeza de que é ali que o povo se reunirá, esses centros serão colocados nos pontos de afluência das linhas principais, ou ficarão próximos delas; esta última disposição é sempre preferível; convém adotá-la por várias razões. *

A estação como centro secundário

A estação da estrada de ferro deverá ser um dos pontos focais das vias de comunicação. É por ela que a maior parte das pessoas chega às cidades modernas, ou é dela que partem. A estação, pois, reclama a mesma importância das portas das cidades antigas. Certas considerações de conveniência ou de comodidade exigem que haja, diante da estação, um espaço aberto, uma praça que dê amplitude àquela entrada principal da cidade e que facilite o tráfego intenso que deve haver naquele lugar. * Por outro lado, deve-se evitar que o pedestre, assim que sai da estação, veja-se ameaçado de todos os lados pelos perigos do trânsito. * Freqüentemente há estações dispostas de tal modo que sua fachada dá diretamente para uma rua de circulação intensa, mas as ruas laterais apresentam igual atividade. Ao sair da estação, o viajante, dirija-se aonde for, tem de atravessar correndo alguma rua congestionada antes de poder escolher a direção a tomar ou de dar-se conta da disposição geral da cidade. Seria melhor que as estações ficassem situadas no fundo de uma praça sem ruas laterais.

Lembraremos, ao estudar a localização das estações, dos palácios públicos e de outros edifícios onde é provável que seus usuários sejam obrigados a esperar, que seria muito vantajoso que houvesse junto desses edifícios algum local, fechado ou ao ar livre, algum jardim fechado onde a espera fosse tranqüila, dentro de um quadro agradável, fora do barulho da estação e do tumulto dos centros de negócio.

Da estação à cidade

A praça da estação não tem de ser, necessariamente, a praça central da cidade. O barulho da estrada de ferro, o tumulto do tráfego que ela ocasiona, torná-la-iam inapta para essa finalidade. Mas a praça central não precisa ficar longe da estação e, de qualquer forma, deve comunicar-se com ela através de largas ruas ou avenidas. É pouco freqüente, hoje, que as estações estejam situadas fora da cidade; os preconceitos contra as estradas de ferro, que fizeram com que fossem repelidas para a periferia ou para o exterior de tantas cidades, diminuíram atualmente; a diminuição provável, no futuro, do barulho e da fumaça acabará por destruí-los. No entanto, no caso de a estação ficar fora da cidade, a melhor solução ainda é ligá-la diretamente à praça central por uma avenida principal. É certamente desejável que o viajante possa, assim que sai da estação, e onde quer que ela esteja situada, ver os edifícios do centro da cidade ou do bairro, e que as linhas principais do plano sejam dispostas de tal forma que ele possa apreendê-las rapidamente.

Town Planning in Practice, editado pelo autor, 1909; tradução francesa de W. Mooser: Plan des villes, Paris, 1922. (pp. 170, 179, 180, 211, 195-196, 201.)

VI. O URBANISMO NATURALISTA

Frank Lloyd Wright
1869-1959

Discípulo do mestre Louis Sullivan, da Escola de Chicago, F. L. Wright foi o primeiro arquiteto americano de renome que não passou pela Escola de Belas-Artes de Paris. E foi o primeiro nos Estados Unidos a arrancar completamente a arquitetura dos pastichos do passado e do ecletismo, em benefício de um estilo tão incontestavelmente americano como o de Walt Whitman e o de Melville, seus autores favoritos.

A partir de 1911[1], sua influência atravessou o Atlântico e espalhou-se pelo mundo todo, mas de uma forma diferente e mais discreta que a dos arquitetos racionalistas europeus. Como eles, F. L. Wirght é um pioneiro da arquitetura moderna. Mas a libertação da tradição revela-se nele de um outro modo. O melhor exemplo é sua concepção do plano livre, ligado não a uma indiferenciação do espaço interno mas, pelo contrário, à sua particularização. O conceito de espaço orgânico inspira toda a obra de Wright.

Essa organicidade do espaço interior, a importância das paredes e das superfícies planas, o papel da matéria bruta natural, a recusa de qualquer tipologia em benefício de uma grande diversidade, finalmente o enraizamento na paisagem, tais são os elementos

---

1. Em grande parte graças a uma obra publicada na Alemanha: *Ausgeführte Bauten und Entwürfe von F. L. Wright*, Darmstadt, Wasmuth, 1910.

236   O URBANISMO

que podem caracterizar uma obra muito numerosa, que se destacou no campo das construções particulares (Oak Park, 1895; Robie House, 1909; Midway Gardens, 1914; Miniatura, 1923; Falling Water, 1936; Taliesin West, 1938), mas não se limitou a isso (Hotel Imperial de Tóquio, 1916; Fábricas Johnson, 1936 e 1944; Museu Guggenheim de Nova York, 1958).

A essa arquitetura corresponde – logicamente – uma teoria do estabelecimento humano que é uma espécie de antiurbanismo e que mergulha suas raízes na tradição do pensamento americano que Jefferson e Emerson iniciaram – é a utopia de Broadacre, *que Wright desenvolve em três livros sucessivos*[2] *e ilustra em 1934 com uma maquete gigante.*

F. L. Wright publicou numerosos livros[3]*, que constituem a expressão de uma atitude e de um temperamento, mais que de uma doutrina. Seu estilo, sempre lírico e pessoal, cai às vezes na imprecisão, e até mesmo na incoerência.*

BROADACRE

I. MISÉRIA DO HOMEM DAS GRANDES CIDADES ATUAIS

O cidadão "urbanizado", máquina e parasita

O valor da terra enquanto apanágio do homem, ou o do homem enquanto herança fundamental da terra, tornaram-se-lhe agora estranhos e incompreensíveis nas grandes cidades que foram construídas pela centralização (que nunca parou para pensar nelas). A centralização – sem planificação – construiu excessiva e monstruosamente. A felicidade do cidadão convenientemente "urbanizado" consiste em aglutinar-se aos outros dentro da desordem, iludido como é pelo calor hipnótico e pelo contato forçado com a multidão. A violência e o rumor mecânico da grande cidade agitam sua cabeça "urbanizada", enchem seus ouvidos "urbanizados" – como o canto dos pássaros, o sussurro do vento nas árvores, as vozes dos animais ou dos seres amados enchiam outrora seu coração.

No estádio atual, dentro da máquina em que a grande cidade da era do automóvel se transformou, nenhum cidadão pode criar algo além de máquinas.

O cidadão verdadeiramente "urbanizado" torna-se um vendedor de idéias rentáveis, um viajante que explora as fraquezas humanas especulando com as idéias e invenções dos outros, * um parasita do espírito.

---

2. *The Disappearing City*, N. Y., 1932. – *When Democracy Builds*, Chicago University Press, 1945. – *The Living City*, Nova York, Horizon Press, 1958.

3. Em particular: *Modern Architecture*, Princeton, 1931. – *The Future of Architecture*, N. Y., 1953. – *The Natural House*, N. Y., 1954. – *A Testament*, N. Y., 1957.

Uma agitação perpétua excita-o, rouba-o à meditação e à reflexão mais profundas, nas quais mergulhava outrora, quando vivia e se movimentava sob um céu puro, no campo verde, seu companheiro desde que nasceu. *

Ele trocou seu contato original com os rios, os bosques, os campos e os animais pela agitação permanente, a contaminação do óxido de carbono e um conjunto de celas de aluguel instaladas sobre a rigidez de um solo artificial. "Paramounts", "Roxies", boates, bares: esta é, para ele, a imagem do descanso, estes são os recursos da cidade. Ele vive em uma cela, no meio de outras celas, submetido ao domínio de um proprietário que geralmente mora no andar de cima. Proprietário e inquilino constituem a apoteose viva do aluguel. O aluguel! A cidade não é mais que uma forma ou outra de aluguel. Se ainda não são perfeitos parasitas, seus habitantes vivem parasitariamente.

Assim, o cidadão verdadeiramente "urbanizado", perpétuo escravo do instinto gregário, está submisso a um poder estranho, do mesmo modo como o trabalhador medieval era escravo de um rei ou de um Estado. * As crianças crescem, encurraladas aos milhares em escolas construídas e dirigidas como fábricas — escolas que produzem rebanhos de adolescentes, como uma máquina produz calçados. *

A própria vida é cada vez menos "suportável" na grande cidade. A vida do cidadão "urbanizado" é artificial e gregária *; torna-se a aventura cega de um animal artificioso.

Locação universal

Proliferando de modo monstruoso, a cidade da Renascença, agora construída mecanicamente, torna-se a forma universal da angústia, sob os diversos aspectos da locação. A própria vida do cidadão é alugada em um mundo de locação. *

Depois de ter trazido sua contribuição à humanidade, a forma de centralização que chamamos de grande cidade se tornou uma força centrípeta incontrolável, animada pelo espírito do lucro e assim submissa a poderes sempre mutáveis e sempre crescentes. O "sistema" faz com que cresça regularmente no homem o medo animal de ver-se expulso do covil * do qual se acostumou a sair arrastando-se toda manhã. A horizontalidade natural — a direção da liberdade humana sobre a terra — desaparece ou desapareceu. O cidadão condena-se a um empilhamento artificial e aspira a uma estéril verticalidade. *

"A sombra da muralha"

Voltemos bem longe no tempo, para a época em que a humanidade estava dividida em camponeses sedentários (habitantes das cavernas) e nômades guerreiros. *

O sedentário, habitante das cavernas, era o conservador da época. Sem dúvida, então podia mostrar-se mais brutal, até mais feroz, com sua pesada maça, que o nômade armado com suas esporas.

O habitante das cavernas retirou-se para as colinas. Começou a construir cidades. Queria fixar-se. Seu irmão mais ágil e mais móvel

238 O URBANISMO

construiu uma morada mais adaptável e mais precária, a tenda dobrável. *

Os habitantes das cidades criavam seus filhos à sombra da muralha. Os aventureiros nômades criavam os seus debaixo das estrelas, com a única segurança de estar longe do inimigo.

O ideal de liberdade, que não deixou de se expressar no próprio interior de nossas atuais aglomerações sedentárias, tem suas raízes nos instintos originais do aventureiro, do que vivia sua liberdade desdobrando sua bravura debaixo das estrelas e não nos instintos daqueles que viviam da obediência e trabalho, refugiados à sombra da muralha. *

Sem dúvida o nômade foi o protótipo do democrata. * No plano cultural, pelo contrário, a sombra da muralha parece ter predominado, ainda que os horizontes infinitos do aventureiro pareçam exercer hoje sobre a mente humana uma sedução cada vez maior. À medida que diminui o medo físico da força bruta, diminuem as necessidades de fortificação. A aspiração inata do caçador nômade à liberdade revela-se hoje mais certa e mais justificada que as sólidas defesas de alvenaria edificadas no longínquo passado diante da necessidade de proteger a vida humana da própria humanidade. Hoje, qualquer aspiração cultural implica esta noção de liberdade; aí reside um estado de espírito que se mantém, mais ou menos inconsciente, tanto entre os camponeses como entre os industriais, tanto entre os comerciantes como entre os artistas. *

II. VIDA URBANA E DEMOCRACIA

Centralização e autoridade

Examinar o plano de uma grande cidade é como examinar algo parecido ao corte de um tecido canceroso. * Pense nas cidades que você conhece e veja o que os meios prodigiosos de que dispomos hoje para suprimir a distância e o espaço fizeram delas! * A centralização é o velho princípio social que tornou necessários os reis e, atualmente, é a força econômica que "superconstrói" todas as nossas cidades e que degenerou em uma força chamada comunismo[4]. *

Individualidade

Nosso ideal social, a democracia *, foi originalmente concebido como o livre desenvolvimento do indivíduo humano: a humanidade toda livre para funcionar em uníssono, dentro de uma unidade espiritual e, assim, inimiga de qualquer fanatismo e de qualquer institucionalização. Instituição era sinônimo de morte. Este ideal de um estado natural está no âmago da democracia orgânica, assim como da arquitetura orgânica. É indispensável fazê-lo aparecer, se quiser-

---

4. Esta referência ao comunismo não existia nas duas primeiras versões do livro.

FRANK LLOYD WRIGHT 239

mos recuperar o terreno perdido desde a revolução industrial e as guerras que se seguiram a ela.

A democracia não pode se permitir ao luxo de confundir a simples personalidade com a verdadeira individualidade humana[5]. * Do mesmo modo como a vontade humana e o puro intelecto nunca poderão produzir uma individualidade autêntica. *

Se, enquanto povo, desejamos realmente a democracia, temos de prestar especial atenção em nossa atitude com respeito à individualidade — o *ego* de base — pois nos omitimos de distingui-la do que é apenas egoísmo. *

Evoquemos em sua essência a cidade futura da democracia: ela comportará perspectivas bem mais grandiosas e, em um sentido profundamente orgânico, um modo de vida conforme ao Espírito verdadeiro do homem — por ser a individualidade a *integridade fundamental* da alma humana, em suas épocas e lugares particulares. * Sem uma cidade original desse tipo, a América jamais possuirá uma cultura própria. Nenhuma grande arquitetura poderá nascer dentro do quadro da cidade antiga. Mas em toda parte onde existir a cidade democrática, a individualidade da consciência e a consciência da individualidade permanecerão invioladas. *

A era maquinista não nos trouxe (em relação à Idade Média) nenhuma nova forma de planejamento urbano. Em suas origens, a vida urbana era uma festa do espírito *, tudo estava na escala humana. Uma urbanização autêntica, um urbanismo adaptado à escala de vida daquela época e a seu espaço * recompensava a existência dos tempos feudais. *

Ora, hoje, o simples fenômeno do automóvel faz com que a antiga "grande cidade" resulte caduca. Como um velho navio ou um velho edifício irremediavelmente inadaptado a nossas necessidades atuais, a cidade continua a prestar serviço, habitada porque não temos coragem de rejeitá-la e de permitir que o espírito do tempo, do lugar e do homem construa as novas cidades, de que tanto precisamos. *

Processo da verticalidade

Por que, em vista de quais objetivos, as cidades gigantes da América são tão bravamente conservadas? As razões dessa estagnação não se chamariam militocracia, prostituição, banco, conflitos armados? *

Tomemos o exemplo mais surpreendente. Aquele que chega a Nova York pela primeira vez imagina logo o grande povo que devemos ser para termos sido capazes de erguer tão alto a poderosa barreira dessas implacáveis armadilhas para homens, * habitadas a custo de um gasto monstruoso, não só em custos financeiros como também em valores humanos.

Quanta energia gasta na elevação dessa aberrante montanha de dinheiro! * Pouco importa se cada arranha-céu se choca com seu

---

5. Frente à tradição filosófica, Wright, como veremos, coloca a individualidade *acima* da personalidade.

240 O URBANISMO

vizinho * e, com sua massa desordenada e implacável, tapa o horizonte aos olhos enlouquecidos que o contemplam de baixo, perdidos nas sombras que ele projeta a seus pés. *

A sombra projetada pelo arranha-céu dá a significação completa desse fenômeno: ela é a·apoteose e a sobrevivência da antiga sombra da muralha.

Se o arranha-céu era considerado uma unidade independente, um "em-si", ele poderia justificar-se. Poderia ser motivo de orgulho. Se as circunstâncias se prestam a isso, um edifício alto pode ser fonte de beleza; pode resultar em algo econômico e desejável em si mesmo — mas sempre com a condição de não interferir com o que se passa embaixo. * O arranha-céu deixa de ser razoável se não é concebido dentro de um espaço livre e verde. *

A perpendicularidade exagerada não é moralmente admissível. É a tara das nossas grandes cidades, da nossa nação. A perpendicular projeta sombra. * Se fossem respeitados os direitos cívicos do vizinho que eles mergulham nessa sombra, não poderia haver arranha-céus como os que conhecemos hoje. *

Entre as forças ocultas que, sem cessar, trabalham em prol da emancipação da citadino, a mais importante é o despertar progressivo dos instintos primitivos e ainda adormecidos da tribo nômade. * O aventureiro contesta e recusa a sobrevivência da sombra da muralha — a forma antiga da pseudo "cidade moderna".

Um novo espaço

Mas também trabalham para a destruição da cidade as próprias forças da máquina: as invenções elétricas, mecânicas, químicas, que volatilizam e transmitem, de tantas formas novas, a voz, a imagem, o movimento. *

Os milagres da técnica — em cuja gênese nossa cultura "da eficácia" não teve nada a fazer, são novas forças com as quais atualmente qualquer cultura original deve contar. Esses milagres são:

1º — a eletrificação. *
2º — os transportes mecânicos. *
3º — a arquitetura orgânica. *

Com a arquitetura orgânica, o homem toma novamente posse de sua nobreza e de seu território, do qual se torna parte integrante, a exemplo das árvores, dos rios que o esculpem, das colinas que o amolgam. * Existem arquitetos verdadeiramente democráticos que exigem os fundamentos mais profundamente orgânicos de uma sociedade orgânica. *

A verticalidade congestionada das cidades parece-nos hoje totalmente não-estética e anticientífica. À tomada de consciência espiritual do arquiteto corresponde o amor pelo espaço, que sente o ser humano, que é seu cliente. Em qualquer democracia enamorada da liberdade, a sensação de estrangulamento torna-se intolerável. Sempre que se tratar do bem-estar humano, a compressão (vertical ou horizontal) não pode, em nenhum instante, enfrentar a superioridade natural de uma vida harmoniosamente ligada ao solo.

Mas, se a arquitetura orgânica se dirige assim à humanidade toda *, o solo precisa ser colocado à disposição de todos, em con-

FRANK LLOYD WRIGHT 241

dições honestas; ele deve poder ser legalmente considerado como um elemento com valor próprio, tão diretamente acessível aos homens quanto qualquer outro elemento. Uma vez abolida a tirania dos privilegiados e do proprietário-fantasma de bens de raiz, as servidões impostas pelo dinheiro e pela máquina, enfim todos esses tipos de coações, os edifícios da cidade elevar-se-ão livremente dentro de espaços verdes ou estender-se-ão preguiçosamente pelo flanco das colinas, com as quais formarão um todo. Que significado tem um edifício, se não está estreitamente vinculado ao solo em que se levanta? *

III. UM MODELO: BROADACRE

A tarefa essencial de cada um de nós deve consistir em integrar os meios mecânicos de que dispomos hoje universalmente, de modo a deixar os homens livres para se consagrar a tarefas mais nobres, tarefas mais importantes para o desenvolvimento estético da vida; e essas tarefas deverão consistir em criações e prazeres sem nenhuma relação direta com o fato de "ganhar dinheiro para garantir a subsistência", nem com a conquista de nenhum tipo de poder material. Nenhum homem deve estar assim acorrentado. * O homem verdadeiramente livre deve, essencialmente, fazer o que mais deseja e no momento em que o deseja. * *Este* é o único legado válido que recebemos do passado. E é somente no seio de uma democracia autêntica que podemos recolhê-lo ou até compreendê-lo.

Chamamos a este legado livre de qualquer contaminação com nosso passado urbano de "Broadacre City". *

A escolha deste nome não vem do fato de que Broadacre está fundada na unidade mínima de um acre para cada indivíduo, mas, fato muito mais importante, de que, surgida no seio da democracia, Broadacre é a cidade natural da liberdade no espaço, do reflexo humano.

"Arquitetura da paisagem"

Se a livre disposição do solo se baseasse em condições realmente democráticas, a arquitetura resultaria autenticamente da topografia; dito de outra forma, os edifícios assemelhar-se-iam, em uma infinita variedade de formas, à natureza e ao caráter do solo sobre o qual estivessem construídos; seriam parte integrante dele. * Broadacre seria edificada em tal clima de simpatia para com a natureza que a sensibilidade peculiar ao lugar e a sua própria beleza constituiriam um requisito fundamental exigido pelos novos construtores de cidades. A beleza da paisagem seria procurada não como um suporte, mas como um elemento da arquitetura. E assim finalmente reinaria a unidade dentro de uma inesgotável variedade. Um certo regionalismo seria resultante disto, necessariamente. *

Sistema viário

Imaginemos grandes auto-estradas, bem integradas à paisagem, sem nenhum corte; * auto-estradas despojadas de toda superestru-

242 O URBANISMO

tura molesta (postes telegráficos e telefônicos), livres de todos os cartazes chamativos e de todos os sistemas habituais de barreiras, que seriam substituídos por simples valetas e sebes. Imaginemos que estas auto-estradas têm uma largura generosa, que oferecem toda a segurança desejável, acessos fáceis e que são alegradas por margens floridas ou refrescadas pela sombra das árvores e ligadas, a intervalos regulares, aos aeródromos modernos. * Estradas gigantes, pertencentes à grande arquitetura, passam diante das estações de serviços públicos, que deixaram de ser uma ofensa à visão e que também se converteram em arquitetura e abrangem todos os serviços necessários aos viajantes. Estas grandes estradas unem e separam uma série infinita de unidades diversificadas: fazendas, mercados "de estrada", escolas rurais, habitações admiráveis e espaçosas, todas bem assentadas sobre seus acres de terreno, dispostas de modo particular e original. *

Unidades funcionais...

Imaginemos essas unidades funcionais integradas umas às outras de tal modo que todo cidadão possa, a seu gosto, dispor de qualquer forma de produção, distribuição, transformação e distração, dentro de um raio distante de dez a quarenta minutos de sua própria casa. E que ele possa alcançar essas unidades no mais breve tempo, com seu carro, seu avião particular ou transporte público. * Esta distribuição integrada dos modos de existência, em relação íntima com o solo, constitui a grande cidade que vejo cobrindo todo o nosso país. Seria a "Broadacre City" de amanhã. A cidade convertida em nação. *

...diversas...

Não haveria duas casas, dois jardins, duas propriedades (de um a dois, ou três, ou dez acres ou mais), duas granjas, duas fábricas, dois mercados que se parecessem. *

O fazendeiro não invejaria mais o equipamento mecânico do homem da cidade, e este não cobiçaria mais as verdes pastagens do fazendeiro. *

...dispersas

Normalmente qualquer unidade (fábrica, fazenda, oficina, loja ou residência), qualquer igreja ou teatro, ficaria no máximo a dez minutos das escolas e dos mercados de estrada, grandes e diversificados. Os mercados seriam providos de hora em hora com alimentos frescos e comportariam fábricas dispostas de modo a cooperar eficazmente entre si e destinadas a servir, sem intermediários, à população que trabalhasse na zona vizinha. Assim, não haveria nenhuma necessidade de correr de um lado para outro de um centro comum. *

E os edifícios altos? Não se trata de suprimi-los. Não, erguer-se-iam isolados em pequenos parques individuais inseridos no campo, sempre que desejável. Poder-se-iam edificar alguns apartamentos "cooperativos" para os cidadãos ainda inexperientes, que desejassem as belezas do campo sem ser capazes de participar de sua criação. *

FRANK LLOYD WRIGHT

Um novo espaço

O movimento mecânico que se relaciona com o automóvel difere totalmente do movimento do homem que se desloca a pé ou utiliza a tração animal. Este novo padrão de medida deve ser aplicado à concepção geral do espaço dentro do planejamento da cidade nova e de suas novas moradas.

Vejam a construção "pesada"; esta arquitetura de proteção (fortificação) está fadada a desaparecer. Um novo tipo de edifício, destinado a substituí-la, já se perfila no horizonte, como por magia. Trata-se de uma forma construtiva mais adaptada à nossa época. Apesar de todas as circunstâncias desfavoráveis, o homem agora deve estar menos afastado da natureza. * Qualquer elemento construtivo exterior pode tornar-se interior e vice-versa, posto que são considerados como indissoluvelmente ligados entre si e à paisagem. Continuidade, plasticidade e os valores que ambas implicam são rapidamente integrados pela nova arquitetura. *

O habitat das classes trabalhadoras

As classes socialmente desfavorecidas poderão comprar uma unidade de alojamento individual completa *, pronta a ser habitada no instante preciso em que for conectada com o sistema de adução da água da cidade e com uma fossa séptica de quinze dólares. * O trabalhador instala sua primeira unidade no lugar em que deseja estabelecer sua morada. Logo vai acrescentando unidades idênticas; elas são baratas e concebidas organicamente, para satisfazer os usos cotidianos. * Todas essas unidades-*standard* poderão variar no modo de se reunir, com a finalidade de harmonizar-se, de acordo com o caso, com uma planície ou com um horizonte de colinas. *

Unidades pré-fabricadas

No fim de um ano ou dois, o "pobre" pode assim possuir uma morada acolhedora e bem equipada — as casas oferecem qualidade e *variedade*. *

A liberdade na reunião e na utilização das unidades é tamanha que qualquer cidadão pode fazer de sua casa um todo harmonioso, adaptado à sua pessoa e a seus meios, ao solo que ocupa e ao deus que venera. Enquanto outrora o trabalhador só podia escolher entre protótipos concebidos por um sentimentalismo reacionário, * e tinha de equipá-los em grande quantidade, * pela qualidade de seus investimentos, ele tornar-se-á igual a qualquer "rico". O pavilhão possui a mesma qualidade do palacete de luxo[6], da fábrica ou da fazenda.

Que lugar corresponde às classes socialmente menos favorecidas dentro da cidade livre? Com base na igualdade, os indivíduos pertencentes a elas desfrutam agora dos mesmos critérios de qualidade que os ricos. * Graças à qualidade de um modelo[7] de alojamento adaptado à época, ao local e às circunstâncias, sentir-se-ão

---

6. A palavra inglesa é *mansion* (intermediário entre *villa* e castelo).
7. *Design*.

244 O URBANISMO

em casa, em sua morada, imediata e maravilhosamente ligados ao solo em que vivem. *

Otimista, não política, não urbana, camponesa: nossa imagem da cidade é efetivamente tudo isso. Esta é a idéia realizável de uma cidade orgânica, social e democrática, resultante de uma sociedade criadora — em resumo, da cidade viva. Assim, abole-se não só o "apartamento alugado" e a escravidão do salário, mas cria-se o verdadeiro capitalismo. O único capitalismo possível, se a democracia tem o menor futuro.

A fazenda "usoniana" [8]

O novo "pequeno fazendeiro" tem muito menos necessidades, mas possui muito mais, em quase todos os campos, que na época em que, explorando vastos terrenos, ele se achava "grande". De agora em diante não precisa mais de vastas superfícies, de máquinas incômodas ou de numeroso telheiros. * Agora ele precisa de uma pequena oficina pessoal e de ferramentas modernas. Não precisa mais recorrer a forças exteriores, com exceção daquelas que fazem parte de sua morada ou não fornecidas pela eletricidade.

Sua própria energia está preservada pelo simples fato de que ele dispõe de todos os meios de ação reunidos sob o teto de um só e único edifício-modelo, funcional, higiênico e ininflamável. Seus animais estão abrigados a poucos passos, e ele pode dispor de seu automóvel ou de sua camionete bastando-lhe a porta de sua garagem; sua colheita é vendida antes mesmo de começar a brotar, dentro do quadro de um plano de integração das unidades de diferentes dimensões no seio de pequenos mercados rurais. Estes próprios mercados permitem a integração das unidades rurais em um sistema de valores mais elevado, que efetivamente põe à disposição de seus habitantes os produtos mais refinados da arte, da literatura e da ciência mundial. Este tipo de integração está inevitavelmente destinado a substituir, em um futuro próximo, todos os tráficos lamentáveis resultantes da centralização monstruosa das nossas grandes cidades, e até das pequenas. A distribuição é direta. A fórmula "da fábrica ou da fazenda para a família" deixa de ser simples *slogan*. *

Unidades profissionais

Os escritórios para as pessoas que exercem as diversas profissões liberais seriam construídos especialmente, de acordo com o caso; estariam geralmente próximos das habitações, mas poderiam também constituir interessantes elementos plásticos secundários da cidade. * Muitas das pequenas oficinas ou estúdios, clínicas, pequenos hospitais ou galerias de arte, adaptados às diversas exigências das "profissões" em causa ficariam, pois, na maior parte das vezes, diretamente ligados à parte destinada à habitação. Estas unidades

---

8. O termo *usoniano* (*usonian*), Wright toma de Samuel Butler que, em *Erewhon*, criou este neologismo para qualificar algo que se refira aos Estados Unidos. Para Wright, Broadacre é a única solução que fará com que os Estados Unidos sejam usonianos, quer dizer, conformes à sua natureza e à sua vocação.

profissionais altamente individualizadas contribuiriam para aumentar o valor estético da cidade nova e evitariam a fealdade das placas e cartazes atuais e, além disso, reduziriam a enorme perda de tempo que representam hoje para as profissões liberais as idas e vindas entre o centro e os bairros distantes. *

Locais de diversão distribuir-se-ão ao longo das estradas e os mercados espaçosos e flexíveis, como pavilhões, convertidos em locais de troca cooperativa; ali serão trocados não só bens de consumo materiais, como também valores culturais. A noção de "negócios" muda de significado: converte-se em integração da apresentação e da distribuição mercantil de qualquer produto possível conforme à natureza da cidade viva. * Estes mercados, órgãos vitais do futuro, já aparecem sob forma embrionária. Ainda que sejam hoje negligenciados e desprezados, anunciam o fim da centralização. *

Em nossas atuais estações de serviço, já podemos distinguir uma forma grosseira dessa descentralização generalizada e podemos vislumbrar o princípio desses futuros estabelecimentos humanos que chamamos de cidade livre. *

Centros comunitários

O centro comunitário (*community-center*) será uma espécie de clube de clubes *, liberal e estimulante. Constituirá um "fator geral de educação", pois será um centro de recreio. O museu, mais que um museu, será um lugar de reunião: deixará * de ser um cemitério. *

Escolas

Na cidade universal, todo centro cultural intitulado escola será instalado em um parque natural cuidadosamente mantido na parte mais bonita do campo vizinho. * Os edifícios serão cuidadosamente estudados e formarão conjuntos de dimensões reduzidas, compostas das menores unidades possível. Serão construções incombustíveis, de vidro e metal ou qualquer outro material adaptado às necessidades de jovens criados ao sol, no amor à liberdade e à terra. * O terreno será suficiente para formar platibandas de flores e de hortaliças, que serão plantadas e cultivadas por jovens trabalhadores; os pátios interiores plantados poderão ser cultivados pelas crianças. *

Civilização do lazer: a terra

Hoje o trabalhador do campo, graças à eletricidade e à mobilidade universal, pode em qualquer lugar desfrutar de qualquer vantagem antigamente oferecida pela grande cidade, à guisa de recompensa, ao infeliz escravo do salário. Os burocratas e empregados da indústria, a maior parte dos parasitas enclausurados dentro da grande cidade, atualmente presas de uma agitação incessante, esperam com impaciência ir para esses lugares onde lhes será assegurado um emprego total de suas energias e um trabalho agradável. A margem sempre crescente de lazeres que o uso da máquina nos garante não implica absolutamente a ociosidade, mas, pelo contrário, mais tempo para gastar com um trabalho agradável. O trabalhador da nossa cidade

246 O URBANISMO

deve aprender a considerar a terra arável como seu apanágio original. Uma vez que ele esteja estabelecido nela, livremente, de acordo com seu temperamento pessoal e com suas atitudes próprias, concluirá aí, necessariamente, a sua "busca da felicidade". A única base segura da velocidade reside em uma sã utilização da terra. Então por que não retornar à terra e aprender a efetuar essa reconversão?

The Living City, Nova York, Horizon Press, 1958. (pp. 17-23, 31, 45, 47-54, 62-5, 109-10, 112, 116-122, 139-40, 148-153, 158, 161-2, 166, 168, 176, 188, 217. Tradução da autora.)

VII. TECNOTOPIA

Eugène Hénard
1849-1923

Arquiteto e urbanista a quem Paris deve a perspectiva da Avenida Alexandre III, que se divisa da cúpula dos Inválidos.

Sem deixar o terreno da técnica, foi sem dúvida o maior urbanista visionário; suas propostas exerceram (ainda que quase nunca seja citado) uma influência prática e teórica considerável. Foi o inventor da cidade sobre estacas assentadas em solo artificial, que se começou a construir há alguns anos, além de um teórico do urbanismo subterrâneo. Para romper com a monotonia dos alinhamentos urbanos, propôs a solução dos redentes, que Le Corbusier relançou em seguida. Devemos a ele a primeira Teoria geral da circulação[1]; *foi o inventor do cruzamento circular de várias avenidas e da passagem de uma via férrea a nível distinto, duas peças fundamentais da técnica viária atual.*

---

1. Desenvolvida no 6º capítulo das *Transformations*. Quarenta anos antes de Le Corbusier, ele dividia a circulação em seis categorias e afirmava que "a estas seis espécies de movimentos correspondem ou deveriam corresponder tipos de vias públicas apropriadas a seu destino" (p. 191). Indicava a necessidade de um estudo que permitisse determinar numericamente a intensidade das correntes circulatórias nas distintas horas do dia; este haveria de ser o método empregado pelos autores do *Relatório Buchanan*.

250   O URBANISMO

Encontramos finalmente em seus Études sur les transformations de Paris, *publicados de 1903 a 1909, uma série de proposições, especialmente no que diz respeito aos parques e jardins, que ainda conservam toda a atualidade.*

O TRÁFEGO RACIONALIZADO

A rua atual é a conseqüência última do antigo caminho rural, traçado sobre solo natural, pavimentado e completado por calçadas.

Estado atual do subsolo urbano

Por baixo do calçamento, construiu-se um esgoto em princípio destinado ao escoamento das águas pluviais e residuais, mas que se utiliza para todo tipo de coisas para as quais não foi construído. Começaram por incorporar-lhe canos de água pura e de água fluvial; depois acrescentaram-se tubos para o correio pneumático, uma canalização para o ar comprimido e, por fim, a confusão, cada vez maior e mais complicada, dos fios telegráficos e telefônicos. Não se puderam instalar nesta canalização sobrecarregada os cabos de distribuição da luz elétrica, sendo preciso abrir canalizações debaixo das calçadas para colocar ali os condutores metálicos; e tudo isso junto dos condutores de gás situados a maior profundidade. Todas essas canalizações estão superpostas, justapostas sem ordem e sem método. * É por isso que, há dez anos (falo no caso de Paris) a cidade se vê constantemente revolvida e a circulação dos carros e dos pedestres fica cada vez mais difícil.

Todos esses trabalhos trazem conseqüências desastrosas para a rua propriamente dita. *

O inconveniente mais grave desse sistema é tornar muito difícil e até impossível qualquer empreendimento industrial que traga algum elemento novo para a saúde ou o bem-estar dos habitantes; no entanto, podem-se prever alguns desses elementos. É quase certo, por exemplo, que a limpeza pelo vácuo se generalizará e que dentro em breve será imposta uma canalização pneumática para aspirar e destruir a poeira, em benefício da higiene pública. Esta canalização, que é muito importante, não poderá ser instalada nos esgotos.

O transporte das cartas através de um tubo pneumático mais grosso, análogo ao que serve para o envio dos despachos, também se impõe, tanto do ponto de vista da economia quanto do da rapidez das transmissões.

As aplicações do frio multiplicam-se. * O carvão é um combustível para as fábricas; é incômodo e sujo. Podemos conjeturar que no futuro a gasolina será distribuída a domicílio; uma rede de tubulação levará a toda parte e sem sujeira um combustível mais prático. O oxigênio, combinado com o petróleo, alimentará fogos intensos e sem fumaça para o aquecimento dos caloríferos, dos fornos de padaria, etc.

Podemos prever igualmente outras canalizações especiais que distribuam a água do mar e o ar puro. *

EUGÈNE HÉNARD

Para realizar estes progressos, a rua teria de se submeter a alterações permanentes e periódicas que acarretariam gastos proibitivos. *

Solo natural e solo artificial

Todo o mal nasce dessa velha idéia tradicional de que "o solo da rua deve ser estabelecido ao nível do solo natural primitivo". Ora, nada justifica este erro. Com efeito, se partirmos da idéia contrária de que *"os calçamentos e as calçadas devem ser artificialmente estabelecidos a uma altura suficiente para deixar, embaixo, um espaço capaz de conter todas as canalizações"*, as dificuldades que assinalamos acima desaparecem totalmente. Isso implica, bem entendido, um andar a mais do subsolo para as casas vizinhas, já que o solo do térreo está construído no nível da rua. *

A rua superior

Em princípio, os calçamentos e as calçadas seriam construídos de uma vez por todas, como um tabuleiro de ponte, e nunca deveriam sofrer outros remanejamentos além dos exigidos para a manutenção das partes utilizadas. O pavimento, fosse feito em madeira, fosse em qualquer outra matéria elástica, revestiria uma plataforma monolítica de cimento armado. Esta plataforma, construída à altura de 5 metros acima do solo natural, descansaria lateralmente sobre dois muros de alvenaria, paralelos aos das fachadas das casas adjacentes, das quais estariam separados só por um pequeno espaço. Entre os muros laterais, seriam dispostas várias filas de pilastras, que manteriam a plataforma; as pilastras estariam distantes umas das outras aproximadamente 4 ou 5 metros.

A rua inferior

Imediatamente abaixo da calçada, ficaria suspensa toda a série de canalizações que acabamos de enumerar: limpeza pelo vácuo, distribuição de ar comprimido, de água de rio, de água pura e esterilizada, de gasolina, de ar líquido, transporte de cartas, distribuição de ar puro, * além de toda a série dos cabos elétricos. *

Abaixo dessas canalizações, *todas acessíveis e fáceis de inspecionar*, haveria um espaço de 2,25 metros de altura, totalmente livre até o nível do antigo solo natural.

Colocaríamos ali quatro vias férreas com um metro de separação, sobre as quais circulariam trens de vagões pequenos, que recolheriam o lixo e os resíduos e, à medida que sua produção o exigisse, os materiais pesados e incômodos; ao mesmo tempo, retirariam as caliças das obras de construção e de reparação.

As duas vias centrais serviriam para os transportes a longa distância e as duas vias laterais reservar-se-iam para a formação dos trens; seriam ligadas por pranchas giratórias às vias particulares que penetrassem nas casas. *

Esta rua subterrânea seria permanentemente iluminada por lâmpadas incandescentes e por lajes de vidro ao nível das calçadas. A ventilação natural, auxiliada por ventiladores elétricos, seria assegurada por altas chaminés, situadas espaçadamente à direita dos muros divisórios das casas.

Do ponto de vista do alinhamento, todas as fachadas estariam separadas entre si por um recuo regulamentar de 2 metros por 1, em cujo fundo ficaria o condutor de ventilação. Esta disposição seria muito favorável ao aspecto arquitetônico das fachadas, que seriam assim nitidamente separadas umas das outras. *

Vantagens

Esta disposição leva ao desdobramento da rua atual em duas: uma superior, ao ar livre, destinada à circulação dos veículos leves e dos pedestres, a outra inferior, colocada ao nível do solo natural, debaixo da primeira e que serviria para a instalação de todas as canalizações, para a evacuação do lixo doméstico e para o transporte dos materiais e das mercadorias pesadas. *

Um calçamento plano, ocupando toda a largura da rua, é muito mais vantajoso, apesar de seus múltiplos pontos de apoio, que um túnel de abóboda, já que ele utiliza *todo o espaço disponível*. Até se a atividade dos organismos novos exigisse mais espaço ou se a criação de uma nova linha de transportes se tornasse indispensável, poderíamos aprofundar e libertar o espaço necessário tomando os pontos de apoio nos alicerces, num certo número de andares subterrâneos, sem afetar em nada, nem perturbar, nem obstruir a circulação da via superior. *

Classificação do tráfego e da rua de vários andares

Se generalizarmos esta disposição, seremos levados a conceber uma cidade cujas ruas de tráfego intenso teriam, proporcionalmente à intensidade desse tráfego, três ou quatro plataformas superpostas: a primeira para os pedestres e os carros, a segunda para os bondes, a terceira para as canalizações diversas e a evacuação do lixo, a quarta para o transporte das mercadorias, etc. Teríamos assim *a rua de vários andares*, como temos os prédios com andares, e o problema geral da circulação poderia ser resolvido, qualquer que fosse a intensidade desta. *

A aplicação deste sistema seria fácil em uma cidade nova. No exterior da rede das primeiras ruas construídas, e com a finalidade de haver comunicação com o solo natural do campo, estabeleceríamos rampas com 5% de inclinação, mantidas por carcaças de ferro desmontáveis, que transportaríamos para mais longe, quando a cidade ganhasse extensão. *

Solução para Paris

A aplicação deste sistema às antigas cidades seria mais difícil. Tratar-se-ia, com efeito, de tirar massas de terra para estabelecer ruas ocas, *pois em nenhum momento cogitar-se-ia de deslocar nossos tesouros de arte, nem de modificar os monumentos históricos e o aspecto consagrado de nossas velhas cidades*. Esta solução não é, entretanto, impossível; é uma questão de dinheiro. * Uma avaliação sumária * calcula um custo de 140 francos por metro de superfície, sem incluir as diversas canalizações nem os condutores elétricos, que ficariam a cargo das companhias concessionárias.

A superfície das vias públicas de Paris (calçamento e calçadas) sendo de 1 500 hectares aproximadamente, a despesa seria de 2 100 milhões. Se supusermos a operação realizada em um período de cem anos, isso corresponderia a uma despesa anual de 21 milhões, que não é exagerada para um orçamento anual de 350 milhões. Mas todo o núcleo central de Paris, ou seja, um terço da superfície total, poderia ser transformado em 35 anos, com um custo de 700 milhões.

Seja como for, * qualquer nova via que se construísse em uma cidade antiga deveria, prevendo-se o futuro, ser estabelecida de acordo com esse sistema, com dois andares de circulação.

Rapport sur l'avenir des grandes villes, in *Actes du premier Congrès international d'urbanisme* de 1910, publicadas pela *Royal Society of British Architects*, Londres, 1911.

Relatório Buchanan

Em 1961, o Ministério dos Transportes britânico encarregou um comitê de especialistas de estudar os problemas provocados pelo desenvolvimento do uso do automóvel dentro da sociedade moderna e, particularmente, suas incidências sobre os diferentes tipos de aglomeração.

Dois anos depois, o comitê publicava o Relatório Buchanan *(do nome de seu presidente) sobre o tráfego nas cidades. Este documento oferece a primeira análise qualitativa e quantitativa da circulação nas cidades, reforçada por um estudo prospectivo; mas, o que é mais interessante, ele propõe uma série de medidas adaptadas aos diferentes tipos de possibilidades e de casos, já que sua conclusão é formal: a coexistência pacífica com o automóvel exige a criação de um novo tipo urbano.*

A contribuição metodológica mais interessante do Relatório Buchanan *reside em sua recusa em dissociar tráfego e plano-massa, considerados como as duas faces de um mesmo e único problema.*

O Relatório Buchanan *surgiu como um estudo tecnológico exemplar: preciso, exaustivo, consciente de seus limites e de seus pressupostos ideológicos. Mostramos aqui alguns extratos dos capítulos II e III, que dizem respeito, um, às* Bases teóricas, *o outro, a* Estudos de casos particulares, *dos quais só escolhemos as páginas dedicadas a um bairro de Londres.*

O URBANISMO

PESQUISA E PROPOSTA SOBRE O TRÁFEGO NAS CIDADES

I. MÉTODO[1]

O princípio básico

O problema colocado para o urbanista pela circulação nas cidades não difere fundamentalmente do colocado para o arquiteto pelo da circulação dentro de um imóvel *: o princípio básico é o ilustrado pela disposição clássica dos corredores e dos cômodos.

A imagem do "corredor"

Num grande hospital, por exemplo, o problema da circulação é complexo. O tráfego é grande — os enfermos chegam à recepção, são levados para os pavilhões, depois para as salas de operação e de novo para seus pavilhões. Médicos, consultores, enfermeiras e enfermeiros, alimentos, livros, correio e medicamentos * devem chegar aos doentes. O funcionamento do conjunto é assegurado pela criação de *zonas circundantes* (quartos, salas de operação, salas de consulta, laboratórios, cozinhas, bibliotecas, etc.) servidas por um sistema de corredores que garantem a distribuição primária do tráfego. Isto não quer dizer que não ocorra nenhum deslocamento no interior das *zonas circundantes*; em um pavilhão, por exemplo, existem deslocamentos verticais, mas estes são controlados de tal forma que seus arredores não se ressentem com isso. Sempre que o volume da circulação tende a ultrapassar as possibilidades da zona, rapidamente tomam-se medidas para reduzi-la ou desviá-la. Em nenhum caso se pode admitir a abertura de uma *zona circundante* ao trânsito; a travessia de uma sala de operação por carrinhos transportando a refeição dos doentes revelaria um erro fundamental no gráfico de circulação.

A cidade celular

Não há outro princípio a ser aplicado em matéria de circulação urbana, quer se trate de uma cidade nova construída em lugar virgem, quer da ordenação de uma cidade existente. Devemos encontrar *zonas circundantes* agradáveis — "quartos" urbanos — onde se possa viver, trabalhar, fazer compras, flanar, passear a pé ao abrigo dos perigos do tráfego de veículos; e, como complemento, deve haver uma rede de ruas — os "corredores urbanos" — que garantam a distribuição primária da circulação até essas zonas. Não se pode excluir delas a circulação, se pretendermos que funcionem, mas devem ser concebidas de tal modo que o volume e a natureza dessa circulação estejam ligados ao caráter que se pretende que tenha a zona. Esta concepção leva a uma cidade de estrutura celular: as *zonas circundantes* serão

---

1. Os títulos e subtítulos pertencem ao Relatório. Só os intertítulos são nossos.

encaixadas nas malhas de uma rede de caminhos de distribuição primária. A idéia é simples mas, por não o admitirmos, o problema da circulação urbana permanece confuso, vago e sem significação global. *

Relações entre zonas circundantes e redes

Analisemos agora algumas das conseqüências desta idéia. Aplicada ao conjunto de uma cidade, ela criaria uma série de zonas "predominantemente circundantes". Estas zonas comunicar-se-iam entre si pelo entrelaçamento das vias de distribuição, em direção às quais todos os deslocamentos de uma certa importância seriam *obrigatoriamente* canalizados. As relações entre a rede e as *zonas circundantes* seriam exclusivamente relações de comunicação; a função da rede viária consistiria em comunicar as *zonas circundantes*, e não no inverso. Este esquema pode parecer elementar *; no entanto, tem o mérito de mostrar claramente que a circulação e os caminhos não têm fins em si mesmos, mas que o objetivo real é a zona onde se vive e se trabalha. *

Características das zonas circundantes

Exclusão do trânsito

A idéia de rede é relativamente fácil de ser compreendida; o conceito de *zona circundante* é mais delicado. As zonas constituem os "cômodos" da cidade; é nas zonas ou grupos de imóveis e outros lugares que corre a vida cotidiana; sua qualidade é, conseqüentemente, muito importante. O termo *precinto* (utilizado há muito tempo no vocabulário do urbanismo) não pode servir aqui, já que implica hoje a ausência total de tráfego motorizado. Nunca insistiremos o bastante no fato de que as *zonas circundantes* de que estamos tratando podem ser bairros ativos, dotados de uma grande circulação autônoma, mas que não são atravessados por nenhum tráfego exterior. * Todas as atividades — comerciais, industriais, residenciais, etc., ou até mistas — podem ceder lugar a uma *zona circundante*. Naturalmente, as normas a aplicar dependerão do tipo da zona, exatamente como variam, em uma casa, entre a cozinha e os dormitórios. A segurança continuará sendo uma consideração essencial em todas as zonas, se bem que a luta contra o barulho será mais acentuada em uma zona residencial do que em uma industrial.

Dimensão máxima

A dimensão máxima de uma *zona circundante* é determinada pela necessidade de impedir que a circulação interna atinja um volume tal a ponto de precisar ser dividida pela inserção, dentro da rede, de uma via de distribuição suplementar. O conceito de *zona circundante* não implica nenhuma cisão sociológica. Não existe nenhum vínculo, por exemplo, entre nossas zonas e a noção de "unidade de vizinhança"; só propomos um método de disposição dos prédios em função da circulação de veículos. Assim, uma unidade de vizinhança de 10 000 pessoas, quer dizer, a postulada pelo plano de urbanismo

258 O URBANISMO

do Condado de Londres, deveria certamente ser dividida em um certo número de *zonas circundantes.*

Problemas da circulação interior

Se a circulação[2] de uma *zona circundante* está determinada pelo caráter desta zona, resulta que toda *zona circundante* possui uma capacidade máxima de circulação. Podemos constatá-lo, por exemplo, no caso de um conjunto de casas de grande porte, que dão para ruas estreitas. O volume da circulação deverá ser limitado, se quisermos que a zona conserve as normas de sua classe. Poderíamos, pelo menos em teoria, calcular o volume aceitável. Para evitar que se exceda, poderíamos contentar (supondo-se que se trate de uma *zona circundante* em vias de criação) em excluir todos os veículos estranhos a ela; mas, mesmo neste caso, a circulação própria à zona poderia crescer além do limite fixado, em conseqüência, por exemplo, da conversão das casas particulares em apartamentos, ou do crescimento inesperado do índice de motorização. Então seria preciso ou alterar a qualidade da zona, ou reduzir o acesso a ela. Mas poderíamos também *realizar gastos* para transformá-la: por exemplo, criar garagens para os carros que, do contrário, ficariam na rua, ou ainda replanejar completamente o bairro para uma reconstrução.

Três variáveis

"Capacidade circulatória"

Assim, qualquer que seja a *zona circulante*, o problema da circulação pode ser definido por três variáveis principais: a qualidade da zona, sua acessibilidade e o custo das transformações materiais a serem feitas. A relação entre esses termos resume-se em uma "lei" aproximativa: *"dentro de qualquer zona urbana, o estabelecimento de normas para as zonas circundantes determina automaticamente a acessibilidade, mas esta pode crescer em função da despesa aplicada em transformações materiais".* Em outros termos, se quisermos admitir uma grande circulação dentro das zonas, respeitando sua qualidade, os serviços necessários serão com muita probabilidade onerosos.

Toda zona urbana possui uma capacidade de circulação, que precisa ser determinada, se quisermos conservar sua qualidade: este é um dos princípios fundamentais do nosso método. * Os planos de uma casa são feitos para acomodar um número determinado de habitantes; se aumentarmos esta cifra, o amontoamento transforma esta casa em pardieiro. A capacidade só oferece uma margem limitada de elasticidade. Acontece exatamente o mesmo na casa de uma *zona circundante*, em relação ao tráfego que ela pode normalmente conter. *

A "capacidade para veículos" de uma *zona circundante* depende, em grande parte, da disposição dos edifícios e das vias de acesso. * Se tomarmos o exemplo de uma rua clássica de comércio, com vitrinas dos dois lados, perceberemos que esta disposição vale unicamente

---

2. Este termo compreende tanto os veículos parados quanto os em movimento.

no caso de um tráfego fraco. Um remodelamento permitiria um tráfego de veículos muito mais intenso; por exemplo, seria preciso reservar aos pedestres o espaço para o qual dão as vitrinas, transferindo a circulação de veículos para o fundo dos edifícios. *

É preciso abandonar a idéia de que os bairros urbanos se compõem de edifícios dispostos ao longo das vias de comunicação de que comportam dois tipos de planificação, um que diz respeito às construções e o outro às ruas. Isto é pura convenção. Se os edifícios e as vias de acesso são *concebidos em conjunto*, de modo que da conjunção se derive a substância elementar de nossas cidades, eles poderão ser integrados de acordo com estruturas diversas, sendo que um grande número destas se revelarão muito mais vantajosas que a rua clássica. Esta abordagem do problema pode chamar-se "arquitetura da circulação".

Conclusão

Uma perspectiva centrífuga

O método adotado durante este estudo distingue-se das pesquisas precedentes sobre o tráfego em três pontos principais:

1º — Na maior parte dos outros estudos, o problema considerado era essencialmente o da circulação de veículos. Em conseqüência, estes estudos se preocuparam essencialmente com o contorno das cidades; em uma perspectiva centrípeta, eles aplicavam o princípio do contorno para facilitar a circulação dos veículos em torno dos centros comerciais e dos pontos de estrangulamento. Ao concentrar a atenção unicamente na circulação dos veículos chegou-se, na nossa opinião, à deformação e obscurecimento dos objetivos fundamentais do urbanismo em matéria de *zonas circundantes*. Fundado na busca de valores básicos, nosso método levou-nos a adotar uma perspectiva oposta, *centrífuga*. Ocupamo-nos, em primeiro lugar, das *zonas circundantes*: delimitamos aquelas onde se realizam as principais atividades da existência. Pouco a pouco, este movimento *centrífugo* cria uma estrutura celular para o conjunto da cidade, enquanto, por causa de um processo complementar, a trama da rede vai surgindo por si mesma. Pensamos que esta é a ordem na qual é preciso abordar os problemas. Assim, o automóvel e as questões de circulação continuam em seu justo lugar, como um simples serviço dos imóveis e das atividades que ali se realizam.

2º — Nosso método permite abordar objetivamente e cifrar problemas até agora principalmente entregues à intuição.

3º — A circulação torna-se então parte integrande do problema global do urbanismo. *

II. APLICAÇÃO A UM CASO PARTICULAR[3]

O setor escolhido

(Ele fica) na parte central de Londres; constitui a zona compreendida no quadrante sudoeste do cruzamento de Euston Road

260 O URBANISMO

com a Tottenham Court Road. Trata-se de um setor de vocações múltiplas. *

Não definimos com rigidez os limites sul e oeste do nosso setor de trabalho, porque gostaríamos de saber para onde nos levariam as considerações de *zonas circundantes*; mas fixamos mentalmente como limites Great Portland Street a oeste e Oxford Street ao sul, a fim de integrar em nosso estudo os difíceis problemas colocados por esta última via. *

Principais atividades

Vestuário e alimentação

O setor estudado tem 148 acres de superfície. Nele habitam 9 000 pessoas e trabalham 50 000. Abrange uma parte da Oxford Street, grande rua comercial. A maior parte de sua atividade está vinculada ao comércio de roupa (que se relaciona com as *boutiques* e lojas de roupa da Oxford Street), que precisa de um amplo espaço para estocagem e mostruário. Há nesse setor um certo número de lojas especializadas, incluindo os restaurantes e casas de produtos alimentícios da Charlotte Street e da Percy Street, os *stands* de exposição de carros e seus acessórios da Warrent Street e Great Portland Street; os centros comerciais mais ativos ficam na Great Titchield Street, Goodge Street e Cleveland Street. Há cinco estações de metrô localizadas nas ruas que rodeiam o setor, uma em cada esquina e a última no meio, no lado leste; passam linhas de ônibus por todas as vias principais que circunscrevem o setor. *

Dificuldades atuais relativas à circulação

As principais dificuldades provêm de:
19 — Uma má disposição, com muitos cruzamentos e ruas estreitas.
29 — A polivalência das ruas, que servem para múltiplos usos: diferentes tipos de tráfego, estacionamento e descarga. (Este último aspecto é particularmente acentuado no setor especializado em roupa, na Oxford Street; os caminhões que estacionam dos dois lados e que manobram, obstruem o caminho para os outros veículos.)
39 — Estacionamentos insuficientes, cujas dimensões são impróprias para os veículos em serviço. *
49 — O congestionamento devido ao trânsito. Avaliamos que o volume do tráfego é de um terço nas horas do *rush*, com um fluxo de 3 000 veículos, cifra que não está em relação direta com o setor. *

Conflito entre o tráfego e as zonas circundantes

Este conflito atinge o ponto máximo nas ruas que apresentam uma maior atividade pedestre (como Oxford Street) e onde um trá-

---

3. Os outros casos estudados são: uma cidade pequena, Newbury; uma grande cidade industrial, Leeds; uma cidade histórica, Norwich.

RELATÓRIO BUCHANAN 261

fego muito denso corta as vias muito freqüentadas pelos pedestres (acesso às estações de metrô ou paradas de ônibus) ou apresenta uma intersecção com elas.

A rua contra o pedestre

A maior parte dos acidentes com pedestres acontecem nas .vias de maior comunicação que circunscrevem o setor, ou em cruzamentos. O barulho do trânsito tem efeitos particularmente molestos nos arredores do hospital e na Oxford Street, onde se tornou difícil conversar. E é também a Oxford Street que mais sofre com a intrusão visual dos veículos automotores, cujo fluxo ininterrupto, em marcha ou parados, impede aqueles que fazem suas compras de ver o outro lado da rua. *

Primeira proposta: completo remodelamento

Níveis

A densidade do desenvolvimento e a superfície exigida pelas ruas, estacionamentos e serviços eram tais que podíamos estar certos de que um plano seria imposto em vários níveis. Foi por isso que empreendemos a consideração desta hipótese em seu conjunto, para determinar em que princípios ela repousava.

Vias primárias no subsolo

Em princípio, pudemos verificar que havia uma grande vantagem em manter as vias primárias de distribuição[4] da circulação de veículos no nível mais baixo, de preferência *abaixo do nível do solo*, em passagens a céu aberto. Experiências feitas no estrangeiro mostram que esta é a solução mais desejável do ponto de vista da redução de acidentes, do barulho e do incômodo visual. Além disso, se as vias primárias ficam em um nível inferior ao das vias de distribuição local, o planejamento do traçado é muito facilitado * e a disposição das rampas de acesso ou de saída favorecem a aceleração ou a desaceleração. *

Solo artificial para o pedestre

No que diz respeito, atualmente, à relação entre as vias de distribuição local e as próprias construções, as soluções possíveis apresentam-se esquematicamente entre a alternativa de manter os pedestres embaixo e os veículos em cima, ou vice-versa. A primeira apresenta a vantagem de liberar todo o solo para o uso dos pedestres; temos

---

4. Os autores chamam de "vias de distribuição" aquelas destinadas a distribuir com a maior eficácia os veículos pelas zonas circundantes. A "rede de distribuição" compreende um sistema de vias que se comunicam entre si de forma contínua. A "rede de distribuição primária" dá acesso às principais zonas de desenvolvimento e circula entre elas. Existe toda uma hierarquia de vias de distribuição (nacionais, regionais, primárias, distritais, locais). A "rede de distribuição local" está incluída no interior da zona circundante.

262 O URBANISMO

um parque urbano com acesso direto ao térreo dos edifícios. Além disso, situar o acesso dos veículos aos prédios em um nível intermediário pode resultar prático se as funções estão divididas verticalmente (assim, a circulação pode servir simultaneamente às lojas do nível inferior e aos escritórios dos níveis superiores). As vias elevadas podem ainda oferecer perspectivas urbanas muito bonitas. Entretanto, graves desvantagens derivam da sujeição e da rigidez que as vias elevadas impõem aos edifícios: espaço ocupado pelas rampas de acesso, problemas estruturais e, finalmente, preço de custo. Depois de um estudo aprofundado dessas diversas incidências, pareceu-nos teoricamente preferível, em zonas de alta densidade, conservar a circulação ao nível do solo e elevar os pedestres. Esta solução permite uma flexibilidade muito maior na planificação dos edifícios.

Nossas conclusões relativas aos níveis consistiam, pois, em situar as vias de distribuição primária a aproximadamente 20 pés abaixo do solo e em conservar ao nível do solo as vias hexagonais de distribuição local.

As diversas soluções para o estacionamento

O espaço exigido para o estacionamento é aproximadamente o dobro do exigido por qualquer outro uso do solo; ele é quase tão vasto quanto o conjunto do setor estudado. Esquematicamente, acha-mo-nos diante de uma alternativa: concentrar este espaço para estacionamento em garagens de vários andares ou dispersá-lo, simultaneamente, por garagens subterrâneas, debaixo dos edifícios, ou no interior dos próprios edifícios.

Garagens de vários andares: problemáticas

As garagens de vários andares vêem-se diretamente afetadas pelo problema do tráfego nas horas do *rush*. Se tiverem um acesso direto a uma via de distribuição local, representam um risco de engarrafamento; se estiverem situadas em uma via de ditribuição primária, arriscam-se a ser pouco práticas e muito afastadas dos edifícios. Talvez seja porque sua "estrutura" não se ·constituiu em objeto de bastante atenção; em nosso país há bem poucas garagens de vários andares que não constituam um ultraje à paisagem urbana, aspecto do problema que é muito importante nas zonas centrais. As garagens de vários andares não são, aliás, adaptadas às exigências do estacionamento de pouca duração; ora, no caso presente, quase 50% dos espaços para estacionamento estão destinados às pessoas que vão às compras ou às que usam o carro por razões profissionais; estas duas categorias de usuários precisam de estacionamentos de pequena duração, próximos de seus destinos. Em compensação, não há nenhum motivo para não concentrar em garagens situadas em pontos estratégicos os carros das pessoas que vivem em subúrbios (*commuters*) que, a julgar pelas caminhadas que os vemos fazer desde que chegam a Londres através das principais linhas de subúrbio, certamente não se oporiam a percorrer a pé, dentro de um quadro agradável, distâncias que não excederiam meia milha.

RELATÓRIO BUCHANAN

Estacionamento no subsolo

No presente estudo, concluímos que a solução mais vantajosa consistia em dispersar os estacionamentos pelo subsolo, de preferência a concentrá-los em garagens de vários andares. Esta conclusão provavelmente só é válida dentro de um contexto que implique uma grande densidade de população, uma zona central de valor muito elevado, uma zona que seja objeto de um remodelamento global. Reconhecemos as vantagens da garagem de vários andares no caso de centros urbanos cujo remodelamento completo não está sendo cogitado.

Plano geral

Estrutura "em renda"

A decisão de deixar ao nível do solo as vias de circulação locais e as vias distritais de grande tráfego, assim como o espaço considerável necessário ao estacionamento, garagens e veículos de serviço, a decisão de disseminar o estacionamento de preferência a concentrá-lo, a necessidade de evitar uma escavação muito intensa dos locais onde se vão estabelecer os estacionamentos, finalmente o desejo de criar um quadro favorável para os pedestres, todas essas considerações levaram-nos a pensar em um modelo que situa o sistema de circulação dos pedestres acima do dos veículos automotores. Obteríamos assim um novo solo para a vida da cidade, verdadeira plataforma na qual se ergueriam os edifícios. Os estacionamentos e as zonas para veículos de serviço situar-se-iam sob os próprios edifícios, quer dizer, com acesso ao nível do solo original. Entretanto, o modelo elaborado não apresenta nada que se assemelhe a uma ponte ou a uma plataforma contínua. O "novo solo" oferece uma estrutura complexa, como uma renda ou uma espécie de lâmina de metal batida; é um emaranhado de edifícios e de vias para pedestres, com freqüentes aberturas destinadas a introduzir a luz, ar e as perspectivas no nível inferior, enquanto que a rede destinada aos pedestres desce em numerosos pontos até alcançar os espaços ao ar livre do solo original. *

Conclusão

Ainda que a realização de semelhante modelo implique uma abordagem quase revolucionária das questões que se referem à propriedade de bens de raiz e à promoção, ficamos satisfeitos de constatar que o próprio modelo não apresenta, por si mesmo, nenhum caráter fantástico.

Uma arquitetura da circulação

O modelo ilustra de modo admirável a incômoda realidade, já mencionada acima, segundo a qual o veículo automotor exige realmente uma nova forma urbana. Achamos que nosso projeto esboça uma solução e mostra que seria possível criar um quadro ao mesmo tempo denso, variado, interessante, vital e intensamente urbano, embora conserve grande número das vantagens do tráfego de veículos. Mas semelhante projeto só poderia ser colocado em prática no quadro de uma nova abordagem dos problemas; não se trata mais de projetar vias de circulação ou prédios, mas de projetar os dois juntos, dentro de uma mesma e única tarefa. É isso que entendemos por "tráfego--arquitetura": arquitetura da circulação.

Traffic in Towns, a Study of the Long Term Problems of Traffic in Urban Areas, Londres, 1963. Extratos traduzidos por autorização do Controller of Her Britannic Majesty's Stationery Office. (Parágrafos 100-102, 113-118, 136, 291-292, 295, 297-298, 324, 326-331, 335. Tradução da autora.)

Traffic in Towns foi publicado em francês pela Imprimerie Nationale sob o título: *L'automobile dans la ville.*

Iannis Xenakis
1922

Engenheiro, arquiteto e músico, cursou seus estudos em Atenas, antes de emigrar para Paris, onde foi discípulo de Olivier Messiaen. Durante doze anos, foi colaborador de Le Corbusier, participando da concepção do mousteiro da Tourette e dos edifícios de Chandigarh. Para a Exposição de Bruxelas, em 1958, ele criou pessoalmente a arquitetura do Pavilhão Philips (superfícies oblíquas em concreto, inteiramente pré-fabricadas no solo), cujo aspecto fantástico era em parte o reflexo de exigências acústicas.

A partir de 1960, dedica-se inteiramente à música. Do ponto de vista teórico, foi o promotor da música estocástica, *que integra o cálculo das probabilidades dentro da concepção musical (cf. sua obra* Musiques formelles, *1963). Entre suas obras instrumentais, podemos citar* Metastasis *(1953-1954) e, entre as eletrônicas,* Diamorphose *(1957) e* Bohor *(1962).*

A nostalgia da profissão de arquiteto e uma concepção audaciosa da técnica, que os hábitos tradicionalistas da nossa sociedade, na prática, recusaram, inspiraram-lhe as páginas inéditas que se seguem. A cidade ali é objetivada em um modelo muito puro; o realismo e o conhecimento tecnológico estão subordinados a uma visão utópica.

A CIDADE CÓSMICA

É necessário, diante do drama do urbanismo e da arquitetura contemporânea, lançar as bases axiomáticas e tentar uma formali-

266   O URBANISMO

zação dessas duas "ciências". A primeira questão é a da descentralização urbana.

O mito da descentralização

Há vários anos, está em moda falar, tanto quanto possível, de descentralização dos grandes centros urbanos e de dispersão dos centros industriais por todo o território nacional. Esta tendência transformou-se em política dos governos, favorecendo economicamente as transferências das indústrias grandes ou pequenas, como também das administrações e dos centros universitários. Pode-se afirmar que a obsessão pela descentralização é universal; observamo-la na França, como no Japão, nos Estados Unidos, etc., quer dizer, em todos os países onde há grandes concentrações urbanas. De resto, em poucas gerações o "crescimento demográfico" tornará a situação das cidades futuras impossível, mortal, se os urbanistas e os Estados não mudarem de óptica e não se libertarem de uma mentalidade tradicionalista, fixada no passado, daqui por diante ineficaz. A solução dada à questão da descentralização determinará os quadros em que se desenvolverá qualquer urbanismo, qualquer arquitetura.

Para tanto temos de optar pela *descentralização ou, ao contrário, admitir a* centralização?

Tendência natural à concentração

Em princípio, se nos colocarmos como observadores da história contemporânea, assistiremos ao desenvolvimento de uma força poderosa, cega, irreversível, que cria concentrações urbanas, apesar de todas as barreiras levantadas conscientemente pelos governos, .força que aumenta a densidade e a extensão das cidades. Parece até que uma lei simples, mas terrível, pode ser tirada dessa observação: os grandes centros aumentam mais que os pequenos, de acordo com uma curva logarítmica.

Depois, se nos colocarmos no plano sócio-cultural e no da técnica e da economia, comprovaremos que os grandes centros favorecem as expansões e os "progressos" de qualquer natureza. É uma constatação histórica, feita há milhares de anos, mas constantemente esquecida e cujo equivalente poderíamos encontrar em outros campos, por exemplo, no das culturas biológicas complexas ou, simplesmente, nesses fenômenos de massas que, de acordo com a lei dos grandes números, tornam possível o aparecimento de acontecimentos excepcionais, altamente improváveis (leia-se impossíveis) no seio das populações menores.

Em compensação, a descentralização leva a uma dispersão dos centros, a um aumento da extensão das vias e da duração dos intercâmbios, a uma especialização cerrada das coletividades e a um marasmo sócio-cultural. As cidades universitárias dão prova disso, como também as cidades operárias e todos os tipos de "cidades" dentro de um país; daí o fracasso das teorias das *cidades lineares* e outras ingenuidades do estilo.

Estes raciocínios e constatações estão no ar, e são de entendimento simples até para os que não têm ocasião de consultar as estatísticas dos serviços especializados ou não sabem lê-las.

IANNIS XENAKIS

Mas, por que descentralizar?

Na verdade, esta política às avessas nasce de duas direções mestras:

a) a asfixia sofrida pelas cidades atuais por causa da massa das comunicações anárquicas e da má distribuição das atividades por todo o território nacional;

b) uma tradição mental de geometrização e de planificação dos conjuntos urbanos que, ressurgida com novo vigor no século XIX, se fixou e se condensou durante os anos 1920, sob a influência do cubismo e do construtivismo. Trata-se de uma tradição que tem uma grande força inibidora.

Mito do ortogonismo

Esta segunda direção já mostrou sua impotência para resolver os problemas mais simples, tais como a construção de cidades novas, mesmo quando os urbanistas gozam de todo o apoio dos governos, como no caso de Le Havre, Brasília ou Chandigarh que, por enquanto, são cidades que nasceram mortas. Com efeito, é impossível, dada a atual formação dos urbanistas e arquitetos (formação conservadora e simplista) que indivíduos possam resolver, *a priori*, sobre o papel, os problemas do nascimento, da constituição e do desenvolvimento de uma cidade, problemas mil vezes mais complexos que os de uma casa ou de uma unidade de habitação, estes mesmos só resolvidos pela metade. Esta carência faz com que as soluções urbanísticas elaboradas sobre o papel não passem de combinações pobres de linhas retas e de retângulos, acomodados a espaços incongruamente curvos (leia-se espaços verdes).

É esta mesma carência que faz com que os responsáveis pelo planejamento do território fiquem ofuscados pela complexidade biológica de uma cidade secular, como Paris; e que, envenenados pelos fumaças da gasolina ou pelas longas esperas em todo tipo de filas, eles preconizem a explosão dessa complexidade viva, ao invés de dedicar-se, por exemplo, ao verdadeiro problema da indústria automobilística; sem falar das soluções dadas por arquitetos-urbanistas ditos de vanguarda que, na verdade, são tão-somente ingenuidades de vida curta e rastejante; pois, para esses, preconizar a impossível descentralização-panacéia-para-todos-os-males-urbanos não se constitui em um caso de consciência.

Por conseguinte, sob a tirania dessas duas linhas de força, uma real, a outra mental, descentraliza-se a golpe de lápis e criam-se cidades-satélites (leia-se cidades-pardieiros modernas), cidades-dormitórios ou cidades especializadas produzidas por uma arquitetura cúbica absurda (caixas de sapato = coelheiras), estandartizadas, às vezes dotadas de um coquetismo decorativo, grotesco, como por exemplo Estocolmo, ou sem rasgos de coquetismo, como Paris ou Berlim.

Também é verdade que o algoritmo do plano, do ângulo reto e da linha reta, que datam de mil anos, e que é a base da arquitetura e do urbanismo contemporâneos, foi consideravelmente reforçado pelos materiais "novos": o concreto (por causa do madeiramento com tábuas), o aço e o vidro, como também pela teoria relativamente simples dos elementos planos e sobretudo lineares.

268 O URBANISMO

Só que, se a concentração é uma necessidade vital para a humanidade, é preciso mudar completamente as idéias atuais sobre o urbanismo e a arquitetura e substituí-las por outras.

A cidade cósmica vertical

Vamos esboçar umas tantas idéias que nos levarão à concepção da "Cidade Cósmica Vertical".

Eis aqui uma lista das propostas axiomáticas que implicam umas às outras, e que ajudarão a mostrar seu rosto e a formalizar sua estrutura:

1) Necessidade absoluta de ir em busca das grandes concentrações de população, pelas razões gerais enumeradas acima.

2) Uma alta concentração e o enorme esforço técnico que ela causa, implicam uma independência total em relação à superfície do solo e da paisagem, o que leva à concepção da cidade vertical, à cidade que pode atingir alturas de vários milhares de metros. A independência conduz ao mesmo tempo a uma padronização gigantesca: a formalização das concepções teóricas e da maneira de pô-las em prática será necessariamente e, por si só, eficaz.

3) A forma que será dada à cidade deverá eliminar, dentro de sua estrutura, os esforços de flexão e de torção antieconômicos.

4) A luz deverá penetrar por toda parte e a visão ser direta dos e sobre os espaços. Daí uma espessura relativamente pequena da cidade vertical.

5) Dado que a cidade será vertical, ocupará uma superfície mínima de terreno[1]. A liberação do solo e o desenvolvimento técnico de semelhante cidade ocasionarão a recuperação de vastas extensões de terreno, uma cultura do solo automática e científica, mediante a utilização de conjuntos eletrônicos de gestão e de decisão; o camponês clássico, com seu trabalho manual, deverá desaparecer.

6) A distribuição das coletividades deverá constituir, de início, uma mescla estatisticamente perfeita, de modo contrário a todas as concepções atuais do urbanismo. Não haverá subcidade especializada de nenhuma espécie. A mescla terá de ser total e calculada estocasticamente pelos escritórios especializados da população. O operário ou os jovens viverão no mesmo setor que o ministro ou o ancião, o que será vantajoso para todas as categorias sociais. A heterogeneidade da cidade virá de si mesma, de forma viva.

7) Conseqüentemente, a arquitetura interior da Cidade Cósmica deverá orientar-se para a concepção de locais intermutáveis (cf. a arquitetura tradicional japonesa), adaptando-se às utilizações mais diversas; o nomadismo interno (movimentos das populações) tende a ampliar-se a partir de um certo nível de progresso. *A arquitetura móvel* será então a característica fundamental da nossa cidade.

8) Dado que a cidade será modelada por uma técnica universal, também estará apta a alojar as populações do Grande Norte (ou Sul)

---

1. Com uma densidade de 500 habitantes por hectare, uma cidade como Paris, de 5 000 000 de habitantes, ocupa, em números redondos, 10 000 hectares. A cidade que propomos ocupará uns 8 hectares, ou seja, menos de uma milésima parte.

IANNIS XENAKIS 269

e as dos trópicos ou dos desertos. Para tanto, deverá ser provida de condicionamentos climáticos em algumas de suas partes, de modo que centenas de milhões de seres humanos fiquem livres das contingências climáticas e meteorológicas. Qualquer homem, em qualquer latitude, terá acesso a condições agradáveis de vida e de trabalho. Assim, a técnica, inteiramente industrializada e formalizada, transformará a cidade em um verdadeiro *vestuário coletivo, receptáculo e instrumento* biológicos da população.

9) A comunicação será feita segundo coordenadas cilíndricas, com a vantagem das grandes velocidades em vertical (de 100 a 200 km/h).

10) As comunicações para o transporte de materiais (homens ou coisas) deverão ser garantidas por técnicas novas (por exemplo, calçadas ou ruas rolantes a pequenas, médias ou grandes velocidades, deslocamentos pneumáticos rápidos para passageiros, tanto no sentido horizontal, como no vertical, etc.). Assim, pois, suprime-se de qualquer meio de locomoção individual sobre rodas[2].

11) Os transportes de três dimensões (aéreos) serão favorecidos pelas pistas no cume das Cidades Cósmicas (com economia considerável de carburante). Os tempos mortos entre as cidades e os aeródromos serão reduzidos a nada.

12) A grande altitude da cidade, além de permitir que se alcance uma densidade muito elevada (2 500 a 3 000 habitantes por hectare), terá a vantagem de ultrapassar as nuvens mais freqüentes, que se mantêm entre 0 e 2-3 000 metros, e de colocar as populações em contato com os vastos espaços do céu e das estrelas; a era planetária e cósmica começou, e a cidade deverá orientar-se para o cosmo e suas colônias humanas, ao invés de continuar rastejante.

13) A transformação dos resíduos industriais e domésticos em circuito fechado assumirá uma grande importância, em benefício da saúde e da economia.

14) A Cidade Cósmica, por definição, não temerá as devastações da guerra, pois o desarmamento terá sido imposto na Terra e se buscarão outras expansões no espaço cósmico, sendo que os Estados atuais estarão transformados em províncias de um Estado Mundial gigante.

Soluções técnicas

Rápidos dados técnicos da Cidade Cósmica:

Os catorze pontos precedentes supõem certas soluções técnicas: utilização das estruturas de casca e especialmente das superfícies inclinadas, tais como os parabolóides hiperbólicos (P.H.) ou os hiperbolóides de revolução, que evitam os esforços de flexão e de torsão e só admitem (a não ser nas margens) esforços de tração, de compressão e de corte.

A forma e a estrutura da cidade constituirão, pois, uma casca oca de parede dupla em rede, por causa das superfícies reguladas utilizadas, o que, além do mais, terá a vantagem de empregar elementos lineares, sempre mais baratos.

Para fixar as idéias, suponhamos que a forma adotada seja um hiperbolóide de revolução (H. R.), com uma altitude de 5 000 metros e que deve conter em sua casca oca, com a largura média de 50 metros, uma cidade de 5 000 000 de habitantes.

Os 5 000 metros de altitude estão no limite da pressão e da oxigenação normais que um homem comum pode suportar sem nenhum aparelho especial e sem adaptação prévia, o que quer dizer que a cidade cósmica pode "saltar" esta barreira e elevar-se a mais de 5 000 metros com a condição de que se preveja a pressurização, a umidificação e a oxigenação artificiais.

Se admitirmos um diâmetro de base igual a 5 km, a superfície da casca será de aproximadamente 60 km^2. Este cálculo aproximado é feito sobre um cone truncado de 5 km de altura e de 5 e 2,5 km de base. Dado que a espessura da casca que mantém a cidade é de 50 metros, seu volume será de aproximadamente 3 km^3. Ora, uma cidade completa como Paris (que nos serve de modelo) com uma densidade de 500 habitantes por hectare, forma uma camada de 22 metros de espessura, sendo que uma média de 5 000 000 de habitantes ocupam, com suas casas, prédios públicos, indústrias e espaços verdes ou zonas de circulação, um volume de 2,2 km^3 numa superfície de 10 000 hectares.

Em nossa fórmula, tomamos uma carga média de 400 kg por metro quadrado de soalho (= materiais ultraleves, plásticos ou metálicos, de volume muito fraco graças às indústrias espaciais, que encontrarão assim "saídas" na terra); 7 andares. 400 kg/m^2 para cada 3/4 de hectare da cidade, o outro quarto sendo formado pelas vias de comunicação e espaços livres. Em conseqüência, o peso total da cidade será de: (3/4) . 10 000 h 2 800 kg/m^2 = 210 000 000 toneladas a serem espalhadas sobre um anel circular ao solo de 16 km de perímetro, sobre 250 metros de largura para uma pressão no solo de 5 kg/cm^2.

Berlim, janeiro de 1964.

---

2. Calamidade infligida às cidades modernas pelas muitas indústrias automobilísticas. É um exemplo da vã cancerização social e econômica, que dificilmente se pode evitar nos países de livre concorrência.

VIII. ANTROPÓPOLIS

Patrick Geddes

1854-1932

Biológo escocês, discípulo de T. H. Huxley, foi primeiro professor de botânica (Dundee, 1883) e autor de trabalhos sobre A evolução do sexo *(1900); depois estudou, sempre de um ponto de vista evolucionista, a transformação das comunidades humanas.*

Neste campo, cujo horizonte lhe foi aberto em especial pelos trabalhos dos geógrafos franceses e pela sociologia de Le Play, interessou-se essencialmente pelo urbanismo, com respeito ao qual demonstrou a necessidade de se recorrer a uma pesquisa global prévia.

O próprio Patrick Geddes empreendeu um certo número de pesquisas[1] em uma série de cidades, na Europa (Edimburgo), na Palestina e na Índia.

Devemos também a ele a criação de conceitos urbanísticos ou críticos que se tornaram clássicos: conurbação, *eras* paleotécnica *e* neotécnica[2].

---

1. Cf. P. GEDDES, "City Development" in *A Report to the Carnegie Dumferline Trust*, Edinburgh, 1904

2. "Substituindo simplesmente a terminação 'lítica' pela terminação 'técnica', obteremos termos que permitem caracterizar as primeiras manifestações elementares da era industrial como paleotécnicas e as seguintes, as que estão inclusive em curso de gestação, como neotécnicas. Ao primeiro grupo pertencem as cidades mineiras, * a máquina a vapor, a maior parte das nossas fábricas, * as estradas de ferro * e, acima de tudo, as cidades industriais, superpovoadas e monótonas, nascidas de todas essas circunstâncias." *Cities in Evolution*, edição citada, pp. 63-64.

274 O URBANISMO

Exerceu uma grande influência quando se realizaram as primeiras garden-cities. *Foi o mestre de Lewis Mumford. Suas duas obras principais, em matéria de urbanismo, são:*

— City Development *(1904);*
— Cities in Evolution *(1915).*

A EVOLUÇÃO CRIADORA DAS CIDADES

I. A CIÊNCIA DAS CIDADES[3]

Polística

Enquanto ciência, a polística[4] é o ramo da sociologia que trata das cidades, suas origens, sua distribuição; de seu desenvolvimento e estrutura; de seu funcionamento interno e externo, material e mental, de sua evolução, particular e geral. Do ponto de vista prático, enquanto ciência aplicada, a polística deve desenvolver-se pela experimentação, e tornar-se assim uma arte cada vez mais eficaz, suscetível de melhorar a vida da cidade e de contribuir para a sua evolução. *

Na mesma medida em que me dediquei essencialmente ao estudo da natureza viva em evolução, naturalmente fui levado a considerar a cidade dentro de uma perspectiva geográfica e histórica, levando em conta diversas mudanças que intervieram no meio ambiente ou nas funções urbanas; a partir daí, bastava dar um passo para chegar às interpretações abstratas do economista e do político, ou até do filósofo e do moralista. No trabalho cotidiano de coordenação dos gráficos que ilustram as pesquisas propriamente sociológicas e os planos detalhados para a construção de espaços verdes e de edifícios, não encontrei os perigos que podiam ser previstos como conseqüência da divisão do trabalho. Uma vez superadas as primeiras dificuldades, percebemos que praticamente desaparece a distância entre teóricos e práticos, que estão hoje, particularmente em nosso país, radicalmente separados. *

Valor do concreto

Compreender os fatores geográficos e históricos da vida de nossas cidades é o primeiro estádio da compreensão do presente, é uma etapa indispensável de qualquer tentativa de previsão científica do futuro, para que se evitem os perigos da utopia. *

Toda cidade, por menor que seja, conta com uma abundante literatura relativa à sua topografia e história. *

3. Título de Geddes.
4. Com este neologismo (*la polistique*) a autora traduziu o inglês *Civics*, empregado por Geddes em um sentido pouco habitual. Acreditamos que, graças ao termo grego, conservamos a ressonância política de tudo o que diz respeito à "polis".

PATRICK GEDDES 275

Depois dessa pesquisa geral e preliminar sobre o ambiente geográfico e histórico, a pesquisa sociológica propriamente dita nos fornecerá elementos para elaborar uma literatura complementar. Sua substância estatística será procurada nos relatórios parlamentares e municipais e nos periódicos dedicados à economia. * Mas serão necessárias pesquisas de primeira mão, detalhadas.

Será necessário um relatório completo e bem ordenado da situação presente da população, que especifique suas ocupações, salários reais, orçamentos familiares, nível cultural, etc.

Uma vez donos de tais elementos, * não seríamos capazes de prever * e organizar seu possível desenvolvimento? Além disso, uma planificação semelhante, limitada numa primeira abordagem ao futuro imediato, não pode e não deve determinar as perspectivas mais distantes e mais elevadas nas quais implica a vida indefinida de uma cidade? * Uma literatura com estas características iria diferir muito da "literatura utópica" tradicional e contemporânea; ela seria regional, localizada, ao invés de não aplicar-se a lugar nenhum; conseqüentemente, seria realizável. *

Eutopia e outopia

Assim, as verdadeiras possibilidades colocar-se-iam diante de nós, mas também os meios de escolhê-las e de definir * as linhas de desenvolvimento da legítima *Eutopia*, particular a cada cidade considerada. Trata-se de uma realidade bem diferente da vaga *Outopia*, que não é concretamente realizável em nenhum lugar[5]. A esta correspondem as descrições da cidade ideal, de Augustin a Morris, passando por More, Campanella ou Bacon; através dos tempos, elas resultaram consoladoras e até inspiradoras; mas uma utopia é uma coisa e um planejamento, outra. *

Um método

A adaptação da pesquisa sociológica ao verdadeiro serviço social representado pela *polística* enquanto ciência aplicada não é uma idéia abstrata, mas um método preciso e concretamente aplicável. * Assim chegamos à idéia de uma *Enciclopédia cívica*, para a qual todas as cidades deveriam contribuir por meio de uma informação exaustiva com respeito à trilogia passado, presente, futuro. * Já podemos prever que o desenvolvimento da polística conduzirá a um despertar da consciência[6] urbana, a um renascimento cívico. [1]

II. A PESQUISA PRÉVIA AO PLANEJAMENTO

Faz-se, pois, necessária uma pesquisa "polística" completa prévia ao estabelecimento de qualquer projeto urbano.

5. Esta distinção entre *Eutopia* e *Outopia* foi retomada por Lewis Mumford em sua *Story of Utopias*, obra diretamente inspirada pela leitura de Geddes. Cf. nossa introdução.
6. Geddes joga aqui com as palavras *consciente* e *consciousness*, pondo em

276 O URBANISMO

Ignorância dos responsáveis

O que se passa em uma comunidade em que as autoridades não reconheceram plenamente a necessidade dessa pesquisa prévia? * O conselho municipal ou os comitês responsáveis confiam simplesmente ao arquiteto da cidade — se é que ela tem um — ou, normalmente, ao engenheiro local, a tarefa de estabelecer o plano da cidade.

Muito poucas dessas personalidades municipais conhecem o movimento do *Town Planning* e suas publicações; muitas menos ainda têm uma experiência direta do que foi empreendido (com ou sem êxito) em outras cidades. Na maioria das vezes, elas não possuem a formação polivalente — geográfica, econômica, artística, etc. — necessária para resolver problemas arquitetônicos complexos, carregados de implicações sociológicas.

Por razões econômicas, renunciou-se com freqüência a empregar um arquiteto vindo de fora, o que, aliás, pouco importa, pois, com raras exceções, o arquiteto de maior prestígio, por mais competente que seja na concepção de edifícios isolados, revela-se tão pouco experiente em matéria de planejamento urbano (*Town-Planning*) quanto as autoridades municipais. *

Uma exposição "polística"

O conjunto dos materiais reunidos por ocasião da pesquisa preparatória deve permitir a organização de uma exposição "polística" ou cívica, que dê uma imagem do passado e do presente da cidade; uma seção particular seria dedicada ao futuro e compreenderia: a) alguns bons exemplos de planificação realizados em outras partes; b) os projetos relativos à própria cidade. Estes últimos poderiam proceder de diversas fontes: personalidades convidadas pelo município e autores independentes.

Uma exposição semelhante * informaria à municipalidade e ao público sobre as linhas gerais da pesquisa preliminar e de sua necessidade; contribuiria utilmente para a educação e a formação do público, assim como de seus representantes. Nessa tarefa, os exemplos recolhidos de outras cidades, comparáveis por suas características gerais, seriam particularmente preciosos.

Depois da exposição e de seu cortejo de discussões públicas, jornalísticas, práticas e técnicas, o município e seus representantes, assim como o público em geral, estariam muito melhor informados e mais interessados que atualmente pela situação e pelo futuro de sua cidade. *

A seleção dos melhores projetos constituiria um estímulo considerável para a informação individual e a invenção; poderia também levar a uma preciosa emulação polística. *

É impossível estabelecer com detalhes um esquema de pesquisa aplicável a todas as cidades. No entanto, é preciso uma unidade de método * que permita a comparação. Depois do estudo cuidadoso de uma série de documentos de informação preparados para

jogo ao mesmo tempo conhecimento e ética: os cidadãos serão mais conscientes, mas também mais preocupados com seus deveres.

cidades particulares, elaboramos um esquema geral aplicável à individualidade própria de cada cidade.

Esquema de pesquisa

Situação, topografia e vantagens naturais

a) Geologia, clima, recursos naturais.
b) Solos, com vegetação, vida animal, etc.
c) Fauna aquática (de rio ou de mar).
d) Acessos à natureza (costas, etc.).

Meios de comunicação por terra e água

a) Naturais e históricos.
b) Atuais.
c) Desenvolvimento futuro previsto.

Indústrias, fábricas e comércio.

a) Indústrias locais.
b) Fábricas.
c) Comércio, etc.
d) Desenvolvimento futuro previsto.

População

a) Movimento.
b) Ocupações.
c) Saúde.
d) Densidade.
e) Distribuição do bem-estar (*well-being*) (condições de vida familiares).
f) Instituições educativas e culturais.
g) Necessidades eventuais futuras.

Ordenação urbana passada e presente

a) Desenvolvimento, fase por fase, desde as origens.
b) Desenvolvimento recente.
c) Zonas de administração local.
d) Estado atual:
   planos existentes,
   ruas e bulevares,
   espaços verdes,
   comunicações interiores,
   água, esgoto, eletricidade,
   alojamentos e higiene,
   atividades para o melhoramento da cidade (municipais e privadas).

Futura ordenação urbana: sugestões e planos

A) Exemplos tomados de outras capitais e cidades, inglesas ou estrangeiras.
B) Propostas referentes aos diversos setores da cidade.
   a) As expansões suburbanas.

278 O URBANISMO

b) Possibilidades de melhoria e de desenvolvimento da cidade.
c) Soluções propostas (com detalhes). *

III. CRIAÇÃO E INTUIÇÃO

Realizada nossa pesquisa *, fizemos todo o necessário? Sim
e não. *

Tudo o que acumulamos são apenas materiais da nossa história,
estudos para o nosso quadro, esboços do nosso desenho. *

O realista dirá que não pode esperar mais, e estará certo. Mas, enquanto os trabalhos apenas começam, a pesquisa deve continuar. *

Contato vital com o passado

Devemos assim imaginar nossa cidade desde suas mais humildes
origens, em seu quadro geográfico próximo e mais distante. *

E o que tivermos feito com a geografia, devemos fazer com
a história. Teremos de reconstituir, cena por cena, esse desfilar do
tempo. Nenhuma minúcia arqueológica deverá ser poupada. * Em
cada período, precisamos reconstituir o essencial da vida local.

Do mesmo modo que a insolente prosperidade das cidades inglesas e americanas da era industrial nos fez esquecer o passado e não o
imaginarmos mais a não ser em termos de construções industriais
e ferroviárias, chegamos a pensar que esse tipo de cidade era defini-
tivo, e não submetido à mudança perpétua.

É um mau conhecimento da perspectiva histórica * que retarda
assim a tomada de consciência da mudança "polística". *

Urbanismo e bergsonismo

Como Bergson ensina, as idéias são tão-somente segmentos
arbitrariamente tomados da vida; o movimento é a essência da vida.
O movimento vital da cidade perpetua-se modificando o ritmo imposto
pelo gênio do local, e retomado pelo espírito do tempo. *

Nossa pesquisa é, pois, um meio de mergulharmos novamente
na história vital da nossa comunidade. Semelhante vida, com sua
dimensão histórica, não pertence ao passado, nem se concluiu ainda;
está incorporada às atividades e características atuais da nossa cidade.
Todos estes fatores e outros novos, eventuais, determinarão seu
futuro. * Nossa pesquisa não deve só servir para preparar um relatório econômico e estrutural; deve ser para nós o meio de evocar a
personalidade social da cidade, personalidade que muda com as gerações e que, no entanto, se expressa nelas, através delas.

Este é, com efeito, o objetivo mais elevado das nossas pesquisas.
Não é um autêntico urbanista, mas no máximo um engenheiro simplista, ainda que seu trabalho técnico seja perfeito, aquele que só procura os pontos de identidade das cidades, as analogias entre as redes
de ruas e de comunicações. Aquele * que quiser realizar um trabalho
de modo durável e profundo * deve conhecer realmente a cidade,
entrar em sua alma — como Scott e Stevenson conheciam e amavam
Edinburgh, por exemplo. *

PATRICK GEDDES

Urbanismo e biologia

Temos de escrutar a vida da cidade e de seus habitantes, os laços que os unem, tão intensamente quanto o biólogo escruta as relações do indivíduo com a raça em evolução. Só assim poderemos enfrentar problemas de patologia social e criar a esperança de verdadeiras cidades novas. *

Reintegrando nossa cidade numa corrente vital, descobriremos como libertá-la de seus males paleotécnicos. *

Qualquer urbanista segue, mais ou menos, essa direção; nenhum admitirá ser um simples * construtor de paralelogramos, um simples desenhista de perspectivas; mas teremos de trabalhar muito e arduamente antes de estarmos em condições de expressar, como o faziam os antigos construtores, a alma das nossas cidades. [2]

[1] *Civics as Applied Sociology*, conferência pronunciada ante à Sociological Society, na Universidade de Londres, em 18 de julho de 1904 e publicada nos *Sociological Papers*, Londres, Macmillan & Co, 1905. (pp. 111, 115-118. Tradução da autora.)

[2] *Cities in Evolution*, Londres, Williams and Norgate, 1915. (pp. 248, 253-257, 359-365. Tradução da autora.)

Marcel Poète
1866-1950

Marcel Poète foi, antes de tudo, o historiador de Paris. Profes-
sor de "História de Paris" da Bibliothèque de la ville de Paris (1903)
e, mais tarde, da École des Hautes Études, dedicou a esse assunto
duas obras monumentais:

— Une vie de cité *(1924-1931);*
— Paris et son évolution créatrice *(1938).*

Sua abordagem vitalista da cidade levou-o a basear o urbanismo
em uma pesquisa sociológica e em uma observação científica; nesse
aspecto, aproximou-se muito de Patrick Geddes.
"Admiro a ousadia dos técnicos atuais do urbanismo que, quando
aplicam esta ciência a uma cidade, consideram antes de tudo a apa-
rência das coisas, como se a consideração dos habitantes que formam
a cidade não se impusesse previamente. É através destes que a cidade
precisa ser vista, ao invés de ser observada simplesmente do ponto
de vista dos espaços cheios e vazios que ela forma sobre o solo. Para
compreender uma cidade, é preciso conhecer seus habitantes; * uma
cidade é um conjunto de almas." [1]

Estes temas foram desenvolvidos em Introduction à l'urbanisme
(1929), obra que, infelizmente, não teve repercussão prática na França,

---

1. *Une vie de cité*, Prefácio, p. 1.

282 O URBANISMO

onde o papel de Marcel Poète foi tão-somente acadêmico: ele criou o Instituto de História, Geografia e Economia Urbanas (1916) e participou da fundação do Instituto de Urbanismo da Universidade de Paris (1924).

O texto que vamos ler é característico: o evolucionismo do sociólogo é marcado pelo culturalismo tão caro ao historiador de Paris.

UM PONTO DE VISTA ORGANICISTA

I. MÉTODO GERAL

O que é o urbanismo?

As leis de 14 de março de 1919 e de 19 de julho de 1924 prescrevem que as cidades francesas devem traçar um plano de ordenação e de extensão. * Podemos estranhar o fato de que nossa legislação tenha vindo consagrar tão tarde o que parece ser, no entanto, um princípio essencial do método. Com efeito, poderíamos citar, no caso de Paris, exemplos de planos desse tipo, desde o reinado de Henrique II até o de Napoleão III. Seja como for, o estabelecimento de tais planos exige o conhecimento do organismo urbano e entra no que se convencionou chamar de *urbanismo*, que é ao mesmo tempo ciência e arte, pois, ainda que precise da técnica do arquiteto ou do engenheiro, fundamenta-se em dados propriamente científicos, que procedem de disciplinas diversas: economia, geografia, história e outras. *

Limitar o urbanismo à arte do traçador de planos seria entregar o destino das cidades a puros conceitos lineares que exigem que aqui o *civic-center* seja desenhado e o *zoning* sirva para ordenar as localizações, que adiante se espalhem os espaços verdes correspondentes aos *park-system*, etc. Tais conceitos fazem com que o principal esforço do técnico urbanista recaia freqüentemente nos bairros suntuosos, quando devia ser dirigido a zonas populares, onde, de acordo com as lições que tiraremos do estudo do passado, reside o futuro da cidade. *

A cidade como organismo vivo

A cidade é um ser sempre vivo, cujo passado temos de estudar para poder discernir seu grau de evolução; um ser que vive sobre a terra e da terra, o que significa que, aos dados geográficos, é preciso acrescentar os dados históricos, geológicos e econômicos. E que não se objete que o conhecimento do passado não tem nenhuma utilidade prática. O simples estudo das condições e manifestações atuais de existência da cidade é insuficiente pois, por falta de pontos de referência no passado que sirvam de comparação, não nos podemos orientar para o futuro. Tudo depende de tudo. A fisionomia de uma cidade expressa seu caráter. E os traços econômicos do caráter servem para explicar os traços sociais, assim como a estes estão ligados os traços políticos ou administrativos. *

MARCEL POÈTE

Tratarei da ciência das cidades. Esta ciência tem por objeto as condições e as manifestações de existência e de desenvolvimento das cidades. É uma ciência de observação. Repousa em fatos bem comprovados, que comparamos uns com os outros, para classificá-los e, depois, derivar deles, se não leis – a palavra é forte demais, quando aplicada a fenômenos humanos – pelo menos dados gerais. O ponto a ser observado é o que chamarei de fato urbano, quer dizer, fato revelador do estado do organismo urbano. E a observação deve ser tão direta quanto possível. A estatística constitui um modo direto de observação, mas que só pudemos utilizar a partir do século XIX. No que diz respeito ao passado, a regra que acaba de ser enunciada exige que nos reportemos primeiro ao que pode subsistir da cidade antiga, depois ao que conta sobre ela, quer dizer, documentos epigráficos, arquivos, planos, * crônicas, * relatos. *

II. O ESTUDO DO LUGAR

O estudo do lugar onde está implantada uma cidade é complexo. Trata-se de um estudo não só de ordem topográfica, mas também de ordem geológica e deve visar à reconstrução do estado original dos lugares. * Mas como recuperar o aspecto primitivo?

A natureza e os homens modificaram os lugares, desde o tempo em que eles receberam seus primeiros habitantes. Mesmo sem a interferência direta do homem, o lugar modifica-se, com a simples alteração do habitat. *

Reconstituir o estado primitivo

Sob o efeito da dupla ação do homem e da natureza, a paisagem muda. * Se queremos recobrar o aspecto primitivo da Ile de la Cité, berço de Paris, temos de recorrer à história e à obra dos homens. * A reconstrução da ponte de Notre-Dame, no começo do século XVI, provocou o levantamento do solo da Ile de la Cité. * A pavimentação feita em Paris, a partir do reinado de Filipe Augusto, motivou uma elevação do solo. * O leito do Sena também subiu, em conseqüência da ruína ou da demolição, ao longo dos séculos, das habitações ribeirinhas, ou ainda por causa da queda das pontes e das casas às suas margens, sem falar dos efeitos dos depósitos naturais. *

É tudo isso que temos de ter em mente para tentar atingir, através da fisionomia atual de uma paisagem urbana, o passado distante. *

Assim se distinguem os traços originais do local ocupado por uma cidade, se reconstituem as curvas de nível às quais se adaptou o crescimento urbano, e se evidencia a harmonia preestabelecida entre o solo e a cidade. *

Intuição e conhecimento concreto

Ao conhecimento topográfico é preciso acrescentar, quando se estuda o lugar em que se assenta uma cidade, o exame dos recursos que o solo oferece, e este exame deve repousar na geologia. O mapa geológico deve aproximar-se do relevo do solo. *

284 O URBANISMO

A situação topográfica e geográfica de uma cidade deve ser nitidamente estabelecida e continuar presente ao espírito. Não devemos nunca deixar de ser realistas nem de respirar o ar de vida. De outra forma, ficaríamos expostos a seguir uma abstração, a cometer o erro dos que estudam a geografia passada e somente através de textos, como se a terra não existisse mais. Acontece também freqüentemente de estudarmos a história de uma cidade, que continua viva, como se não passasse de uma múmia encerrada em algum museu.

Assentada em um local, inscrita em um quadro geográfico, a cidade vive, evolui. Do ponto de vista econômico, é um organismo cada vez mais evoluído, cujos órgãos preenchem funções específicas. Devemos voltar a atenção para a distinção desses órgãos e a observação de seu papel. Os órgãos estão localizados pelo corpo urbano, daí o exame dos fenômenos de localização, que estão vinculados ao uso do local pelo homem. *

A vida de uma cidade é, como a do homem, um combate perpétuo.

Introduction à l'urbanisme, Paris, Boivin, 1929. (pp. 1-3, 84, 88, 90-92.)

Lewis Mumford

nascido em 1895

Lewis Mumford nasceu nos Estados Unidos; fez seus estudos na Universidade de Colúmbia. Tendo-se dedicado à história da civilização e especializado na era maquinista, é discípulo e continuador de Patrick Geddes.

Como Geddes, vê a cidade como o centro nevrálgico do nosso tempo; dá para o problema do urbanismo todas as suas dimensões culturais e históricas e recusa-se a fechá-lo num quadro exclusivamente técnico.

Esta abordagem global e sintética dos problemas morfológicos inspirou-lhe Sticks and Stones *(1924) e* The Brown Decades *(1931), que giram particularmente em torno da arquitetura. Posteriormente publicou sua obra magistral,* The Culture of Cities *(1938), à qual pertence* The City in History, *que constitui seu acabamento e sistematização.*

Longe de ser um puro teórico, Lewis Mumford constantemente nutriu e susteve sua obra por um contato direto, um conhecimento profundo da realidade urbana contemporânea, como também por uma tríplice atividade prática. Com efeito, ele participou de diversos movimentos de planificação urbana: foi membro fundador do Regional Planning Number, juntamente com Henry Wright e Clarence Stein, assim como pesquisador para The New York Housing and Regional Planning Commission, secretário da Community Planning Commission do American Institute of Architecture. Além disso, foi professor

286 O URBANISMO

de town-planning *na Universidade da Pensilvânia de 1951 a 1956 e* visiting professor *do M.I.T. (Massachusetts Institute of Technology). Mas talvez tenha sido por sua atividade polêmica de jornalista que Lewis Mumford exerceu a mais profunda influência nos Estados Unidos e nos países anglo-saxões. Crítico de arquitetura e de urbanismo do* New Yorker *há muitos anos, colaborou desde os anos 20 em uma série de revistas mais ou menos especializadas:* Journal of the American Institute of Architecture, Architectural Record, Architecture, Landscape, Sociological Review, *entre outras.*

Escolhemos precisamente para publicar aqui, quase in extenso, *um de seus artigos, originalmente impresso em 1960 na revista* Landscape.

PAISAGEM NATURAL E PAISAGEM URBANA[1]

Função biológica e social dos espaços livres

Na última geração, ocorreu uma mudança em nossa concepção dos espaços livres e de sua relação com o meio ambiente urbano e regional. O século XIX foi antes de tudo consciente da função higiênica e sanitária dos espaços livres. Até Camillo Sitte, um dos promotores de uma visão estética da cidade, chamava os parques urbanos de "espaços verdes sanitários". Para combater o congestionamento e a desordem crescente da cidade, dispuseram-se grandes parques paisagísticos, próximos do estilo das propriedades rurais da aristocracia. O valor recreativo desses parques paisagísticos era incontestável; além disso, serviam de barreira contra um desenvolvimento contínuo da cidade. Mas, salvo no caso das classes privilegiadas, esses parques só eram utilizados nos domingos e em dias de festas. Mas temos de convir que nenhum esforço análogo foi feito para criar em cada bairro espaços livres mais íntimos, onde os jovens pudessem jogar à vontade, e os adultos descansar de vez em quando, durante a semana, sem ter de fazer uma longa caminhada.

Dada a densidade do habitat nas grandes cidades, era natural que se sublinhasse a necessidade biológica dos espaços livres. * O parque era entendido não como uma parte integrante do meio urbano, mas como um local de refúgio cujo valor essencial vinha do contraste com a ruidosa e empoeirada colmeia urbana. A maior parte das cidades, salvo no caso de terem recebido dos séculos passados a herança de alguns parques aristocráticos, algumas praças residenciais espaçosas ou certas áreas destinadas aos jogos, eram tão pobres em espaços livres que estes passaram a ser considerados como se seu valor fosse diretamente proporcional à sua superfície, sem que se mostrasse muita preocupação com o acesso a eles, a freqüência de sua possível utilização ou sua incidência sobre a própria textura da vida urbana. As pessoas que não podiam suportar a ausência de jardins e parques * mudaram-se, quando podiam, para os subúrbios espaçosos e repletos

1. Título do autor.

de verde; esta solução simplista teve como resultado que se congestionasse cada vez mais a cidade propriamente dita e que o campo fosse ficando cada vez mais longe do centro da urbe.

Devemos dar mais importância à função biológica dos espaços livres, hoje que a cidade está ameaçada pela poluição radioativa e que, dentro do perímetro dos centros urbanos, o ar formiga de substâncias cancerígenas. Mas não é tudo: aprendemos que os espaços livres também têm um papel social, freqüentemente negligenciado em benefício único de sua função higiênica

Uma civilização do jardim perfila-se no horizonte

Para entender toda a importância desse fato, temos de nos reportar às grandes agitações do século passado. Em primeiro lugar, as transformações do estabelecimento humano, decorrentes dos transportes rápidos e dos meios de comunicação instantâneos. Graças a eles, o amontoamento em um espaço reduzido deixou de ser o único meio de permitir o contato e a cooperação de um número muito grande de indivíduos ao mesmo tempo. Esta situação provocou, por sua vez, uma outra mudança, nos locais em que o terreno era acessível a preços razoáveis. * O aspecto * total da cidade foi transformado: nos subúrbios (*suburbs*) que se desenvolveram com tanta rapidez em torno dos grandes centros, os edifícios dispõem-se livremente, como em um parque paisagístico. Mas, freqüentemente, árvores e jardins desaparecem sob a pressão demográfica, enquanto permanece e prolifera a construção individualista, cuja dispersão e anarquia tendem a assumir um caráter anti-social. A terceira grande mudança consiste na redução geral das horas de trabalho, assim como na crescente transferência, no interior do próprio trabalho, do setor industrial para o setor terciário ou para as profissões liberais. Hoje não é mais uma classe minoritária, mas uma população inteira que dispõe de horas de lazer e a quem devem ser fornecidos meios de recreação. Para que essa emancipação não se converta em um castigo, temos de substituir as soluções sedativas e anestesiantes atualmente em uso, particularmente no que diz respeito à anestesia através da velocidade sempre crescente dos meios de transporte. Diante dessa ameaça, podemos evocar a experiência das antigas aristocracias que, quando não estavam ocupadas com atividades violentas, destrutivas, absolutamente inúteis, dedicavam uma grande parte de sua energia à transformação audaciosa do conjunto da paisagem. A criação de um meio ambiente bastante rico em recursos humanos para que ninguém pense em abandoná-lo voluntariamente, nem mesmo para realizar uma cruzada astronáutica, seria um objetivo que permitiria modificar o esquema completo do estabelecimento humano. O sonho das cidades-jardins de Ebenezer Howard amplia-se dentro da perspectiva de uma civilização do jardim.

Incompreensão e dificuldades atuais

Mas pouquíssimos projetos ou realizações do urbanismo da última geração levaram em conta esta situação. Além disso, o essencial do que foi realizado em matéria de extensão urbana e de cons-

288 O URBANISMO

trução de auto-estradas traduz uma curiosa tendência a privilegiar as exigências da máquina em detrimento das aspirações humanas. Se novas concepções não forem postas em prática, o desenvolvimento contínuo das regiões suburbanas de textura lassa destruirá nossas cidades históricas e desfigurará a paisagem natural. Estaremos diante da imensa massa de um tecido urbano indiferenciado e medíocre que, para poder realizar suas funções mais elementares, exigirá a participação de um máximo de veículos particulares e, conseqüentemente, fará com que o campo fique cada vez mais longe.

Este tipo de espaço aberto de baixa densidade demográfica traduz a desintegração social e cívica que reina em cidades como Los Angeles. Ao mesmo tempo, os grandes parques paisagísticos existentes no coração das nossas antigas cidades são freqüentemente negligenciados para criar outros, muito menos agradáveis, aos quais só se chega depois de uma longa viagem de automóvel. Paralelamente, as zonas turísticas mais distantes, os bosques, as margens lacustres ou marítimas sofrem, nos fins de semana, uma invasão que elimina seu valor recreativo; os carros transportam para ali não os habitantes de uma só cidade, mas a população de uma região inteira. *

A "matriz verde"

Para voltar a nos sentirmos donos de nós mesmos, sem dúvida teremos de começar por nos sentirmos de novo donos da paisagem e por reestruturá-la em seu conjunto. *

Chegou, pois, o momento de inventar soluções que substituam os clichês clássicos e românticos do passado, e os clichês ainda mais estéreis dos "devoradores de espaço" que acabariam por aniquilar todos os recursos estéticos da paisagem, sob o pretexto de permitir que dezenas de milhares de pessoas se concentrem simultaneamente em um mesmo ponto, lugar onde os turistas de fim de semana só chegariam para encontrar de novo o congestionamento e as distrações banais de que fugiram a busto de um esforço desesperado. Não se trata mais de proceder a um simples aumento quantitativo dos parques disponíveis, mas a uma mudança qualitativa de toda a nossa estrutura de vida, o que permitirá que realmente ponhamos em prática a função social dos espaços livres.

Em primeiro lugar, é preciso conceber um espaço aberto destinado ao lazer, situado fora das áreas urbanas existentes. Ele não deve mais ser imaginado em forma de parques paisagísticos ou reservas selvagens, qualquer que seja sua importância; precisa-se nada menos que de uma região inteira (cuja maior parte se manterá em estado natural, sob forma de culturas úteis) para satisfazer a esses lazeres com um novo estilo, com que se beneficiará a maior parte da população. A tarefa pública mais importante, em torno e além de cada centro urbano em curso de desenvolvimento, consiste em reservar zonas livres definitivas, suscetíveis de serem dedicadas à agricultura ou à horticultura, e que tenham relação com as indústrias rurais. Estas zonas devem ser determinadas de modo a impedir a coalescência das unidades urbanas entre si. Esta foi a *performance* realizada, dentro do território metropolitano de Estocolmo e, em um grau não negligenciável, nos Países Baixos: é digna de ver a fascinação que os campos de tulipa exercem, quando florescem na primavera.

Se bem que a previsão de cinturões verdes satisfaça em parte nossas novas exigências, agora devemos pensar, ainda, em uma matriz verde permanente, dedicada a fins rurais, dependente da administração pública ou controlada por particulares. Assim, para os lazeres de fim de semana, o conjunto da paisagem regional é que faz o papel de parque paisagístico. Mas esta superfície verde seria vasta demais para ser unicamente destinada à criação de parques; sua manutenção, com fundos exclusivos do Estado ou das municipalidades, agravaria os mais altos orçamentos. Entretanto uma legislação rigorosa deveria determinar que estes terrenos fossem reservados para uso rural; assim, preservar-se-ia o valor recreativo, com a condição de que o sistema de estradas e auto-estradas e os serviços recreativos fossem concebidos com o fim de dispersar os visitantes transitórios.

A nova tarefa do arquiteto-paisagista consiste em estruturar o conjunto da paisagem de modo a integrar nela todos os elementos que constituam um programa de lazeres. Uma vez que as autoridades públicas estejam convencidas a conservar a vocação dos terrenos agrícolas mediante uma regulamentação do *zoning* e uma política de impostos adequada, a tarefa do arquiteto-paisagista consistirá em conceder pistas para pedestres, áreas de piquenique; em dispor devidamente, para os pedestres, as margens dos rios e do mar, assim como as clareiras, de modo a permitir o acesso do público ao interior de cada parte da paisagem rural, sem perturbar seu funcionamento e economia cotidianos. Devemos imaginar faixas contínuas de terrenos públicos, serpenteando através do conjunto da paisagem e tornando-a simultaneamente acessível aos habitantes do lugar e aos turistas. A disposição das pistas de ciclismo nos Países Baixos estimula este processo que consiste em utilizar, para os lazeres, o conjunto da paisagem. *

O mesmo tipo de planificação deveria também ser aplicado às auto-estradas; seu fim não consistiria mais em permitir a velocidade máxima, mas em oferecer o máximo de descanso e de prazer estético, em percursos com velocidade limitada, para ressaltar a beleza da região. *

A transformação geral da paisagem regional em um parque coletivo, dotado de serviços recreativos disseminados e facilmente acessíveis, dependerá do modo como as autoridades públicas embelezam as zonas deserdadas e selecionadas para os lazeres públicos, sendo que o número de pequenos terrenos será suficiente para evitar qualquer ponto de congestionamento. *

Dentro deste programa regional relativo aos espaços livres, não vejo nenhuma diferença entre as necessidades da metrópole mais congestionada e as da cidade provinciana ou até mesmo as do subúrbio. *

Se tomarmos as medidas políticas necessárias para estabelecer esta matriz verde, a tendência de fugir da cidade congestionada para um subúrbio aparentemente mais rural será em grande parte abolida, já que os valores rurais que o subúrbio procuraria assegurar por meios estritamente privados − e que só se podiam realizar verdadeiramente em benefício de uma fração da população economicamente privilegiada − tornar-se-ão caráter integrante de cada comunidade urbana.

290   O URBANISMO

Reestruturação paralela dos subúrbios e dos centros urbanos

Dois movimentos complementares revelam-se atualmente necessários e possíveis. Um consiste em retrair a estrutura lassa e dispersa do subúrbio, que se deve transformar em comunidade equilibrada, que tenda para a verdadeira cidade-jardim pela variedade e autonomia parcial, que conte com uma população mais variada, uma indústria e um comércio locais bastante grandes para lhe dar vida. O outro movimento consiste em diminuir correlativamente o congestionamento da metrópole, tirando uma parte de sua população e introduzindo parques, áreas destinadas a jogos, passeios sombreados e jardins privados em zonas que deixamos se congestionarem vergonhosamente, que perderam toda a beleza e muitas vezes se tornaram até inadequadas à vida. Aqui também devemos pensar em uma nova forma para a cidade, que apresentará as vantagens biológicas do subúrbio, as vantagens sociais da cidade, e proporcionará novos prazeres estéticos que satisfaçam estes dois modos de vida.

A função básica da cidade consiste em dar uma forma coletiva ao que Martin Buber chamou justamente de relação Eu e Tu: em permitir — e até favorecer — o maior número de reuniões, encontros e competições entre pessoas e grupos variados, de modo que o drama da vida social possa ser interpretado, com os atores e espectadores podendo revezar-se em seus papéis. A função social dos espaços livres dentro da cidade consiste em permitir que os indivíduos se reúnam. Como Raymond Unwin demonstrou em Hampstead Gardens e Henry Wright e Clarence Stein de modo ainda mais decisivo em Radburn, esses contatos ocorrem nas mais favoráveis condições, quando os espaços privados e públicos são concebidos simultaneamente, dentro de um mesmo processo de planificação. Infelizmente, o congestionamento da cidade supervalorizou o espaço livre em seu aspecto puramente quantitativo. * Do ponto de vista social, o excesso de espaço livre pode revelar-se mais como carga, que como benefício. O que conta é a qualidade de um espaço livre — seu encanto, sua acessibilidade —, mais que sua dimensão bruta.

Hoje, o problema do subúrbio consiste em trocar uma parte de seu excedente em espaço biológico (jardins) por um espaço social (locais de reunião); o da cidade congestionada consiste, pelo contrário, em introduzir em seus bairros "superconstruídos" a luz do sol, o ar puro, jardins privados, praças públicas e passeios para pedestres; todas estas inovações, sem deixar de cumprir funções estritamente urbanas, fariam da cidade um lugar tão agradável quanto os antigos subúrbios, onde se poderia viver e criar filhos. Para tornar nossas antigas cidades habitáveis, a primeira medida consistiria em reduzir as densidades residenciais; os bairros em mau estado — cujas densidades atingem atualmente de 200 a 500 habitantes por acre — seriam substituídos por uma nova estrutura que integraria o habitat em parques e jardins cuja densidade não ultrapassaria os 100 habitantes ou, no máximo, em zonas com grande proporção de pessoas sem filhos, 125 ou 150 habitantes por acre. Não nos deixemos iludir pelo espaço aberto que aparentemente se pode conseguir amontoando um grande número de famílias em imóveis de 15 andares. Um espaço livre, visual e abstrato, não é de modo algum

LEWIS MUMFORD

equivalente a um espaço livre funcional que pode ser utilizado para áreas de jogos ou jardins particulares. *

As filas de edifícios altos, ainda que estejam bastante isolados entre si para não projetar sombra uns nos outros, criam um meio ambiente desprovido de atrativos, visto que roubam o sol e destroem a escala humana, cuja intimidade e familiaridade são vitais para a criança pequena e extremamente agradáveis para o adulto.

Dentro do remodelamento ou da criação completa de novos espaços livres urbanos, há lugar para toda uma experimentação nova e para planos audaciosos, que diferem ao mesmo tempo dos modelos tradicionais e dos que se converteram em clichês em moda do estilo contemporâneo. Nesse campo, cada cidade deve oferecer uma resposta diferente; o que convém a Amsterdã, com seus grandes planos de água, não se aplica a Madri. Não precisamos só de planos globais para os setores inteiramente novos, recuperados à custa dos antigos bairros insalubres. Precisamos também de soluções parciais, aplicáveis em pequena escala e que, no correr dos anos e das ocasiões, se integram em uma transformação radical do nosso meio ambiente.

Landscape and Townscape, artigo originalmente publicado na revista *Landscape* em 1960 e reeditado no conjunto de trabalhos publicados sob o título *The Highway and the City*, Londres, Secker & Warburg, 1964. (Tradução da autora.)

Jane Jacobs

Crítica de arquitetura e de urbanismo, membro, até o desaparecimento desta, da redação da revista Architectural Forum. *Seu livro* The Death and Life of Great American Cities *(1961) teve, nos Estados Unidos, onde foi quase imediatamente publicado em livro de bolso, um êxito considerável.*

William H. Whyte considera este "um dos livros mais notáveis já escritos sobre a cidade *, um admirável estudo dos fatores que criam a vida e o espírito das cidades".

Jane Jacobs é uma partidária convencida do modo de existência autenticamente urbano, uma apologista da megalópolis, *em detrimento dos* suburbs *e das cidadezinhas provincianas. Suas pesquisas, embora realizadas com espírito passional, repousam em uma informação sociológica profunda. As idéias contidas em* The Death and Life *contribuíram, nos Estados Unidos, para a criação de uma nova corrente pró-urbana e inspiraram, em parte, o remodelamento do centro de grandes cidades como Boston e Filadélfia.*

DEFESA DA GRANDE CIDADE

I. APOLOGIA DA RUA

Para atrair os transeuntes e constituir em si um fator de segurança, * a rua urbana deve possuir três qualidades principais:

Os olhos da rua

Primeiramente, ela deve estabelecer uma demarcação nítida entre o espaço público e o espaço privado. Espaço público e privado não devem, de modo algum, confundir-se, como sucede nas realizações e conjuntos suburbanos.

Em segundo lugar, são necessários olhos para vigiar a rua, os olhos daqueles que podemos chamar de seus proprietários naturais. Também os edifícios que ladeiam a rua devem ser orientados para ela. Não devem nem virar-lhe as costas, nem oferecer-lhe uma fachada cega.

Em terceiro lugar, a calçada deve ser utilizada praticamente sem interrupção: é o único meio de aumentar o número de olhos presentes na rua e de atrair os olhares de quem se encontra dentro dos edifícios. Ninguém gosta de olhar por uma janela que dá para uma rua vazia. Pelo contrário, um grande número de pessoas pode distrair-se durante o dia observando uma rua plena de atividade. *

É inútil tentar evitar a insegurança das ruas recorrendo à segurança de outros elementos urbanos, como os pátios internos e áreas de jogos cobertas.

Atrativo e eficácia

Mas não podemos obrigar ninguém a utilizar a rua sem motivos. * Ela tem de oferecer o atrativo de uma grande quantidade de lojas e lugares públicos ao longo das calçadas; alguns desses lugares devem também ficar abertos à noite. Lojas, bares e restaurantes * contribuem, pois, na prática, para dar segurança à rua.

Em primeiro lugar, oferecem aos transeuntes — residentes no bairro ou não — razões concretas para utilizar as calçadas em que se situam.

Em segundo lugar, atraem o tráfego para lugares que não possuem atrativos próprios, mas que se tornam assim locais de passagem vivos, povoados. Mas como o raio de alcance desses negócios é relativamente pouco extenso, precisam ser, em cada bairro, tão numerosos e variados quanto possível, se quisermos que promovam uma circulação permanente e intensa.

Em terceiro lugar, os comerciantes e proprietários de pequenos negócios são os melhores agentes de segurança. Detestam as vitrines quebradas e os *hold-up*; querem que seus clientes se sintam seguros. São os primeiros a observar a rua e tornam-se seus guardiães, por serem bem numerosos.

Em quarto lugar, a atividade dos que estão fazendo compras ou simplesmente procurando um lugar para comer ou beber algo já constitui em si um meio de atrair outras pessoas.

O homem procura o homem

A atração exercida sobre os homens pela visão de outros seres humanos é um fato que, por mais estranho que pareça, os urbanistas e arquitetos desconhecem. Estes partem, pelo contrário, da idéia apriorística de que os habitantes da cidade buscam a contemplação

JANE JACOBS

do vazio, da ordem e da calma. Nada é menos verdadeiro. Uma rua viva sempre possui simultaneamente usuários e observadores. *

Um amigo meu mora em uma rua onde um centro paroquial que oferece bailes e outras reuniões à noite exerce o mesmo papel que o White Horse Bar em minha rua[1]. O urbanista ortodoxo está cumulado de concepções puritanas e utópicas sobre o modo como as pessoas devem gastar seu tempo de lazer. *

O contato na rua e a consciência coletiva

Os moralistas observaram, há muito tempo, que os cidadãos vagam pelos lugares mais ativos, demoram-se nos bares e pastelarias e tomam refrescos nos cafés; esta constatação os aflige. Eles acham que se estes mesmos cidadãos dispusessem de alojamentos decentes e de espaços verdes mais abundantes, não os veríamos na rua.

Tal julgamento exprime um contra-senso radical sobre a natureza das cidades. Ninguém pode ter casa aberta em uma grande cidade, nem ninguém o deseja. Mas deixemos que os contatos interessantes, úteis e significativos entre os cidadãos se reduzam às relações privadas, e a cidade esclerosar-se-á. As cidades estão cheias de pessoas com as quais, do seu ou do meu ponto de vista, * um certo tipo de contato é útil e agradável; mas você não vai querer que esses contatos o atrapalhem; nem elas tampouco. Eu disse acima que o bom funcionamento da rua estava ligado à existência, entre os transeuntes, de um certo sentimento inconsciente de solidariedade.

Uma palavra designa este sentimento: a confiança. Em uma rua, a confiança se estabelece através de uma série de numerosos e minúsculos contatos, dos quais a calçada é o cenário. Ela nasce do fato de que uns e outros param para tomar uma cerveja no bar, pedem a opinião do merceeiro, do vendedor de jornais, trocam impressões com outros clientes na padaria, cumprimentam companheiros que estão tomando sua Coca-Cola, * repreendem as crianças, * emprestam um dólar ao farmacêutico, admiram os recém-nascidos. * Os hábitos variam: em alguns bairros as pessoas falam de seus cães, em outros dos donos destes.

A maior parte desses atos e ditos são manifestamente triviais, mas a soma deles não o é. Ao nível do bairro, o conjunto dos contatos fortuitos e públicos, geralmente espontâneos *, é que cria nos habitantes o sentimento da personalidade coletiva e acaba por instaurar esse clima de respeito e de confiança cuja ausência é catastrófica para uma rua, mas cuja procura não poderia ser institucionalizada. *

A rua: proteção da vida privada

Nas pequenas aglomerações, todo mundo conhece nossos assuntos. Na grande cidade, só sabem deles as pessoas em quem confiamos. Esta é, para a maior parte de seus habitantes, uma das características mais preciosas da grande cidade. *

---

1. J. Jacobs mora no animado bairro nova-iorquino de Greenwich Village, onde recebeu uma parte de sua experiência urbana.

A literatura da arquitetura e do urbanismo entende a proteção à existência privada em termos de janelas, divisões e perspectivas; ninguém deve poder, de fora, meter os olhos em nosso alojamento, em nossa intimidade. É uma análise muito simplista. A discreção de uma janela é a coisa mais fácil de conseguir: basta abaixar a persiana ou fechar os postigos. A verdadeira proteção — o poder de só desvendar nossos problemas pessoais com conhecimento de causa e de escapar dos importunos — é difícil de se conseguir e não tem nada a ver com a orientação das janelas. *

Se um bairro não tem ruas vivas, seus habitantes, se querem manter uma aparência de contato com seus vizinhos, devem aumentar o círculo de sua vida privada. Devem estar prontos a enfrentar uma forma de participação e de relações com os outros que os comprometa bem mais que a vida da rua. Do contrário, vão ter de assumir uma ausência total de contato. *

O desejo de manter uma comunicação íntima com os demais exige uma discriminação meticulosa na escolha dos vizinhos ou das pessoas com quem se estabelece o menor contato. *

Promiscuidade e urbanismo

O urbanismo residencial, que subordina os contatos entre vizinhos a um compromisso pessoal desse tipo, * revela-se com freqüência de uma real eficácia social, * *mas unicamente no caso das classes favorecidas e quando houve cooptação por parte dos habitantes.* Minhas observações pessoais demonstram que este tipo de solução fracassa totalmente no caso de *qualquer outra espécie de população.* *

Se um simples contato com nossos vizinhos apresenta o risco de vincular-nos à sua vida privada ou de vinculá-los à nossa, e se não temos a possibilidade de escolher nossos vizinhos, como podem fazer as pessoas da classe favorecida, então a solução lógica é evitar qualquer espécie de relações amistosas ou qualquer outra forma de ajuda mútua espontânea. *

A eficácia social das empresas que asseguram a vida da rua cresce em razão inversa do seu volume. Podemos ver o exemplo da nova loja da Housing Cooperative de Corlears Hook, em Nova York. Ela ocupa o lugar de quase quarenta lojas que vendiam os mesmos artigos e que foram literalmente varridas, * pelo plano de urbanização do bairro. A nova loja é uma fábrica. * Estaria condenada ao fracasso econômico se tivesse de enfrentar a competição. E, se bem que o monopólio garanta efetivamente o êxito financeiro, no plano social conduz ao fracasso absoluto. *

Os parques favorecem a delinqüência juvenil

Os técnicos do urbanismo e da habitação têm uma concepção totalmente fantasiosa das condições de vida de que as crianças precisam. Deploram que uma população infantil se veja condenada a brincar nas ruas das cidades, que constituem, se lhes dermos crédito, o ambiente mais nefasto, tanto do ponto de vista da higiene quanto do da moral, uma fonte de doença e de corrupção. Seria preciso transportar essas crianças infelizes para parques e áreas de jogos onde elas encontrassem um equipamento para os exercícios físicos, espaço onde brincar e área verde para revigorar suas almas! *

Os bandos de jovens delinqüentes praticam seus delitos essencialmente nos parques e áreas de jogos. A análise do *New York Times* de setembro de 1959 revela que todos os crimes cometidos por bandos de adolescentes em Nova York, durante a última década, foram realizados dentro de parques. Mais: observa-se, cada vez mais freqüentemente, não só em Nova York mas em outras cidades, que as crianças que participaram desses delitos moravam nesses grandes conjuntos, precisamente onde seus jogos cotidianos foram banidos da rua, ou, até mesmo, a própria rua foi suprimida. Os índices mais altos de delinqüência no East Side de Nova York * pertencem aos conjuntos dotados de parques. As duas *gangs* mais importantes do Brooklyn estabeleceram-se em dois dos mais antigos conjuntos desse tipo. *

Na vida corrente, o que significa na prática tirar as crianças da animação da rua para levá-las aos parques ou às áreas de jogos dos novos conjuntos?

Nós as tiraríamos de sob a vigilância alerta de numerosos adultos para transferi-las para lugares onde o número de adultos é muito escasso ou até nulo. Pensar que esta mudança representa uma melhora para a educação da criança da cidade é pura fantasia. *

Os jardins interiores só convêm às crianças muito pequenas

Os urbanistas da *garden-city*, com sua ira pela rua, achavam que, para compensar a vigilância da rua, bastaria reservar para as crianças terrenos interiores, no centro dos conjuntos residenciais. Esta política foi adotada imediatamente pelos defensores da cidade radiosa. Um número muito grande de novos conjuntos habitacionais são hoje concebidos desse modo.

O inconveniente desta solução é que, onde quer que tenha sido aplicada, * depois dos seis anos de idade, nenhuma criança com um mínimo de caráter aceita de bom grado ficar num local tão aborrecido. A maioria quer escapar ainda mais cedo. Na prática, esses universos macios e comunitários mostram-se adequados para crianças de até três ou quatro anos. Nem os adultos querem que crianças mais velhas venham brincar nesses pátios bem protegidos. * As crianças pequenas são decorativas e relativamente dóceis, mas as maiores são barulhentas e agitadas, atuam sobre o meio ambiente ao invés de deixá-lo atuar sobre elas, o que é inadmissível a partir do momento em que esse meio já é "perfeito". Por outro lado, * um plano desse tipo exige edifícios orientados para o pátio interior; do contrário, ele não é explorado e continua sem vigilância nem acesso fácil. Mas, quando é o fundo, relativamente morto, dos edifícios, ou as fachadas cegas, que ladeiam a rua, o resultado é que trocamos a segurança de uma rua não especializada por uma forma especializada de segurança, destinada a uma parte especializada da população, por alguns anos de sua vida. *

Asfalto e educação

Na verdade, as ruas vivas também apresentam aspectos posi-

298 O URBANISMO

tivos para os folguedos dos pequenos cidadãos e esses folguedos são pelo menos tão importantes quanto a segurança ou a proteção.

As crianças das cidades precisam de uma grande variedade de lugares para brincar e aprender. Precisam, para o esporte e o exercício, de lugares especializados mais numerosos e acessíveis do que os de que dispõem na maior parte dos casos. Mas precisam também de um espaço não especializado, fora de casa, onde brincar, treinar e construir sua imagem do mundo. *

Na prática, é só através do contato com os adultos, que encontram regularmente nas ruas da cidade, que as crianças descobrem os princípios fundamentais da vida urbana. *

O matriarcado dos conjuntos residenciais

Brincar nas calçadas movimentadas difere praticamente de todos os demais jogos oferecidos hoje às crianças americanas. É um jogo que não ocorre no quadro de um matriarcado. A maior parte dos urbanistas são homens. Paradoxalmente, seus planos e projetos excluem o homem da vida diurna. Ao organizar a vida dos bairros residenciais, consideram apenas as supostas necessidades de donas-de-casa incrivelmente ociosas e de crianças em idade pré-escolar. Em resumo, fazem seus planos para sociedades estritamente matriarcais. *

Localizar o trabalho e o comércio *perto* das residências, mas isolando-os de acordo com as teorias da *garden-city*, é uma solução de caráter tão matriarcal quanto se as residências estivessem situadas a quilômetros dos locais de trabalho e dos homens. Os homens não são uma abstração. Ou figuram no circuito, em pessoa, ou não figuram. Residências, locais de trabalho e de comércio devem estar intimamente integrados uns. nos outros, se quisermos que os homens * possam participar da vida cotidiana dos pequenos cidadãos. *

Ruas de trinta ou trinta e cinco pés de largura seriam suficientes para acolher ao mesmo tempo as atividades das crianças, as árvores necessárias, a circulação dos pedestres e a vida pública dos adultos. Poucas ruas têm semelhante largura. Esta é invariavelmente sacrificada à circulação dos veículos; geralmente se considera que as calçadas estão destinadas unicamente à circulação dos pedestres, sem que se reconheça nem que se respeite nelas os órgãos vitais e insubstituíveis da segurança urbana, da vida pública e da educação das crianças. *

A supressão das ruas, que tem por conseqüência a supressão de seu papel social e econômico, é a idéia mais funesta e mais destrutiva do urbanismo ortodoxo. *

II. PARQUES E *SQUARES*

Costumamos considerar os jardins públicos e os espaços verdes como favores concedidos às populações carentes das cidades. É melhor lançar por terra a proposição e considerar os parques das cidades como lugares carentes, aos quais devem ser concedidos artificialmente os favores da animação.

JANE JACOBS 299

Os parques destruidores do tecido urbano

Para que fins reclamamos mais espaços livres? Para constituir sinistros vazios entre os edifícios ou para o uso e prazer dos habitantes? Mas estes não utilizam o espaço livre simplesmente porque ele está ali, ou porque assim o querem os urbanistas. *

É absurdo criar parques nos pontos de concentração máxima da população, se para organizar esses espaços verdes é mister precisamente destruir as razões que levaram à sua criação. * Os parques dos conjuntos residenciais não podem nunca substituir uma estrutura urbana diversificada. Os parques urbanos que funcionam com êxito nunca constituem uma solução de continuidade dentro da atividade da cidade. Servem, pelo contrário, para ligar entre si, por meio de um elemento de prazer comum, diversas funções semelhantes e, assim, contribuem ainda para aumentar a diversidade do meio ambiente. *

Função e localização dos parques

Os parques podem constituir e, com efeito, constituem, um grande atrativo suplementar nos bairros que o público já considera atraentes devido a uma grande variedade de suas atividades. Em compensação, eles só tornam mais deprimentes os bairros desprovidos de poder de sedução; acentuam seu tédio, insegurança e vazio. Quanto mais uma cidade consegue misturar em suas ruas funções diversas e cotidianas, mais ela aumenta suas probabilidades de poder, naturalmente e com poucos gastos, animar e manter parques bem localizados; reciprocamente, estes se convertem então para a vizinhança em fonte de prazer e de beleza, deixam de ser lugares vazios e aborrecidos. *

III. FUNÇÕES URBANAS

Os projetos de centros culturais ou cívicos exercem efeitos catastróficos sobre as cidades. Isolam certas funções e atividades — freqüentemente noturnas, aliás — dos setores da cidade que têm, entretanto, uma necessidade vital delas.

Contra o "zoning"

Boston foi a primeira cidade americana a fazer o projeto de um distrito cultural "descontaminado". Em 1839, um comitê especial reclamava a criação de uma "Conservação Cultural" consagrada "exclusivamente às instituições de caráter artístico, científico e educativo". Esta decisão coincidiu com o começo do longo e lento declínio de Boston como líder cultural das cidades americanas. Talvez não haja uma relação de causa e efeito, e talvez a localização das instituições culturais fora da cidade e seu divórcio da vida cotidiana tenham sido apenas o sintoma e a rubrica de uma decadência que outras causas já tornavam inevitável. Uma coisa é certa: o centro (downtown) de Boston sofreu terrivelmente por não comportar uma mistura suficiente de funções primárias e, em particular, por ver-se

300 O URBANISMO

privado de funções noturnas e de funções culturais vivas (não museológicas). *

Uma forte densidade residencial, ao mesmo tempo que um tecido urbano cerrado são necessários para assegurar a diversidade e o pleno funcionamento da cidade. * As coisas mudaram muito desde o tempo em que Ebenezer Howard, depois de estudar os casebres de Londres, concluiu que, para salvar seus habitantes, era preciso abandonar a vida urbana. Os progressos realizados em diversos campos — medicina, higiene, epidemiologia, dietética, legislação do trabalho — transformaram revolucionariamente condições perigosas e degradantes, que por algum tempo foram características inevitáveis da vida dentro das grandes cidades. *

Os "satélites", solução falsa

A solução não consiste em dispersar novas cidades autônomas por regiões metropolitanas. Estas já estão saturadas de lugares amorfos e desintegrados que, *outrora*, constituíam cidades ou pequenos núcleos relativamente autônomos e integrados. A partir do momento em que as novas cidades se vêem absorvidas pela economia complexa de uma região metropolitana, com todas as possibilidades de escolha que esta comporta em matéria de trabalho, recreação e comércio, elas perdem sua individualidade social, econômica e cultural. Não podemos atuar nos dois planos e associar a economia metropolitana do século XX ao estilo de vida das cidadezinhas do século XIX.

A "cidade-campo", solução falsa

Na própria medida da existência das grandes cidades, * temos o dever de procurar desenvolver inteligentemente uma autêntica vida citadina e incrementar a força econômica da cidade. É estúpido negar o fato de que nós, os norte-americanos, somos um povo urbano, que vive dentro de uma economia urbana; na medida em que negamos isso, nós nos expomos efetivamente a sacrificar todo o campo autêntico que rodeia as metrópoles, como o fizemos alegremente ao ritmo de 3 000 acres por dia, durante os dez últimos anos. *

Os princípios diretores do urbanismo atual e das reformas relativas ao alojamento têm como base uma resistência puramente destinada * a admitir que a concentração urbana é desejável; esta recusa passional contribuiu para matar intelectualmente o urbanismo. *

Conservar o automóvel

A vida atrai a vida. A separação entre os pedestres e os carros perde suas vantagens teóricas se frear ou suprimir ao mesmo tempo muitas formas de vida e de atividades essenciais.

Pensar nos problemas da circulação urbana em termos simplistas — pedestres contra automóveis — e propor como objetivo a completa segregação das duas categorias é colocar o problema ao inverso. Pois o destino dos pedestres nas cidades não pode ser dissociado da diversidade, da vitalidade e da concentração das funções urbanas. *

JANE JACOBS

Ordem estética e quadro vital

As cidades encarnam a vida em sua forma mais complexa e mais intensa. * É por isso que uma cidade não pode ser tratada como uma obra de arte. A arte é necessária no planejamento das nossas cidades, como nos outros campos da nossa atividade; mas, ainda que a arte e a vida interfiram constantemente, não podemos por isso confundi-las. A confusão entre elas é uma das razões pelas quais os esforços do urbanismo se mostraram tão decepcionantes. * A arte possui suas próprias formas de ordem, que são rigorosas. Os artistas, qualquer que seja o campo em que atuam, *selecionam* a partir de um abundante material fornecido pela vida. * Sua atividade é essencialmente seletiva e discriminatória. Ao contrário dos processos vitais, a arte é arbitrária, simbólica e abstrata. * Considerar uma cidade ou um bairro como se se tratasse simplesmente de um problema arquitetônico mais vasto, querer conferir-lhes a ordem de uma obra de arte, supõe um intento falaz de substituir a vida pela arte. *

Os urbanistas deveriam de preferência adotar uma estratégia que integrasse, uma na outra, a arte e a vida, esclarecendo, iluminando e explicando a ordem das cidades.

Querem convencer-nos de que a repetição representa a ordem. Infelizmente, a regularidade elementar e militar e os sistemas significativos de ordem funcional raramente coincidem neste mundo. *

Plano e estrutura

Quando os urbanistas e os planejadores tentam encontrar um plano suscetível de mostrar claramente o "esqueleto" de uma cidade (as autopistas e passeios são geralmente empregados com este fim), equivocam-se. Uma cidade não se faz de peças e pedaços, como um edifício de ossatura metálica, ou até uma colmeia ou um coral. A estrutura de uma cidade funda-se em uma mistura de funções e nunca nos aproximamos mais de seus segredos estruturais do que quando nos ocupamos das condições que geram sua diversidade.

The Death and Life of Great American Cities, Random House, Nova York, 1961; editado na coleção Vintage Books, em livro de bolso, em 1963. (pp. 35-37, 41, 55-56, 58-59, 62-63, 65, 71, 74, 76-77, 79-84, 87, 90, 101, 111, 168-169, 218-221, 348, 372-373, 375-376. Tradução da autora.)

Leonard Duhl

nascido em 1926

Psiquiatra do National Institute of Mental Health de Bethesda e professor-assistente de psiquiatria da Universidade George Washington, Leonard Duhl ocupou-se principalmente com os programas americanos relativos à alienação mental e ao alcoolismo. Revelou-se então o paladino de uma psiquiatria "ecológica", quer dizer, de uma psiquiatria que integra o estudo dos diversos aspectos do meio ambiente[1] suscetíveis de repercutir sobre o comportamento.

A ecologia naturalmente devia orientar Leonard Duhl para os problemas levantados pela urbanização dentro da sociedade industrial. Há vários anos ele luta por uma abordagem global e sintética do planejamento urbano, recorrendo à colaboração simultânea de equipes de funcionários, sociológos, economistas, psicólogos e psiquiatras.

---

1. O meio ambiente deve ser entendido em um sentido muito amplo. "O próprio meio ambiente é sempre resultado mais da criação do homem, mas reage, por sua vez, sobre o indivíduo e afeta-o de inúmeros modos... O homem não é apenas, como o animal, um elemento de um sistema ecológico; modifica esse sistema, cria amplos setores nele e, em compensação, é também modificado por ele. Na ecologia do homem, o indivíduo isolado, os grupos humanos, as criações do homem, seus subprodutos e perdas tornam-se variáveis de considerável importância", in *The Urban Condition*, Nova York, Londres, Basic Books, 1963. (pp. 61-62, tradução da autora.)

304   O URBANISMO

Foi dentro desta perspectiva que, além de numerosos artigos, ele publicou The Urban Condition *(1963), obra na qual colaboraram trinta e dois autores procedentes de diferentes setores.*

O PONTO DE VISTA DE UM PSIQUIATRA

Estrutura e necessidades

A aparente contingência que preside ao desenvolvimento de nossas comunidades urbanas encobre, na verdade, uma lógica histórica. Desde suas origens, as aglomerações constituíram-se para responder às necessidades materiais e psicológicas dos indivíduos, das famílias, dos grupos sociais. A morfologia física de cada tipo de comunidade exprimia as necessidades psicológicas e os sistemas de valores de seus membros. Quando a tendência predominante era a autodefesa, a aglomeração aparecia rodeada por uma muralha ou fosso protetor. A escassez de terreno edificável provoca o aumento da densidade. Os centros comerciais exploraram as intersecções dos caminhos de terra e de água, estabeleceram-se em torno de praças de mercado vastas e abertas. Em resumo, a forma da comunidade urbana estava determinada pelas necessidades sociais e pelos meios de que se dispunha para satisfazê-las.

Espaço, renda e cultura

O mundo americano apresenta hoje numerosas formas de estabelecimento humano. Os grupos populacionais de alta renda, que procuram espaço, dispõem dos meios financeiros para deixar o centro da cidade e instalar-se na periferia, em local de sua escolha. Assim, pode-se encontrar terreno disponível, seja no próprio centro da cidade, seja em zonas inadequadas ao habitat *, para as quais se dirige o contínuo e necessário fluxo dos novos imigrantes. A produtividade crescente do trabalho e o desenvolvimento das indústrias de consumo e do bem-estar permitem que os membros da classe trabalhadora elevem seu nível de vida e evadam-se dos bairros miseráveis. No entanto, o fato de que os grupos populacionais de baixa renda queiram * viver de modo mais confortável não implica necessariamente que desejem mudar de forma de vida, de estilo de vida. A aglomeração de indivíduos cujas concepções religiosas, valores, distrações e estruturas familiais são os mesmos geram em todos eles um sentimento de segurança. Os guetos são não só obra dos opressores, mas também dos próprios oprimidos.

Etiologia do "bidonville" (favela)

Os terrenos vagos, postos à disposição dos trabalhadores não--especializados ou semi-especializados, são ocupados por trabalhadores procedentes das regiões agrícolas do Sul, dos altos planaltos dos Apalaches ou de Porto Rico. Como o conforto mental e o sentimento de segurança para eles estão ligados à presença de indivíduos que conhecem, criam dentro dessas favelas versões urbanas de suas aldeias; essas aglomerações tornam-se comunidades estreitamente unidas, que têm para seus habitantes um valor social diferente do dos novos e estéreis conjuntos habitacionais que não correspondem a nenhuma de suas necessidades, ainda que ali fossem admitidos. Os poucos que podem mudar revelam-se normalmente incapazes de adaptar-se a um novo meio. *

Variedade das ecologias

São muitos os críticos da megalópolis que sublinham a desordem e a anarquia dos nossos bairros urbanos; afirmam que não podem satisfazer as necessidades humanas básicas. Por isso alguns propuseram criar *garden-cities* de dimensões reduzidas que respondessem a todas as necessidades de seus habitantes. Mas nem todos os homens saudarão uma *garden-city* como um porto de paz, que lhes vá permitir escapar do caos da grande cidade. Para muita gente, o plano de uma cidade higiênica, nova em folha, pode não significar paz e segurança, mas aborrecimento e saudade da cor e da vida que abundavam no caos das cidades antigas. Por pouco que tratemos de integrar as novas aglomerações dentro de nossos planos, haveremos de conservar dentro delas a cor e a vida.

Do planeta ao "bidonville"

O mundo ecológico de certos indivíduos não se restringe aos limites físicos ou geográficos de uma aglomeração; o meio físico ambiente é para eles um recurso, ao passo que para os membros dos grupos menos favorecidos no plano econômico e social é uma parte deles mesmos. Com efeito, para as camadas superiores da sociedade, a comunidade ecológica é o mundo. Toda vez que elaboramos um projeto para um dado grupo de indivíduos, as disposições previstas para a ordenação do espaço devem depender simultaneamente das necessidades comuns próprias desse grupo e de sua relação com o conjunto do mundo. Os meios de transporte e de comunicação tornaram-se muito importantes para os grupos cujo mundo ecológico ganhou tal extensão. Para outros, o mundo continua pequeno e, com freqüência, não passa de um mundo das favelas ou de bairros miseráveis. Até Brasília tem suas favelas. E é dentro dessas miseráveis e caóticas aglomerações que corre a vida dos pobres. O conceito clássico de *garden-city* não corresponde a suas necessidades. *

Senso de proximidade

Em relação às camadas superiores, as camadas economicamente inferiores são desfavorecidas no que diz respeito à mobilidade. Ainda que cheguem a trabalhar nos melhores bairros, os trabalhadores manuais tendem a morar mais perto de suas famílias do que os empregados de escritórios ou representantes das profissões liberais. Os laços de parentesco para eles têm maior significado e, levando-se em conta sua situação financeira, a distância representa para eles um maior *handicap*.

A geografia urbana é mais importante para eles. A estreita proximidade das casas, o gregarismo, a ausência aparente de um possível

306 O URBANISMO

isolamento e o barulho só constituem uma parte das necessidades desse tipo de população. O meio físico ambiente é um elemento de sua própria personalidade. Receber a imposição das latas de sardinha esterilizadas que constituem os novos conjuntos habitacionais, sentir-se obrigada a abandonar seu próprio universo por um mundo ameaçador e distante representa para essa gente um trauma enorme. Provavelmente preferirão um outro *bidonville* ou uma outra ilhota insalubre aos novos conjuntos ou às novas cidades-jardins, que constituem tudo o que temos a lhes oferecer.

Um urbanismo satisfatório para todos

Os *bidonvilles* e outras aglomerações desse tipo oferecem, para numerosos grupos da população, atrativos para os quais nenhum urbanista, até hoje, encontrou equivalente. Com isso não queremos dizer que temos de conservar as favelas e as ilhotas insalubres das grandes cidades mas, simplesmente, que precisamos encontrar os meios pelos quais as cidades novas possam satisfazer as aspirações de todas as camadas da população. É certo que o aumento do conforto e do bem-estar pode transformar os modos de vida e tem seus atrativos; mas uma mudança de vida involuntária pode custar caro demais a certas personalidades. Toda uma variedade de doenças mentais, aparentemente sem relação entre si, pode ser atribuída, depois de uma análise atenta, ao trauma provocado por uma mudança forçada de estilo de vida. É sobre os grupos econômica e socialmente desfavorecidos que repercute com maior peso o .modo como os urbanistas tratam nosso espaço físico. O direito dessas classes de satisfazer suas aspirações e necessidades exige que se dê uma nova dimensão à planificação material[2] da ordenação urbana.

The Human Measure: Man and Family in Megalopolis, ensaio tirado da coleção de trabalhos publicados sob o título *Cities and Space: the Future Use of Urban Land*, publicada por L. Wingo Jr. The Johns Hopkins Press, Baltimore, 1963. (pp. 136-139. Tradução da autora.)

---

2. O conceito de *physical planning* opôs-se, nos países anglo-saxões, ao de *social planning*. Ele se refere à morfologia física das aglomerações.

Kevin Lynch
nascido em 1918

Professor de city-planning *do M.I.T. (Massachusetts Institute of Technology). Em sua formação intervieram diversas disciplinas. Estudou arquitetura com F. L. Wright, fez estudos de psicologia e de antropologia, que o levaram a uma abordagem nova do problema urbano.*

Voltou particularmente a atenção para o ponto de vista da consciência perceptiva. Limitando-se voluntariamente ao campo visual, estudou as bases da percepção específica da cidade e procurou isolar suas constantes, que deveriam integrar qualquer proposta de planejamento.

Co-diretor de uma pesquisa sobre "a forma perceptiva da cidade", trabalho financiado pela Fundação Rockefeller, K. Lynch utilizou como terreno experimental Los Angeles, Boston e Jersey-City. Participou, como conselheiro, da elaboração de vários projetos de planejamento nos Estados Unidos, particularmente do projeto atual de remodelamento de Boston.

Suas principais obras são:

— The Image of the City, *1960;*

— Site Planning, *1964;*

— The View from the Road, *em colaboração com D. Appleyard e R. Myer, 1964.*

308 O URBANISMO

Dos extratos que se seguem, eliminamos as análises concretas que se referem ao caso particular das cidades americanas.

ESTRUTURA DA PERCEPÇÃO URBANA

O urbanismo, arte diacrônica

O espetáculo das cidades pode produzir um prazer especial, qualquer que seja a banalidade da visão que nos oferece. Como um fragmento de arquitetura, a cidade é uma construção dentro do espaço, mas uma construção em grande escala, um objeto perceptível só através de longas seqüências temporais. É por isso que o urbanismo[1] é uma arte diacrônica, mas uma arte diacrônica que raramente pode utilizar as seqüências definidas e limitadas das outras artes temporais, como a música. As seqüências são invertidas, interrompidas ou cortadas, de acordo com as ocasiões e os indivíduos que as percebem. Além disso, a cidade é vista sob todas as luzes e em todos os tempos.

A cidade nunca totalizável. . .

A cada instante a cidade compreende mais do que o olho pode ver, mais do que o ouvido pode escutar — disposições e perspectivas que esperam ser exploradas. Nenhum elemento viveu por si próprio; revela-se sempre ligado a seu meio ambiente, à seqüência de acontecimentos que o levaram a ele, à lembrança de experiências passadas. * Cada habitante teve relações com partes definidas de sua cidade e a imagem que tem dela está banhada de lembranças e significações.

. . . nem acabada

Os elementos móveis da cidade — particularmente seus habitantes, tomados de acordo com suas ocupações — são tão importantes quanto seus elementos fixos. Pois não somos simplesmente os observadores desse espetáculo, nós mesmos participamos dele, no palco, com os outros atores. * A cidade não é apenas um objeto de percepção (e às vezes até de prazer) para milhões de pessoas de classe e de caráter muito diferentes; é também o produto da atividade de numerosos construtores que modificam constantemente sua estrutura. * Se bem que possa permanecer estável, durante um certo tempo, em seu aspecto geral, ela muda sem cessar nos detalhes. Só um controle parcial pode ser exercido sobre seu crescimento e forma. Não há resultado final, só uma sucessão de fases. Não surpreende, pois, que a arte de dar forma às cidades * seja bem diferente da arquitetura, da música ou da literatura.

---

1. *City-design.*

KEVIN LYNCH

I. A IMAGEM DA CIDADE

Legibilidade

Vamos examinar a cidade americana em seu aspecto visual, estudando a imagem mental que dela têm seus habitantes. Vamos nos fixar principalmente em uma qualidade visual particular: a clareza aparente ou "legibilidade" da paisagem urbana. Queremos designar por este termo a facilidade com que suas partes podem ser reconhecidas e organizadas segundo um esquema (*pattern*) coerente.

Exatamente como esta página impressa, se ela é legível, poderá ser apreendida como um conjunto bem unido de símbolos reconhecíveis, assim como uma cidade legível é aquela cujos bairros, ou monumentos, ou vias de circulação são facilmente identificáveis e facilmente integráveis dentro de um esquema (*pattern*) global.

Afirmamos que a legibilidade é crucial para a disposição da cidade; analisamos seus elementos e tentamos mostrar como semelhante conceito pode ser utilizado para a reconstrução das nossas cidades. *

A cidade não pode ser. . .

Se bem que a clareza e a legibilidade não sejam certamente as únicas características importante de uma bela cidade, elas assumem uma importância particular com respeito à escala humana, às dimensões, ao tempo e à complexidade do meio ambiente. Para situar corretamente o meio ambiente, não devemos considerar a cidade simplesmente como uma coisa em si, mas tal como seus cidadãos a percebem.

. . . separada de sua imagem mental

O dom de estruturar e identificar o meio ambiente é uma faculdade comum a todos os animais móveis. São utilizados para isso: as sensações visuais de cor, forma, movimento ou polarização da luz, assim como os dados dos outros sentidos: olfato, audição, tato, cinestesia, senso de peso e, talvez, o senso dos campos elétricos ou magnéticos. Estas técnicas de orientação, desde as que guiam a migração das andorinhas até as que dirigem o movimento de uma lapa sobre a microtopografia de uma rocha foram descritas e sua importância sublinhada em uma abundante literatura. Os psicólogos estudaram essas mesmas faculdades no homem, mas rapidamente e de modo limitado, no laboratório. Apesar de se desconhecer alguns aspectos do problema, a existência de um "instinto" de orientação é tida até hoje como inverossímil. Optamos de preferência por um processo de orgnização e de seleção dos dados sensoriais diversos, recolhidos no meio ambiente. Esta faculdade de organização é fundamental para a eficácia e até para a sobrevivência das espécies dotadas de movimento autônomo. *

Imagem mental da cidade e orientação

Orientar-se é uma operação cujo elo estratégico é a imagem

310 O URBANISMO

do meio ambiente. * Esta imagem é o produto simultâneo da sensação imediata e da experiência passada recolhida pela memória; é ela que permite interpretar a informação e dirigir a ação. A necessidade de reconhecer nosso meio ambiente e o poder de lhe dar uma forma são de uma tal importância e mergulham raízes tão profundas no passado que esta imagem se reveste para o indivíduo de uma importância prática e afetiva considerável.

Imagem da cidade e desenvolvimento do indivíduo

Uma imagem exata evidentemente facilita o conforto e a rapidez dos nossos deslocamentos *, mas chega a fazer mais: pode servir como um quadro de referência mais vasto, ser um meio de organizar a atividade, as crenças ou o saber. A partir de uma apreensão estrutural de Manhattan, por exemplo, pode-se classificar uma grande quantidade de informações a respeito do mundo onde vivemos. E, como todo bom quadro de referências, semelhante estrutura fornece ao indivíduo uma variedade de escolhas e bases para a aquisição de uma informação mais ampla. Uma imagem clara e precisa do meio ambiente constitui, pois, um fator positivo de desenvolvimento pessoal.

Um quadro físico vivo e bem integrado, capaz de proporcionar uma imagem sólida, também exerce um papel social. Pode fornecer a matéria-prima dos símbolos e lembranças coletivas, utilizadas na comunicação entre grupos. *

Uma boa imagem do seu meio ambiente dá a quem a possui um sentimento profundo de segurança afetiva. A partir daí, ele pode estabelecer uma relação harmoniosa com o mundo exterior. *

Além do mais, um meio ambiente bem individualizado e legível não oferece apenas segurança, mas aumenta a profundidade e a intensidade potenciais da experiência humana. *

Contra esta importância atribuída à "legibilidade", podemos objetar que o espírito humano é maravilhosamente adaptável e que, com experiência, aprendemos a nos orientar no meio ambiente menos ordenado e menos organizado. *

É certo que todos nós (ou quase todos) podemos, usando a atenção, aprender a orientar-se por Jersey-City, mas a custo de esforços e dificuldades consideráveis. Mais ainda, esta aglomeração não conta com as vantagens de um meio ambiente legível: satisfações afetivas, quadro de comunicação e de organização conceptual, novas dimensões que este quadro pode trazer para a vida cotidiana. *

Sem dúvida nenhuma, a mistificação, a impressão labiríntica, o efeito de surpresa podem ter seu valor. Muitos de nós gostamos do Palácio dos Espelhos e encontramos certo encanto nas ruas tortuosas de Boston. Mas isso só sucede com duas condições. Em primeiro lugar, que não corramos os risco de perder nosso esquema geral de orientação, de nos perder realmente. A surpresa só pode ocorrer dentro de um quadro geral de referência; a confusão deve limitar-se a zonas restritas ao interior de uma totalidade bem perceptível. Além disso, o elemento labiríntico ou surpreendente deve ter uma forma própria, que o tempo permita explorar, primeiro, depois apreender. *

Em prol de uma imagem aberta

O observador, aliás, deve exercer um papel ativo na organização do seu mundo, exercer um papel criador na construção de sua imagem. Deve poder modificar essa imagem à medida que evoluem suas próprias necessidades. Um meio ambiente organizado até em seus mínimos detalhes pode inibir qualquer possibilidade de novas estruturações. Uma paisagem em que cada pedra tenha sua história pode tornar difícil a criação de novas histórias. Se bem que não estejamos ameaçados dentro do atual caos urbano, estas observações demonstram que a nossa procura não é absolutamente uma ordem definitiva, mas uma ordem aberta, suscetível de desenvolvimento indefinido. *

Dentro da imagem do meio ambiente, a análise pode distinguir três componentes: a identidade, a estrutura e a significação. Apesar de ser útil distingui-las por razões metodológicas, na realidade estão indissoluvelmente ligadas. Uma imagem deve, para ser utilizável, poder ser identificada, relacionada com um objeto, quer dizer, distinta daquilo que a rodeia, e reconhecida enquanto entidade separada. * Em segundo lugar, a imagem deve implicar uma relação espacial, formal, do objeto com o observador e com outros objetos. Enfim, o objeto deve ter para o observador uma significação prática ou efetiva. A significação também é uma relação, mas diferente da relação espacial ou formal. *

Imagem e significações

A questão de significação dentro da cidade é complexa. * Se pretendemos construir cidades para satisfazer um grande número de indivíduos provenientes de meios extremamente diferentes — e se quisermos, além disso, que elas possam satisfazer igualmente as necessidades imprevisíveis do futuro — ganharemos ao concentrar nossos esforços sobre a clareza física da imagem e ao deixar que as significações se desenvolvam livremente, sem nossa intervenção direta. A imagem de Manhattan pode ser interpretada em termos de vitalidade, potência, decadência, mistério, congestionamento, grandeza *; em cada caso, esta imagem poderosa cristaliza e reforça a significação. *

Para facilitar a orientação dentro do espaço de comportamento, a imagem deve possuir várias qualidades. Deve ser suficientemente exata do ponto de vista pragmático e permitir que o indivíduo atue à vontade dentro do campo de seu meio ambiente. O plano, exato ou não, deve permitir que se volte para casa. Deve ser bastante claro e bem integrado para poupar os esforços mentais. *

Deve possibilitar um mínimo de segurança, com um número suficiente de pontos de referência que permitam a escolha. * A imagem deve ser aberta, adaptável à mudança, e permitir que o indivíduo continue a explorar e organizar a realidade. * Enfim, ela deve, dentro de uma certa medida, ser comunicável a outras pessoas. A importância relativa desses diversos critérios varia segundo os indivíduos e as situações. *

312   O URBANISMO

O meio ambiente legível

O que poderíamos chamar de "imagibilidade", esta qualidade que confere a um objeto físico um forte poder de evocar uma imagem viva em qualquer observador *, pode também ser chamado de *legibilidade* ou, talvez, de *visibilidade*, em seu sentido forte. *

Na medida em que a constituição da imagem é um processo dialético que implica observador e observado, é possível reforçar a imagem, seja pelo uso de instrumentos simbólicos (planos e cartazes), seja pelo treino do observador, seja ainda pelo remodelamento do meio ambiente. *

O homem primitivo via-se forçado a melhorar a imagem de seu meio ambiente adaptando sua percepção a uma paisagem dada. Ele podia efetuar pequenas mudanças em seu meio ambiente através de túmulos, sinais ou fogo; mas as modificações visuais significativas se limitavam à disposição das casas e dos recintos sagrados. Só as civilizações poderosas podem começar a agir sobre o conjunto do meio ambiente em uma escala significativa. O remodelamento consciente de um meio físico de grandes dimensões só se tornou possível recentemente; é por esse motivo que o problema da imagibilidade do meio ambiente é novo. *

A imagem da metrópole

Estamos edificando uma nova unidade funcional, a região metropolitana, e ainda não entendemos que esta unidade também deve possuir uma imagem própria.

De qualquer cidade existe uma imagem pública, resultante de numerosas imagens individuais. * Cada imagem individual é única, com um conteúdo que, raramente, ou nunca, é comunicado; entretanto, perfila a imagem pública que, segundo o caso, é mais, ou menos, limitadora, mais, ou menos, compreensiva.

Nossa análise limitar-se-á aos efeitos dos objetos fisicamente perceptíveis. (Negligenciaremos os fatores da imagibilidade, tais como a significação social de um bairro, suas funções, sua história e até seu nome.) *

Elementos da imagem

O conteúdo das imagens da cidade estudadas até aqui[2] pode ser praticamente classificado em cinco tipos de elementos: os caminhos (*paths*), os limites (*edges*), os bairros (*districts*), os nós (*nods*) e os pontos de referência (*landmarks*). *

I. Os caminhos

Ruas, calçadas, passeios, canais

Estas são as vias pelas quais o observador circula de modo habitual, ocasional ou potencial. Podem ser ruas, calçadas ou passeios, linhas de trânsito, canais ou vias férreas. Para muitas pessoas, estes

---

2. O capítulo 2 refere-se à análise concreta de três cidades (Boston, Los Angeles e Jersey-City), estudadas simultaneamente do ponto de vista de um

KEVIN LYNCH

são os elementos predominantes de sua imagem da cidade; observam a cidade enquanto circulam e organizam ou relacionam os outros elementos do meio ambiente aos caminhos.

II. Os limites

Rios, muros, loteamentos

Estes são os elementos lineares que não servem ou não são considerados como caminhos pelo observador. São as fronteiras entre duas fases, as soluções de continuidade: rios, valas de estradas de ferro, limites de loteamentos, muros. Constituem pontos de referência laterais, e não eixos de coordenação. * Estes limites, ainda que não desempenhem o papel predominante dos caminhos, constituem para muitos cidadãos um importante fator de organização e servem especialmente para manter a coesão de zonas inteiras. *

III. Bairros

Personalidade dos bairros

Os bairros constituem fragmentos da cidade, mais ou menos vastos, concebidos como se se estendessem sobre duas dimensões. O observador sente quando penetra em seu interior e os reconhece por sua forte identidade. Sempre identificáveis a partir do interior, podem também servir de referência exterior, se forem visíveis de fora.* A maioria dos cidadãos estrutura sua cidade em parte desse modo; a predominância dos caminhos ou dos bairros varia de acordo com as pessoas. Este modo de estruturação parece depender não só dos indivíduos, mas também das cidades.

IV. Nós

Ramificações, cruzamentos, abrigos

Estes são os pontos estratégicos da cidade onde o observador pode penetrar, os focos de atividade em torno dos quais o observador gravita. Trata-se principalmente das ramificações, dos pontos de parada dentro do sistema dos transportes; dos cruzamentos ou pontos de convergência dos caminhos; dos lugares de passagem de uma estrutura a outra. Mas os nós também podem ter sua importância no simples fato de concentrar uma soma de funções ou de caracteres físicos; por exemplo, o bar da esquina ou uma pracinha fechada. Alguns destes nós de concentração constituem o foco e como que o resumo de um bairro, sobre o qual sua influência se irradia e do qual constituem o símbolo. Podemos chamá-los de núcleos. * O conceito de núcleo está ligado ao de caminho, já que as ramificações são precisamente constituídas pela convergência de uma série de caminhos. * Está igualmente ligado ao conceito de bairro, na medida em que os núcleos constituem os focos de atividade dos bairros,

observador externo e do ponto de vista dos habitantes, entre os quais foram realizadas pesquisas sistemáticas.

314 O URBANISMO

seus centros de polarização. Alguns destes nós encontram-se em quase toda imagem da cidade; em certos casos, constituem seu elemento dominante.

V. Pontos de referência

Edifício, sinal gráfico, acidente geográfico

Constituem um outro tipo de ponto de referência; mas o observador não pode penetrar neles, permanecem exteriores a ele. Trata-se normalmente dos objetos físicos que podem ser definidos com muita simplicidade: edifício, signo, loja, montanha. Sua utilização supõe a escolha de um elemento entre muitos outros possíveis. Certos pontos de referência estão afastados: são os que se vêem de modo característico sob ângulos e distâncias variadas, do pico de elementos menos elevados, e que servem como pontos de referência radiais. Podem encontrar-se também dentro da cidade, ou a uma distância tal que, em todos os casos práticos, simbolizam uma direção constante. Assim acontece com as torres isoladas,. as cúpulas, as colinas. * Há outras referências que são, pelo contrário, locais, visíveis só dentro de um contexto limitado e segundo certos ângulos. É o caso dos inúmeros signos, fachadas de lojas, árvores, aldrabas de portas e outros detalhes urbanos que completam a imagem da maioria dos observadores. Estes tipos de referência são freqüentemente utilizados para a identificação e até a estruturação das cidades; são cada vez mais úteis, à medida que um itinerário vai-se tornando mais familiar.

Interconexão dos elementos

Esses diversos elementos constituem tão-somente a matéria-prima a partir da qual a imagem do meio ambiente é elaborada dentro da escala da cidade[3]. Para fornecer uma forma satisfatória, devem integrar-se em uma estrutura comum. Depois de analisar o funcionamento de grupos semelhantes (rede de caminhos, grupos de referências, mosaicos de regiões), a lógica manda estudar a interação de pares de elementos heterogêneos.

Conflitos ou contrastes

Os elementos de tais pares podem reforçar-se, ressoar de modo a aumentar seu poder recíproco; podem, pelo contrário, entrar em conflito e destruir-se mutuamente. Um ponto de referência gigantesco pode diminuir a pequena região que está situada em sua base e fazê-la perder sua escala. Bem situada, uma outra referência pode contribuir para localizar, fortalecer um núcleo; colocada fora do centro, pode simplesmente induzir em erro, como é o caso do John Hancock Building em relação à Copley Square, em Boston. Uma grande rua, com seu caráter ambivalente de limite e de caminho, pode atravessar um setor inteiro e torná-lo visível, ao mesmo tempo em que

---

3. K. Lynch estudou, no capítulo 2, as características requeridas para o bom funcionamento desses diversos elementos, apoiando-se em análises concretas.

perturba sua continuidade. Um ponto de referência pode ser tão heterogêneo em relação ao conjunto de um bairro que pode destruir sua continuidade, a não ser que, pelo contrário, esta continuidade não se acentue por um efeito de contraste. *

II. APLICAÇÕES AO URBANISMO

Meio adaptado ao homem, em vez de homem adaptado ao meio

A cidade deveria ser um mundo artificial, no melhor sentido do termo, um mundo feito com arte, modelado com vistas a objetivos humanos. Conservamos o hábito ancestral de adaptar-nos ao nosso meio ambiente, de classificar e organizar perpetuamente tudo o que se apresenta aos nossos sentidos *, mas talvez tenhamos chegado agora a uma nova fase, * talvez possamos começar a adaptar o próprio meio ambiente às estruturas perceptivas e aos processos simbólicos que caracterizam o ser humano.

A projeção (*designing*) dos caminhos

Intensificar a "imagibilidade" do meio ambiente humano é facilitar sua identificação e sua estruturação visual. Os elementos examinados acima — caminhos, limites, pontos de referência, nós e regiões — constituem os materiais que permitem estabelecer estruturas sólidas e diferenciadas na escala humana. *

Características específicas dos caminhos

Os caminhos, a rede das linhas habituais ou potenciais de deslocamento através do contexto urbano constituem o meio mais poderoso de dispor o conjunto. As linhas principais de movimento devem poder distinguir-se das vias secundárias graças a alguma qualidade própria: por exemplo, a concentração em suas margens de certas funções ou atividades, uma qualidade espacial própria, uma textura particular do solo ou das fachadas, um modo especial de iluminação, um conjunto específico de odores ou de sons, um detalhe ou um modo particular de construção. *
Essas características devem ser utilizadas de modo a dar ao caminho uma continuidade. Se uma ou várias dessas qualidades são regularmente encontradas em todo o seu percurso, então o caminho pode tornar-se para a representação um elemento contínuo e dotado de unidade. *

Declive, assimetria, setas

A linha de deslocamento deve ser claramente orientada. * Aos olhos dos observadores, os caminhos parecem ter direções irreversíveis, e as ruas caracterizam-se por seus pontos de desembocadura. Com efeito, uma rua é sempre orientada para um determinado lugar, percebida como se dirigisse para algum lugar. O caminho reforçará esta impressão perceptiva pelo caráter notável de seus extremos e por uma diferenciação das direções, que dá uma sensação de progressão. *

O declive muitas vezes é um meio utilizado com este fim, mas há muitos outros. O aumento progressivo dos signos, lojas ou transeuntes pode indicar a proximidade de um nó comercial; pode também haver uma gradação da cor ou da densidade das folhagens. * Podemos ainda empregar a assimetria. * Também podem ser utilizadas flechas, ou ainda todas as superfícies identicamente orientadas podem ser tratadas segundo uma cor-código. Estes são os meios de conferir aos caminhos uma orientação que sirva de referência aos outros elementos da paisagem urbana. *

A imagem melódica

Um último modo de organizar os caminhos ou conjuntos de caminhos adquirirá uma importância crescente dentro de um mundo de grandes distâncias e altas velocidades; podemos chamá-lo, por analogia, de *melódico*. Os detalhes importantes e os traços característicos dispostos ao longo do caminho — pontos de referência, mudanças espaciais, sensações dinâmicas — organizam-se como uma linha melódica, percebidos e imaginados como uma forma que houvéssemos experimentado durante um grande lapso de tempo. Ora, na medida em que esta imagem corresponda a uma melodia global e não a uma série de pontos separados, poderemos dizer que ela pode ser ao mesmo tempo mais rica e menos exigente. Sua forma pode consistir na seqüência clássica: introdução, desenvolvimento, clímax e conclusão; ou revestir-se de aspectos mais sutis, como os que evitam as conclusões formais. *

Pontos de referência

A característica essencial de um ponto de referência válido * é sua singularidade, o modo como contrasta com seu contexto — uma torre entre tetos pouco elevados, flores ao longo de um muro de pedra, uma superfície brilhante em uma rua cinza, uma igreja entre uma série de lojas, uma saliência em uma fachada contínua. * O controle dos pontos de referência e de seu contexto faz-se então necessário: limitação dos signos a superfícies determinadas, alturas-limite para todos os edifícios, com exceção de um. *

O ponto de referência não é necessariamente importante pela dimensão; pode ser a aldraba de uma porta, ou uma cúpula; em compensação, sua localização é crucial. *

Veneza

Pontos de referência isolados, a não ser quando domina o conjunto, geralmente constituem, por si mesmos, referências mínimas. Para reconhecê-los, é preciso manter uma atenção constante. Se estão agrupados, reforçam-se de um modo mais que aditivo. Os freqüentadores criam para si grupos de pontos de referência a partir dos elementos mais anódinos e apóiam-se sobre conjuntos integrados de signos, cada um dos quais, individualmente, seria muito insignificante para ser registrado. As ruas enganosas de Veneza podem ser reconhecidas depois de se passar por elas uma ou duas vezes, porque são ricas em detalhes distintivos que se organizam rapidamente em seqüências. *

Os nós são os pontos de ancoragem conceptuais de nossas cidades. Nos Estados Unidos, à parte de certa concentração das atividades, raramente possuem uma forma própria que atraia a atenção. *

Os nós são percebidos como tais só quando se chega a individualizá-los por meio de uma qualidade específica comum aos muros, solos, iluminação, vegetação ou topografia, que constituem seus elementos. A essência do nó consiste em ser *um lugar* distinto e inesquecível, que não se pode confundir com nenhum outro. *

Diversidade perceptiva de uma mesma cidade

A cidade não é construída por uma só pessoa, mas por um grande número de usuários que pertencem a meios, temperamentos, ocupações e classes sociais mais variados. Nossas análises mostram variações substanciais no modo como as diferentes pessoas organizam sua cidade. *

É por isso que o urbanista deve procurar criar uma cidade que seja, tanto quanto possível, abundantemente provida de caminhos, limites, pontos de referência, nós e bairros, uma cidade que não utilize simplesmente uma ou duas das qualidades de forma, mas seu conjunto. Desse modo, os diferentes observadores encontrarão respectivamente todos os dados perceptivos próprios à sua visão particular do mundo. Enquanto um reconhecerá uma rua por sua pavimentação, o outro lembrar-se-á dela graças a uma esquina pronunciada e um terceiro identificará a série de pontos de referência menores que se sucedem ao longo dela.

Contra a rigidez estrutural

Qualquer forma que se ofereça à visão sob um aspecto muito particularizado, resulta perigosa: o meio ambiente perceptivo reclama uma certa plasticidade. Nos casos em que só existe um caminho dominante para ir a determinado lugar, ou quando se conta só com alguns pontos de referência sacrossantos, ou com um conjunto de bairros rigorosamente separados, só há um meio, a não ser que façamos um esforço considerável, de formar uma imagem da cidade. E esta imagem corre o risco não apenas de não responder às necessidades de todos, mas, sobretudo, de não bastar a uma mesma personalidade que varia através do tempo. *

Tomamos como símbolo de uma boa organização os setores de Boston em que, quando, perguntávamos às pessoas sobre os caminhos que deveriam tomar, elas alegavam que podiam escolhê-los livremente. Nesse caso, o habitante dispõe de uma ampla gama de caminhos para chegar a seus destinos, todos claramente estruturados e identificados. As mesmas vantagens podem ser encontradas em uma rede de limites que se sobrepõem de modo a que setores grandes ou pequenos possam ser formados, de acordo com os gostos e as necessidades de cada um. *

É importante conservar um certo número de grandes formas comuns: nós intensos, caminhos-chave, ou unidades locais bastante dilatadas. Mas, dentro deste vasto quadro, deve-se encontrar uma certa plasticidade, uma riqueza de estruturas suficiente para que cada indivíduo possa construir sua própria imagem. *

Hoje mudamos de residência como nunca; abandonamos uma região por outra, uma cidade por outra cidade. Uma correta "imagibilidade" do meio ambiente deve permitir que nos sintamos em casa rapidamente. *

As dimensões crescentes das nossas regiões metropolitanas e a rapidez com que as atravessamos levantam numerosos problemas novos para a percepção. A região metropolitana é a nova unidade funcional do nosso meio ambiente e é desejável que essa unidade funcional possa ser convenientemente individualizada e estruturada por seus habitantes. *

Remodelamento e estruturas latentes

Toda aglomeração urbana que existe e funciona possui, em maior ou menor grau, uma estrutura e uma identidade. Jersey-City está bem longe de ser um puro caos. Mas, se o fosse, não seria habitável. Quase sempre, há uma imagem poderosa latente no meio ambiente: este é o caso de Jersey-City, com suas paliçadas, sua forma de península e o modo como está ligada a Manhattan. Um problema freqüentemente colocado ao urbanista é o de remodelar com sensibilidade um meio ambiente que já existe. Nesse caso, precisa descobrir e preservar as imagens fortes, resolver, conseqüentemente, as dificuldades perceptivas e, acima de tudo, mostrar, tornar manifestas, as estruturas e a individualidade latentes no meio da confusão.

A criação "ex nihilo" e suas imposições

Em outros casos, o urbanista encontra-se diante da necessidade de criar uma nova imagem. * O problema coloca-se particularmente nas extensões suburbanas das nossas regiões metropolitanas. * Os elementos naturais da paisagem não são um guia suficiente, dadas a extensão e a importância das zonas a construir. Ao ritmo atual da construção, não temos mais tempo de permitir o lento ajuste da forma a uma série de pequenos fatores individuais. É por isso que devemos recorrer, bem mais que antes, a um planejamento consciente: a manipulação deliberada do mundo com fins perceptivos. Ainda que disponhamos de um rico caudal de exemplos anteriores no que se refere à ordenação urbana, o problema coloca-se agora em termos de extensão e de prazos em uma escala totalmente distinta.

O plano "visual"

Os novos modelamentos ou remodelamentos deveriam ser inspirados pelo que poderíamos chamar de "plano visual" da cidade ou da região metropolitana: um conjunto de recomendações e de medidas de controle relativas à forma visual considerada do ponto de vista do habitante. A preparação de semelhante plano deveria começar por uma análise da forma existente e da imagem pública da zona em causa. * Esta análise terminaria em uma série de diagramas e de informes que evidenciassem imagens públicas significativas, os principais problemas e possibilidades visuais, assim como os elementos críticos da imagem e suas relações. *

Com a ajuda desses elementos analíticos, mas sem se limitar a eles, o urbanista poderia começar a elaborar um plano visual à escala da cidade, cujo objetivo seria reforçar sua imagem pública. *

O objetivo final do plano não é a forma física em si, mas a qualidade da imagem mental que ela suscita nos habitantes. É por isso que seria igualmente útil formar o observador mediante um aprendizado e ensiná-lo a *olhar* sua cidade, a observar a diversidade e o emaranhado de suas formas. *

The Image of the City, Cambridge, The Technology Press & Harvard University Press, Massachusetts, 1960. (pp. 1-6, 8, 9, 11-13, 46-48, 83-84, 95-96, 99-112, 110-112, 115. Tradução da autora.)

IX. FILOSOFIA DA CIDADE

Victor Hugo
1802-1885

Como testemunha sua obra gráfica, Victor Hugo era um obcecado pelo tema da cidade. Apaixonado pela arquitetura, "esta arte-rainha"[1], promotor, como Merimée e Viollet-le-Duc, de uma política de defesa dos monumentos antigos, sentia-se particularmente seduzido pelas cidades medievais, cuja unidade percebia com uma intuição notável. A "organicidade" medieval era, para ele, um ideal que lhe inspirou, em Notre Dame de Paris, *o capítulo "Paris à vol d'oiseau"[2].*

Ora, em um capítulo freqüentemente omitido das edições correntes (e que apareceu pela primeira vez na 8ª edição, de dezembro de 1832), instulado "Ceci tuera Cela", Victor Hugo foi mais longe e desenvolveu uma verdadeira filosofia da arquitetura. As páginas onde compara esta arte a um escrito e a uma linguagem adquirem hoje valor de advertência. Na época de sua publicação, suscitaram a indignação do progressista Considérant[3].

---

1. *Notre Dame de Paris*, nota da edição de 1832.
2. "Então não era só uma bela cidade; era uma cidade homogênea, um produto arquitetônico e histórico da Idade Média, uma crônica de pedra."
3. "A M. Hugo, o poeta, que, porque faz poesia com a pena, foi pôr na cabeça que a humanidade só podia fazer poesia com as penas! M. Hugo, que pretende encerrar a humanidade nas dimensões da sua própria esfera; que dá à humanidade, como campo, e ao futuro, como limite, a extensão de sua especialidade; M. Hugo, enfim, que, querendo a qualquer custo se fazer de filósofo,

Mais tarde, fascinariam F. L. Wright, que, em sua juventude, teve Notre Dame de Paris *como livro de cabeceira. Wright declara, em seu* Testament *(1957), que "Victor Hugo escreveu o ensaio mais esclarecedor, nos dias de hoje, sobre a arquitetura". E acrescenta: "Eu tinha catorze anos quando esse capítulo, que habitualmente não figura nas edições de* Notre Dame, *impressionou profundamente minha sensibilidade e a imagem da arte a que ia dedicar minha vida: a arquitetura. Aquela história do declínio trágico da grande arte original nunca saiu da minha mente".*

A CIDADE É UM LIVRO

Nossas leitoras irão perdoar-nos por nos determos um momento para procurar qual poderia ser o pensamento que se furtava sob aquelas palavras enigmáticas do arcediago: *Isto matará aquilo. O livro matará o edifício.*

Pelo que entendemos, este pensamento tinha duas faces. Era, antes de tudo, um pensamento clerical. Era o temor do sacerdote diante de um agente novo, a imprensa. *

Livro de pedra e livro de papel

Mas, por baixo deste pensamento, o primeiro e o mais simples, sem dúvida, havia, em nossa opinião, um outro, mais novo. * Era o pressentimento de que o pensamento humano, se mudasse de forma, ia mudar também seu modo de expressão, de que a idéia capital de cada geração não seria mais escrita com a mesma matéria e do mesmo modo, que o livro de pedra, tão sólido e tão durável, ia ceder lugar ao livro de papel, ainda mais sólido e mais durável. Deste ponto de vista, a vaga fórmula do arcediago tinha um segundo sentido: significava que uma arte ia destronar uma outra arte. Ela queria dizer: a imprensa matará a arquitetura.

Com efeito, desde a origem do mundo até o século XV da era cristã, inclusive, a arquitetura é o grande livro da humanidade, a expressão principal do homem em seus diversos estados de desenvolvimento, seja como força, seja como inteligência. *

Os primeiros monumentos foram simples blocos de rocha *em que o ferro não tinha tocado*, disse Moisés. A arquitetura começou como qualquer escrito. Em primeiro lugar, foi alfabeto. Colocava-se uma pedra[4], e isso era uma letra, e cada letra era um hieróglifo, e

---

ao invés de permanecer o que é, um grande poeta, empenhou-se em pôr a perder sua bela obra *Notre Dame*, introduzindo nela esta sublime tolice, resumida nestas palavras: *isto* — o livro, — *matará aquilo*, — o monumento! * Impunha-se que M. Hugo excluísse de sua obra essa infelicidade acrescentada às últimas edições, pois seu belo livro se destina a viver no futuro, e semelhantes capítulos não honrariam sua inteligência." *Descrição do falanstério*, p. 90.

4. Cf. *Êxodo*, XX: 25: "Se me ergueres um altar de pedra, não o construas em pedra talhada, pois, ao levantar seu cinzel sobre a pedra, torná-la-ias profana" (*Nota de V. Hugo*).

VICTOR HUGO

sobre cada hieróglifo repousava um grupo de idéias, como o capitel sobre a coluna[5]. Assim fizeram as primeiras raças, por toda parte, ao mesmo tempo, no mundo inteiro. Encontramos o *menir* dos celtas da Sibéria da Ásia, nos pampas da América.

Mais tarde, fizeram-se palavras. Puseram pedra sobre pedra, juntaram essas sílabas de granito, o verbo tentou algumas combinações. O dólmen e o *cromlech* celtas, o túmulo etrusco e o *galgal* hebreu são palavras. Alguns, o túmulo principalmente, são nomes próprios. Às vezes até, quando se tinha muita pedra e uma vasta praia, escrevia-se uma frase. O imenso aglomerado de Karnac já é uma fórmula completa.

Finalmente fizeram-se livros. As tradições tinham dado à luz símbolos, sob os quais desapareceram, como o tronco da árvore sob a folhagem; todos esses símbolos, nos quais a humanidade tinha fé, iam crescendo, multiplicando-se, cruzando-se, complicando-se cada vez mais; os primeiros monumentos não eram mais suficientes para contê-los; transbordavam por todo lado; esses monumentos expressavam apenas a tradição primitiva que, como eles, era simples, nua e jazia sobre o solo. O símbolo tinha necessidade de manifestar-se no edifício. A arquitetura então se desenvolveu com o pensamento humano; tornou-se um gigante de mil cabeças e mil braços e fixou de forma eterna, visível, palpável, todo aquele simbolismo flutuante. Enquanto Dédalo, que é a força, media, enquanto Orfeu, que é a inteligência, cantava, a pilastra, que é uma letra, a arcada, que é uma símlaba, a pirâmide, que é uma palavra, colocadas em movimento, ao mesmo tempo, por uma lei geométrica e por outra, poética, agrupavam-se, combinavam-se, amalgamavam-se, desciam, subiam, justapunham-se sobre o solo, dispunham-se em andares no céu, até escreverem, sob o ditado da idéia imperante de uma época, estes livros maravilhosos que eram também maravilhosos edifícios: o pagode de Eklinga, o Rhamseion[6] do Egito, o templo de Salomão.

Sentido e arquitetura

A idéia-mãe, o verbo, não estava apenas no fundo de todos esses edifícios, mas também na forma. O templo de Salomão, por exemplo, não era simplesmente a encadernação do livro santo, era o próprio livro santo. * E não só a forma dos edifícios, mas também a localização que escolhiam para si revelavam o pensamento que representavam. *

O pensamento então só era livre dessa forma, como também só se escrevia integralmente naqueles livros chamados edifícios. * Assim, até Gutenberg, a arquitetura é o escrito principal (podemos distinguir duas formas históricas na primeira escrita universal, a arquitetura de casta, teocrática, e a arquitetura "de povo", mais rica e menos santa). *

---

5. Cf. também *Gênesis*, **XXXI**: 45: "Jacó pegou uma pedra e ergueu-a em monumento." (*Nota de V. Hugo*).

6. Templo funerário de Ramsés II em Tebas, no Alto Egito. (*Nota de V. Hugo.*)

326 O URBANISMO

Arquitetura popular

As características gerais da construção popular são a variedade, o progresso, a originalidade, a opulência, o movimento perpétuo. Estas obras já estão suficientemente desligadas da religião para pensar em sua beleza, cuidar dela, corrigi. sem descanso suas estátuas ou arabescos. São deste mundo. Têm alguma coisa de humano que misturam sem cessar ao símbolo divino sob o qual ainda se produzem. São edifícios que podem ser penetrados por qualquer alma, qualquer inteligência, qualquer imaginação, simbólicos ainda, mas fáceis de entender, como é fácil entender a natureza. Entre a arquitetura teocrática e esta, há a mesma diferença existente entre uma língua sagrada e uma língua vulgar. *

A imprensa

No século XV tudo muda.

O pensamento humano descobre um meio de perpetuar-se não só mais durável e mais resistente que a arquitetura, mas também mais simples e mais fácil. A arquitetura é destronada. Às letras de pedra de Orfeu sucedem-se as letras de chumbo de Gutenberg. *

O livro matará o edifício

A invenção da imprensa é o maior acontecimento da história. É a mãe das revoluções. É o modo de expressão da humanidade que se renova totalmente, é o pensamento humano que se despoja de uma forma e reveste-se de outra. *

A partir da descoberta da imprensa, a arquitetura vai secando pouco a pouco, atrofia-se e desnuda-se. * É esta decadência que chamamos de renascimento. Decadência magnífica entretanto, pois o velho gênio gótico, este sol que se põe atrás da gigantesca imprensa de Mogúncia, penetra ainda por algum tempo com seus últimos raios todo esse amontoado híbrido de arcadas latinas e de colunatas coríntias.

É este pôr-de-sol que tomamos por uma aurora.

Declínio

No entanto, a partir do momento em que a arquitetura passa a ser uma arte como qualquer outra, quando deixa de ser a arte total, a arte soberana, a arte tirana, fica sem forças para reter as outras artes, que se emancipam, rompem o jugo do arquiteto e vão cada uma para o seu lado. Todas ganham com este divórcio. O isolamento engrandece tudo. A escultura converte-se em estatuária, o fabrico de imagens em pintura, o cânone em música. *

Entretanto, quando o sol da Idade Média se põe totalmente, * a arquitetura não exprime mais nada, nem mesmo a lembrança da arte de outros tempos. *

Paris

No século XV, * Paris não era * apenas uma bela cidade; era uma cidade homogênea, um produto arquitetônico e histórico da

VICTOR HUGO   327

Idade Média, uma crônica de pedra. * Desde então, a cidade foi-se deformando dia a dia. A Paris gótica, sob a qual se apagava a Paris românica, apagou-se, por sua vez. Mas podemos dizer qual Paris a substituiu? A Paris atual não tem * nenhuma fisionomia geral. É uma coleção de amostras. * A capital só cresce em casas, e que casas! * Do mesmo modo a significação * de sua arquitetura apaga-se todos os dias. *

Não nos enganemos: a arquitetura está morta, morta sem remissão; matou-a o livro impresso, matou-a porque ela custa mais caro. * Imaginemos agora os recursos que seriam necessários para voltar a escrever o livro arquitetônico; para cobrir de novo o solo com milhares de edifícios. *

O grande acontecimento que supõe o aparecimento de um arquiteto de gênio poderá suceder no século XX. * O grande poema, o grande edifício, a grande obra da humanidade não será mais construída, será impressa.

Notre Dame de Paris, livro V, cap. 2: *Ceci tuera cela*, acrescentado na 8ª edição (de 1832) ao texto da edição original (1831). (V. Hugo, *Romans*, Coll. l'Intégrale, éd. du Seuil, t. I, pp. 300-304.) O texto final sobre *Paris* é completado por um extrato do livro III, cap. 2: *Paris à vol d'oiseau* (ibid. pp. 86-87).

Georg Simmel
1858-1918

Filósofo e sociólogo alemão que, a partir de 1914, ocupou uma cadeira de Filosofia em Estrasburgo. Sua teoria do método aplicado à sociologia exerceu uma influência considerável na Alemanha e nos países anglo-saxões.

Dentro de um espírito marcadamente kantiano, ele tentou realizar um estudo analítico dos modos de interação social; entre os conteúdos-tipo de atividades como a política, a economia e a estética, procurou isolar "regularidades recorrentes" das formas gerais e universais.

O estudo sobre As grandes cidades e a vida do espírito *é um corolário de sua obra maior,* A Filosofia do Dinheiro *(1900), na qual ele sublinha o duplo papel da economia do dinheiro: estimulando a tendência do homem à abstração, favorece o desenvolvimento das faculdades intelectuais, em detrimento da afetividade, ao mesmo tempo em que provoca uma despersonalização das relações humanas.*

Estas análises foram retomadas e desenvolvidas por W. Sombart. O. Spengler utilizou-as amplamente, sem mencionar sua origem.

AS GRANDES CIDADES E A VIDA DO ESPÍRITO[1]

1. Título de Simmel.

330 O URBANISMO

Cultura e autonomia

Os problemas fundamentais da vida moderna provêm de que o indivíduo deseja a qualquer preço, diante das forças esmagadoras da sociedade, da herança histórica, da civilização e das técnicas, preservar a autonomia e a originalidade de sua existência: último avatar do combate contra a natureza, que o homem primitivo teve de travar para garantir sua sobrevivência *física*. O século XVIII incitou o homem a libertar-se de todos os vínculos tradicionais (no Estado e na Religião, na Moral e na Economia) para que sua natureza, originalmente boa e idêntica em todos os homens, se desenvolvesse sem entraves; o século XIX pôde, por sua vez, proclamar, junto com a liberdade, o caráter único de cada homem e de suas atividades, valendo-se da divisão do trabalho, que torna um indivíduo irredutível aos outros e na medida do possível insubstituível, mas que o faz, simultaneamente, depender de seus semelhantes; Nietzsche, finalmente, viu na luta mais desenfreada de cada um contra todos – da mesma forma que o socialismo, através da supressão de qualquer tipo de concorrência – a condição do desenvolvimento completo da pessoa; em todos esses esforços manifesta-se o mesmo tema fundamental: a resistência do sujeito, que se sente ameaçado de ser nivelado e usado por um mecanismo ao mesmo tempo social e técnico. Quando interrogamos os produtos específicos da vida moderna para descobrir o que ocultam, quando pedimos de alguma forma ao corpo da civilização para desvendar-nos sua alma – tarefa hoje incumbida a mim, no que concerne a nossas grandes cidades –, devemos procurar a equação que se estabelece entre os conteúdos individuais e supra-individuais da vida, procurar os meios de que se vale a personalidade para adaptar-se aos poderes que lhe são estranhos.

A grande cidade sente a afetividade

O fundamento psicológico no qual repousa o tipo do citadino[2] é a *intensificação da vida nervosa*, que provém de uma seqüência rápida e ininterrupta de impressões, tanto externas quanto internas. O homem é um ser "diferencial": sua consciência é excitada pela diferença entre a impressão presente e a que a precedeu; impressões prolongadas, a pequena oposição entre elas, a regularidade de sua alternância e de seus contrastes consomem, de certa forma, menos consciência que a rapidez e a concentração de imagens variadas, a diversidade brutal dos objetos que podemos abarcar com um único olhar, o caráter inesperado de impressões todo-poderosas. Precisamente ao criar estas condições psicológicas – sensíveis a cada passo que damos na rua, provocadas pelo ritmo rápido, pela diversidade da vida econômica, profissional e social – a grande cidade introduz nos próprios fundamentos sensitivos da nossa vida moral, pela grande quantidade de consciência que exige, uma diferença profunda em face cidadezinha e do campo,

---

2. Na seqüência deste artigo empregaremos as palavras *urbano* e *citadino* no sentido de *grossstädtisch, Grossstädter* (relativo à grande cidade, habitante da grande cidade), em oposição a *kleinstädtisch, Kleinstädter*. (Nota do tradutor francês.)

cuja vida, tanto sensitiva quanto intelectual, corre em um ritmo mais lento, mais costumeiro, mais regular. Isto faz com que entendamos, antes de tudo, porque, em uma grande cidade, a vida é mais intelectual que em uma pequena cidade, onde a existência é fundada sobretudo nos sentimentos e nos laços afetivos, que se enraízam nas camadas menos conscientes da nossa alma e crescem de preferência na calma regularidade dos hábitos. *

O tipo do citadino — que se manifesta naturalmente em uma multitude de formas individuais — cria para si mesmo um órgão de proteção contra o desarraigamento com que o ameaçam a fluidez e os contrastes do meio ambiente; ele reage não com os sentimentos, mas com a razão, a que a exaltação da consciência — e pelas próprias razões que a fizeram nascer — confere a primazia; assim, a reação aos fenômenos novos se transfere para o órgão psíquico menos sensível, mais afastado das profundezas da personalidade.

O citadino reage pela abstração

O caráter racional, que acabamos de reconhecer como escudo da nossa vida subjetiva contra a violação com que nos ameaça a grande cidade, ramifica-se em numerosos fenômenos particulares. As grandes cidades sempre foram a sede da economia monetária, porque a diversidade e a concentração das trocas lhe conferiram uma importância que nunca teria sido possível através das raras trocas a que dava lugar a economia rural. Ora, economia monetária e predomínio do intelecto estão intimamente ligados. Têm em comum o modo puramente objetivo com que abordam homens e coisas, e onde uma justiça formal se alia freqüentemente a uma rigidez implacável. O homem puramente racional é indiferente a qualquer realidade individual; esta realidade cria relações e reações que não podem ser apreendidas só com a razão — exatamente como o princípio do dinheiro permanece fechado a qualquer individualidade dos fenômenos. Pois o dinheiro só se interessa pelo que é comum, a saber, o valor de troca que nivela qualquer qualidade, qualquer particularidade, colocando só a questão da quantidade. Se as relações afetivas entre as pessoas se fundam em sua individualidade, as relações racionais tornam os homens elementos de cálculo, indiferentes em si mesmos e só tendo interesse por seu rendimento, grandeza objetiva; o citadino converte seus fornecedores e clientes, criados e, freqüentemente, pessoas com quem a sociedade o obriga a conviver, em elementos de cálculo, ao passo que, em um meio mais restrito, o conhecimento inevitável que temos dos indivíduos leva, de modo igualmente inevitável, a uma coloração mais sentimental do comportamento e faz com que superemos a avaliação puramente objetiva do que damos e recebemos. Para falar em termos de psicologia econômica, o essencial é que, em um quadro mais primitivo, as mercadorias são diretamente produzidas para o cliente que as pede, de modo que o produtor e consumidor conhecem um ao outro. A grande cidade moderna, em compensação, nutre-se quase exclusivamente da produção destinada ao mercado, quer dizer, a clientes que o produtor propriamente dito desconhece por completo. Isto confere ao interesse das duas partes uma objetividade implacável e seu egoísmo econômico, entregando-se a cálculos racionais, não teme ver-se des-

332 O URBANISMO

viado de seus fins pelo imponderável das relações individuais. * Segundo as palavras do maior historiador inglês das constituições, Londres nunca se comportou como o coração da Inglaterra, mas, freqüentemente, como sua razão e, sempre, como sua bolsa.

O símbolo do relógio

Um traço aparentemente bem secundário faz com que confluam de modo característico as mesmas tendências profundas. O espírito moderno fez-se cada vez mais calculador; ao ideal da ciência, que consiste em transformar o mundo em uma série de fórmulas algébricas, corresponde a exatidão da vida prática tal como a modelou a economia monetária; ela é que faz com que tantos homens passem seus dias pesando, avaliando, calculando, cifrando, reduzindo valores qualitativos a valores quantitativos. A essência do dinheiro, que é o cálculo, introduziu nas relações entre elementos da existência uma precisão, uma segurança na determinação do que é equivalente e do que não o é, uma certeza nas convenções e nos acordos dos homens entre si, cuja manifestação objetiva e cujo símbolo podem ser tomados pela difusão universal dos relógios. Ora, são as condições de existência nas grandes cidades que constituem ao mesmo tempo a causa e a conseqüência do fenômeno. As relações, os negócios do citadino são a tal ponto múltiplos e complicados e, sobretudo, em conseqüência da participação de tantos homens em tão diversas preocupações, suas relações e atividades emaranham-se em uma rede tão complexa que, se não se observasse a mais absoluta pontualiadade com respeito aos compromissos assumidos, o conjunto ruiria em um caos inextricável. Se, bruscamente, todos os relógios de Berlim se pusessem a adiantar ou a atrasar de modo discordante, ainda que fosse uma hora, toda a vida econômica e social ficaria completamente desregulada por muito tempo. Acrescente-se a isso, fenômeno aparentemente mais superficial, a enormidade das distâncias, que faz com que qualquer espera e qualquer deslocamento inútil provoquem uma perda de tempo impossível de suportar. Assim, não podemos absolutamente mais imaginar a técnica da vida urbana sem que todas as atividades, todas as relações sejam encerradas do modo mais preciso dentro de um esquema rígido e impessoal. *

Ainda que não seja de modo algum impossível a existência de vidas autônomas dentro de uma grande cidade, quando elas se dão, opõem-se, entretanto, ao tipo de vida que a cidade cria; assim se explica a ira apaixonada que naturezas como Ruskin e Nietzsche sentiam pelas grandes cidades: para tais naturezas, o valor da vida é unicamente constituído de particularismos, de diversidade, de individualidade e, para elas, o ódio pela cidade alimenta-se na mesma fonte que o ódio pela economia monetária e pelo intelectualismo.

O enfastiado, produto-tipo da grande cidade

Os mesmos fatores, que em conseqüência da exatidão, da precisão rigorosa dos modos de existência, assim se petrificaram para formar um edifício altamente impessoal, agem por outro lado sobre um dos traços mais pessoais que há. Não existe fenômeno mais exclu-

GEORG SIMMEL   333

sivamente próprio da grande cidade que o homem enfastiado. * Assim
como uma vida de prazeres imoderados pode enfastiar, porque exige
dos nervos as reações mais vivas até chegar a não provocá-los mais
de nenhum modo, impressões menos brutais arrancam do sistema
nervoso, pela rapidez e violência de sua alternância, respostas que são
a tal ponto violentas, que o submetem a choques tais que acabam
por gastar suas últimas forças, sem que tenha tempo de reconstituí-las.
É precisamente desta incapacidade de reagir a novas excitações com
uma energia de mesma intensidade que decorre a lassitude do homem
enfastiado; até as crianças das grandes cidades apresentam este traço,
se as compararmos com crianças provenientes de um meio mais calmo
e menos rico em solicitações.

A esta primeira fonte fisiológica acrescenta-se outra, que concerne à economia monetária. O que define o homem enfastiado é
que ele se tornou insensível às diferenças entre as coisas; não é que
não as perceba, não é que seja estúpido, é que a significação e o valor
dessas diferenças e, pois, das próprias coisas, para ele resulta negligenciável. Os objetos aparecem-lhe com uma tonalidade uniformemente insípida e cinza, nenhum sendo julgado digno de preferência.
Esta atitude é o reflexo subjetivo da economia monetária em seu
apogeu; o dinheiro, compondo uniformemente a diversidade das coisas,
exprimindo as diferenças de qualidade por meio de diferenças quantitativas, arrogando-se, apesar de seu caráter exangue, o papel de denominador comum de todos os valores, converte-se no mais terrível
de todos os elementos igualadores e rói irremediavelmente o coração
das coisas, sua individualidade, seu valor específico, sua originalidade.
Todas as coisas nadam com o mesmo peso específico em seu fluxo
incessantemente móvel, acham-se todas no mesmo plano e só se distinguem pelas superfícies que ocupam. *

A "reserva"

O instinto de conservação do indivíduo frente à grande cidade
força-o a adotar uma postura não menos negativa com respeito ao
meio social. A atitude dos citadinos diante de seus semelhantes pode,
de um ponto de vista formal, qualificar-se de reserva. Se aos contatos incessantes com inúmeros indivíduos devessem responder outras
tantas reações interiores, como sucede nas pequenas cidades, onde
conhecemos quase todos com quem nos encontramos e onde as pessoas mantêm relações positivas, acabaríamos por nos atomizar completamente e por ficar em um estado psíquico impossível de imaginar. É em função destas condições psicológicas e da desconfiança que temos direito de sentir diante dos elementos díspares e fugi-
dios da vida urbana, que nos vemos coagidos a esta reserva que faz
com que nem conheçamos de vista vizinhos que moram há anos
em nosso prédio e que nos torna frios ou duros aos olhos do habitante
das cidadezinhas. Além do mais, há, se não estou enganado, por trás
desta reserva visível, uma leve aversão, um sentimento de estranheza
e de repulsão diante do próximo, sentimento que, no momento de
se produzir um contato mais estreito — seja qual for a razão por que
se estabeleceu — mudaria imediatamente em hostilidade e ódio. Toda
a organização psicológica de uma vida de comunicações sociais tão

334 O URBANISMO

extensa e complexa repousa sobre uma pirâmide extremamente variada de simpatias, indiferenças e aversões, breves ou longas, sendo que a espera da indiferença é mais restrita do que parece à primeira vista. *

Com efeito, a indiferença para nós seria tão pouco natural quanto seria insuportável a confusão de sugestões recebidas em tropel; e é destes dois perigos característicos da civilização urbana que nos protege a antipatia, estádio preparatório e latente do antagonismo prático; é ela que cria as distâncias que mantemos com os demais e a necessidade que temos de nos desviar deles, sem o que nossa existência seria impossível; é sua intensidade, a associação de suas diferentes variantes, o ritmo que regula seu nascimento e desaparecimento, as maneiras de satisfazê-la que criam, junto com os motivos mais estreitamente associativos, o todo indissolúvel da vida urbana: o que, à primeira vista, parece sugir da dissociação, no fundo é tão--somente uma das formas elementares adotadas pela socialização.

Liberdade oferecida pela grande cidade

Esta reserva que às vezes culmina em aversão oculta, depende de um outro fator bem mais geral: as grandes cidades concedem ao indivíduo uma forma e um grau de liberdade de que não há exemplo em nenhum outro lugar. *

Limitação das cidades pequenas

A vida na cidade pequena, tanto na Antigüidade como na Idade Média, impõe ao indivíduo, dentro do grupo, uma limitação de seus movimentos e de suas relações com o exterior, de sua independência e de sua diferenciação, que tornaria a existência insuportável para o homem moderno; ainda hoje, quando se transfere o citadino para uma cidadezinha de província, ele tem uma impressão de abafamento análoga. Quanto mais o círculo formado pelo nosso meio é restrito, mais as relações exteriores que poderiam rompê-lo são limitadas, e quanto mais o grupo a que pertencemos vela ciosamente sobre o trabalho, a vida, as opiniões do indivíduo, maiores são os riscos de que os particularismos quantitativos e qualitativos rompam a unidade do conjunto. A cidade antiga parece ter possuído, se a considerarmos sob este aspecto, todas as características de uma cidade pequena. * Se a vida de Atenas foi extremamente variada e frenética, se alcançou tão grande riqueza de colorações, talvez tenha sido porque um povo de caráter extraordinariamente individualista lutou contra a pressão constante, ·tanto interna quanto externa, de uma cidadezinha hostil a qualquer tipo de vida pessoal. * Assim como na época feudal o homem livre era aquele que só dependia da justiça do príncipe, quer dizer, da mais ampla entidade social, enquanto quem não o era dependia de seu suserano direto dentro do quadro estreito do feudalismo – assim o citadino do nosso tempo é "livre" em um sentido mais intelectual e mais sutil, em oposição às mesquinharias e às limitações de qualquer espécie que rodeiam o habitante de uma pequena cidade. Pois a reserva, a indiferença de uns em relação a outros, que são a conseqüência de um meio de grandes dimensões, nunca favorecem de modo mais sensível a independência do indiví-

duo a não ser dentro da agitação das grandes cidades; a promiscuidade física faz com que apareça nela de modo mais evidente a distância moral entre os indivíduos; o fato de nela nos sentirmos às vezes
mais solitários, mais abandonados que em qualquer outro lugar é evidentemente apenas o reverso dessa liberdade, já que neste, como em
outros casos, de modo algum é necessário que a liberdade do homem
se reflita em seu bem-estar. *

Dimensão planetária da grande cidade

As grandes cidades foram também, em todas as épocas, o lugar
eleito do cosmopolitismo. Assim como a fortuna pessoal, depois de
ter superado um certo nível, cresce cada vez mais rapidamente e como
que de modo automático, assim o horizonte, as relações econômicas,
pessoais, intelectuais da cidade, sua esfera de influência ideal crescem
de certa forma em progressão geométrica, a partir do momento em
que um certo limite é atravessado; qualquer extensão adquirida lhe
serve como etapa para uma extensão maior; qualquer cabo que ela
lança serve para atrair outros, assim como sucede dentro das cidades
com o *unearned increment* da renda produto dos bens de raiz, que
proporciona aos proprietários, pelo simples incremento da circulação
dos bens, das idéias e dos homens, um aumento constante da renda.
Ao chegar a este ponto, o crescimento quantitativo leva diretamente
a uma transformação qualitativa. A esfera de existência da pequena
cidade é essencialmente limitada a e em si mesma. O essencial no caso
da grande cidade é que sua vida interna se propaga em ondas concên-
tricas por um vasto campo nacional e internacional. O caso de Weimar
confirma-o, pois sua importância radicava em personalidades isoladas
e desapareceu com elas, enquanto a grande cidade se caracteriza precisamente por sua independência essencial até frente a grandes personalidades: é o inverso e o preço da liberdade com a qual o indivíduo
pode ali beneficiar-se. O traço mais significativo da grande cidade
reside nessa dimensão funcional que supera de longe suas dimensões
concretas; e esta ação sobre o exterior leva a uma reação em sentido
contrário, que dá à sua vida peso, importância e responsabilidade.
Assim como o indivíduo não se acha confinado ao espaço ocupado
por seu corpo, nem por sua atividade imediata, mas se estende até
os pontos onde se fazem sentir os efeitos temporais e espaciais dessa
atividade, assim a grande cidade estende seus limites ao conjunto
das ações que ela exerce além de suas fronteiras. Esta é sua verdadeira dimensão, a dimensão em que exprime o seu ser. *

Individualismo e intelectualismo

Paralelamente a sua crescente extensão, a cidade oferece cada
vez mais nitidamente as condições necessárias à divisão do trabalho:
um meio que, por sua dimensão, pode acolher uma infinidade de
produtos diversos, ao mesmo tempo em que a concentração dos
indivíduos e sua luta para adquirir uma clientela força-os a especia-
lizar-se, de modo que dificilmente alguém possa ser despojado pelos
demais. O que conta, antes de tudo, é que a vida nas grandes cidades
transformou o combate pelo sustento em um combate pelo homem,

336   O URBANISMO

é que o objeto desta luta não provém mais da natureza, mas do homem. Aí reside não só a origem da especialização que acabamos de evocar, mas a de uma outra característica mais profunda: o vendedor não pode deixar de provocar no comprador necessidades novas e cada vez mais particulares. A necessidade de especializar os produtos e os serviços para descobrir uma fonte de lucros ainda não esgotada, uma função para a qual não é fácil encontrar um substituto, leva à diferenciação, ao refinamento, ao enriquecimento das necessidades do público, que devem conduzir a olhos vistos, por sua vez, a diferenças pessoais crescentes.

E isto nos leva à individualização dos traços mais particularmente intelectuais da personalidade, que a cidade suscita à medida que cresce. Descobriremos para este fenômeno toda uma série de causas evidentes. E antes de tudo a dificuldade de valorizar sua própria personalidade dentro do quadro da grande cidade. Aquele que vê sua importância quantitativa ou sua energia atingir um limite, pode recorrer às distinções qualitativas para, de uma maneira ou de outra, atrair para si, excitando sua sensibilidade para as diferenças, a atenção de seu meio social, o que finalmente leva aos mais estranhos extravios, às extravagâncias especificamente citadinas da originalidade a qualquer preço, do capricho, do preciosismo, sendo que o sentido desses comportamentos não reside absolutamente em seu conteúdo, mas em sua própria forma, no desejo de ser outro, de distinguir-se e, portanto, de se fazer notar — o que, para muitos homens, é o único modo de preservar, através de um desvio pela consciência dos outros, a estima por si mesmos e a certeza de ocupar um certo lugar no seio da sociedade. *

Cultura do objeto na grande cidade

A razão mais profunda, no entanto, que faz com que a grande cidade leve a uma existência pessoal mais individualizada — o que não quer dizer que o faça sempre com justiça, nem com sucesso — parece-me ser a seguinte: a evolução da civilização moderna caracteriza-se pela predominância do que podemos chamar de espírito objetivo sobre o espírito subjetivo; tanto na língua como no direito, nas técnicas de produção como nas artes, na ciência como nos objetos que emolduram nossa vida doméstica, acha-se concentrada uma soma de inteligência cujo crescimento contínuo, quase cotidiano, só é seguido de modo incompleto e a uma distância cada vez maior pelo desenvolvimento intelectual dos indivíduos. Se contemplarmos a imensa civilização que há cem anos se encarnou nas coisas e nos conhecimentos, nas instituições e nos instrumentos do conforto, e se compararmos com esta expansão o progresso que a cultura dos indivíduos realizou no mesmo lapso de tempo — pelo menos nas camadas sociais mais altas — constatamos uma diferença de ritmo assustadora e até, em certos pontos, uma regressão em matéria de espiritualidade, de sutileza, de idealismo. Esta diferença, cada vez maior, é, essencialmente, o resultado da divisão crescente do trabalho, porque tal divisão exige do indivíduo uma atividade cada vez mais parcelada, cujas formas extremas só provocam freqüentemente uma deterioração do conjunto de sua personalidade. De qualquer modo, o indivíduo resiste cada vez pior a uma civilização objetiva cada vez mais invasora. Menos talvez em sua consciência do que na prática, por causa dos sentimentos vagos e gerais que daí resultam, sente-se rebaixado à categoria de "quantidade negligenciável", de grão de areia frente a uma enorme organização de objetos e de poderes que, pouco a pouco, fazem com que escape de seu poder qualquer progresso, qualquer vida intelectual, qualquer valor. * Para nós bastará lembrar que as grandes cidades são o local eleito desta civilização que extravasa qualquer conteúdo pessoal. Ali se nos oferece, sob forma de construções, de estabelecimentos de ensino, nos milagres e conforto das técnicas de transporte, nas formas da vida social e nas instituições visíveis do Estado, uma abundância a tal ponto esmagadora de Espírito cristalizado, despersonalizado, que o indivíduo não chega, por assim dizer, a manter-se frente a ele. Por um lado, a vida do indivíduo torna-se infinitamente fácil, já que, de todas as partes, oferecem-se a ele incitações, estímulos, ocasiões de preencher o tempo e a consciência, que o arrastam em seu fluxo a ponto de dispensá-lo de nadar por si mesmo. Mas, por outro lado, a vida compõe-se cada vez mais desses elementos, desses espetáculos impessoais que rechaçam os traços verdadeiramente individuais e distintivos; resulta que os elementos pessoais devem, para subsistir, fazer um esforço extremo; precisam esforçar-se até o exagero, nem que seja para continuar audíveis, começando por eles mesmos. A atrofia da cultura individual, em conseqüência da hipertrofia da cultura objetiva, é uma das razões do ódio feroz que os sacerdotes do individualismo extremo, com Nietzsche à frente, consagram às grandes cidades; mas também é uma das razões do fervor apaixonado que se dedica a eles exatamente nessas grandes cidades, onde aparecem como os profetas e os messias de aspirações insatisfeitas.

Para aqueles que se perguntam sobre o lugar que ocupam na história as duas formas de individualismo nascidas das condições quantitativas da vida urbana — a independência individual e o desenvolvimento da originalidade pessoal —, a grande cidade adquire uma importância completamente nova. O início do século XVIII encontrou o indivíduo encerrado por laços políticos, agrários, corporativos e religiosos que o violentavam e acabaram por perder toda a razão de ser, porque impunham uma forma de existência antinatural e desigualdades injustas. Nesta situação nasceu a sede de liberdade e igualdade — a crença na liberdade total do indivíduo em todas as circunstâncias, tanto sociais quanto intelectuais — que fariam ressurgir imediatamente em todos os homens o nobre fundo comum que a natureza havia depositado neles e que a sociedade e a história se limitaram a deformar. Ao lado do ideal do liberalismo, desenvolveu-se um outro ao longo de todo o século XIX, expresso por Goethe e pelo romantismo de um lado, provocado, de outro lado, pela divisão do trabalho; os indivíduos, liberados de seus laços tradicionais, desejam agora distinguir-se uns dos outros. O que dá valor ao homem não é mais "o homem em geral", mas esta singularidade que impede que cada qual se confunda com seus semelhantes. Combatendo-se e combinando-se de diversos modos, estas duas maneiras de atribuir ao indivíduo seu papel dentro da sociedade determinaram a história, tanto

338   O URBANISMO

política quanto cultural, do nosso tempo. O papel das grandes cidades consiste em ser o teatro desses combates e dessas tentativas de conciliação. *

Die Grossstädte und das Geistesleben in *Jahrbücher der Gehestiftung,* tomo 9, Dresden, 1903. (pp. 187 a 205, com supressões parciais. Tradução francesa de Pierre Aron.)

Oswald Spengler
1880-1936

Antes de formular, em 1904, uma tese sobre Heráclito, o filósofo alemão O. Spengler já havia estudado matemática e ciências naturais. Ambas as disciplinas influenciaram sua filosofia da história. Segundo ele, as civilizações – orientais, greco-romana, ocidental – desenvolvem-se de acordo com um ciclo vital, vivem e morrem como verdadeiros organismos vegetais.

Esta metáfora é tanto mais exata quanto a terra e o sol desempenham, dentro da visão spengleriana do mundo, um papel fundamental: a juventude de uma civilização mede-se pela força do vínculo que a liga ao solo. As cidades, à medida que se desenvolvem, descerram e acabam por negar este vínculo: fundamental nas cidadezinhas gregas, é abolido em Alenxadria. O aparecimento das metrópoles marca o envelhecimento das civilizações. Lê-se a história do mundo na história de suas cidades.

Para Spengler, o Ocidente atingiu sua fase de declínio. Daí o título pessimista de sua famosa obra Der Untergang des Abendlandes *(O Declínio do Ocidente), publicada em 1918. Segundo a terminologia germânica, o momento intenso da* cultura *passou e agora vivemos imersos no conforto material da* civilização; *disso dão testemunho esses desertos de pedra que são as metrópoles da era industrial.*

Ao tratar desses temas, Spengler desenvolve numerosas intuições nietzschianas; sua análise da grande cidade ocidental deve muito a Simmel. Seu pensamento exerceu uma influência considerável nos

340 O URBANISMO

países anglo-saxões e, em particular, nos Estados Unidos, onde seu pan-naturalismo coincidiu com o antiurbanismo americano.

Spengler também escreveu:

- Der Mensch und die Technik *(1931);*

e diversos ensaios e artigos compilados sob os títulos:

- Politische Schriften *(1932);*
- Reden und Aufsätze *(1937).*

ESTERILIDADE DA GRANDE CIDADE

O caráter errante e o enraizamento

O homem original é um *animal errante*, um ser cujo ser despertado não pára de tatear-se a vida toda, puro microcosmo sem fogo nem lugar, com sentidos agudos e temerosos, inteiramente entregue a seu ofício de caçador em disputa contra a natureza hostil. A agricultura foi a primeira a promover uma profunda revolução, pois é uma *arte* e, como tal, completamente estranha ao caçador e ao pastor: cavamos e lavramos não para destruir, mas para *transformar* a natureza. Plantar não é colhêr alguma coisa, mas *produzi-la. Mas, assim, nós próprios nos tornamos plantas*, quer dizer, camponeses. Criamos raízes no solo que cultivamos. A alma humana descobre uma alma na paisagem; uma nova ligação do ser à terra anuncia-se, representando um novo modo de sentir. De hostil, a natureza passa a ser nossa amiga, nossa *mãe*. Sentimos uma profunda relação entre semear e gerar, entre a colheita e a morte, o grão e o filho. A piedade demoníaca tem um culto novo pelo campo frutífero que cresce com o homem. E em toda parte a forma perfeita deste sentimento vital é *a figura simbólica da casa camponesa*, na qual a disposição dos cômodos e cada detalhe da forma exterior falam a linguagem do sangue de seus habitantes. A casa camponesa é o grande símbolo do sedentarismo. Também ela é uma planta, também introduz em seu "próprio" solo suas raízes profundas. Ela é *propriedade* no sentido sagrado. Os espíritos favoráveis do lar e da porta, dos bens de raiz e dos apartamentos – Vesta, Jano, Lares e os Penates – têm ali seu domicílio fixo, junto das pessoas.

A casa é o fundamento de qualquer cultura, que germina, por sua vez, como uma planta, no seio da paisagem materna e aprofunda mais a ligação psíquica do homem ao solo. A casa é para o camponês *aquilo que* a cidade é para o homem culto. *

As cidades enraizadas. . .

O sentimento da ligação à terra da planta cósmica não se exprimiu em nenhum lugar com tanta força quanto nessas cidades velhas e minúsculas, pouco mais extensas que um cruzamento junto a um mercado, um castelo ou um santuário. Nestes lugares podemos ver com maior clareza que cada grande estilo é, por si mesmo, uma planta. *

OSWALD SPENGLER

... e desenraizadas

O ser isolado das forças da paisagem, cortado, por assim dizer, pela calçada onde pisa, enfraquece-se à medida que a sensação e a inteligência se reforçam. O homem "espiritualiza-se", "liberta-se", aproxima-se de novo do nômade, salvo por contar com menos espaço e menos calor. O *"espírito" é a forma citadina específica do ser despertado e inteligente.* Todas as artes, todas as religiões, todas as ciências, espiritualizando-se pouco a pouco, tornam-se estranhas à paisagem, incompreensíveis para o servo da gleba. * O civilizado, *nômade intelectual*, torna-se de novo puro microcosmo, absolutamente apátrida e espiritualmente livre, como o eram corporalmente o caçador e o pastor. *

Aldeia e cidade

Com seus tetos mudos semelhantes a colinas, com suas fumaças vespertinas, suas fontes, seus muros, seu gado, a aldeia está completamente perdida, acamada, dentro da paisagem. A paisagem *confirma* o campo e realça sua imagem, que só será desafiada pela cidade tardia. O perfil da cidade contradiz as linhas da natureza. Ele *nega* qualquer natureza. Quer distinguir-se dela, superá-la. Em princípio, os frontões agudos, as cúpulas barrocas, as cumeeiras, os cumes não têm nenhuma analogia na natureza, nem o querem; finalmente, a cidade mundial, gigante, *a cidade concebida como um mundo* sem um outro mundo a seu lado, começa sua obra destruidora da imagem rural. Outrora, a cidade sacrificou-se a esta imagem, hoje quer apoderar-se dela. Transforma então os caminhos exteriores em ruas, as florestas e os prados em parques, as montanhas em mirantes, ao passo que, em seu interior, cria uma natureza artificial: fontes que substituem os mananciais, canteiros, bacias e sebes recortadas ao invés dos prados, lagos e silvados. Na aldeia, o teto de palha ainda conserva a forma de uma colina, a rua parece um fosso. Mas, na cidade, uma sucessão de ruas calçadas com pedras, longas, superelevadas, cheias de poeira multicolorida e de ruídos estranhos abrem-se e abrigam os homens; essas ruas não respondem à imagem de nenhum organismo natural. Os trajes e as próprias fisionomias parecem tirados de um fundo pedregoso. Durante o dia, a rua anima-se com cores e sons estranhos; à noite, uma luz nova eclipsa a da lua. E o camponês perplexo fica na rua como um idiota, sem compreender nada, sem que ninguém o compreenda, apto para ser convertido em uma personagem de comédia e para prover de pão essa cidade mundial. *

Grandes e pequenas cidades

Podemos apreciar a diferença profunda, fundamentalmente psíquica, entre *a grande e a pequena* cidade; a segunda, com seu nome sintomático de cidade do campo, converte-se em uma parte da paisagem que já não conta. Nestas cidadezinhas, a distinção marcada entre o aldeão e o citadino é apagada pela nova distância que separa os dois da grande cidade. A malícia do burguês do campo e a inteligência do grande citadino são dois extremos do ser inteligente despertado, que não admitem meio-termo inteligível. Vemos que também aqui não

342 O URBANISMO

se trata do número, mas do espírito dos habitantes. Também é evidente que todas as grandes cidades conservaram recantos em cujas ruelas vivem, como no campo, fragmentos de humanidade que permaneceram quase rurais e que mantêm, além da rua, relações quase aldeãs. Uma pirâmide de organismos, cada vez mais marcados pelos estigmas da cidade, eleva-se acima desses homens quase rurais, atravessa camadas cada vez mais estreitas e atinge, no ápice, um número ainda mais restrito de grandes cidadãos autênticos, que se sentem em casa onde quer que suas condições psíquicas sejam satisfeitas. *

A cidade mundial

Finalmente nasce a cidade mundial, símbolo extraordinário e recipiente do espírito inteiramente liberto, ponto central onde se concentra por fim todo o curso da história universal; estas cidades gigantescas e muito pouco numerosas banem e matam, em todas as civilizações, mediante o conceito de província, a paisagem íntegra que foi mãe de sua cultura. Hojé, tudo é província: o campo ou a pequena e a grande cidade, com exceção desses dois ou três pontos. Já não há nobres e burgueses, homens livres e escravos, helenos e bárbaros, ortodoxos e infiéis; *só há provincianos e habitantes da capital.* Esta antítese eclipsa todas as concepções filosóficas. *

Uma história milenar do estilo transformou a pedra animada da arquitetura gótica em matéria inerte desse demoníaco deserto de pedra.

Cidade-espírito e cidade-mundo

A cidade mundial é *toda* espírito. Suas casas não remontam mais, como os edifícios jônicos e barrocos, à velha casa camponesa, onde a cultura nasceu um dia. Não são nem sequer casas que tenham um refúgio para Vesta, Jano, os Penates e os Lares, mas simples abrigos criados, não pelo sangue, mas pela oportunidade, não pelo sentimento, mas pelo espírito da empresa econômica. Enquanto o lar permanecer, em um sentido pio, o centro real e significativo da família, o último vínculo com o campo também não desaparece. Mas assim que este vínculo se rompe, assim que a massa dos locatários e hóspedes de passagem começa a errar de teto em teto nesse mar doméstico, como o caçador e o pastor da pré-história, pode-se dizer que a educação intelectual do nômade também se concluiu. Ele vê em sua cidade um mundo, *o* mundo. *Somente a cidade em seu conjunto* ainda conserva o significado de habitação humana. As casas que a compõem são átomos.

A ordem orgânica

As cidades mais antigas, cujo núcleo gótico, composto de uma catedral, um palácio administrativo e casas particulares, desenvolveram, na época barroca, um cinturão mais claro e mais espiritual de casas patrícias, palácios e igrejas com pórticos que contornam as torres e as portas; agora estas cidades começam a transbordar por todos os lados em massas informes de casas de aluguel e outras construções adequadas que avançam seus tentáculos sobre o campo deserto

OSWALD SPENGLER

e, com reconstruções e demolições, destroem a venerável fisionomia dos bons velhos tempos. Quem quer que observe do alto de uma torre esse mar de habitações, história petrificada de um organismo, sabe exatamente onde acaba o crescimento orgânico e onde começa o amontoamento inorgânico, portanto ilimitado, que ultrapassa todos os horizontes. E é também agora que nasce um fenômeno artístico e matemático completamente estranho ao camponês: o da alegria puramente espiritual da criação oportuna: *a cidade de arquitetura citadina* que tem por objetivo, em todas as civilizações, adotar forma de tabuleiro de xadrez, símbolo da falta de espírito. Foram esses quadrados regulares de casas que surpreenderam Heródoto na Babilônia e os espanhóis em Tenochtitlán. No mundo antigo, a série de cidades "abstratas" começa com Thurioi, que Hipódamo de Mileto "traçou" em 441. Seguem-se Priene, Rodes, Alexandria, cidades imperiais de província. Entre os arquitetos muçulmanos, a construção metódica começa com Bagdá, a partir de 762. * No mundo euro--americano, o primeiro grande exemplo é o plano de Washington (1791). Não há dúvida de que as cidades mundiais chinesas dos tempos de Han e as hindus da dinastia de Maurya tiveram as mesmas formas geométricas. As cidades mundiais da civilização euro-americana estão longe de ter atingido o ápice de sua evolução. Vejo chegar o tempo em que — depois do ano 2000 — construiremos cidades urbanas para dez ou vinte milhões de almas, distribuídas por imensas paisagens, com edifícios ao lado dos quais os maiores dos nossos pareceriam grutas liliputianas, e com teorias econômicas que para nós pareceriam loucura. *

A cidade moderna e o infinito

Mas o ideal formal do homem antigo continua sendo o ponto corporal: enquanto nossas gigantescas cidades modernas traduzem toda a nossa tendência ao infinito, cobrindo uma vasta paisagem com bairros e colônias de mansões, com grandes redes de comunicações que diferem entre si e se projetam em todas as direções e com grandes artérias regulares que passam sobre o solo, abaixo ou acima dele, nos bairros muito estreitos, enquanto isso a cidade antiga autêntica sempre procura, ao invés de estender-se, *condensar*-se em ruas estreitas e cerradas, que excluem qualquer possibilidade de transporte rápido. *

Esterilidade da cidade mundial

O que torna o morador da cidade mundial incapaz de viver fora desse terreno artificial é a regressão do tato cósmico de seu ser, enquanto as tensões de seu ser despertado se tornam a cada dia mais perigosas. *

E, desse desenraizamento crescente do ser despertado resulta, como conseqüência suprema, um fenômeno preparado de longa data, surdamente, que se manifesta de repente à luz da história para dar fim a todo esse espetáculo: *a esterilidade do civilizado.*

Der Untergang des Abendlandes, tradução francesa de M. Tazerout, *Le déclin de l'Occident*, Paris, Gallimard (Tomo II, pp. 84, 86-89, 91-94, 96-97.)

Martin Heidegger
1889-1977

Filósofo alemão que ensinou na Universidade de Marburgo (1923) e, mais tarde, na de Freiburg im Breisgau, onde se estabeleceu definitivamente. Sua obra mais célebre, Sein und Zeit *(Ser e Tempo), foi publicada em 1927.*

O pensamento de Heidegger procede por questionamento da linguagem tal como ela aparece em suas manifestações correntes, mas principalmente tal como aparece nos sistemas e conceitos filosóficos e na palavra poética. Este questionamento leva implícito uma dupla tarefa de desmistificação e de fundamento ontológico. Heidegger tenta ir além da metafísica entendida como conhecimento do que é ("o sendo"), para alcançar o próprio ser.

As páginas que vamos ler ilustram o método heideggeriano. Trata-se de elucidar o "habitar". Um momento destrutivo elimina a abordagem artificial da linguagem e da história (em particular da era industrial); segue-se o momento construtivo, baseado na investigação etimológica, e que acaba por revelar a riqueza do habitar: ocupação muito simples e que, no entanto, praticada em sua verdade, dá acesso ao ser autêntico. Como qualquer outra atividade verdadeira, habitar fundamenta o ser do homem.

Podemos ler o ensaio de Heidegger como uma crítica do corbusierismo e das teorias da arquitetura progressista, para a qual a casa é máquina e instrumento e habitar reduz-se a uma relação de utilização. Estes critérios aplicam-se tanto à morada individual, a casa, quando à morada coletiva, a cidade.

346   O URBANISMO

O pensamento de Heidegger pertence, incontestavelmente, à orientação ideológica a que demos o nome de culturalista. O interesse dos textos que vamos citar consiste em dar ao problema do urbanismo, além de suas diversas implicações culturais, sua dimensão primordialmente "poética" de abertura para o ser.

CONSTRUIR, HABITAR, PENSAR[1]

Construir, morar, habitar

Ao que parece, só chegamos ao habitar através do "construir"[2]. O construir tem o habitar como fim. Nem todas as construções são, entretanto, também habitações. Uma ponte, o *hall* de um aeroporto, um estádio ou uma central elétrica são construções, não habitações; uma estação ou uma auto-estrada, uma barragem, um mercado estão no mesmo caso. No entanto, essas construções entram no domínio de nossa habitação, domínio que excede essas construções e que tampouco se limita à morada. O tratorista, em seu veículo, sente-se em casa na estrada; a operária sente-se em casa na fábrica de fiação; o engenheiro que dirige a central elétrica sente-se ali em casa. Estas construções dão uma morada ao homem. * Para dizer a verdade, na presente crise do alojamento, já é tranqüilizador ocupar um; construções destinadas a ser habitadas sem dúvida proporcionam alojamentos, hoje as moradas podem até ser bem compreendidas, facilitar a vida prática, ter um preço acessível, abrir-se ao ar, à luz e ao sol; mas terão, em si mesmas, elementos que nos garantam que se produz uma *habitação*? *

Habitar seria assim, em qualquer caso, o fim que preside qualquer construção. Habitar e construir estão um para o outro na relação de fim e de meio. Só que, enquanto nosso pensamento não for mais além, entendemos habitar e construir como atividades separadas, o que sem dúvida exprime algo exato; mas, ao mesmo tempo, pelo esquema fim-meio, fechamo-nos o acesso a relações essenciais. Construir, queremos dizer, não é só um meio do habitar, uma via que conduz a ele, construir já é, por si só, habitar.

Como podemos estar certos disso? * A palavra que concerne ao ser de uma coisa vem a nós a partir da linguagem, se todavia prestarmos atenção ao ser próprio desta. * O homem comporta-se como se *ele* fosse o criador e o mestre da linguagem, quando é *esta* que o governa.

Ser e habitar

Que quer dizer agora construir? A palavra do antigo alto-alemão para construir, *buan*, significa habitar, o que quer dizer: morar, residir. Perdemos a significação própria do verbo *bauen* (construir), ou seja,

---

1. Título de Heidegger.
2. Por "construir", traduzimos a palavra alemã *bauen*, que não só quer dizer "construir", mas também "cultivar", e que significou "habitar". (*Nota do tradutor francês.*)

MARTIN HEIDEGGER 347

habitar. Ela deixou um vestígio que não é imediatamente visível, na palavra *Nachbar* (vizinho)[3]. * Os verbos *buri, büren, beuren, beuron*[4], todos querem dizer habitar ou designam o local de habitação. Agora, para dizer a verdade, a velha palavra *buan* não nos ensina só que *bauen*[5] é propriamente habitar, mas, ao mesmo tempo, dá-nos a entender como devemos pensar esta habitação que ela designa. Normalmente, quando se trata de habitar, representamo-nos um comportamento que o homem adota ao lado de muitos outros. * Trabalhamos aqui e habitamos ali. * Quando a palavra *bauen* ainda fala sua linguagem de origem, ela diz ao mesmo tempo *até onde* se estende o ser da "habitação". *Bauen, buan, bhu, beo* são, com efeito, a mesma palavra que o nosso *bin* (sou). Que quer dizer então *ich bin* (eu sou)? A velha palavra *bauen*, da qual deriva *bin*, responde-nos: "eu sou", "tu és", querem dizer: eu habito, tu habitas. O modo como tu és e como seu sou, a maneira como nós, homens, *somos* sobre a terra é o *buan*, a habitação. Ser homem quer dizer: estar sobre a terra como mortal, quer dizer, habitar. Agora, a antiga palavra *bauen*, que nos diz que o homem *é* enquanto *habita*, esta palavra *bauen*, todavia, significa *também*: murar e cuidar, especialmente cultivar um campo, cultivar o vinhedo. Neste último sentido, *bauen* é apenas cuidar, a saber: cuidar do crescimento, que ele mesmo amadurece seus frutos. No sentido de "murar e cuidar", *bauen* não é fabricar. * Os dois modos do *bauen-bauen* no sentido de cultivar, em latim *colere, cultura*, e *bauen* no sentido de edificar construções, *oedificare* — estão ambos compreendidos no *bauen* propriamente dito, na habitação. Mas *bauen*, habitar, quer dizer, estar na terra, é agora, para a experiência cotidiana do homem, alguma coisa que, desde o princípio, é "habitual". Também é relegado a segundo plano, detrás dos distintos modos nos quais se realiza a habitação, detrás das atividades dos cuidados prestados e da construção. Conseqüentemente, essas atividades reivindicam exclusivamente para si o termo *bauen* e, com ele, a própria coisa que designa. O sentido próprio de *bauen*, habitar, cai no esquecimento.

Este acontecimento parece, a princípio, ser tão-somente um fato da história semântica, um desses fatos que só dizem respeito às palavras. Mas, na verdade, algo decisivo oculta-se ali: queremos dizer que já não apreendemos a habitação como se fosse o ser (*Sein*) do homem; e menos ainda pensamos na habitação como traço fundamental da condição humana. *

Habitar e "cuidar"

Não habitamos porque "construímos", mas construímos hoje e no passado enquanto habitamos, quer dizer, enquanto somos os *habitantes* e somos *como tais*. Em que consiste, pois, o ser da habitação? Ouçamos de novo a mensagem da língua: o velho-saxão *wuon*

---

3. *Nach* é uma forma antiga de *nah* (perto, próximo). (*Nota do tradutor francês.*)
4. Voltamos a encontrar a etimologia *beuron* na palavra francesa *buron*, que designa as choças dos pastores do Cantal.
5. Forma moderna de *buan*. (*Nota do tradutor francês.*)

348 O URBANISMO

e o gótico *wunian*[6] significam morar, residir, exatamente como a antiga palavra *bauen*. Mas o gótico *wunian* diz com maior clareza que experiência temos desse "morar". *Wunian* significa estar contente, em paz, permanecer em paz. A palavra paz (*Friede*) quer dizer o que é livre (*das Freie, das Frye*) e livre (*fry*) significa preservado dos danos e das ameaças, preservado de..., quer dizer, poupado. *Freien* significa propriamente poupar, cuidar. * O verdadeiro cuidado é algo *positivo*, realiza-se quando deixamos desde o princípio alguma coisa em seu ser, quando devolvemos alguma coisa a seu ser e a asseguramos, quando a cercamos de uma proteção. * *O traço fundamental da habitação é esse cuidado*. Ele penetra a habitação em toda a sua extensão. Esta extensão faz com que, a partir do momento em que pensamos nisso, a condição humana resida na habitação, no sentido de estada na terra dos mortais. *

Os mortais habitam, ainda que salvem a terra. * Salvar (*retten*) não é só arrancar de um perigo, é propriamente liberar uma coisa, deixá-la voltar a seu ser próprio. Salvar a terra é mais que tirar proveito dela e, com maior razão, mais que esgotá-la. Quem salva a terra não se torna seu dono, não a converte em súdita. *

Os mortais habitam embora acolham o céu como céu. Deixam que o sol e a lua sigam seus cursos, e os astros seu caminho, deixam às estações do ano suas bênçãos e seus rigores, não fazem da noite o dia nem do dia uma corrida sem tréguas. *

A casa camponesa

Construir é, em seu ser, fazer habitar. Realizar o ser do construir é edificar lugares mediante a agregação de seus espaços. *Só quando podemos habitar é que podemos construir*. Pensemos um instante em uma casa camponesa da Floresta Negra, que um "habitar" camponês ainda construía há duzentos anos. Nesse caso, o que erigiu a casa foi a persistência no mesmo local de um (certo) poder: o de que acudissem às coisas a terra e o céu, os divinos e os mortais em sua simplicidade. Foi esse poder que situou a casa na encosta da montanha, ao abrigo do vento e voltada para o sul, entre os prados e perto da nascente. Dotou-a de um teto de ripa com grande saliência, que mantém as cargas de neve graças a uma inclinação adequada e que, por chegar bem baixo, protege os cômodos contra as tempestades das longas noites de inverno. Não esqueceu o "rincão do Senhor Deus", atrás da mesa comum, "cuidou" para que os quartos dispusessem de lugares santificados, que são os do nascimento e os da "árvore do morto" — assim chamam ali o caixão mortuário — e assim, para as diferentes idades da vida, prefigurou sob um mesmo teto a marca de sua passagem através do tempo. Um negócio, também nascido do "habitar" e que ainda usa suas ferramentas e andaimes como coisas, construiu a morada.

É só quando podemos habitar que podemos construir. Se nos referimos à casa componesa da Floresta Negra, não queremos dizer, de modo algum, que precisemos e que possamos voltar à construção

---

6. Formas em *wu*, mais originais que as formas não flexionadas em *wo* do alto-alemão (alemão moderno *wohnen*). (*Nota do tradutor francês.*)

MARTIN HEIDEGGER 349

desse tipo de casas, mas o exemplo mostra de modo concreto, a propósito de um "habitar" que *foi*[7], como *ele* sabia construir. *

Habitar e pensar

Habitar é *o traço fundamental* do ser (*Sein*) de acordo com o qual os mortais são. Talvez, tentando refletir assim no habitar e no construir, aclaremos um pouco mais que o construir faz parte do habitar e de que maneira recebe dele o seu ser (*Wesen*). Já nos daríamos por satisfeitos se habitar e construir ocupassem um lugar entre as coisas *que merecem ser interrogadas* (sobre si) e que continuariam assim entre aquelas nas quais vale a pena pensar.

O tipo de pensamento que tentamos estabelecer aqui poderia demonstrar que o próprio pensamento faz parte da habitação, no mesmo sentido que o construir, só que de outra maneira.

"Construir" e pensar, cada qual à sua maneira, são sempre inevitáveis e incontornáveis para a habitação. Mas, além disso, ambos são inacessíveis à habitação, embora vaguem separadamente, ao invés de um ouvir o outro. Podem ouvir-se um ao outro, quando ambos, construir e pensar, fazem parte da habitação, permanecem em seus limites e sabem que tanto um quanto o outro saem do laboratório de uma longa experiência e de uma incessante prática.

Habitar hoje

Tentamos refletir sobre o ser da habitação. A etapa seguinte em nosso caminho seria a questão: o que sucede hoje com o habitar que faz com que reflitamos sobre ele? Em toda parte se fala, e com razão, da crise do alojamento. As pessoas não só falam, mas põem mãos à obra. Tenta-se remediar a crise criando novas habitações, estimulando a sua construção, organizando a construção no conjunto. Por mais dura e mais penosa que seja a falta de habitações, por mais séria que seja como entrave e como ameaça, *a verdadeira crise da habitação* não reside na falta de alojamentos. A verdadeira crise da habitação, aliás, remonta ao passado, antes das guerras mundiais e das destruições, antes do crescimento da população terrestre e do aparecimento do operário industrial. A verdadeira crise da habitação reside no fato de que os mortais estão sempre procurando o ser da habitação e de que *precisam, antes de tudo, aprender a habitar*. E o que dizer então, se o desenraizamento (*Heimatlosigkeit*) do homem consistisse em que, de maneira nenhuma, ele não considera ainda a *verdadeira* crise da habitação *como sendo a* crise (*Not*)? Assim que o homem, entretanto, *passa a considerar* o desenraizamento, este já deixa de ser uma miséria (*Elend*). Justamente considerado e mantido, ele é o único *apelo* que convida os mortais a habitar.

Mas como os mortais poderiam responder a esse apelo de outro modo, a não ser tentando, *eles mesmos*, levar a habitação à pleni-

---

7. *Gewesenen.* — "Por *das Gewesene*, entendemos o conjunto do que precisamente não passa, mas é, quer dizer, dura, ao mesmo tempo em que proporciona novas perspectivas ao pensamento que se recorda" (*Das Satz vom Grund*, p. 107). (*Nota do tradutor francês.*)

350   O URBANISMO

tude de seu ser? Eles o fazem, quando constroem a partir da habitação e pensam em função da habitação.

Vorträge un Aufsäze, Pfullingen, 1954, tradução francesa de André Préau, *Essais et conférences*, Paris, Gallimard, 1958. (pp. 170-176, 177-178, 191-193.)

URBANISMO NA PERSPECTIVA

nejamento Urbano
Le Corbusier (D037)
Os Três Estabelecimentos Humanos
Le Corbusier (D096)
Cidades: O Substantivo e o Adjetivo
Jorge Wilheim (D114)
Escritura Urbana
Eduardo de Oliveira Elias (D225)
rise das Matrizes Espaciais
Fábio Duarte (D287)
Primeira Lição de Urbanismo
Bernardo Secchi (D306)
A (Des)Construção do Caos
Sergio Kon e Fábio Duarte (orgs.) (D311)
A Cidade do Primeiro Renascimento
Donatella Calabi (D316)
A Cidade do Século Vinte
Bernardo Secchi (D318)

A Cidade do Século XIX
Guido Zucconi (D319)
O Urbanismo
Françoise Choay (E067)
Regra e o Modelo
Françoise Choay (E088)
Cidades do Amanhã
Peter Hall (E123)
Metrópole: Abstração
Ricardo Marques de Azevedo (E224)
História do Urbanismo Europeu
Donatella Calabi (E295)
Área da Luz
R. de Cerqueira Cesar, Paulo J. V. Bruna, Luiz R. C. Franco (LSC)
Cidades Para Pessoas
Jan Ghel (LSC))

Este livro foi impresso na cidade de São Paulo,
nas oficinas da Meta Brasil,
para a Editora Perspectiva